DESTINATION SCIENCES PO

TOUT-EN-UN

Concours Commun IEP

Dimitri Delarue
Sophie Gallix
Laurent Gayard
Marie-Pierre Petit

ARMAND COLIN

Les auteurs

Laurent Gayard est professeur certifié d'histoire-géographie et professeur de sciences politiques à l'Institut catholique de Paris.

Dimitri Delarue est professeur de philosophie en lycée général. Il a dispensé des cours de culture générale et de philosophie politique dans l'enseignement supérieur.

Sophie Gallix est professeur et coordinatrice du pôle langues de l'école d'ingénieurs Estaca. De langue maternelle anglaise, elle a enseigné l'anglais et l'anglais des affaires en entreprises, écoles supérieures et classes préparatoires.

Marie-Pierre Petit est agrégée en économie et gestion. À l'issue d'une carrière dans l'enseignement secondaire et supérieur, elle accompagne désormais, notamment au sein de l'association Tremplin, les parcours d'études de nombreux lycéens.

Mise en page : Belle Page
Conception graphique de la couverture
et de la maquette intérieure : Hokus Pokus Créations
Édito : Matthieu Daniel et Anne Temps

Armand Colin est une marque de Dunod Éditeur
11 rue Paul Bert, 92240 Malakoff
www.armand-colin.com

ISBN 978-2-20-063876-4

Table des matières

Introduction 9

PARTIE 1

PARCOURSUP

1 Comment fonctionne Parcoursup 18
2 S'inscrire sur Parcoursup 19
3 Saisir ses vœux dans Parcoursup 23
4 Décrypter les attentes à l'entrée des IEP 25
5 Mettre en valeur ses « Activités/Centres d'intérêt » 28
6 Mettre au point chaque « Projet de Formation Motivé » 36
7 Fournir les pièces complémentaires 42
8 Recevoir les propositions de Parcoursup 45

PARTIE 2

QUESTIONS CONTEMPORAINES

9 Présentation de l'épreuve 50
10 Les solidarités 57
11 Le corps 74

PARTIE 3

HISTOIRE

12 Les attendus de l'épreuve d'histoire 98

THÈME 1 : **Fragilité des démocraties, totalitarismes et Seconde Guerre mondiale**

13 L'impact de la crise du Jeudi Noir : déséquilibres économiques et sociaux 107

14 Les régimes totalitaires : le système soviétique 110

15 Les régimes totalitaires : le fascisme italien 119

16 Les régimes totalitaires : l'Allemagne nazie 122

17 La Seconde Guerre mondiale 128

18 Le génocide des Juifs et des Tziganes 134

THÈME 2 : **La multiplication des acteurs internationaux dans un monde bipolaire (de la fin de la guerre aux années 1970)**

19 La fin de la Seconde Guerre mondiale et les débuts d'un nouvel ordre mondial 138

20 Les modèles des deux superpuissances et la bipolarisation 143

21 Les nouveaux États : des indépendances à l'affirmation 151

22 La Chine de Mao, un nouvel acteur 157

23 Les conflits du Proche et Moyen-Orient 168

THÈME 3 : **Le monde à la recherche d'un nouvel équilibre depuis les années 1970**

24 Les chocs pétroliers et la fin des Trente Glorieuses 174

25 Un nouvel ordre mondial à partir des années 1970 ? Libéralisation et dérégulation de l'économie 176

26 La révolution islamique en Iran 183

27 L'effondrement du bloc soviétique 187

28 Terrorisme, guerres asymétriques et nouveaux crimes de masse 193

29 L'introuvable gouvernance mondiale ? 199

THÈME 4 : **Histoire politique, sociale et culturelle de la france depuis les années 1930**

30 La France des années 1930, une nation affaiblie, un régime contesté 204

31 Résistance et collaboration en France 213

32 La France : IVe République 222

33 La crise algérienne et les débuts de la Ve République 231

34 Le règlement de la question algérienne 236

35 La France : un nouveau régime 241

36 Un tournant social politique et culturel : la France des années 1970 à 1995 245

37 Un tournant social, politique et culturel : les mutations de la société française depuis les années 1970 250

38 La France, une « grande puissance moyenne » ? 258

THÈME 5 : **La construction européenne depuis 1945**

39 Les débuts de la construction européenne (1945-1969)...... 266

40 Démocratisation et élargissement de l'Europe 274

41 L'UE : élargissement, approfondissement et remises en question 277

PARTIE 4

ANGLAIS

42 Présentation de l'épreuve et méthodologie **284**
43 Grammaire **290**
44 Vocabulaire **304**
1 ***Politics/***La politique 304
2 ***International relations/*** Relations internationales 307
3 ***The European Union***/L'Union européenne 309
4 ***Burning issues***/Questions brûlantes 309
5 ***Immigration***/Immigration 311
6 ***Terrorism***/Terrorisme 312
7 ***Economy***/Économie 313
8 ***Globalisation***/Mondialisation 315
9 ***The stock exchange***/La bourse 317
10 ***The crisis***/La crise 318
11 ***Unemployment***/Chômage 320
12 ***Justice***/Justice 322
13 ***Environment***/Environnement 324
14 ***Pollution***/Pollution 326
15 ***Climate change and energy/*** Changement climatique et énergie 328
16 ***Health***/Santé 331
17 ***Getting older-welfare***/Vieillissement-Aides sociales ... 333
18 ***Education***/Éducation 335
19 ***Religion***/Religion 336
20 ***The media***/Les médias 337
21 ***Science***/Sciences 339
22 ***Information technology/*** Technologie de l'information 341
45 Civilisation : The United States **344**
46 Civilisation : The United Kingdom **359**

Partie 5

CONCOURS COMMUN : SUJETS D'ENTRAÎNEMENT ET ANNALES CORRIGÉS

Questions contemporaines, thème 2024 : Les solidarités... 382
Questions contemporaines, thème 2024 : Le corps............ 387
Histoire, sujet 2024 394
Histoire, sujet 2023 398
Histoire, sujet 2022............ 405
Anglais, sujet 2024 411
Anglais, sujet 2023............ 414
Anglais, sujet 2022............ 418
Anglais, sujet 2019............ 422
Anglais, sujet 2018............ 427

Introduction

1 Le concours commun des IEP

Avec l'IEP de Paris, la France compte dix instituts d'étude politique. Les neuf autres se situent à Aix-en-Provence, Bordeaux, Grenoble, Lille, Lyon, Paris, Rennes, Strasbourg, Toulouse et Saint-Germain-en-Laye (depuis 2014).

Associé à la Fondation nationale des sciences politiques (FNSP), l'IEP de Paris forme l'ensemble nommé Sciences Po. Le concours commun des IEP de province rassemble les Instituts **d'Aix-en-Provence, Lille, Lyon, Rennes, Saint-Germain-en-Laye, Strasbourg** et **Toulouse**. Le concours propose un classement unique pour les sept instituts.

Les épreuves de l'entrée en première année ont lieu à la fin du mois de mai.

Elles se composent de trois modules :

- les questions contemporaines tout d'abord, dont l'épreuve se présente sous la forme d'une dissertation de trois heures, coefficient 3, avec un sujet à choisir parmi deux. Les thèmes de l'année 2023 sont « le corps » et « l'alimentation » ;
- l'histoire ensuite dont l'épreuve est une étude de documents de deux heures, coefficient 3, choisi parmi le programme de terminale générale : « Les relations entre les puissances et les modèles politiques des années 1930 à nos jours » et « Histoire politique, sociale et culturelle de la France depuis les années 1930 » ;
- et enfin une épreuve de langue vivante d'une durée d'une heure pour un coefficient de 1,5, portant, au libre choix du candidat sur l'anglais, l'allemand, l'espagnol ou l'italien.

2 Présentation des différents IEP

2.1 Histoire des IEP

L'histoire des « Instituts d'Études Politiques » en France est ancienne et nous ramène même au XIXe siècle, quand Émile Boutmy (1835-1906), essayiste et politologue français, fonde en 1872 l'École Libre des Sciences Politiques, qui devient par la suite l'Institut d'Études Politiques de Paris, plus connu aujourd'hui sous le nom de Science Po Paris.

Entre 1945 et 1956, six autres Instituts d'Études Politiques sont créés à Strasbourg (1945), Bordeaux (1948), Grenoble (1948), Lyon (1948), Toulouse (1948) et Aix-en-Provence (1956). Ils sont rejoints en 1991 par les IEP de Rennes et de Lille et, en 2014, par l'IEP de Saint-Germain-en-Laye. À cela s'ajoutent également les campus délocalisés de Sciences-Po Paris à Reims, de Sciences-Po Rennes à Caen et de Sciences-Po Lyon à Saint-Étienne.

L'année 2022 marque le retour des épreuves écrites, modalité d'admission privilégiée par le réseau Sciences Po depuis 2008 (à l'exception des sélections sur dossier effectuées en 2020 et 2021). En 2021, on comptait 1 151 places pour 13 797 candidats. En moyenne, le taux d'admission avoisine les 10-12%.

Le concours d'entrée en première année est commun aux Instituts d'Aix-en-Provence, Lille, Lyon, Rennes, Saint-Germain-en-Laye, Strasbourg et Toulouse. Il permet de candidater en même temps aux sept IEP. Le classement est unique pour les sept établissements. Les candidats admis sont affectés en fonction de leur rang de classement et de leurs choix préférentiels. Son accès est exclusivement réservé aux bacheliers de l'année en cours et de l'année précédente. Le concours se compose de trois épreuves écrites sur une même journée. Le site reseau-scpo.fr témoigne de cette volonté d'unification, et regorge d'informations utiles pour les candidats !

L'objectif de ce manuel est donc de continuer à proposer cours, fiches et sujets d'entraînement qui permettront aux candidats de se préparer au mieux aux épreuves du concours commun. Nous espérons que cet outil vous sera utile pour préparer ces épreuves.

2.2 L'IEP d'Aix-en-Provence

Établissement d'enseignement supérieur fondé en 1956, « Sciences-Po Aix » est l'un des dix IEP français et est à ce titre considérée comme une grande école. Il est possible d'intégrer l'IEP d'Aix par voie de concours en première année et sur concours spécifiques en deuxième et quatrième année.

L'IEP d'Aix propose un cursus en cinq années fondé sur le modèle LMD (Licence-Maîtrise-Doctorat) basé sur le processus de Bologne visant à harmoniser les systèmes d'études supérieures au niveau européen. Le cursus, qui permet à l'IEP d'Aix de délivrer un diplôme de niveau Master, offre aux étudiants de l'école une formation pluridisciplinaire en droit, économie ou histoire. Le site de Sciences-Po Aix inscrit en tête des objectifs de formation de l'école : « Pour réussir des concours réputés et sélectifs de la haute administration publique. Pour se spécialiser dans des cursus tournés vers l'Europe et l'international. Pour devenir un leader compétent dans son environnement politique, économique, culturel » En conséquence, l'IEP d'Aix-en-Provence, doté en 2011 d'un budget de 14 millions d'euros, se donne pour mission de former des cadres de haut niveau dans le secteur public et privé, l'administration et le domaine de la culture. La première année d'étude est destinée à donner aux étudiants les fondements d'une solide culture générale. L'enseignement de l'anglais, espagnol, italien, allemand mais aussi le russe, l'arabe, le chinois ou le japonais est proposé en plus de la science politique, du droit, de l'histoire, de l'économie, des sciences sociales ou de l'histoire constitutionnelle de la France. La deuxième année propose une première forme de spécialisation avec des cours portant sur les relations internationales, les régimes politiques comparés, le droit administratif, les idées politiques, l'économie et les politiques publiques ou encore les institutions de l'Union Européenne. La troisième année, dite « de mobilité », s'effectue à l'étranger, les institutions partenaires recevant les étudiants pour un ou deux semestres. La quatrième année propose un tronc commun de cours (gouvernance économique internationale, internationalisation de l'action publique et politique, géopolitique, systèmes internationaux des droits de l'homme) et neuf spécialités parmi lesquelles l'étudiant doit choisir un cursus plus spécialisé. L'année de master 1 s'achève par la réalisation d'un mémoire et le passage d'un grand oral. La cinquième année achève enfin le parcours de spécialisation des étudiants dans l'une des neuf spécialités. Enfin, l'IEP d'Aix s'est doté depuis 2008 d'un centre de recherche dénommé CHERPA (Croyance, Histoire, Espace, Régulation Politique et Administration) qui permet la délivrance d'un diplôme doctoral. Un cursus franco-allemand est proposé dès la première année en partenariat avec l'université de Fribourg. D'autre part, la mise en place d'une politique d'égalité des chances a permis l'ouverture de classe préparatoire à l'entrée en première année visant à accueillir des étudiants issus de milieux défavorisés des lycées de l'académie d'Aix-Marseille. Le directeur de Sciences-Po Aix, réélu pour cinq ans en 2020, est Rostane Mehdi.

2.3 L'IEP de Toulouse

Établissement d'enseignement supérieur fondé en 1948, l'IEP de Toulouse est l'un des plus anciens des dix IEP installés en France, après Paris et Strasbourg. Il accueille environ 1 600 étudiants et comptait 410 enseignants en 2016. De même que l'IEP d'Aix-en-Provence, la formation proposée dans celui de Toulouse suit le modèle LMD, licence-master-doctorat. Le nombre de places offertes au concours est de 180, qui seront également accueillis sur le nouveau site de la Manufacture des Tabacs de Toulouse 1 Capitole à partir de la rentrée 2018. Les frais de scolarité sont comparables à ceux des autres IEP de Province, avec environ un tiers d'étudiants boursiers. De même que dans les autres IEP, la première année est consacrée à des enseignements plus généralistes, essentiellement en économie, droit et sciences humaines, tandis que la troisième année « de mobilité », propose des stages à l'étranger et que les deux dernières années offrent une spécialisation en master, sur des thématiques cette fois plus spécifiques à Toulouse tels que « Politique, discriminations, genre » (PDG) et « Risques, science, environnement et santé ». Les élèves pouvent également se former à la communication, au journalisme et à l'action publique. L'IEP de Toulouse propose également des double cursus en partenariat avec la Toulouse Business, l'université de Bologne, **en Italie** et l'Université Complutense de Madrid. L'IEP de Toulouse met l'accent sur l'insertion professionnelle de ses étudiants, évaluant en 2018 à 88 % le nombre de diplômés ayant trouvé du travail moins de six mois après avoir quitté Sciences Po Toulouse. Chaque année, Sciences Po Toulouse offre par ailleurs vingt places par an aux nouveaux bacheliers titulaires d'un baccalauréat général avec une moyenne supérieure à 16/20. Le directeur de l'IEP de Toulouse est Éric Darras, nommé en 2021.

2.4 L'IEP de Lyon

L'IEP de Lyon a été fondé, comme Toulouse et Aix, en 1948. Il compte 480 enseignants, ses frais de scolarité en première année s'élevaient en 2016 à 3 770 € et il accueille un quart d'étudiants boursiers. La force de l'IEP de Lyon est la richesse de ses partenariats. Il a développé d'étroites relations avec l'École normale supérieure de Lyon (ENS Lyon) avec qui il a constitué en 2013, en partenariat avec l'École centrale de Lyon, un Collège des Hautes Études – Lyon Science[s] (CHELS). Il est membre de la communauté Université de Lyon, qui a obtenu la labellisation Initiative d'excellence (IDEX) en février 2017, ce qui lui permet de proposer une grande variété de doubles cursus, avec l'ENS, l'Institut d'urbanisme ou le Collège des Hautes Études de Lyon. Par ailleurs, l'IEP de Lyon avait établi, en 2017, des partenariats avec 157 universités à travers le monde, en Europe (collèges du Golden Triangle, ancient universities et universités du Russell Group au Royaume-Uni, universités du réseau de l'Initiative d'excellence allemande), en Australie (universités du Groupe des Huit), au Canada (les cinq premières universités au niveau national), aux États-Unis (universités appartenant à la New Ivy, à la Public Ivy ou à la Ivy League : Harvard, Columbia, Yale), mais aussi en Amérique latine et en Asie (notamment en Chine, en Inde et au Japon). Ceci permet à Sciences-Po Lyon de largement mettre l'accent sur l'ouverture internationale, notamment au cours de l'année de mobilité proposée, comme dans les autres IEP, en troisième année aux étudiants, qui se concrétise notamment par l'existence de six diplômes d'établissement centrés sur l'étude d'aires géographiques et culturelles : Asie, Amériques (Latine et du Nord), Europe, Monde Arabe, et Afrique subsaharienne. Comme les autres IEP, Lyon forme ses étudiants à une grande variété de métiers dans le secteur privé ou public, l'administration ou les métiers de la culture et du journalisme.

2.5 L'IEP de Strasbourg

Créé en 1945, Strasbourg est le plus ancien IEP de France après Paris. D'abord institut interne de l'Université Robert Schumann (Strasbourg III), puis de l'Université de Strasbourg, ou Unistra (depuis 2009), c'est l'un des dix Instituts d'études politiques de France, et il est considéré à ce titre comme faisant partie des grandes écoles. En 2009, Sciences Po Strasbourg était classé 2e IEP derrière celui de Paris dans le classement SMBG des Meilleures Formations Post-Bac et Post-Prépa. Après un cursus similaire à celui des autres IEP (enseignement généraliste en première année, troisième année « de mobilité »), l'IEP de Strasbourg propose une formation plus spécialisée en master autour des thématiques Action et administration publique, Affaires européennes, internationales et stratégie, Management, économie et entreprise, Études Européennes et Internationales et Sciences

Politiques et Sociales. Ce ne sont que quelques exemples, de part son intégration à l'université de Strasbourg, l'IEP offre à ses étudiants d'accéder à environ 80 parcours de masters. De par sa proximité avec les institutions européennes (Parlement européen, du Conseil de l'Europe ou de la Cour européenne des droits de l'Homme), l'IEP Strasbourg propose des cursus ouverts sur l'Europe. Des doubles diplômes sont par ailleurs proposés avec le Glendon College (Université York à Toronto au Canada), l'Université libre de Berlin (Allemagne), l'université européenne Viadrina (à Francfort-sur-l'Oder en Allemagne) et l'université Jagellonne de Cracovie (Pologne), l'université libre de Bruxelles (Belgique) et l'université Charles (à Prague en République tchèque). L'IEP Strasbourg affiche ainsi plus de 100 partenariats avec différentes institutions à travers le monde. L'IEP de Strasbourg comptait 584 enseignants en 2016, propose des frais de scolarité d'environ 3 500 € et accueille un tiers d'étudiants boursiers.

2.6 L'IEP de Rennes

L'IEP de Rennes a été créé en 1991. Originellement situé au N° 104 du boulevard de la Duchesse Anne, dans les bâtiments de l'ancienne École normale d'institutrices, l'IEP de Rennes s'est étendu à d'autres villes du Grand Ouest à partir du début des années 2010, notamment à Caen depuis 2012. La troisième année, « de mobilité », permet aux étudiants d'effectuer des stages à l'étranger dans un certain nombre d'institutions partenaires : l'Université libre de Berlin, Queen Mary University, collège de l'Université de Londres, l'Université d'Édimbourg, l'Université de Bologne, l'Université de Moscou et plusieurs universités du Russell Group en Europe. L'Université d'York, l'Université de Boston ou l'Université de Rhode Island en Amérique du Nord. L'Université Tongji, l'Université Ateneo de Manille, l'Université Jawaharlal-Nehru en Asie et en Océanie. L'Université de Lomé en Afrique, l'Université du Rio Grande do Sul en Amérique du Sud, l'Université Saint-François-Xavier en Bolivie, l'Université de Mexico en Amérique centrale et l'Université Saint-Joseph de Beyrouth au Moyen-Orient sont entre autres partenaires avec l'IEP. Comptant 390 enseignants pour 40 % de boursiers (frais de scolarité de 3 880 €), l'IEP de Rennes se distingue des autres établissements par l'accueil d'effectifs plus réduits et la volonté d'organiser des cours construits autour de groupes d'une vingtaine d'élèves afin de favoriser la participation. Le centre de préparation à l'ÉNA (devenu INSP) prépare aux concours externe et interne d'entrée à l'École nationale d'administration. Entre trois et huit étudiants sont admis chaque année, soit un taux de réussite compris entre 15 % et 20 %. Ce centre de préparation permet également d'intégrer l'Institut national des études territoriales (INET) de Strasbourg, l'École des hautes études en santé publique (EHESP) de Rennes, ou encore l'École nationale de la magistrature (ENM) de Bordeaux. L'IEP de Rennes et l'Université catholique d'Eichstätt-Ingolstadt proposent depuis l'année 2003 un double cursus franco-allemand, sous l'égide de l'Université franco-allemande, permettant de délivrer un double diplôme : « Sciences Po Rennes & Master de science politique de l'Université catholique d'Eichstätt-Ingolstadt ». La première promotion d'étudiants du double cursus Eichstätt-Rennes est sortie en 2007. L'IEP de Rennes comporte dans ses locaux une bibliothèque créée en 1991 et qui porte le nom de Jacques Fauvet, ancien directeur du journal *Le Monde* qui a fait don au centre de documentation d'une grande partie de ses fonds personnels. Le centre Jacques Fauvet est abonné à près de 350 revues et abrite plus de 60 000 ouvrages. Il est par ailleurs membre du service commun de documentation rennais. Au cœur de la bibliothèque trône encore un chêne planté par les élèves de l'École normale en 1889 pour célébrer le premier centenaire de la Révolution française.

2.7 L'IEP de Lille

L'IEP de Lille a été créé en 1991. Comptant 525 enseignants en 2016, l'IEP de Lille affiche des frais de scolarité de 3 200 € et compte un tiers d'étudiants boursiers. Comme les autres IEP, il propose un cursus adapté au standard LMD et met l'accent sur les partenariats internationaux. Il est membre de la Conférence des grandes écoles, une association française d'établissements d'enseignement supérieur et de recherche créée en 1973 par douze écoles supérieures françaises (onze écoles d'ingénieurs et une école de commerce) dont le rôle est de promouvoir le développement et le rayonnement de ses membres, en France et à l'étranger. L'IEP de Lille dispose également de trois filières intégrées (britannique, allemande et espagnole), permettant de cumuler le diplôme de l'école et celui de l'université partenaire au terme de la scolarité. Les débouchés offerts par cet IEP sont très nombreux et concernent des secteurs d'activités très divers : Administration publique, Banque, finance, assurance, Commerce, Culture, cinéma, Industrie, énergie, transport, Organisations internationales, Presse, médias, édition, Secteur juridique, Urbanisme, habitat ou architecture… Les filières intégrées de Sciences-Po Lille permettent aux étudiants de cumuler le diplôme de Sciences Po Lille ainsi que celui de l'Université partenaire. Elles permettent aux étudiants de partager leur 1re, 2e, 3e ou 4e année entre l'IEP, l'université du Kent au Royaume-Uni, de Münster en Allemagne ou de Salamanque en Espagne.

2.8 L'IEP de Saint-Germain-en-Laye

Cet IEP est le plus récent des dix établissements d'Études Politiques de France. Il a été créé en 2013, à l'initiative des universités de Cergy-Pontoise et de Versailles Saint-Quentin-en-Yvelines. Comme le résume la page d'accueil de l'IEP de Saint-Germain : « Face à la demande accrue d'un deuxième établissement en Ile-de-France, un nouvel IEP (le 10e) a vu le jour à Saint-Germain-en-Laye, ville située à 20 km de Paris. » L'IEP est axé vers la recherche en sciences sociales du politique. Comme ses prédécesseurs, « Sciences-Po Saint-Germain » propose une formation en 5 ans : deux premières années généralistes (histoire, économie, science politique, droit, langues), une troisième année à l'international, et deux dernières années de spécialisation, puis de professionnalisation pour orienter les étudiants vers les métiers de l'Europe et de l'international ; métiers de la communication et de la culture ; métiers du secteur public et de la gouvernance territoriale ; métiers de l'économie, de la gestion et de la finance. La sélection des étudiants du nouvel IEP s'effectue grâce au concours commun du réseau des IEP en 1re année (90 places) et en 4e année (20 places). Ce dernier concours a ouvert en 2018. Le campus, classé, situé dans la ville de Saint-Germain-en-Laye (Yvelines), dispose d'un amphithéâtre de 200 places (un deuxième de 150 places est disponible depuis septembre 2017), de plus de 20 salles de cours équipées de tableaux numériques interactifs (TNI), d'une bibliothèque et d'espaces de convivialité (bureaux des étudiants, espace CROUS, gymnase, salles de restauration). L'IEP fait appel à 96 professeurs, propose des frais de scolarité de 4 000 € et accueille un quart d'étudiants boursiers.

3 Objectif et structure du manuel

Ce manuel a donc pour objectif de proposer aux étudiants souhaitant concourir aux épreuves d'admissibilité une synthèse claire et complète des différents programmes et modalités des épreuves. Les connaissances et méthodes requises pour ces épreuves s'appuient sur les programmes des classes du secondaire mais requièrent aussi, de la part des candidats, une connaissance plus pointue des différentes notions. Ainsi, et c'est aussi une des caractéristiques des IEP, une bonne connaissance de l'actualité et une capacité d'analyse et de synthèse sont requises pour chacune des trois épreuves.

Nous avons donc l'ambition, dans chacune des parties de cet ouvrage, de permettre au candidat de retrouver les **thématiques et notions principales** qu'il doit nécessairement maîtriser dans l'optique du concours et de le guider à travers la **méthodologie du concours** grâce à un certain nombre **de sujets corrigés**, afin de lui donner les outils nécessaires pour se préparer au mieux.

Chaque partie de cet ouvrage est construite de la manière suivante :

- une présentation des épreuves,
- des conseils de méthode pour chaque type d'épreuve,
- une partie cours comportant la synthèse des notions à maîtriser impérativement pour chaque chapitre,
- des sujets type concours entièrement corrigés et commentés.

Il va sans dire que le travail de préparation du concours exige du candidat un certain nombre de lectures annexes, aussi certains chapitres sont accompagnés d'**extraits** ou de **résumés des titres les plus importants** afin de pouvoir guider les candidats dans leurs démarches et leurs recherches bibliographiques.

Cet ouvrage a été conçu avant tout dans le but de présenter de la façon la plus claire et la mieux structurée possible le contenu qui correspond au programme du concours. Il ne s'agit pas de perdre le lecteur dans une somme de connaissances encyclopédiques, ce qui n'est pas l'objectif du concours, mais de l'amener à pouvoir intégrer les notions essentielles et à maîtriser les aspects des matières qu'il aura choisi de travailler.
Nous espérons ainsi que cet ouvrage pourra vous fournir un outil de travail utile et quotidien et nous vous souhaitons bien évidemment la meilleure réussite possible.

Les auteurs

PARTIE 1

PARCOURSUP

CHAPITRE 1

Comment fonctionne Parcoursup

Parcoursup est la plateforme qui va gérer vos demandes d'inscription en fonction des places disponibles dans les instituts de formation.

1 Le calendrier de Parcoursup pour 2023

Parcoursup comporte plusieurs phases. En 2023, le calendrier était le suivant :

1. Du 18 janvier au 6 avril : inscription des candidats, saisie des vœux (mi-mars) et des pièces complémentaires des dossiers (début avril).
2. De début avril à fin mai : examen des dossiers par les commissions d'admission des différents établissements du supérieur.
3. À partir du 1er juin et jusqu'au 7 juillet : réponses des établissements aux candidats et acceptation ou non de celles-ci.

2 Quelques conseils préalables

- Vous avez donc beaucoup de tâches à accomplir, et elles vous prendront du temps. Soyez prévoyants, organisez-vous.
- Trop d'élèves abandonnent des vœux au dernier moment parce qu'il est trop tard pour y faire face ! Faites une liste de ce qui vous attend, et en particulier du nombre de lettres (« projet de formation motivé ») que vous avez à écrire, de questionnaires à remplir, etc. Il est certain que vous y consacrerez un certain nombre de soirées et de week-ends.
- Pour pouvoir prendre une décision sans affolement, nous vous conseillons d'établir en amont un classement de vos vœux selon vos préférences. Gardez votre classement pour vous y référer au fur et à mesure.

CHAPITRE 2

S'inscrire sur Parcoursup

Tout logiquement la première étape est de procéder à votre inscription administrative avant de saisir vos vœux. Vous verrez, c'est moins difficile que ce qu'on s'imagine. Il faut répondre panneau après panneau, et rester méthodique.

Pour commencer, munissez-vous de deux numéros :

- Le numéro INE (Identifiant national d'étudiant) – il figure la plupart du temps sur votre relevé des notes des épreuves anticipées du Baccalauréat. Jusqu'en 2018, il était composé de 10 chiffres et une lettre, mais certains élèves ont reçu un nouvel INE avec 9 chiffres et deux lettres.

> **Conseil**
> Les élèves des établissements hors contrat doivent demander à leur chef d'établissement de leur fournir ce numéro. Ne tardez pas, il faut parfois un certain délai et le temps passe vite !

- Le numéro « Océan »… qui ne s'appelle pas ainsi sur votre relevé de notes anticipées, mais numéro d'inscription.

Une fois équipé, c'est parti ! Entrez sur le site Parcoursup : https://www.parcoursup.fr

1 Répondez aux premières demandes du site

1.1 Les premières pages vérifient votre identité

Nom – prénom – date de naissance – n° INE.

Grâce à ces renseignements, si vous êtes en classe de Terminale, Parcoursup vous retrouve, lycée et classe comprise.

Si vous êtes déjà bachelier, vous devrez commencer par détailler ce que vous avez fait depuis votre Baccalauréat – tous les cas de figure sont prévus.

1.2 Parcoursup vous soumet ensuite sa charte

Vos droits – vos devoirs.

Lisez-les, puis acceptez la charte pour avancer.

2 L'onglet « Inscription »

Beaucoup de rubriques sont pré-remplies par le lycée.

Vérifiez tout, les renseignements ne sont pas toujours à jour, et, par exemple, il arrive que seul l'un des parents soit identifié.

2.1 Renseignements d'état civil

a Coordonnées

En revanche, il n'y a pas de sectorisation pour les vœux sélectifs. C'est votre dossier qui vous permettra d'entrer dans la formation que vous avez sélectionnée.

Cela vous permet d'obtenir :

- Un numéro de dossier, qui sera votre référence officielle. Il est composé de 6 chiffres si vous êtes en Terminale – 7 si vous êtes déjà bachelier.
- Un mot de passe, que vous allez créer, qui sera votre propriété, et que vous ne donnerez jamais aux établissements pressentis.

b Validation d'une adresse e-mail

Il faut donner une adresse valide, régulièrement consultée. Si vous ne regardez vraiment pas vos e-mails, demandez à l'un de vos parents son adresse e-mail – de toute façon, on vous demandera d'en fournir une.

De la même manière, pour être sûr(e) d'être prévenu(e) d'un changement de statut de votre dossier – en particulier, d'une réponse à partir de fin mai, il est recommandé de vous inscrire à l'application Parcoursup (icône en haut à droite).

Cela se passe de la façon suivante :

- vous entrez l'adresse e-mail que vous allez utiliser sur le site Parcoursup ;
- le site vous envoie un e-mail qui contient un code de validation ;
- vous allez chercher le code dans l'e-mail et vous le recopiez sur le site, dans la case indiquée ;
- vous validez le code.

C Coordonnées de vos parents

Pensez à donner leur numéro de téléphone portable et leur adresse e-mail.

3 L'onglet « Scolarité »

Il s'agit cette fois de vérifier et de compléter les renseignements sur votre parcours scolaire. Vos établissements ont fait remonter, pour la plupart, les informations qui vous concernent.

Relisez-les soigneusement.

Si la grande majorité des lycées transfère aujourd'hui directement vos bulletins sur Parcoursup, il en reste un petit nombre qui n'a pas informatisé cette opération.

C'est fastidieux, mais facile.

Il vous faudra en ce cas le faire vous-même et rentrer votre moyenne, la moyenne de la classe, la moyenne haute et la moyenne basse.

La demande se déclenchera lorsque vous entrerez un vœu. Vous reviendrez sur cet onglet pour remplir vos bulletins.

Étant donné qu'il faut communiquer le deuxième trimestre, vous ne pourrez probablement pas confirmer vos vœux avant la mi-mars, dans le meilleur des cas. Ce n'est pas grave.

Petites astuces

Il arrive qu'un bulletin « remonté » par le lycée ne soit pas complet et qu'il ne soit donc pas enregistré. Dans la plupart des cas, il manquait en réalité une note sur votre bulletin, ou une appréciation.

Si la case du bulletin d'origine correspondante était bien vide, tapez un N. Si vous étiez dispensé(e) de sport ce trimestre, tapez un D.

Si vous remplissez vous-même vos bulletins, prévoyez une plage horaire de 45 minutes environ. Préparez à l'avance vos bulletins de Première et de Terminale.

Faites attention. Contrairement à la plupart des bulletins scolaires, la moyenne haute par matière se trouve avant la moyenne basse.

Vous pouvez lire sur l'écran, désormais, que vous avez pour le moment « 0 vœu » sur votre liste…

Nous pouvons donc passer à l'étape suivante !

CHAPITRE 3

Saisir ses vœux dans Parcoursup

Après les premières étapes administratives, vous entrez dans la phase principale. Vous allez enfin pouvoir émettre vos vœux !

L'écran que vous avez sous les yeux est celui-ci :

1 Vous disposez de 10 vœux

Un vœu correspond à une candidature. Et pour chaque vœu exprimé, vous avez le droit à un maximum de 10 sous-vœux, avec une limite de 20 cumulés sur l'ensemble de vos vœux.

Ainsi, chaque candidature à une Licence à l'Université, par exemple, correspond à un vœu.

2 Recherchez une formation dans le répertoire

Vous pouvez brasser les propositions par type de formation, lieux et critères spécifiques.

Pour pouvoir sélectionner votre vœu, il faut en général au moins deux critères : le type de formation et une indication géographique.

2.1 Par type de formation

Si vous étirez la barre de propositions, vous pouvez sélectionner les types de formation : Licence, Classe préparatoire aux grandes écoles, BTS, etc.

2.2 Par lieu

Tout dépend de votre recherche. Si vous voulez voir les propositions existantes, vous pouvez brasser la recherche par région et vous aurez alors beaucoup de choix sous les yeux. C'est une opportunité pour vous donner des idées que vous n'auriez pas encore définies.

Si, en revanche, vous avez déjà identifié ce que vous cherchez, le critère de la ville vous fera gagner du temps.

3 Cliquez sur le vœu pour pouvoir le sélectionner

La fenêtre qui s'ouvre comporte plusieurs onglets que vous devez tous consulter. D'abord, parce qu'ils vous donnent des renseignements utiles sur la formation. Ensuite, parce que vous ne pouvez le sélectionner qu'après une ouverture générale et le cochage d'une case « j'ai pris connaissance… »

- Onglet « Établissement » : il s'agit du nom de l'établissement, son adresse, un numéro de téléphone et son site Internet.
- Onglet « Formation » : renseignements sur les portes ouvertes, les matières complémentaires obligatoires, etc.
- Onglet « Caractéristiques » : il est important, car il vous donne la description du cursus proposé, et donc la liste des attendus nationaux et locaux. Vous pourrez ainsi valider la pertinence de votre choix, mais aussi engranger des données très utiles pour rédiger votre « Projet de Formation Motivé ».
- Onglet « Examen du dossier » : vous trouverez les critères de sélection de la formation.
- Onglet « Réussite / débouchés » : à côté des débouchés, vous trouverez le pourcentage de passage en deuxième année. C'est souvent un chiffre assez décourageant, qui doit vous permettre de vérifier l'état de vos forces. Sans le dramatiser, prenez-le en considération. Il vous permettra de mesurer l'effort à entreprendre.
- Onglet « Contexte et chiffres » : cet onglet est sans doute le plus décourageant. Il constate le manque de places de certaines structures. Depuis 2018, elles sont départagées par la qualité de votre dossier. Vous trouverez donc : le nombre de places disponibles cette année ; le nombre de places disponibles l'année précédente, ce qui mesure l'évolution de la formation ; le nombre de vœux exprimés l'année précédente, le taux de boursier.
- Onglet « Frais » : vous verrez ainsi combien vous devrez payer pour une année scolaire.

CHAPITRE 4

Décrypter les attentes à l'entrée des IEP

Les IEP font partie des cursus à accès sélectif : une fois votre dossier complété sur Parcoursup, les commissions de sélection s'intéresseront au niveau de votre dossier scolaire, à votre profil personnel et à votre motivation pour les cursus demandés, avant de vous convoquer aux épreuves de concours. Il est donc important de cerner précisément ce que les IEP attendent de leurs candidats.

Sur le site Parcoursup, dans le descriptif de la formation des différents IEP, figurent sous le chapitre « Pour postuler » deux rubriques d'« attendus » qui décrivent le profil du candidat idéal. Il y est précisé qu'il n'y a pas d'« attendus nationaux ». Les attentes des différentes formations sont présentées sous la rubrique « Attendus locaux ».

1 Le profil du candidat idéal à l'entrée des IEP

1.1 Une capacité à aborder les enjeux politiques économiques et sociaux du monde contemporain dans l'interdisciplinarité

En IEP, vous étudierez principalement les sciences politiques, le droit, l'économie, l'histoire, la sociologie et les langues vivantes. On attend donc que vous vous intéressiez déjà aux enjeux politiques, économiques et sociaux, notamment les enjeux que sont l'environnement et le numérique et, plus largement, pour le fonctionnement des sociétés dans un monde globalisé.

La formation des IEP est polyvalente, vous devrez donc être capable de mettre en relation les démarches et les connaissances des différentes disciplines qui y seront enseignées. Il vous faudra vous adapter à la spécificité de chacune d'elles et savoir les conjuguer lorsque nécessaire.

1.2 Des aptitudes à une démarche de travail exigeante

Pour une grande partie des enseignements proposés, vous devrez comprendre et interpréter une pluralité de documents de sources très diverses, incluant notamment des données qualitatives et quantitatives. Un raisonnement rigoureux s'impose donc pour pouvoir les mettre en perspective et les critiquer.

Les étudiants de Sciences Po doivent être en mesure de produire des argumentations structurées, d'analyser, de construire un raisonnement, de synthétiser, de produire et de traiter des contenus diversifiés. Il vous faut donc avoir une solide maîtrise de la langue française tant dans l'expression écrite qu'orale.

Même si vous bénéficiez d'un encadrement important, vous devrez savoir faire preuve d'autonomie et d'organisation pour gérer au mieux un rythme de travail relativement dense.

1.3 La maîtrise des langues étrangères

Les étudiants devront manifester d'un intérêt pour les langues et civilisations étrangères. Au-delà des cours de langues vivantes, des enseignements et des conférences sont dispensés en langue étrangère.

Un très bon niveau d'anglais est indispensable dès l'entrée.

Il vous faudra, au terme du cursus, maîtriser une deuxième langue vivante, et vous pourrez en débuter ou en poursuivre une troisième.

Le cursus doit conduire les étudiants à consolider leur niveau et à élargir la palette des langues qu'ils maîtrisent, notamment grâce à l'année passée à l'international.

2 Le décryptage des attentes

L'énumération proposée peut être déroutante car elle mêle des connaissances, des pratiques et des traits de personnalité. Il est cependant possible de la réorganiser selon le plan suivant :

- Savoir faire preuve d'un **intérêt particulier pour des matières** que vous avez étudiées au lycée et sur lesquelles s'appuie la formation : histoire-géographie, sciences juridiques, économiques et sociales, philosophie, mathématiques, civilisations étrangères, etc.
- Des **pratiques à expliciter** par le récit d'expériences scolaires ou extrascolaires qui ont fait appel aux compétences suivantes :
  - Démarche d'analyse, de raisonnement et de synthèse
  - Interdisciplinarité
  - Expression écrite ou orale

– Argumentation
– Maîtrise des outils de communication numériques : systèmes d'exploitation, logiciels, réseaux sociaux, etc.
– Pratiques justifiées de langues étrangères à l'écrit ou à l'oral, prioritairement l'anglais

- Des traits de personnalité à démontrer par des expériences personnelles :
  – En termes de **méthode** : rigueur, organisation
  – En termes de **relations sociales** : aptitudes à la communication
  – En termes **d'investissement personnel** : autonomie, adaptation
  – En termes d'**ouverture d'esprit** : curiosité pour les questions d'actualité, le monde contemporain et ses civilisations.

Afin de prendre en compte les attentes spécifiques des différents IEP que vous demandez, mais également de vos autres vœux, nous vous encourageons à synthétiser l'ensemble des attendus de vos vœux dans le tableau suivant :

Attendus des formations demandées		IEP	2e vœu
MATIÈRES PRIVILÉGIÉES		Histoire-géographie, Sciences juridiques, économiques et sociales, Philosophie, Mathématiques Civilisations étrangères	
Pratiques à expliciter	Langues étrangères	Anglais Écrit et oral Deuxième LV	
	Informatique	Systèmes d'exploitation Logiciels Réseaux sociaux Sites spécialisés	
	Expression Communication	Écrite Orale Argumentation	
	Autres	Analyse et synthèse de documents Raisonnement Interdisciplinarité	
Traits de personnalité à démontrer	Méthode	Rigueur Organisation	
	Relations sociales	Communication	
	Investissement personnel	Autonomie Adaptation	
	Ouverture	Curiosité Ouverture au monde Contemporain et à ses civilisations	

CHAPITRE 5

Mettre en valeur ses « Activités/Centres d'intérêt »

Il vous faut maintenant montrer en quoi votre profil correspond aux « attendus » de vos vœux. Parcoursup vous propose de compléter votre profil avec un onglet « Activités/ Centres d'intérêt ».

Lorsque vous ouvrez cet onglet, un message vous invite à en faire part aux formations afin qu'elles puissent le prendre en compte lors de l'examen de vos vœux. Il vous incite à indiquer les diplômes, attestations, certifications obtenus mais à condition de pouvoir, sur demande, les justifier. Les activités sont à décrire dans 4 cadres de 1 500 caractères maximum chacun :

1. **Expériences d'encadrement ou animation**
2. **Engagement citoyen** (via un service civique ou dans la vie lycéenne) **ou bénévole** (dans une association ou un autre cadre)
3. **Expériences professionnelles ou stages**
4. **Pratiques sportives et culturelles** (y compris les langues étrangères non étudiées au lycée et les séjours à l'étranger)

Il ne s'agit pas d'établir une simple liste d'activités mais de présenter au travers de ces 4 cadres, une photographie de vos atouts. Vous allez donc devoir valoriser les éléments de votre parcours personnel qui seront autant d'arguments pour répondre aux attentes des diverses formations. Pour cela, afin de ne rien oublier, repérons les éléments intéressants de ce parcours dans vos différents cadres d'activité.

1 Repérer les éléments intéressants de son parcours personnel

L'idée est de raccrocher toutes vos expériences et activités personnelles intéressantes pour les formations auxquelles vous postulez. Cela passe par une recherche au sein des trois domaines : « scolarité », « activités sportives, culturelles, associatives » et « monde professionnel ». La **fiche 1**, insérée en fin de chapitre, vous propose des cadres et des tableaux qui vont vous permettre de faire un point personnel à chaque stade de l'inventaire.

1.1 Dans son parcours scolaire

a Choix d'options, spécialités, thèmes d'études privilégiés par les formations souhaitées

Vos choix d'**option** de seconde puis d'option et de **spécialité** en Première et Terminale peuvent être révélateurs de votre projet. Relevez également les sujets que vous avez pu approfondir en **TPE**, études spécifiques ou **exposés**, et qui sont en relation avec les études vers lesquelles vous vous dirigez.

Renforcement linguistique et culturel : si vous avez fait une partie de votre scolarité dans un pays étranger, cela justifie de votre niveau linguistique et au-delà d'une ouverture culturelle. N'omettez pas de relever, un passage en section européenne ou internationale. Vos voyages linguistiques sont aussi à associer à la découverte d'une culture. De même, le fait d'être issu d'une culture différente est un gage d'adaptation et de capacité à comprendre que chacun aborde le monde de façon différente. L'étude d'une langue particulière peut être intéressante en termes d'ouverture et pour démontrer de votre capacité à vous investir…

b Participation à la vie de l'établissement

Avoir été élu délégué de classe plusieurs années démontre de votre capacité d'**écoute**, de respect et de distanciation dans la relation élèves-professeurs.

Les clubs et associations divers de votre établissement ont pu vous donner l'occasion d'apprendre à vous **exprimer** en public, à **mener un projet** de spectacle ou à vous engager dans une manifestation caritative en groupe. Précisez bien votre rôle.

SARA

« En Seconde, j'ai participé au concours d'éloquence organisé par le lycée. J'y ai gagné de l'assurance à l'oral ».

« Tutorer » un élève plus jeune, c'est encadrer et apprendre **à s'adapter** à quelqu'un qui ne mémorise pas ou ne comprend pas toujours comme nous, donc instaurer une relation de confiance avec lui…

1.2 Dans ses activités sportives, culturelles et associatives

a Quelles activités retenir ?

Exercer une activité **bénévole** au sein d'une association ou simplement dans son entourage démontre un engagement certain dans la vie de la société. Attention à ne pas citer le nom de l'association s'il marque une tendance religieuse, politique ou syndicale.

La pratique d'une activité sur le long terme est une preuve de persévérance !

SARA

« Je fais du piano, j'en parle ? Oui, depuis 10 ans en conservatoire… ».

Ce n'est pas tant le fait que vous ayez étudié le piano qui intéressera le jury au-delà de votre culture musicale, que les dix années pendant lesquelles il vous aura fallu vous « accrocher » en solfège et organiser votre travail pour pouvoir mener en parallèle vos devoirs et vos gammes.

La participation à des compétitions ou concours prouvera votre capacité à vous dépasser. Pourquoi à votre avis les grandes écoles comme SciencesPo sont-elles si heureuses d'intégrer des sportifs ou des artistes de haut niveau ?

Certaines activités, certains sports, véhiculent des valeurs fortes : les arts martiaux ou l'apprentissage en conservatoire pour la rigueur, les sports d'endurance pour la ténacité, ceux à risque pour l'audace.

Les activités qui se pratiquent en **équipe** justifient de compétences relationnelles : participer à un orchestre ou à un groupe musical, occuper un poste à responsabilités dans une association… sont aussi les preuves de capacités à s'investir au sein d'un ensemble.

Les voyages ne présentent d'intérêt que s'ils proposent une ouverture culturelle notable (continent éloigné, culture peu connue), si vous les avez organisés vous-mêmes ou êtes parti dans un cadre spécifique : un road-trip en Europe organisé entre copains a de l'intérêt (organisation, vie de groupe), la participation à une construction d'école en Afrique également, mais pas 15 jours en club de vacances au Sénégal !

Conseil

Pratiquer de nombreuses activités est une forme d'ouverture d'esprit. Veillez cependant à ce qu'elles aient des thèmes communs au risque de faire preuve d'éparpillement !

b Comment les présenter ?

Il convient de choisir celles, pratiquées un minimum de temps et qui explicitent une pratique ou démontrent un trait de personnalité figurant dans votre tableau. Ce qui signifie pour chacune, qu'il faut se poser la question suivante : « Quel est l'intérêt de cette activité pour mes interlocuteurs ? ». Il n'est par contre pas conseillé de leur préciser celui-ci.

Placer en début de phrase ce qui est le plus bel atout de l'activité en question.

SARA

10 années de piano en conservatoire, participation à des concours.

Introduire au besoin les **mots-clés associés aux compétences** que vous voulez mettre en valeur : équipe, groupe, organisation de, en parallèle de, bénévole…

La formulation doit cependant s'en tenir aux faits.

SARA

Aide-comptable bénévole pour l'association XXX.

1.3 Dans son approche du monde professionnel

Compte tenu de votre âge et du contexte économique qui ne favorise guère les emplois saisonniers pour les jeunes, les formations ne s'attendent évidemment pas à ce que vous ayez une « expérience professionnelle » conséquente. Il est par contre intéressant de parler des contacts que vous avez pu avoir avec des professionnels des métiers concernés par vos choix d'orientation, même en dehors de tout stage ou emploi.

a Les stages

Le stage de « fin de collège-début de lycée » et tout autre stage méritent d'être mentionnés, **s'ils vous raccrochent à ce projet d'études** : entreprise ou établissement du secteur concerné, rencontre de professionnels en cours de stage. Ne vous limitez pas aux seuls aspects techniques ; le travail en équipe, les méthodes d'organisation, vos acquis relationnels sont tout aussi intéressants.

Si ce stage, dans un autre domaine d'activité, vous a permis de revoir vos projets, vous pouvez aussi en parler

b Les jobs

Recherchez dans vos emplois d'été ou occasionnels ce qui peut être formateur, en termes d'ouverture ou d'engagement.

Même si vous n'avez jamais travaillé, certaines activités associatives sont « quasi-professionnelles » : relations avec des personnes en difficulté, représentation d'une association à but social. Si tel est le cas, présentez l'expérience à ce titre, engagement bénévole en sus…

Si ces jobs ont un **caractère régulier**, par exemple le soir en semaine, les week-ends ou les vacances scolaires, précisez-le : cela démontrera votre capacité à gérer plusieurs choses en parallèle. Si une même structure vous reprend régulièrement, c'est que vous avez su vous faire apprécier…

2 Présenter ses atouts dans les rubriques de l'onglet « Activités/Centres d'intérêt »

2.1 Comment procéder ?

Il vous suffit maintenant de reporter les informations collectées en les reclassant dans les cadres appropriés. Certaines expériences pourront figurer à plusieurs titres, comme une activité sportive dans laquelle vous avez des responsabilités, ou une activité à caractère professionnel exercée bénévolement. Il n'est pas obligatoire de remplir tous les cadres : ce qui importe est de répondre au plus près aux exigences de la formation.

a Expériences d'encadrement ou animation

Outre les activités officielles d'animateur, à justifier par le BAFA, vous pouvez indiquer les responsabilités qui ont pu vous être confiées dans un cadre sportif ou associatif, ou encore dans celui du lycée comme un tutorat. Parlez aussi des fonctions d'animation ou d'encadrement que vous avez pu assurer dans le cadre d'une mission professionnelle ou familiale comme la garde de jeunes enfants.

b Engagement citoyen ou bénévole

Reprenez ici vos états de service de délégué de classe ou d'élu au Conseil de la Vie Lycéenne (votre établissement peut sans doute vous établir une attestation), et le service civique que vous avez pu assurer.

Décrivez vos activités bénévoles, qu'elles soient dans le cadre du lycée, d'une association ou dans votre entourage.

c Expériences professionnelles ou stages

Reprenez ce que vous avez sélectionné dans votre tableau d'expériences du monde professionnel en prenant garde à placer en tête de ligne ce qui intéressera vos interlocuteurs : entreprise, poste occupé, mission confiée selon les cas. Précisez les coordonnées de l'entreprise et faites figurer le type de contrat.

d Pratiques sportives et culturelles (y compris les langues étrangères non étudiées au lycée et les séjours à l'étranger)

Faites un paragraphe pour les pratiques culturelles et un autre pour les pratiques sportives, en commençant par celles qui vous valoriseront le plus. Pour chacune, faites apparaître les expériences vécues dans le cadre extrascolaire (à partir du tableau de vos activités élaboré précédemment) mais aussi dans le cadre scolaire : thèmes d'étude, renforcement et voyages linguistiques, pratiques sportives ou culturelles. Soyez vigilant à la façon de présenter chaque activité pour valoriser ce qu'elle a pu vous apporter et annoncez les éventuelles certifications ou attestations.

2.2 Comment rédiger ?

a Restez objectif

Cette rubrique présente une personne au travers de ses activités : il ne doit donc proposer **aucune appréciation** comme « bon niveau ». De même, **les compétences qui relèvent des traits de personnalité doivent être évoquées** au travers des activités mais pas inscrites en regard : Sara ne précise pas que son action bénévole justifie d'une capacité à s'engager !

b Soyez concis !

Vous n'avez que 1 500 caractères soit une vingtaine de lignes par cadre : limitez-vous à des mots essentiels et éliminez tout ce qui n'est pas indispensable ! Pas de bla-bla !

c Respectez votre interlocuteur !

Rédiger avec des **fautes d'orthographe** est considéré comme un manque de respect vis-à-vis de son interlocuteur : vous avez eu la possibilité de vous relire ou de vous faire relire !

SARA

Sa rubrique « Activités/ Centres d'intérêt »

Son profil est justifié par ses activités en lieu avec l'actualité économique et sociale. Ses activités scolaires montrent ses capacités d'expression. Ses centres d'intérêt révèlent son ouverture et son engagement.

Vous pourrez vous inspirer de ses formulations mais attention, votre rubrique doit être le ***reflet de votre propre parcours*** *: c'est vous qu'on doit voir en le lisant, pas n'importe quel élève !*

Décrivez ici vos expériences d'encadrement ou d'animation (1 500 caractères max.)

Décrivez ici votre engagement citoyen (via un contrat de service civique ou au titre de la vie lycéenne) ou bénévole dans une association ou un autre cadre (1 500 caractères max.)

Participation au journal du lycée (2020-2021)

Trésorière bénévole de l'association XXXX

Décrivez ici vos expériences professionnelles ou les stages que vous avez effectués (1 500 caractères max.)

- Stage au journal *Le Dauphiné Libéré*, service économie, 2 semaines (2019-2020) Initiation à l'indice CAC 40, chargée de l'étude de l'évolution des valeurs, mise au point d'un article sur les valeurs à acheter, participation aux réunions quotidiennes avec le rédacteur en chef
- Aide-comptable pour l'association XXXX (depuis 2021). Assistance du trésorier : enregistrements comptables, budgets, gestion de la trésorerie, rapport annuel

Décrivez ici vos pratiques sportives et culturelles. Il peut également s'agir de la pratique d'une langue étrangère non étudiée au lycée, de séjours à l'étranger (1 500 caractères max.)

Pratiques culturelles :

- TPE de classe de Première sur les jeux d'argent
- Participation au concours d'éloquence du lycée 2022
- Visite du Parlement européen à Strasbourg
- Lecture régulière de Challenges Économiques et de Capital
- Anglais niveau B2 certifié. Deux mois de voyages autonomes en pays anglophones
- Maîtrise du pack Office sous Windows et Mac OS
- Découverte de la Scandinavie et de l'Irlande
- 10 années de piano en conservatoire, participation à des concours

Pratiques sportives : volley-ball en club

FICHE 1 : BILAN DES ATOUTS

1. Les atouts de mon parcours scolaire

- Mes choix de spécialité, d'options et thèmes d'études à valoriser

- Mes expériences de renforcement linguistiques et culturelles

- Ma participation à la vie de l'établissement

Ma participation à la vie des établissements d'enseignement	Pratique explicitée ou trait de personnalité valorisé

2. Les apports de mes activités sportives, culturelles associatives

Activité sportive, culturelle ou associative	Pratique explicitée ou trait de personnalité valorisé	Formulation objective

3. Mon approche du monde professionnel

Expérience du monde professionnel	Éléments à valoriser	Formulation objective

CHAPITRE 6

Mettre au point chaque « Projet de Formation Motivé »

Pour chaque vœu saisi sur Parcoursup, vous devrez motiver votre choix de formation.

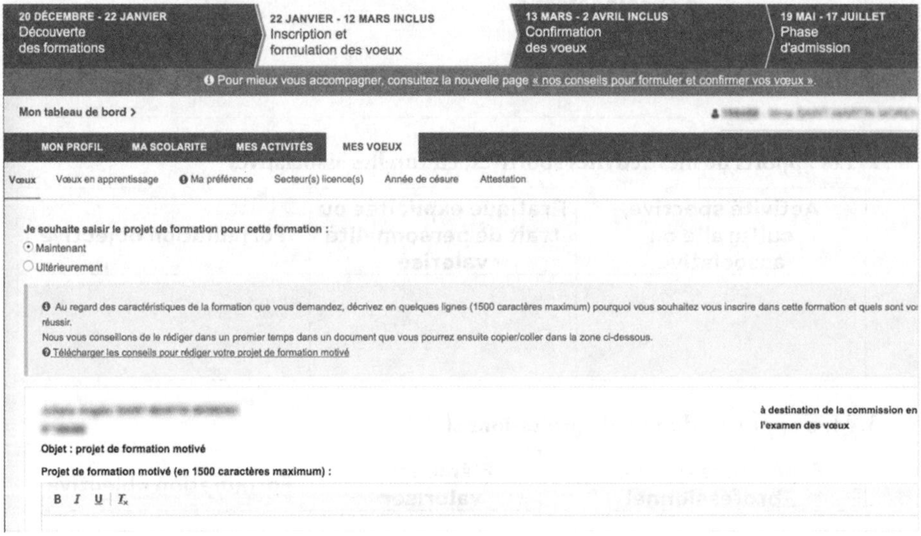

Ce « Projet de Formation Motivé », que nous appellerons PFM, est automatiquement transmis par Parcoursup à la Commission d'examen des vœux. Les 7 IEP du concours constituant un seul vœu, vous ne rédigez qu'un seul PFM pour l'ensemble des écoles que vous présentez dans ce concours. Il sera pris en compte dès l'étude du dossier par chaque IEP demandé. Il importe donc de proposer pour un PFM personnel et adapté à votre IEP préféré sans pour autant négliger les autres. Il faut être en mesure de montrer sa motivation pour la formation.

1 Faire preuve de motivation pour les IEP

« La motivation ne s'énonce pas, elle se démontre. »

Ce qu'est le PFM pour les IEP	Ce que n'est pas le PFM pour les IEP
La présentation d'un échantillon d'évènements issus de votre parcours personnel qui justifient du choix du cursus IEP, et plus précisément le projet de certains établissements, certaines options voire carrières.	Des considérations d'ordre général sur la réputation des IEP en d'un IEP en particulier. Des convictions intimes non justifiées par des expériences personnelles vécues.
Des arguments issus de ce que vous avez pu acquérir lors d'expériences personnelles précises et qui démontrent votre ouverture, votre culture et votre engagement.	Le récit de l'ensemble de vos expériences personnelles : il s'agit de ne retenir que celles qui sont intéressantes pour justifier d'un atout et de le relier au projet SciencesPo.

Il va donc s'agir d'intégrer la formation IEP choisie entre votre parcours et votre projet personnel. La **fiche 2,** insérée en fin de chapitre, vous propose des cadres et des tableaux afin de mettre au point, pour chaque vœu, un argumentaire distinct.

1.1 Comment me suis-je intéressé à cette formation ?

L'analyse précédente de votre parcours vous a fait remémorer des évènements peut être oubliés : relevez ceux qui ont pu ont pu être **à l'origine de votre choix d'études en IEP** et comment ils peuvent s'articuler ou être révélateurs d'un projet.

SARA

« Au cours de ce stage, j'ai rencontré un journaliste formé en IEP qui m'a fait découvrir cette formation. »

Quelle que soit la situation, il vous faut présenter les **faits ou les évènements précis de votre vie personnelle** qui vous conduisent à formuler ce vœu de formation. N'hésitez pas à évoquer vos recherches, vos déplacements en Journées Portes Ouvertes, vos rencontres avec des professionnels, des anciens élèves ou des étudiants en cours de formation.

1.2 Les avantages distinctifs de cette formation en relation avec mon parcours et mon projet

Il s'agit ici de repérer ce qui rend cette formation unique à vos yeux.

1. Listez les **contenus des programmes choisis qui s'articulent avec vos activités** et reliez-les.

SARA

« Cette spécialisation de journalisme ouverte sur les médias et les territoires me font privilégier l'IEP de Lyon. »

2. Relevez **les activités de l'IEP qui s'inscrivent dans le prolongement de vos activités :**

SARA

« Dans le prolongement de ce bénévolat et de mon expérience musicale, je souhaite rejoindre le Bureau des Arts. »

3. **Expliquez** ce qui vous a déterminé parmi les contenus de formation, les méthodes de travail, les stages proposés…

1.2 Mes atouts pour réussir dans cette formation

Reprenez votre tableau de synthèse des attendus et isolez la colonne correspondant aux IEP. Vous mettez ainsi en évidence les pratiques à expliciter et les traits de personnalité à justifier particulièrement pour cette formation.

Puis sélectionnez dans l'onglet « Activités/ centre d'intérêt » de votre profil Parcoursup, les expériences que vous avez recensées et qui peuvent être mise en regard de ces attentes.

SARA

« Pour les pratiques à expliciter, je vais insister sur mon expérience au sein du journal du lycée, le concours d'éloquence et mon niveau d'anglais. Pour mes traits de personnalité, la rigueur et la persévérance de ma formation musicale, ma curiosité au monde à travers mes visites, voyages ou abonnements, mon engagement associatif avec travail collaboratif. »

2 La construction du Projet de Formation Motivé

2.1 Comment procéder ?

Vous avez déjà, lors de la saisie de vos vœux, choisi de saisir votre projet de formation « ultérieurement ». Vous savez donc que Parcoursup vous propose un formulaire à remplir limité à 1 500 caractères ce qui correspond à une dizaine de lignes, sauf si la formation a paramétré une longueur plus importante pour développer vos arguments. Il va donc vous falloir être très concis, c'est-à-dire précis et bref à la fois. Nous vous conseillons donc de saisir votre PFM au traitement de texte avant de le recopier dans le formulaire Parcoursup. Cela vous permettra en plus de disposer d'un correcteur orthographique, ce que Parcoursup ne propose pas !

2.2 Le contenu du Projet de Formation Motivé

a Le PFM répond aux trois questions abordées précédemment :

1. **Quels** éléments ou évènements de mon parcours personnel me conduisent à postuler en IEP ?

2. **Comment** cette formation et ses caractéristiques s'inscrivent-elles dans mon projet personnel ?

3. **Quelles** expériences personnelles justifient de mes atouts pour y réussir ?

b Le « déroulé » du PFM

Il n'existe pas de plan-type. L'ordre des paragraphes peut varier à partir du moment où il est cohérent et les arguments convaincants. Essayez cependant d'« accrocher » dès l'introduction votre interlocuteur avec un élément fort de votre argumentaire.

2.3 La rédaction du Projet de Formation Motivé

Le PFM est l'occasion pour la commission d'examen de candidatures d'apprécier vos compétences d'expression écrite et orale : prenez le temps de le soigner !

a Les éléments formels

Le contenu du courrier se rédige en langage courant.

Commencez sur la première ligne par « Mesdames, Messieurs » et terminez, après la conclusion, sur une ligne distincte avec une formule de politesse simple : « Recevez, Mesdames, Messieurs, mes plus sincères salutations ». Enfin, n'indiquez pas votre nom en guise de signature : les candidatures sont anonymes.

b Une écriture efficace

Le style utilisé doit permettre de lire rapidement le PFM tout en intéressant votre interlocuteur. Pour cela :

1. **Limitez** la longueur de vos phrases à 20 mots, choisissez des mots courts et « parlants ».
2. **Placez** ce qui est important en début de phrase.
3. **Évitez** les formules désuètes (« je sollicite », « dans l'attente »), les tournures qui alourdissent le style comme le participe présent et préférez le futur, plus positif, au conditionnel.

C La relecture

Une fois le courrier rédigé, il convient de le relire et de se poser deux questions :

1. **Aurais-je pu envoyer le même courrier à une autre formation ?**
2. **Un autre candidat aurait-il pu envoyer le même courrier ?**

Si la réponse à l'une ou l'autre de ces questions est « oui », c'est que vous n'avez pas suffisamment « ciblé » les spécificités de la formation et précisé vos expériences personnelles. Recommencez !

Bien entendu, n'envoyez pas votre courrier sans avoir corrigé ou fait corriger les **fautes d'orthographe** !

Vous trouverez ci-dessous le PFM de Sara. Vous pouvez vous inspirer de ses idées pour cibler la formation et répondre à ses attendus, mais votre courrier doit cependant rester unique !

SARA

Projet de Formation Motivé

Mesdames, Messieurs,

Mon intérêt pour la société contemporaine m'a fait choisir lors de mes études secondaires, une spécialité économique et sociale. En parallèle, j'ai pu réaliser dès la seconde un stage au service économique du Dauphiné Libéré, ce qui a renforcé ma vocation pour la communication. Au cours de ce stage j'ai rencontré un journaliste formé en IEP : il m'a fait découvrir cette formation. Ma visite aux Portes Ouvertes de l'IEP de Lyon a confirmé ma vocation pour ces études.

Cet IEP propose une spécialisation communication, culture et institutions qui correspond à un investissement personnel tant dans ma formation musicale que dans le journal de mon lycée. Cependant, tous les IEP proposant des spécialités dans ce domaine restent dans mon projet.

Outre ma participation à un concours lycéen d'éloquence, j'ai pu développer mes compétences d'expression dans la rédaction d'articles de presse. Abonnée à Challenges Économiques et à Capital, je peux assouvir ma curiosité tout comme lors des nombreux voyages qui m'ont également permis de pratiquer couramment l'anglais. Récemment, je me suis engagée dans une association d'aide aux personnes en difficulté dans laquelle j'occupe bénévolement le poste d'aide comptable en collaboration avec le trésorier. Dans cette logique je compte bien rejoindre le bureau des arts de l'IEP de Lyon.

J'espère vous avoir convaincus de l'intérêt de ma candidature.

Recevez, Mesdames, Messieurs, mes sincères salutations.

FICHE 2 : ARGUMENTAIRE PERSONNEL POUR UN VŒU

1. Comment mon parcours me conduit à cette formation ?

- Les faits et évènements de mon parcours qui me mènent vers ce métier/ cette formation

Mes démarches de renseignement sur cette formation

– Site Internet : quelles informations précises ont retenu mon attention ?

– Salons/ JPO : quelles personnes ? Quel sujet de discussion ?

– Rencontres avec d'anciens élèves ou des étudiants : quelles personnes ? Quel sujet de discussion ?

– Autres :

2. Ce que cette formation a de spécifique

- Éléments caractéristiques issus des contenus, méthodes de travail, volumes de stage, ouverture internationale, vie associative

3. Mes atouts pour réussir dans cette formation

Attentes de la formation	Mes expériences à présenter
Pratiques à expliciter • • •	
Traits de personnalité à démontrer • • •	

CHAPITRE 7

Fournir les pièces complémentaires

Selon les vœux que vous avez émis, vous serez parfois bloqué(e) dans votre validation. Un certain nombre de rubriques sont en effet à remplir avant d'accomplir ce geste. D'autres rubriques sont facultatives, mais parfois bienvenues.

1 Les rubriques obligatoires

Une première série de demandes se trouve **dans l'onglet « Vœux »**.

Vous devez renseigner les rubriques suivantes :

1.1 « Activités / Centres d'intérêt »

Ce point a déjà été abordé chapitre 5.

1.2 « Ma préférence »

Cet onglet est important, puisqu'il est destiné à une Commission d'affectation, qui se réunira en juin pour statuer sur votre cas si vous n'avez pas reçu de proposition.

Vous exprimerez en quelques lignes quelles sont vos préférences d'orientation. Inutile de refaire la liste de vos vœux, puisque si la commission se réunit, c'est que vous ne les aurez pas obtenus. Il faut donc dégager le ou les critères qui vous paraissent les plus importants et les mettre en avant.

Exemple : LES « PRÉFÉRENCES » DE SIMON

Madame, Monsieur,
Ainsi que vous le verrez, mes vœux d'orientation se tournent vers le métier d'infirmier. C'est un projet que j'ai formé depuis longtemps, pour lequel je pense avoir de réelles aptitudes, en particulier relationnelles et humaines. Il répond à une véritable vocation. Le remplacer par un autre vœu me semble donc difficile.
Si vous étudiez mon dossier, c'est donc dans cette direction que j'aimerais recevoir une proposition. À défaut, la formation que vous me proposerez doit me permettre de revenir vers les études d'infirmier, au moins par passerelle.
Je vous remercie donc de bien vouloir considérer mon dossier dans cette optique.
Recevez, Madame, Monsieur, mes meilleures salutations.

Simon

2 Les rubriques facultatives

Vous aurez également peut-être besoin de faire connaître aux commissions d'examen un élément qui ne peut pas figurer dans les autres pièces de votre dossier.

Exemples

Une période de maladie qui explique une absence prolongée notée sur les bulletins scolaires.
Un prix ou une récompense que vous voulez mettre en avant : Olympiades de mathématiques, Concours général, etc.
Allez dans l'onglet général « Scolarité », puis tout à gauche « scolarité ».

Vous voyez s'afficher, année par année, votre parcours scolaire. Celui du haut est celui de votre année de Terminale. Vous pouvez entrer dans la case « modifier » à droite, malgré le petit cadenas qui y figure.

Déroulez la page dans laquelle vous venez d'entrer. En bas se trouve une case vide : « Éléments liés à ma scolarité ». C'est là que vous pouvez entrer ce que vous avez à dire.

3 La validation du dossier

Attention

Vous avez entré vos vœux, rempli le CV, la préférence, le projet de formation motivé. Légitimement, vous pourriez penser que vous en avez terminé.

En fait, pour le moment, vos vœux sont virtuels. Il faut les confirmer pour qu'ils existent et soient pris en compte.

Dans l'onglet « Vœux », cliquez sur la case « Détails » à droite.

Sur l'écran qui s'ouvre, vous trouverez en haut une ligne avec trois colonnes, dont la première est « Confirmer ». Pour le moment, elle est surmontée d'une barre rouge vif. Tant que c'est le cas, vous n'êtes toujours pas candidat officiel.

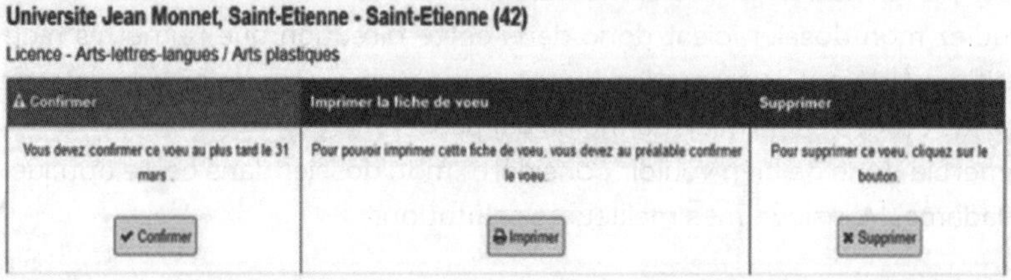

Il faut remplir toutes les rubriques qui suivent pour pouvoir confirmer. Celles qui sont incomplètes sont elles aussi surmontées d'un bandeau rouge, qui deviendra gris dès que vous aurez rempli ce qui doit l'être.

Quand toutes les barres inférieures sont grises, vous pouvez confirmer le vœu. Il existe enfin, vous voilà candidat. Vous en aurez confirmation sur la page « vœux », grâce à une icône de validation bleue.

La date de confirmation imprescriptible est au mois de mars. N'attendez pas cette date butoir. Si tout le monde se connecte au dernier moment, vous risquez la saturation du site. Anticipez donc de quelques jours.

CHAPITRE 8

Recevoir les propositions de Parcoursup

La période qui s'ouvre avec la réception des réponses de Parcoursup peut durer plus ou moins longtemps. En effet, l'absence de classement des vœux a pour conséquence la multiplication des listes d'attente. Mais ne désespérez pas trop vite : dès que les candidats qui auront obtenu leur « vœu de rêve » l'auront accepté, les listes d'attente vont se désengorger !

De leur côté, vos enseignants auront évalué vos propositions lors du deuxième conseil de classe. Ils doivent en effet rendre un avis sur vos candidatures sur ce que l'on appelle la « **Fiche Avenir** » :

- Un avis individuel, matière par matière.
- Un avis collectif sur l'adéquation entre vos aptitudes et ce que vous demandez, vœu par vœu.
- Enfin, le chef d'établissement donnera son avis : très favorable, favorable, réservé. Vous aurez communication de cette Fiche Avenir à partir de fin mai.

1 Fin mai, et après...

Un nouvel onglet s'ouvre sur le site Parcoursup : « Admissions ». Vous verrez apparaître trois panneaux possibles :

Une première série de demandes se trouve dans l'onglet « Vœux ».

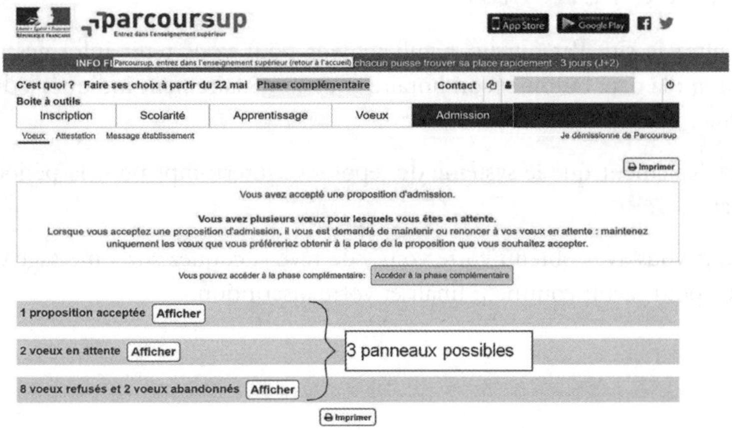

1.1 Le système des réponses

Cliquez sur « Afficher » pour avoir connaissance de vos réponses.

- **1er cas de figure : vous avez un seul vœu proposé et des vœux en attente**

Vous n'avez pour le moment rien à faire, sauf à attendre.

- **2e cas de figure : vous avez deux propositions au moins**

Parcoursup vous donne une date limite pour choisir celle que vous voulez garder.

> **Attention**
> Ne ratez pas la date limite ! Vous perdriez tous vos vœux acquis !

- **3e cas de figure : vous n'avez pas de proposition**

Tous vos vœux sont en attente. Il n'y a rien à faire, hélas, sauf patienter…

Vous devrez consulter chaque jour votre position pour voir comment vous aurez avancé.

1.2 Les « Oui Si »

Deux types de réponses positives sont possibles.

- « Oui » signifie une admission pleine et entière.
- « Oui Si » signifie que votre admission est soumise à l'acceptation d'un contrat pédagogique avec l'institution. Ce contrat prévoit en l'occurrence que vous participiez à un dispositif de consolidation des acquis. Ce peut être par exemple un cours supplémentaire à suivre pour remonter vos notes dans une matière importante.

Être admis dans le cadre d'un « oui si » ne fait pas de vous un étudiant avec moins de droits que les autres. Vous profiterez, selon votre profil d'un soutien dans une ou plusieurs discipline ou d'un parcours d'études aménagé.

1.3 Délai de réflexion

Consultez le site Parcoursup régulièrement pour vous tenir informés des délais de réflexion : la date butoir et son horaire vous sont clairement indiqués à droite, dans la colonne.

Notez également que le système de réponses s'interrompt pour la période du baccalauréat.

Dès que vous avez obtenu votre vœu « de rêve », cliquez sur « message de l'établissement » pour savoir comment finaliser votre inscription.

1.4 Les vœux en attente

En ce qui concerne les réponses en attente, vous aurez aussi accès à des renseignements importants : votre position en liste d'attente, le nombre total de candidats en liste d'attente, le nombre de places disponible dans la formation, le rang du dernier inscrit l'année précédente (malheureusement sans pertinence pour les IFSI dont cela sera la première année).

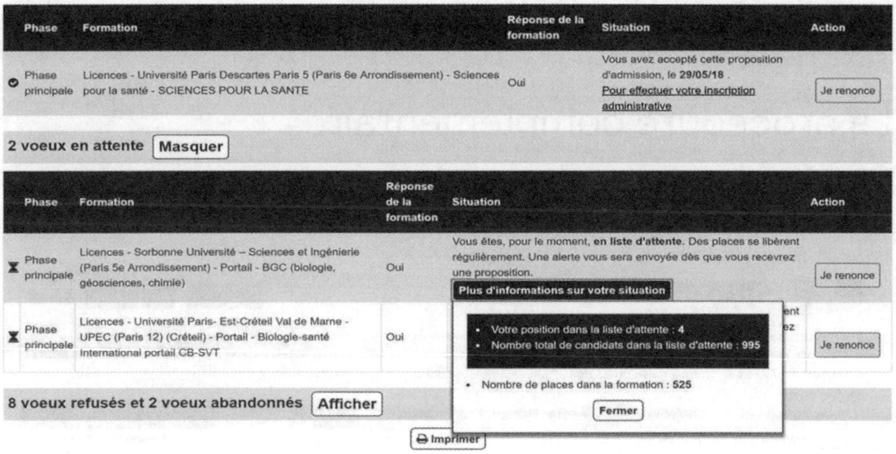

Il est parfois difficile d'interpréter votre position sur une liste d'attente. Tout dépend bien sûr du prestige de la formation. Dans la majorité des cas, il est logique d'attendre pour voir quelle est l'évolution.

L'expérience de cette année montre une remontée très marquée dans les listes d'attente.

Dès que vous aurez reçu une proposition, si vous en avez plusieurs à la fois, vous devrez prendre une décision. Il est impossible de garder plus d'une réponse ferme à la fois.

Tout le système Parcoursup repose sur cette fluidité. Vous gardez une seule proposition ferme, vous rendez les autres. Profitez-en pour abandonner aussi les vœux qui ne vous intéressent plus, parce que vous venez de recevoir une meilleure proposition.

Remarque

Parmi les mesures d'aménagement possibles pour cette 2e session, la création d'un « podium » ou d'un « panier de vœux préférés » est la plus probable. Parmi les vœux exprimés, vous devrez **choisir** fin juin après le Baccalauréat **vos trois vœux préférés**. En cas de réponse positive à un de ces vœux, vous perdriez l'accès aux vœux hors du "podium", puisque vous les aurez désignés comme moins intéressants.

2 Que se passe-t-il si vous n'avez pas de réponse ?

2.1 La Commission d'affectation

Elle se réunit pour vous faire une proposition à partir de ce que vous avez rempli dans la rubrique « Ma préférence ».

2.2 La procédure complémentaire

Vous pouvez ouvrir une procédure complémentaire, dans un nouvel onglet qui vous sera proposé.

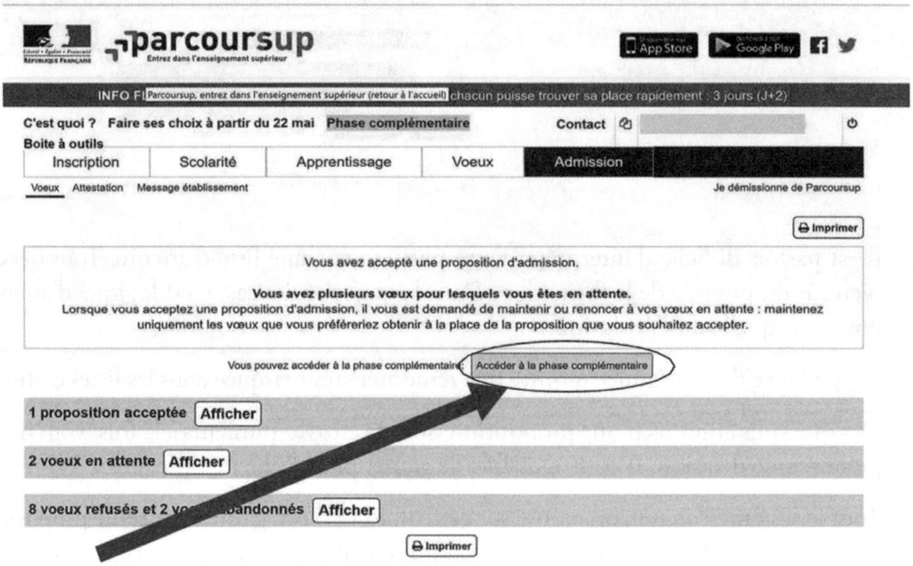

Cette fois, la proposition se fait dans l'autre sens : en fonction du type de vœu que vous formulez, on vous dit dans quel établissement il reste des places.

Les deux types de vœux, ceux que vous avez déjà émis, et ceux que vous ajoutez, seront concomitants.

Vous pourrez donc recevoir à la fois des propositions de votre liste principale – les vœux formulés initialement, et des propositions de la phase complémentaire. Vous choisirez au fur et à mesure celui qui vous convient le mieux.

PARTIE 2
QUESTIONS CONTEMPORAINES

CHAPITRE 9

Présentation de l'épreuve

1 Présentation et modalités de l'épreuve

L'épreuve de « questions contemporaines » fait partie des trois épreuves du concours commun d'entrée aux IEP (Instituts d'Études Politiques) de province.

Il s'agira de mesurer votre niveau de **culture générale**, ainsi que vos capacités à **problématiser** et à **analyser** un sujet, dans le cadre d'une dissertation.

L'épreuve consiste donc en un sujet de **dissertation**, auquel vous appliquerez la méthode telle que vous l'avez apprise, par exemple, dans vos cours de philosophie.

Cette épreuve demande que vous fassiez preuve de clarté dans vos raisonnements, mais aussi que vous soyez capables de convoquer des références qui ne soient pas issues d'un seul champ de réflexion. En un mot, vous devrez faire montre de **transdisciplinarité**, en étant capables d'investir, dans le cadre d'un sujet spécifique, des références qui appartiennent à des disciplines diverses : philosophie, littérature, histoire, histoire de l'art, politique, sociologie, sciences, etc.

Vous garderez bien en mémoire que l'on n'attend pas de vous un traitement purement philosophique du sujet, mais que vous devrez faire preuve d'une réflexion qui sache allier analyse et illustration appropriée.

Enfin, nous vous conseillons vivement d'accéder au **rapport du jury 2014**[1], dont la lecture vous sera profitable pour savoir précisément ce que l'on attend de vous. Bien connaître les attentes du jury est un premier pas capital vers la réussite.

1.1 Modalités de l'épreuve

L'épreuve consiste en une **dissertation** de 3 heures (coefficient 3). Vous aurez à traiter un sujet parmi deux proposés, à partir de thèmes qui vous auront été communiqués à l'avance. Les thèmes de la session 2022 étaient « La peur » et « L'alimentation » tandis que les thèmes de la session 2023 étaient « Le corps » et « L'alimentation ».

1 [iep-strasbourg.fr/fileadmin/upload/IEP/Actualites/rapport_jury_CC1A_2014.pdf]

1.2 Nature de l'épreuve

L'épreuve de questions contemporaines doit permettre de cerner votre capacité à problématiser, analyser et mener un raisonnement argumenté, clair et structuré, à partir d'un sujet se rapportant à une thématique qui peut s'inscrire dans l'actualité.

Vous devrez être capables de convoquer un ensemble de savoirs qui ne se résument pas à un seul champ disciplinaire.

Plus important, il ne s'agira pas de recourir à un exposé doxographique, ou de présenter le « **catalogue** » de vos connaissances, mais bien d'être capable d'exposer, selon un enchaînement ordonné et cohérent, une réflexion claire et judicieusement illustrée.

RAPPORT DU JURY

« Un reproche peut cependant être adressé à de nombreuses copies : **la confusion entre argumentation et accumulation d'exemples**. Il est donc important de ne pas oublier que les références, les citations (sans excès) ou les illustrations ne peuvent venir qu'à l'appui des idées directrices préalablement exprimées. Elles ne les remplacent pas. »

Rapport du Président du Jury – 7e concours commun des IEP 2013-2014

Vous comprendrez que l'important pour la réussite de cette épreuve réside moins dans l'étalage et la juxtaposition d'exemples et de références, que dans la capacité à résoudre un problème, après avoir suffisamment analysé les termes du sujet.

On ne saurait donc faire l'économie de la **méthode**.

RAPPORT DU JURY

« Étaient attendus une introduction obéissant aux critères de formes classiques (accroche, analyse, problématisation), des développements construits et argumentés et une conclusion à la fois très synthétique et prospective. »

Rapport du Président du Jury – 7e concours commun des IEP 2013-2014

2 Conseils méthodologiques pour la dissertation

La dissertation est un exercice de pensée qui doit vous mener à la **résolution d'un problème**, le plus souvent posé sous forme d'une question.

L'exercice doit mener à la constitution précise d'un jugement cohérent, issu de l'unification des réflexions et des analyses qui auront été proposées dans le développement. C'est tout le sens du mot « **méthode** » qui doit éclairer la composition. La méthode, c'est d'abord la poursuite ou la recherche d'une voie et, par conséquent, **un cheminement**. Une bonne méthode fournit des clés essentielles pour le bon déroulement de la pensée.

La dissertation est davantage un **travail d'invention** que l'occasion pour une énumération de savoirs. Penser un sujet, c'est le soumettre à la réflexion, sans préalable doxographique.

Il s'agit dès lors de **s'approprier le sujet**, de le faire sien. Toute la première approche du sujet, son analyse, est donc essentielle, car c'est à partir d'elle que va se constituer l'ensemble de votre développement.

2.1 L'analyse du sujet

a Se familiariser avec l'énoncé

Se familiariser avec l'énoncé du sujet, c'est d'abord bien **le lire**. Bien le lire, c'est considérer chacun des termes qui le constituent.

> Dans l'énoncé, chaque élément a son importance.

Pour un sujet de type « **Est-il nécessaire de travailler ?** », il faudra s'arrêter sur les expressions « *nécessaire* » et « *de travailler* ». L'expression « *de travailler* », par exemple, implique **l'action** « de travailler », et non simplement le seul **fait** du « travail ». Un angle d'attaque problématique du sujet pourra consister à se demander en quoi cet acte peut apporter à l'homme, depuis la simple finalité extérieure (gagner de l'argent pour subvenir à ses besoins), jusqu'à la finalité plus haute de la réalisation de soi et de la société.

Bien penser le sujet, c'est déjà, on le voit, orienter la réflexion, après avoir rendu clair le sens des termes qui composent l'énoncé.

Tout un **travail au brouillon** est donc essentiel pour poser vos premières analyses et vos premières idées, même si toutes ne figureront pas nécessairement dans le corps du devoir.

Ce travail doit à terme vous proposer un ensemble problématique qui vous aidera à structurer un plan de vos développements. D'une certaine manière, **le plan** peut se lire de manière indirecte au cœur de votre **travail de problématisation.**

b Problématiser

Le temps de la **problématisation** est souvent le plus redouté. On y parvient après avoir bien réfléchi le sujet.

De votre problématisation doit découler la logique de votre dissertation. Et pour ne pas vous perdre dans un dédale de réflexions, la problématique doit être établie à partir des « **problèmes-piliers** » que vous déciderez de traiter dans votre développement.

La problématisation est le fait de poser les directions problématiques que vous prendrez sur le chemin de votre réflexion.

Poser ce qui fait problème dans le cadre de la problématisation, ce n'est pas résoudre le problème ou y répondre. **L'acte de résolution** constituera le corps de votre développement, et **la position d'une solution** sera apportée en conclusion.

Poser un problème, c'est se décider à **aller à l'aventure**. Car vous ne savez pas par avance tout ce qui viendra se présenter sur votre chemin, soit pour vous aider à le résoudre, soit pour vous faire obstacle. Mais avec **confiance**, vous parviendrez sur le chemin du développement à trouver en vous les ressources nécessaires pour progresser.

La formule « **aller à l'aventure** » signifie ici se risquer (et prendre plaisir) à la résolution d'un problème après avoir bien pensé et analysé le sujet. En aucun cas il ne s'agit de se jeter à la mer pour savoir si l'on sait nager.

C Construire le plan

Le plan doit s'imposer à partir de l'analyse du sujet. Il doit être le reflet des grandes étapes du cheminement de la réflexion, qui doivent mener à la résolution du problème initial.

Le plan, dans toutes ses parties, est en lien direct avec l'analyse du sujet. Comme on l'a dit, le plan s'impose de lui-même au cœur même du travail de problématisation.

2.2 La rédaction

La forme de la rédaction est particulièrement importante, car c'est ce que le correcteur verra en premier. Il faut tâcher de rédiger son propos d'une écriture égale et soignée, c'est-à-dire **lisible**.

Par ailleurs, l'attention du lecteur sera retenue grâce à des **énoncés clairs** qui illustrent un propos réfléchi et défendu.

Les règles de la **syntaxe**, de la **ponctuation** et de **l'orthographe** doivent être au mieux respectées, et mises au service de vos positions argumentaires. **L'élégance du style** doit ressortir de l'application de ces règles. Pour éviter les répétitions de certains mots de liaison, il est nécessaire de vous en procurer une liste qui vous permette, lors de la rédaction, de varier vos énoncés, et de mettre en évidence leurs relations.

On n'écrit pas comme on parle, on y met les formes, **en se refusant au registre du langage familier.**

a L'introduction

L'introduction est déterminante, car elle permet de poser les éléments du problème qu'il faudra résoudre au fil du développement. Sa forme doit respecter la méthode classique : **accroche, analyse des termes, problématisation**.

L'introduction doit viser à montrer que la question qu'on vous pose est **légitime**, et qu'elle requiert une **réponse**.

Pour ce faire, il faut **montrer que le sujet donne à penser**, soit parce qu'il inclut une hypothèse paradoxale (qui va à l'encontre de l'opinion couramment admise), soit parce qu'il suppose des positions divergentes. Cela peut constituer une accroche.

L'introduction est aussi la mise en place d'une réflexion sur le sujet et sur ses termes, afin de mettre en lumière tous **les enjeux** qui s'y dissimulent à première vue. Cela constituera l'analyse des termes, la révélation des enjeux, à partir de la question du sujet.

Il vaut mieux, quand trop de problèmes se présentent, recadrer la réflexion dans une perspective précise, sans qu'elle soit non plus trop réductrice. C'est le temps de **la problématisation**, qui ressort de l'angle d'attaque que vous aurez choisi.

> Trouver, et élaborer un angle d'attaque, c'est là l'enjeu.

Trois temps vont ainsi rythmer votre introduction :

- **L'accroche**. Elle ouvre votre devoir. Il faut donc qu'elle soit soignée et qu'elle retienne l'esprit du lecteur. Un exemple de la vie quotidienne, qui vienne renforcer ou contredire la question posée, peut permettre la mise en relief de l'intérêt de la question posée par le sujet.
- **L'analyse du sujet**. Reposer à nouveaux frais la question du sujet, après avoir, grâce à votre accroche, suscité l'attention. Les principaux termes du sujet devront être analysés, pour faire ressortir les enjeux de la question posée.
- **L'annonce problématisée du plan**. Elle consiste en un ensemble de questions, articulées entre elles, et qui constitueront autant de **moments forts** pour la résolution de la question posée.

b Le développement

Une fois l'introduction rédigée, vous passerez au développement. Disserter ne consiste pas à juxtaposer des opinions, mais à **coordonner une série de thèses fortes que vous justifierez par des arguments**.

Votre développement s'étagera en plusieurs **parties**, lesquelles se subdiviseront en **sous-parties**, qui sont autant d'arguments pour justifier votre propos. Il est d'usage à Sciences Po de proposer un plan de 2 parties composées de 2 sous-parties. Rien n'interdit cependant de proposer une troisième sous-partie à l'une de vos parties.

Chaque partie correspond à une **thèse** forte. Chaque sous-partie réclamera un **argument** fort pour justifier votre thèse. Cet argument pourra être renforcé par l'utilisation d'un **exemple** qui l'éclaire. La dissertation répond à un **schéma argumentatif**.

L'argument a plus de force que l'exemple. C'est pourquoi vous ne devez utiliser d'exemples que pour étayer votre argumentation, et la renforcer.

Le **schéma classique** est requis pour traiter votre sujet : **A** (1, 2, 3), **B** (1, 2, 3), où **A** et **B** correspondent aux 2 grandes parties (thèses fortes), et 1, 2 (voire 3) aux sous-parties (arguments + exemples).

REMARQUE

Aérer sa copie est essentiel. Cela permet au lecteur de bien repérer les différents temps de votre raisonnement, mais aussi d'avoir une lecture de votre composition plus confortable.

Vous passerez au moins **3 lignes** entre l'introduction et la première partie, entre les grandes parties, et entre la dernière partie et la conclusion. Un **alinéa** ou **retour à la ligne** suffira à montrer que vous passez d'une sous-partie à l'autre.

C Les transitions

La transition est importante. Elle vous permet de **passer d'une grande partie à une autre**, notamment de **A** à **B.** Il n'y a pas de transition entre votre dernière partie et la conclusion.

Il est important que la transition suive immédiatement la fin de la partie que vous terminez. Vous ne devez pas la laisser « **flottante** » entre deux parties. Par exemple, pour la transition (t) de A à B, cela donnera « At » - je passe 3 lignes - « B », et non A – « t » – B.

La transition est une **récapitulation** très sommaire des résultats qui ont été obtenus, et une **relance** vers de nouveaux horizons de réflexion. Il ne s'agit pas de prendre un virage radical, ou « passer du coq à l'âne », mais bien d'affiner votre questionnement. Ainsi, à partir des premières conclusions (de A par exemple), vous identifierez une incidence, un soupçon ou une étrangeté qui viendra remettre en cause l'évidence première (et qui vous permettra de passer à B).

Les transitions sont autant de points d'arrêt, de **carrefours**, d'où la réflexion devra repartir pour de nouveaux chemins.

d La conclusion

La conclusion, ou la dernière impression pour le lecteur, doit **apporter une réponse** à la question posée par l'énoncé initial. Mais cette réponse ne doit pas paraître par trop définitive.

Vous pouvez y récapituler les temps forts sans vous étaler. Tout doit avoir été dit (dans le développement) de ce que vous suggériez dans votre introduction.

Il est inutile de vouloir impérativement « **ouvrir votre sujet** » par une interrogation supplémentaire. Faire de votre conclusion un point final, en fournissant une réponse déterminée, c'est faire que la question du sujet ne reste pas sans réponse.

La conclusion doit être **claire**, **synthétique**, et **concise**.

2.3 Maîtriser son temps et se relire

Il faut rester attentif à l'heure. Pour une durée totale de **3 heures** de composition, vous devrez en **maximum une heure** avoir analysé le sujet, construit le plan et rédigé (éventuellement au brouillon) l'introduction.

Il s'agira aussi de se garder **15 bonnes minutes** pour se relire et se corriger. Se relire est essentiel pour **rectifier** des erreurs de syntaxe ou d'orthographe, et pour **vérifier** s'il n'y a pas d'omissions.

À RETENIR

- **Appliquer la méthode de la dissertation : introduction/développement/conclusion.**
- **Ne pas énumérer des opinions, mais procéder selon un plan argumentatif.**
- **Soigner l'écriture, la syntaxe et l'orthographe. Varier les mots de liaisons et les connecteurs logiques.**
- **Surveiller son temps et se relire pour se corriger.**

CHAPITRE 10
Les solidarités

Introduction

Dès lors que nous nous attachons à ce que l'on appelle les sciences humaines, entendons ici les sciences qui visent un savoir relatif à l'humain, nous ne pouvons qu'aborder des concepts élaborés, travaillés par l'humain lui-même et, par conséquent, bien difficiles à cerner par une définition franche, l'humain étant à la fois sujet et objet de la définition. Le concept de « solidarité » entre dans cette catégorie des concepts qui, considérés au cœur du réel, ne sauraient fournir un éclairage univoque, ni permettre d'exposer de façon exhaustive un cadre définitionnel pleinement circonscrit. À cet égard, on parlera davantage des « solidarités », au pluriel, que de la solidarité, entendue comme une forme d'action ou d'engagement visant à maintenir ou à préserver certains types de liens. La pluralité des cadres dans lesquels opère le concept de solidarité invite à la tentative de relever les divers « types » de solidarités, autrement dit à énumérer des variations sur un même thème, entendu que ces variations, plutôt que de mettre le thème en lumière, renforcent le sentiment de notre incapacité à le saisir nettement.

Comment alors aborder la pluralité du concept, sans tomber dans l'erreur d'un catalogage infructueux et inopérant, entravant toute approche véritablement conceptuelle, c'est-à-dire qui tienne ensemble la raison et le réel ? Plus sobrement, comment parler des solidarités sans prendre le risque de dresser une liste d'engagements ou de dispositifs dits « solidaires » qui ne nous renseigne pas sur la valeur essentielle du concept, sur son unité ? Car certes on parlera d'« élan solidaire », de « contrat solidaire », de « solidarité sociale », de « revenu de solidarité active », etc., et on affirmera plus encore le caractère vertueux de la solidarité comme aide, assistance, soutien, engagement, promesse, etc., comme s'il était toujours question de relations morales nettes engageant des groupes et des individus. Mais il est vite repérable des situations qui assombrissent le tableau général, faisant de la solidarité un mécanisme de défense d'intérêts bien compris, généré par des particularismes et soutenu de fonctions précises. La solidarité entre criminels soulève par exemple la dimension problématique d'un concept partagé entre l'idéal et la réalité dans laquelle il s'inscrit, entre sa visée universelle et sa prise dans l'effectivité des situations humaines particulières.

C'est sur le support de cette ambiguïté conceptuelle que se dégageront ainsi les enjeux problématiques majeurs liés au concept de « solidarité », enjeux attachés à la forme (singulière, plurielle, universelle, particulière), mais aussi à la valeur (individualiste, holiste, intéressé, universaliste, morale, pragmatique) et à la fonction (politique, économique, sociale, éthique) du concept. Ainsi on ne pourra pas travailler la positivité du concept sans se confronter aux dimensions hypocrites et partiales qui le destitue de sa prétention morale et éthique. Les solidarités seront ainsi différenciées, à la lumière du réel de la vie humaine qui les institue, à la fois positivement et négativement. Par exemple, on ne pourra mettre sur le même plan la solidarité humanitaire, universaliste et externaliste, de la solidarité syndicale, locale et internaliste. Et on ne pourra pas manquer de soulever les problématiques liées à ces formes de solidarités, les unes pouvant mener à des formes perverties de charité (la charité humanitaire paroxystique, aveugle au sort d'autrui), les autres à des formes perverties de camaraderie (le syndicalisme « camaradivore », fossoyeur de l'individualisme). En effet, et comme on l'a vu, parce que le concept est une élaboration théorique et pratique, autrement dit humaine, il serait bien naïf de n'y voir qu'une forme positive (idéale) de relations ou de réciprocités interhumaines.

Le concept de solidarité

Le terme « solidarité » (du latin « solidus », signifiant entier, solide, consistant), semble appartenir d'abord au domaine juridique, où sont « solidaires » et responsables l'ensemble des membres ayant contracté une dette.

La solidarité désigne alors un lien d'obligation entre personnes, lien d'interdépendance et de partage qui fonde une unité (sociale, morale, associative, etc.) et établit un système de conventions et de devoirs (solidarité nationale, soutien moral ou financier, assistance à autrui, aides de l'État, etc.).

La solidarité est ainsi avant tout une forme de socialité ou d'association, où naissent des désirs et des sentiments communs (dans la famille, au travail, dans la société civile, etc.). Mais elle doit aussi être organique, pour être pleinement fonctionnelle, et ne pas se réduire, pour reprendre le mot de Montaigne, à n'être qu'une somme d'« accointances superficielles ». La solidarité n'est pas simple association, elle porte en elle une certaine sensibilité, à l'origine de toute organisation véritable. Par exemple, le simple fait d'apporter un soutien aux plus démunis dépend d'un rapport sensible à la souffrance, et de la volonté d'agir par l'établissement de projets et de mesures susceptibles de fortifier ce soutien. L'État français a ainsi son organisation administrative (ministère des Solidarités) dédié aux affaires sociales, à la cohésion et à la protection sociales. La solidarité se veut socialité organisée en vue d'une assistance spécifique face à la détresse ou à la souffrance d'une personne ou d'un groupe. Et la sensibilité qui la porte peut tout aussi bien s'adresser au sort du voisin qu'à celui de l'étranger (solidarité syndicale, par exemple, ou internationale). La solidarité renvoie à une forme de coopération basée sur une responsabilité mutuelle ou sur un devoir commun ; selon le contexte elle peut être appelée fraternité, charité, altruisme, camaraderie, philanthropie, association, cohésion, coopération, humanitarisme, etc. La solidarité est tout autant devoir moral (entraide) que dispositifs associatifs ou administratifs de prise en charge des plus démunis. On peut manifester sa solidarité (manifestation, pétition, etc.) comme on peut faire appel à la solidarité d'un tiers (l'État, par exemple). Quoi qu'il en soit, tout principe de solidarité joint la sensibilité (ce qui nous rend attentif à la souffrance) à la raison (qui nous permet de mettre en œuvre les moyens permettant d'arrêter ou d'atténuer cette souffrance). Face au spectacle de la souffrance des sans-abris, des mesures ou des dispositifs peuvent être pris ou mis en place (l'altruisme de celui qui fait un don, le soutien d'associations ou les dispositifs gouvernementaux). La solidarité, aussi plurielle dans ses fonctions et ses organes que dans ses engagements, ne manque pourtant pas d'unité dans le moteur affectif de son action.

Si, donc, nous admettons que les solidarités trouvent leur principe commun dans la sensibilité (indignation, révolte, sentiment d'injustice, etc., face au mauvais sort d'autrui), n'y a-t-il pas lieu de se méfier des mouvements de solidarités quand, portés ou autojustifiés par le sentiment, ils finissent par réduire la réalité à leurs projections, par vouloir dominer et, par là même, se désolidariser de tout ce qui n'entre pas dans leurs perspectives d'action ?

Les solidarités ne doivent-elles pas, d'où qu'elles parlent (de l'État, d'une association caritative, d'un syndicat, d'un individu, etc.), garder présent cet « esprit de solidarité », vertu morale universaliste, et ne pas s'isoler dans le seul cadre de leurs coopérations étroites ? Autrement dit, la solidarité peut-elle se réduire à n'être qu'une forme de pragmatisme ou un moyen dissimulé de préserver des intérêts particuliers ?

Le travail : condition de la solidarité sociale

La notion de solidarité sociale renvoie à l'idée d'une forme de cohésion donnant aux membres d'une société le sentiment d'appartenance au tout, ou à la société. Autrement dit, ce sentiment de solidarité est à la base de l'existence sociale, et forge une unité à partir de la matière individuelle plurielle. Plus encore, la solidarité sociale caractérise, au-delà du lien social, un lien moral fort entre les partenaires sociaux.

À cet égard, le père de la sociologie française, Émile Durkheim, fera de la « solidarité » un concept central et opératoire, susceptible de rendre compte de l'évolution des sociétés humaine. Deux types de solidarités seront ainsi exposés par Durkheim, dans son travail de thèse *De la division du travail social* (1893) : la solidarité « mécanique » et la solidarité « organique ».

Dans un contexte où l'industrialisation devient le principal mode de la production, l'individualisme connaît un essor qui laisse présager un déclin de la cohésion sociale. Comment dès lors préserver le lien social face à l'autonomisation des consciences individuelles ? Durkheim verra ainsi que, paradoxalement, la division sociale du travail, plutôt que de séparer les individus les uns des autres, du fait de leurs spécialisations, renforce leur cohésion et leur interdépendance. La division du travail est ainsi source de solidarité sociale, et principe d'une unité morale qui façonne l'ensemble des rapports sociaux, au-delà de la simple fonction économique : « Nous sommes ainsi conduits à considérer la division du travail sous un nouvel aspect. Dans ce cas, en effet, les services économiques qu'elle peut rendre sont peu de chose à côté de l'effet moral qu'elle produit, et sa véritable fonction est de créer entre deux ou plusieurs personnes un sentiment de solidarité » (*De la division du travail social,* 1re partie).

Enfin, la division du travail marquera la transition historique entre les formes de société traditionnelle et la société moderne. D'où la distinction faite entre la « solidarité mécanique », propre aux sociétés traditionnelles, et la « solidarité organique », propre aux sociétés modernes, où il apparaît, dans les deux cas, que la solidarité est une attitude sociale avant d'être perçue comme une vertu morale individuelle.

La « solidarité mécanique » des sociétés traditionnelles se base sur des ressemblances entre individus, fortement investis par le collectif et sa coercition. Tout ce qui vient menacer le lien social se voit immédiatement condamné et réprimé par l'ensemble des individus, dont les sentiments sont peu différenciés. La conscience collective dirige la conscience individuelle. Ainsi de façon « mécanique », chaque conscience individuelle réagit en fonction du sentiment collectif commun, et à la mesure des représentations et des valeurs partagées.

La « solidarité organique » des sociétés modernes, quant à elle, se base sur des relations sociales plus différenciées, segmentées, et sur l'émergence d'un individualisme affirmé qui, grâce à la division du travail, trouve à s'accorder sur un intérêt social commun. Ainsi, malgré le déclin des traditions, et l'affaiblissement de leur pouvoir coercitif, l'organisation moderne du travail génère un type de cohésion ou de solidarité sociale, qui ne saurait être ramené à des sources normatives morales ou religieuses, comme c'était le cas dans le modèle « mécanique ». Par la solidarité « organique », chacun se voit contribuer au bien-être commun, chacun prend conscience de sa valeur organique (ou fonctionnelle) au sein de la société.

Qu'à cet égard encore, la modernité ne peut se contenter de fournir à l'individu une place ou une fonction, elle doit aussi et surtout reconnaître l'individu comme étant porteur d'une fonction essentielle pour le bien collectif. Et ce sentiment d'utilité, de servir à la collectivité, ne peut que renforcer la cohésion sociale, et fournir au sentiment de solidarité une assise pleine et responsable. Dès lors, dira Durkheim, il faut que chacun, à son poste de travail, sache reconnaître le type de coopération qui relie sa tâche propre à celle des autres travailleurs. L'exigence d'un travail sensé et gratifiant devient ainsi une condition normative nécessaire à toute intégration sociale : « La division du travail suppose que le travailleur, bien loin de rester courbé sur sa tâche, ne perd pas de vue ses collaborateurs, agit sur eux et reçoit leur action. Ce n'est donc pas une machine qui répète des mouvements dont il n'aperçoit pas la direction, mais il sait qu'ils tendent quelque part, vers un but qu'il conçoit plus ou moins distinctement. Il sent qu'il sert à quelque chose » (*ibid.*).

Plus qu'une simple forme abstraite de solidarité, le travail est le lieu authentique d'une reconnaissance, où les membres de la société participent au bien-être général. Il ne saurait y avoir ici de solidarité réelle et véritable sans l'appréciation réciproque des talents individuels, sans la garantie d'un « honneur citoyen » qui consiste, selon Hegel, dans la possibilité pour chacun de développer ses propres dons et aptitudes au service du bien-être de la société civile (*Principes de la philosophie du droit*, §199). Et plus qu'un simple critère, la reconnaissance est une condition nécessaire à la solidarité sociale, sans quoi le risque de formes de déchéance ou de désolidarisation sociales devient accru. Hegel verra dans « la perte du sentiment de l'honneur » un facteur d'engendrement de la « populace », entendue comme « part non négligeable de la population, privée de toute possibilité de voir ses prestations de travail reconnues par le marché, et souffrant d'un manque d'honneur citoyen » (cf. A. Honneth, *Un monde de déchirements*, IV, 11, « Travail et reconnaissance »). Et on retrouvera ensuite chez Durkheim le concept d'« anomie », entendu comme désolidarisation individuelle de la vie sociale dès lors que la régulation (ou réglementation), qui participe de l'intégration individuelle, n'opère plus, en ne fournissant plus au sujet les conditions suffisantes de réalisation de soi par l'atteinte d'objectifs sociaux utiles et reconnus.

1 La solidarité comme vertu de justice

1.1 La solidarité au fondement de l'État

Un État libéral vise un certain équilibre entre le respect des conceptions particulières du bien et la mise en place d'une coopération sociale qui travaille au bien-être collectif. Cet équilibre se fonde sur des principes de justice, censés favoriser une coopération équitable, portée par des institutions collectives qui veillent au respect des libertés et des solidarités.

La conception d'un État-providence semble d'abord répondre à cette exigence de conciliation entre intérêts particuliers et intérêts généraux, notamment en assurant la protection des personnes et de leurs biens, mais aussi en instaurant une redistribution des richesses et en mettant en place tout un ensemble de services sociaux qui portent assistance aux citoyens (assistance aux pauvres et aux invalides, garanties d'assurance dans divers secteurs de la vie sociale : travail, santé, éducation, etc.). Si le providentialisme soutient sa conception d'une « justice sociale » sur les principes d'égalité et de solidarité, mais aussi sur l'articulation des droits économiques et sociaux, il n'en est pas moins critiqué pour fournir aux individus une conception unitaire du bien-être, et par conséquent pour étouffer la liberté individuelle au profit d'une perspective collectiviste. L'État-providence est ainsi critiqué pour sa dimension paternaliste, décidant de la forme du bien-être, et subordonnant les actions individuelles au plan économique érigé par l'État. Ainsi paradoxalement, en voulant instituer un système de normes qui, par l'administration et la bureaucratisation, établisse un plan de gestion économique et politique, l'État-providence déresponsabilise les citoyens et les désolidarise d'une activité et d'une liberté politique concrète, par laquelle seulement ils peuvent garder un certain contrôle sur leur existence politique. La solidarité de l'État-providence apparaît alors seulement partielle, n'étant considérée qu'à l'aune du plan économique et politique du gouvernement, plan auquel est subordonnée la vie citoyenne, plan qui ne résout pas les inégalités et le problème de la pauvreté qui surgissent d'une économie productiviste.

Pour être pleinement solidaire, l'État se doit de ne pas perdre de vue les principes d'autonomie et de bien commun, l'exigence de l'intérêt général sans pour autant réduire les conceptions et les libertés particulières. Un État rationnel réglementera les libertés civiles et politiques sur le principe d'une justice distributive, et veillera à préserver, à côté de ces libertés, le principe de solidarité. On trouvera dans la théorie contractualiste de John Rawls les fondements d'un État dont les principales institutions reposent sur des principes de justice fondamentaux. Ainsi dans sa *Théorie de la justice* (1971), Rawls détermine deux principes de justice décidés dans le cadre d'une concertation citoyenne théorique : un principe d'égalité et un principe de différence. Le premier garantissant de façon inconditionnelle des « libertés de base » pour chacun, ou des droits civils et politiques fondamentaux. Le second portant sur l'égalité des chances et sur un principe de solidarité consistant à n'accepter d'inégalités que si elles sont à l'avantage des plus démunis.

Ainsi, à la différence du providentialisme dont le pragmatisme unilatéral peut laisser à la marge des couches défavorisées de la population, et à la différence des conceptions utilitaristes qui favorisent le bien-être du plus grand nombre au détriment de minorités souffrantes, la perspective rawlsienne réintroduit dans le jeu politique l'ensemble des citoyens, et notamment les plus démunis. En effet, c'est à partir de la position des plus défavorisés que le caractère juste ou injuste d'un système sera apprécié. Si la théorie rawlsienne s'est vue critiquée pour son caractère « procédural », perdant ainsi la dimension morale des relations sociales, il reste que la prise en considération d'une justice à l'aune du sort des plus démunis est une véritable marque de solidarité et, par conséquent, une exigence éthique de base sur laquelle l'actualité des sociétés postmodernes ne manque pas d'insister.

De sa lecture de Rawls, Paul Ricoeur fait émerger ce sol éthique du formalisme rawlsien, en insistant que la justice n'est pas qu'une vertu institutionnelle, et que le juste se tient « entre le légal et le bon », que « le sens de la justice ne s'épuise pas dans la construction des systèmes juridiques qu'il suscite » (Ricoeur, *Lectures 1. Autour du politique*), autrement dit, qu'il y a un sens éthique préalable de la justice avant sa traduction déontologique ou institutionnelle. Ricoeur découvre ainsi au cœur du deuxième principe rawlsien (la considération du plus défavorisé), adopté par les contractants dans la « situation originelle », une conviction profonde de justice, proche de l'antique Règle d'or : « Ne fais pas à autrui ce que tu ne veux pas qu'il te soit fait ». Où donc dans un système solidaire, les individus sont portés par des convictions éthiques, préalables aux types de solidarités institutionnelles instaurés. Ricoeur parlera à cet égard d'un « élan de sollicitude », ou d'une attention soutenue à autrui, au cœur de la constitution des institutions de justice. Qu'au fond des services institutionnels de solidarités reposerait un sens de l'équité, ou une éthique de la solidarité.

1.2 Service public et protection sociale : le modèle français

Si l'État rationnel trouve son fondement sur des principes de justice solidaires, il se doit dès sa fondation de rester le garant de la solidarité. François Mitterrand pouvait ainsi déclarer en 1986 être « le garant de la solidarité et de la cohésion nationale », garantie censée réduire la « fracture sociale » et générer des concertations sur l'actualité des problématiques sociales. Si les collectivités locales françaises ont vu leur pouvoir d'action augmenté (décentralisation) depuis les années 1980, l'État maintient ses prérogatives en matière de solidarité nationale dans divers secteurs : logement des plus démunis, aide médicale aux plus précaires, revenu de solidarité active, etc. Par exemple, la loi du 5 mars 2007 confie à l'État le soin de garantir le droit à un logement décent et indépendant à toute personne qui, résidant sur le territoire français de façon régulière, n'est pas en mesure d'y accéder par ses propres moyens ou de s'y maintenir. Tout un ensemble d'organes de l'État s'attache ainsi à garantir la solidarité nationale : ministères sociaux, administrations centrales ou structures régionales.

Le 29 mars 2012 a été institué le « Haut Conseil du financement de la protection sociale », avec pour mission « d'organiser la réflexion sur les moyens d'assurer la pérennité de notre modèle social et des principes de solidarité qui le fondent tout en assurant un financement compatible de celui-ci avec l'exigence de compétitivité de notre économie et celle de redressement des comptes sociaux » (Décret n°2012-428). La création de cette structure illustre l'enjeu politique majeur auquel sont aujourd'hui confrontés les pouvoirs publics en matière de protection sociale. Il s'agit en effet de maintenir la solidarité sur laquelle se fonde le contrat social du droit constitutionnel français, tout en limitant ses effets négatifs sur l'économie afin d'assurer sa viabilité.

Le système de protection sociale joue un rôle fondamental en France dans la mesure où il prévoit un ensemble de dispositifs destinés à prémunir les individus contre certains risques sociaux, tels que la maladie ou la vieillesse, par des revenus de remplacement et de complément. Mais la solidarité a un coût, et pèse fortement sur les dépenses publiques, comme sur l'emploi et la compétitivité des entreprises, mettant en évidence les limites du modèle social français, notamment en termes de financement de cette protection sociale. Comment alors préserver un système de protection sociale pérenne qui garantisse l'objectif fondamental de solidarité ?

L'instauration de la Sécurité sociale en 1945 avait ainsi pour but la mise une place d'une organisation unique et universelle, financée par des cotisations sociales. Dans une logique d'assurance sociale, celle-ci protège les travailleurs contre les risques de perte des revenus professionnels que sont la maladie, la vieillesse, le chômage et la famille. La protection de ces risques correspondait alors aux objectifs principaux de la Sécurité sociale, c'est-à-dire la lutte contre la pauvreté, qui touchait majoritairement la population âgée, l'amélioration de la santé des citoyens et le soutien de la natalité. Face à l'émergence de la précarité des jeunes et de certains actifs, ainsi qu'aux évolutions de la famille, de nouvelles prestations à finalité assistancielle sont venues compléter les dispositifs de protection sociale. L'instauration de minima sociaux, tels que le Revenu Minimum d'Insertion (RMI) en 1988 pour les personnes sans revenus, marque donc un important tournant dans le modèle social français. En alliant une logique d'assurance sociale et de solidarité nationale, celui-ci offre aujourd'hui une protection large et couvre l'ensemble des risques et situations auxquels sont confrontés les individus.

Le système de protection sociale français présente néanmoins certaines limites dans son efficacité. En premier lieu, malgré le large éventail de prestations proposées, ce système ne semble pas être en mesure de remplir pleinement ses objectifs. Ses effets redistributifs sont ainsi insuffisants, comme le prouvent la persistance de la pauvreté et les inégalités de revenus. Par ailleurs, certaines prestations profitent davantage aux plus riches, notamment en matière de santé, ces derniers ayant plus spontanément recours aux frais médicaux. Cette situation est aggravée par la montée du chômage et met en lumière la principale défaillance du modèle social français : sa logique indemnisatrice et réparatrice a un effet désincitatif sur le retour à l'emploi. Dès lors, ce modèle a tenté de se réformer selon deux axes majeurs que sont l'activation des dépenses sociales et l'individualisation des droits sociaux. Le Revenu de Solidarité Active (RSA), qui remplace le RMI à partir de 2008, est en cela un exemple emblématique. Les bénéficiaires se voient également reconnaître des droits et obligations, parmi lesquels figurent un accompagnement individualisé et des actions de réinsertion. Ces nouveaux principes de la protection sociale, qui témoignent d'une volonté d'améliorer l'efficacité sociale et économique du système français, semblent néanmoins insuffisants. Certains effets pervers de la protection sociale subsistent ainsi, en particulier en matière d'emploi. Les règles visant à garantir la sécurité de l'emploi concourent à rigidifier le marché du travail et poussent les employeurs à privilégier l'emploi précaire subventionné.

Si les défaillances de la protection sociale française en termes d'impact et de pertinence sont à nuancer dans la mesure où celle-ci joue un rôle essentiel en matière d'équité et de solidarité, ses difficultés financières semblent plus préoccupantes. Notre système social est, en effet, confronté à un besoin de financement croissant qui s'est approfondi avec les dernières crises économiques. Les lois de financement de la protection sociale ainsi que l'Objectif national de dépenses d'assurance maladie (Ondam) constituent en ce sens les instruments de pilotage des finances sociales. Leur portée normative est cependant limitée dans la mesure où ils établissent des objectifs en matière de dépenses mais n'ont pas le pouvoir de restreindre celles-ci. En outre, le système de financement de la protection sociale est accusé d'avoir des effets négatifs sur l'économie. Il se base principalement sur des cotisations sociales, assises sur les revenus professionnels, qui pèsent sur les coûts de production et sur la compétitivité du pays. Dans le but de pallier ces difficultés, la structure des ressources sociales a évolué vers davantage de fiscalité, notamment avec la création de la contribution sociale généralisée (CSG). Les impôts et taxes affectées à la protection sociale représentent aujourd'hui une part importante des ressources, pour répondre à la logique de solidarité nationale qui s'est développée parallèlement.

Face à l'enjeu essentiel que représente notre modèle social en termes de protection des individus, dont le rôle a d'ailleurs été confirmé lors de la récente crise économique, il semble fondamental de sauvegarder son objectif d'équité. Si le système de protection sociale français est dans l'obligation de se réformer pour gagner en efficacité, il ne doit donc le faire qu'en conciliant performance et solidarité, à l'image des pays nordiques par exemple.

2 Solidarité et société civile

2.1 La solidarité syndicale

Dans les différents corps de métier, des actifs sont dits syndiqués en tant qu'ils représentent une organisation syndicale, et participent ainsi de la remontée des problématiques liées aux conditions de travail de ceux qu'ils assistent. En défendant leurs membres, les syndicats travaillent à améliorer les conditions de travail de la population en général. Bien que de grandes batailles syndicales aient mené à de nettes améliorations des conditions de travail dans l'histoire des pays industrialisés, la question des mouvements syndicaux reste encore d'actualité : « Jadis acteur important du progrès social, le mouvement syndical donne cependant l'impression d'être aujourd'hui à la remorque des décisions prises dans les parlements et les places boursières. Comment donc insuffler au syndicalisme un vent de renouveau ? Dans quel état se trouve-t-il et quelles sont les avenues à envisager pour lui redonner sa force de changement ? » (Crevier, P., Forcier, H., Trépanier, S. et Brais Harvey, G. (2015), *Renouveler le syndicalisme : pour changer le Québec. Montréal,* Qc : Les Éditions Écosociété).

Médiation essentielle entre les différents pouvoirs et les travailleurs, le syndicalisme veille au respect des droits des salariés dans l'exercice de leur fonction, accompagne les individus les plus vulnérables, et négocie avec les instances dirigeantes de meilleures conditions de travail à partir du vécu des travailleurs et des problèmes qu'ils rencontrent. Le soutien syndical est soutien local solidaire face à la menace de relations hiérarchiques injustifiées voire illégales. Ainsi garde-t-il toujours en vue, au-delà des souffrances particulières, le sort plus général de l'ensemble des travailleurs : « L'organisation syndicale a des leviers pour transformer les situations de souffrance : rester le clinicien « au pied du lit » du salarié-souffrant dans une relation d'écoute inter-individuelle serait oublier que l'élu a les moyens de transformer les organisations de travail, et ainsi de tenter de réparer collectivement les incontournables vulnérabilités individuelles. » (Anne-Florence Quintin, « Entre contrat social et contrat de soutien : le syndicalisme dans la fabrique des solidarités », *Cadres*, revue n°483, décembre 2019*)*. La solidarité syndicale entend ainsi soutenir les salariés, à la fois dans la dimension individuelle de leur situation au sein de leur entreprise, et dans la dimension plus générale et juridique des droits relatifs au travail. Ainsi peut-on évoquer par exemple la signature des « accords de Matignon » dans la nuit du 7 au 8 juin 1936, accords qui résultent d'un fort mouvement de contestation sociale relativement aux conditions de travail des ouvriers. Ces accords porteront essentiellement sur l'établissement de conventions collectives au sein des entreprises (art. 1), sur la liberté syndicale (art. 3), sur l'augmentation des salaires (art. 4), sur le droit de grève (art. 6/7), ou encore sur la durée de travail et les congés payés. Tous ces acquis auront été portés par le syndicalisme, et notamment à cette époque par la CGT, dont le secrétaire général Léon Jouhaux affichait les revendications : « le rajustement des salaires, la semaine des 40 heures, mesure qui doit être votée par le Parlement et immédiatement, la suppression des heures supplémentaires, l'octroi de congés payés, la garantie de conditions d'hygiène, la reconnaissance concrète du droit syndical dans le cadre de conventions collectives du travail […] » (in *Le Peuple*, n°5616, 6 juin 1936).

Si les syndicats représentent les travailleurs et servent de médiation entre ces derniers et leurs employés, il apparaît que résident toujours des rapports de force difficiles à estomper, dans la mesure où « les patrons ont l'esprit moins occupé par la vie que mènent leurs ouvriers que par la production et la vente, les hommes d'État ont l'esprit moins occupé par la vie que mènent les citoyens que par la défense nationale » (S. Weil, *La Condition ouvrière*, « À propos du syndicalisme 'unique, apolitique, obligatoire' »). Et s'il est des empêchements extérieurs au règlement politique et juridique des conditions des travailleurs, il est aussi des risques internes aux syndicats qui, politisés, porteraient des revendications davantage à l'image de leurs intérêts propres que de celui des travailleurs. Ainsi en va-t-il d'une certaine désaffection syndicale, quand les travailleurs ne perçoivent plus dans la parole syndicale que la défense de leurs intérêts propres. Plus encore, et à l'image des divergences idéologiques entre les partis politiques, les mouvements syndicaux peuvent inspirer méfiance, unilatéralisme, désintéressement du sort du peuple, comme lorsque des manifestations dites « solidaires » ne font état que d'une solidarité étroite, ne luttant que pour des intérêts particuliers. La solidarité syndicale, désormais élargie à l'ensemble des problématiques dites « sociétales », semble aujourd'hui en difficulté à afficher une ligne claire et unitaire, à l'image des partis politiques, pris dans des contradictions internes et incapables de mener un projet qui sache concilier l'ensemble de ces problématiques. Qu'il s'affirme apolitique, qu'il se soumette aux directives gouvernementales, ou qu'il se considère comme organe de transmission du climat social, le syndicat n'en reste pas moins et nécessairement pris dans la matière sociale et politique. Dès lors, ne revient-il pas aux syndicats de garder pour ligne de conduite principale le sort des conditions effectives de travail, lequel sort sera le sol de toutes ses luttes et de tous ses engagements ? Un syndicat peut-il prétendre étendre sa fonction au-delà des bornes locales dans lesquelles il s'exerce d'abord, c'est-à-dire dans les limites circonscrites d'un secteur professionnel ? N'y a-t-il pas quelque paradoxe à vouloir généraliser une défense et un soutien, quand on s'arrête à l'étymologie même du mot « syndicat » (du grec « sundikos » = avocat), qui traduit la défense particulière, et non générale ?

2.2 Les associations solidaires

La société civile semble elle-même tout à fait capable de générer des systèmes solidaires qui viennent en aide aux individus en difficultés. Ainsi a-t-on vu émerger des structures ou des plateformes d'entraide permettant de porter assistance aux plus démunis, c'est-à-dire à ceux qui expriment une souffrance réelle liée à des conditions d'existence dégradées. Que ce soit pour les sans-abri, les toxicomanes, les réfugiés ou « sans-papiers », les personnes handicapées, ou encore les personnes en difficulté ne pouvant subvenir à leurs besoins fondamentaux, de nombreuses associations « solidaires » existent afin de réduire une « fracture sociale » de plus en plus franche dans les sociétés occidentales.

On pensera à cet égard au « mouvement Emmaüs », fondé par l'abbé Pierre, et dont l'intention est de lutter contre la pauvreté et l'exclusion, notamment par la revente de dons et par la réintégration par l'emploi dans ces centres de revente (lesdits « compagnons d'Emmaüs »). On pensera également aux « Restos du cœur », association « reconnue d'utilité publique » fondée par Coluche en 1985, et permettant de mettre à disposition des plus précaires une aide alimentaire d'urgence et gratuite. Les Restos du cœur ont ainsi « pour but d'aider et d'apporter une assistance bénévole aux personnes démunies, notamment dans le domaine alimentaire par l'accès à des repas gratuits, et par la participation à leur insertion sociale et économique, ainsi qu'à toute action contre la pauvreté sous toutes ses formes » (*restosducoeur.org*, présentation de l'association). Pensons enfin au « DAL » (Association Droit Au Logement), fondé en 1990 par des familles mal-logées et des militants associatifs dans le 20e arrondissement de Paris. Le DAL a ainsi pour objectifs de défendre le droit indispensable au logement, d'« initier et organiser le soutien, l'information, la promotion d'action ayant pour but de remédier au problème des mal-logés et sans-logis, notamment par des propositions visant à améliorer la législation sur le logement » (*droitaulogement.org*, présentation de l'association).

La solidarité peut ainsi naître de l'expérience de la souffrance et générer des entreprises solidaires associatives qui s'efforcent d'alerter l'État de conditions d'existence précaires, et de lui inspirer des cadres juridiques toujours plus « solidaires » qui sachent prendre la mesure de la pluralité des situations de détresse. Reconnues d'utilité publique, les associations caritatives ou dites « de bienfaisance » bénéficient d'avantages spécifiques qui facilitent leur fondation.

2.3 Vers une solidarité internationale

Mais la solidarité ne peut-elle se soutenir que de la charité et de la philanthropie ? N'est-ce pas le droit qui seul garantira une solidarité stable et universelle ?

La solidarité, idéalement et pour dépasser le caractère limité des solidarités, doit pour condition essentielle ou pour fondement reposer sur le respect de la dignité de la personne, tel qu'il a été formulé par Emmanuel Kant et, par suite, par l'Unesco chargée de diffuser la *Déclaration universelle* de 1948, qui déclare que « La solidarité des esprits et des cœurs n'est pas concevable si elle ne repose pas sur le respect de la personne humaine, sans distinction de race, de couleur, de sexe, de langue ou de religion, en quelque lieu qu'elle se trouve et quelle que soit sa condition ».

Kant affirmait d'abord cette dignité dans l'une des formes de son impératif catégorique moral : « Agis de telle sorte que tu traites l'humanité, aussi bien dans ta personne que dans la personne de tout autre, toujours en même temps comme une fin et jamais simplement comme un moyen » (*Fondements de la métaphysique des mœurs*, 1785). L'humanité est ainsi considérée comme le lieu d'une destination morale, providentielle, et c'est la raison pour laquelle chaque personne mérite d'être respectée comme telle, c'est-à-dire comme participant à une fin plus haute et rationnelle. Le droit rationnel sera ainsi considéré, à la différence des inclinations sensibles improductives, comme le moyen par lequel ce respect pourra être posé comme un principe essentiel de la constitution juridique des États, principe supposé concourir à la destination (fin) humaine, l'ordre moral et la paix perpétuelle entre les États.

Dans son *Projet de paix perpétuelle* (1795), Kant va affirmer un droit relatif au respect de la personne humaine, et moteur d'une paix universelle et durable : l'hospitalité. Principe juridique de solidarité, l'hospitalité signifie « le droit qu'a un étranger arrivant sur le sol d'un autre de ne pas être traité en ennemi par ce dernier [...], le droit qui revient à tout être humain de se proposer comme membre d'une société, en vertu du droit à la commune possession de la surface de la terre, laquelle étant une sphère, ne permet pas aux hommes de se disperser à l'infini, mais les contraint à supporter malgré tout leur propre coexistence, personne, à l'origine, n'ayant plus qu'un autre le droit de se trouver en un endroit quelconque de la terre ». Considérée au fondement du droit cosmopolitique, l'hospitalité permettrait d'améliorer les relations entre les peuples, en vue d'une unité politique et juridique : « [...] le droit naturel en ordonnant l'hospitalité se contente de fixer les conditions sous lesquelles on peut essayer de former des liaisons avec les indigènes d'un pays. De cette manière, des régions éloignées les unes des autres peuvent contracter des relations amicales, plus tard sanctionnées enfin par des lois publiques, et le genre humain se rapprocher indéfiniment d'une constitution cosmopolitique ».

Devoir universel et protecteur de la liberté individuelle, l'hospitalité est entrée dans le cadre du droit qui, au-delà de la solidarité interhumaine, pose un droit de solidarité internationale ou interétatique. Ce droit sera repris, renforcé et posé comme un principe inaliénable par la philosophe Hannah Arendt, qui réaffirme un droit fondamental pour la préservation de la dignité de l'humain, à l'observation du phénomène de déplacement de réfugiés des années 1920 à 1940 : le « droit d'avoir des droits », ou « droit à la citoyenneté ». Arendt met en lumière ce paradoxe moderne d'une idéalisation des Droits de l'Homme, inaliénables, à côté du phénomène réel d'apatridie, qui prive certains individus de leur citoyenneté, et donc de leurs droits, condition de toute existence politique et juridique. Exclus de leur communauté politique, les apatrides, ou « sans-droits », se retrouvent exclus de toute « la famille des nations », et perdent par là même toute protection juridique ou gouvernementale. À cet égard, affirme Arendt, « les sans-droits doivent la préservation de la vie à la charité et non à un droit », autrement dit à une forme de solidarité qui n'a pas de statut juridico-légal (H. Arendt, « Il n'y a qu'un seul droit de l'homme », *Modern Review*, 1949). Plus encore, ce droit à la citoyenneté est un principe de justice solidaire à un double titre : d'abord en vertu de la protection de la dignité et de la liberté humaines, ensuite en vertu de la préservation d'un statut politique pour tout individu, sans lequel il se désolidariserait de la société des nations, le « plus grand danger » étant de « n'être plus qu'humain ». Le « drame » des « sans-droits », nous dit Arendt, réside moins dans la perte de droits particuliers que dans la perte d'une communauté capable de garantir des droits. La solidarité doit ici retrouver sa dimension étymologique, en permettant à chaque humain d'appartenir à un ensemble politique déterminé. Le « droit d'asile », droit internationalement reconnu par la Convention de Genève de 1951, et inscrit dans la Constitution française, semble répondre aux exigences kantiennes et arendtienne d'instituer un droit protecteur de la dignité et de la liberté humaines.

Face au drame inextinguible des migrations vers l'Europe, de nombreuses associations ont vu le jour afin de défendre le droit des réfugiés et leur permettre de s'intégrer au mieux dans leur pays d'accueil. Permettons-nous de signifier ici, en dehors du contexte politique, que l'exil des étrangers, quels que soient leurs motifs, suscite de l'empathie face à l'expression de la souffrance. Devant en effet fuir des régions hostiles, des régimes autoritaires et liberticides, ou encore des conditions de vie désastreuses du fait de catastrophes climatiques, les « demandeurs d'asile », les « réfugiés » et les « migrants » en général (sur ces définitions, cf. *Amnesty.org*, « Personnes réfugiées, demandeuses d'asile et migrantes ») ont des droits humains qui doivent être respectés : « Les gouvernements sont tenus de protéger tous les migrant·e·s de la violence raciste et xénophobe, ainsi que de l'exploitation et du travail forcé. Les migrant·e·s ne devraient jamais être détenus ni renvoyés de force dans leur pays sans raison légitime. » (*ibid.*). Il s'agit ainsi d'assurer un accueil digne et d'engager des formes de solidarité qui favorisent l'insertion de ces personnes. À cet égard, le programme « Solidarité Migrants » (2015) de la Fondation de France a pour objectif de soutenir les associations et les projets d'aide aux migrants, afin d'« accompagner les plus fragiles par un soutien psychologique » et de « soutenir l'engagement citoyen auprès des exilés » (*Fondationdefrance.org*, « Aide aux migrants : accueillir, accompagner, créer des liens »).

La solidarité à l'égard des plus fragiles naît le plus souvent du spectacle de la souffrance, et les dispositifs médiatiques, en donnant à cette souffrance une scène toujours plus étendue, suscitent à leur tour des élans de solidarité parmi les populations civiles. On se rappellera l'opération « Du riz pour la Somalie », programme d'aide humanitaire mené par Bernard Kouchner en 1992, afin de lutter contre la famine qui sévissait alors en Somalie. En diffusant largement la crise humanitaire sur l'ensemble des canaux médiatiques, Kouchner engageait une nouvelle stratégie consistant à mettre sur le devant de la scène la crudité et l'horreur de la souffrance humaine, stratégie vouée à mobiliser la plus grande solidarité. Les discours ou les tableaux statistiques ne suffisent pas toujours à sensibiliser ; il fallait présenter des cas concrets, parlant à tous, « pour susciter la pitié du spectateur et l'inviter à rentrer dans l'action sans attendre » (Luc Boltanski, *La Souffrance à distance*, 1993). Bref, du sentiment doit naître l'urgence. Pour autant, la question de la souffrance, et de la solidarité qu'elle suscite, ne peut être portée au public sans un certain discernement, au risque de rendre obscène la figure du souffrant et, par là même, de provoquer une forme de dégoût qui paralyse l'action. Plus encore, la souffrance doit être suffisamment circonscrite par respect pour ceux qui en sont l'objet. L'action humanitaire a ainsi pu être vivement critiquée, non pas pour son assistance sur le terrain, mais pour une exhibition médiatique irréfléchie de la misère humaine.

En mettant systématiquement en scène médiatique la souffrance, Bernard Kouchner, fondateur de Médecins sans frontières puis de Médecins du monde, voulait lutter contre l'indifférence et provoquer par la pitié des spectateurs des élans de solidarité qui permettent une intervention humanitaire d'urgence. Plus encore, il s'agissait d'interpeller les politiques, et de faire que les États prennent part à l'action solidaire. Sera ainsi reconnu par l'ONU un « droit d'ingérence humanitaire », qui légitime (et légalise) une action humanitaire extérieure dans des pays où la population est victime de catastrophes naturelles ou de violation des droits de l'Homme.

3 La logique de l'engagement et sa sincérité

3.1 Logique de l'action solidaire

L'action solidaire met en jeu des différences voire des oppositions qui peuvent affecter l'engagement. Dans le cadre de l'action humanitaire, il apparaît bien souvent une forme d'opposition radicale entre ceux qui proposent leur aide (pays riches et démocratiques) et ceux qui en bénéficient (pays pauvres et autoritaires). Et l'action humanitaire se différencie du modèle de l'engagement syndical par exemple, où ce sont ceux qui souffrent qui s'engagent pour eux-mêmes, qui revendiquent leur droit au bien-être. La solidarité humanitaire est extérieure à la souffrance sur laquelle elle agit, quand la solidarité syndicale prend naissance au cœur même de la souffrance éprouvée par les agents.

Les directives solidaristes s'appuient nécessairement sur des figures malheureuses spécifiques. Le sujet souffrant de sous-nutrition ne sera pas perçu de la même façon que l'ouvrier revendiquant une augmentation de salaire ou dénonçant un management abusif. C'est la situation et la détermination du malheureux qui va « définir des tracés conventionnels, ouvrant des lignes à suivre d'assistance et de moyens à mettre en œuvre », conventions préalables sur lesquels des types d'action pourront être engagés en fonction du contexte spécifique d'injustice (Luc Boltanski, *La souffrance à distance*, I,1). Une politique solidaire ne peut seulement reposer sur le particulier. Elle doit viser le général pour être pragmatique, et légiférer pour le bien du plus grand nombre. Mais il lui faut également saisir la particularité des situations, pour mesurer au mieux la nature de la souffrance vécue. La généralité, en effet, « n'inspire pas la pitié » (*ibid.*) : « Pour activer la pitié, des corps souffrants et misérables doivent être transportés de façon à toucher les sens des gens heureux » (*ibid.*). Plus encore, et pour transporter le sentiment vers la voie rationnelle de la généralisation, les cas exposés doivent être « exemplaires » : l'indignation suscitée par cet enfant qui souffre doit mener à l'idée et au sentiment plus général de la souffrance infantile. La solidarité « politique » doit trouver la bonne distance vis-à-vis de ce qui souffre, entre le cas concret et la réalisation d'une souffrance plus générale. Trop de sentimentalité paralyse l'action, trop d'objectivité rend aveugle à la souffrance singulière. Ainsi dans l'espace public, le sentiment doit être soumis à la médiation de la connaissance, pour devenir sentiment rationnel. L'action solidaire ne peut advenir que sur le sol d'un sentiment qui trouve sa justification dans la connaissance objective de la réalité. Cette double exigence de détachement et d'engagement forme une unité dans la logique de l'action solidaire.

3.2 La sincérité solidariste

Interroger la solidarité, c'est interroger la franchise ou l'honnêteté des intentions. On peut en effet émettre quelque soupçon quant à la sincérité des sensibilités solidariste, et ce même si, d'un point de vue purement conséquentialiste, mieux vaut une solidarité insincère qui porte ses fruits sur le sort des malheureux, qu'une prétendue solidarité « pure » qui peine à se prolonger au-delà du seul sentiment. Il peut régner ainsi une insincérité dans la sensibilité corporative ou solidariste : « La solidarité de façade y recouvre le banal égoïsme que nous avons distingué tout d'abord de l'individualisme ; égoïsme compliqué ici de sentiments d'esclaves : envie, défiance, malveillance, dénigrement entre compagnons de chaîne ». Et l'on peut voir alors la solidarité s'évanouir dès lors qu'un collègue de travail ou un camarade se trouve en difficulté avec sa hiérarchie. Plus encore, il peut apparaître que « l'impératif de solidarité », comme dans la mentalité syndicaliste, puisse se transformer en une forme d'« altruisme camaradivore » (Georges Palante, *La Sensibilité individualiste*, 1909), autrement dit une forme de négation de l'individualité du camarade.

Mais il y aurait, nous dit Palante, la prétention d'une « sensibilité solidariste sincère et sérieuse », celle de « penseurs humanitaires et idéalistes qui aiment à se placer au point de vue du bien de l'ensemble, de la société, de l'humanité ». Et que de ce point de vue, l'univers serait perçu comme un tout solidaire, auquel aucune partie ne pourrait réellement échapper ; et qu'à cet égard « Le solidariste se complaît à croire que chacun de ses gestes, chacun de ses actes, presque de ses pensées, a sa répercussion jusqu'en Chine, jusqu'au Kamtchatka, jusque dans Saturne ou dans Mars et inversement que chacun de ses gestes, chacun des actes des habitants de ces régions ou de ces astres lointains a une répercussion, si infime soit-elle, sur lui. Sentir cette dépendance universelle, s'y complaire, en jouir, l'exagérer à plaisir est le propre de la sensibilité solidariste. » (*ibid.*).

Dépendance universelle qui se soutiendrait de ce que Guyau appelait un « sociomorphisme universel », et qui forgerait l'illusion des universalistes abstraits, inaptes à percevoir les différenciations locales, souvent irréductibles. Ainsi a-t-on pu faire de l'idée de nation l'ennemie d'une forme d'internationalisme, impliquant la possibilité de former une grande société universelle, homogène et égalitaire. De là par exemple les anarchistes et les trotskystes qui défendaient sans condition l'internationalisme, oubliant par là même la part effective et concrète de la vie économique et culturelle des nations. Cet universalisme abstrait oublie en effet que le contenu concret de l'existence des individus est d'abord national, et que si les échanges économiques peuvent ressortir d'un cadre plus global, il n'en demeure pas moins que le terrain concret de la lutte des classes se situe sur le plan local. Voulant ainsi voir l'humanité dans l'individu, ou la cause du prolétariat mondial dans le prolétaire local, l'internationalisme abstrait allait manquer d'efficacité par manque de discernement. C'est donc moins contre les nations qu'à partir d'elles qu'une solidarité internationale concrète peut se mettre efficacement en place, mettant en avant des principes de justice universels, et sans contrarier les formes d'existence locales.

Davantage encore, le solidariste garde un sentiment de dépendance, et ne saurait parvenir à l'autonomie véritable de l'individualiste, qui se refuse aux formes de religiosités idéologiques, au sentiment abstrait d'une union substantielle qui, bien souvent, ne s'avère être qu'une illusion égoïste. Les grands discours tenus au nom de l'humanité entière ne reflètent souvent que l'expression d'une passion particulière, voire d'une pathologie propre. Et l'on sait que ces discours peuvent à la fois nuire à toute véritable solidarité, en désolidarisant de l'engagement ceux qui portent des idées plus nuancées, et ainsi réduire à l'idéologie communautaire une prétention d'abord universaliste. Le discours solidariste (instrumentaliste) peut masquer une volonté de dominer, de prendre la tête du pouvoir ; le discours solidariste prend la solidarité pour instrument ou prétexte, et ne manque pas d'interdire aux esprits individualistes de penser par eux-mêmes. L'État, « incarnation suprême de la solidarité », ne manquera pas non plus d'imposer à ses fonctionnaires ce qu'il impose comme « devoir social », et ainsi, par la sacralisation de ce devoir, de les soumettre à marche forcée.

La solidarité, bien souvent, se veut amitié du genre humain, amitié devant tel ou tel groupe, auquel il faudrait porter assistance. Mais cette amitié ne résiste pas dès lors qu'un membre du corps contrarie l'étiquette du groupe. C'est ainsi davantage camaraderie qu'amitié qui règne dans les relations au sein d'un groupe, d'un corps ou d'une organisation. Camaraderie qui étouffe plutôt toute relation d'amitié, cette dernière supposant de laisser libre chacun d'exprimer son individualité. Ainsi « la camaraderie n'est qu'une forme de l'esprit de caste, avec ses exigences, ses ostracismes, ses jalousies, ses défiances et ses susceptibilités ombrageuses. – Au fond de toute camaraderie, de toute sociabilité grégaire se trouve un sentiment commun et fondamental : la peur. Peur de l'isolement ; peur du groupe et de ses sanctions ; peur de l'imprévu. Contre cet imprévu, contre les hostilités possibles, on cherche un recours dans le voisin : « on se serre les coudes », suivant l'expression courante qui exprime si bien ce besoin de sociabilité veule et peureuse » (*ibid.*). Ainsi l'amitié est contraire avec la camaraderie et toutes les formes de solidarité.

Palante qui, on l'aura compris, se montre extrêmement sévère envers les engagements solidaristes, ajoute que les sentiments qui s'y jouent sont le plus souvent insincères, parce qu'ils ne touchent qu'à des concepts abstraits et proposent un moralisme strict sans nuances : « La solidarité est un sentiment anti-individualiste. L'homme qui agit sous l'empire de la solidarité compte pour peu de chose l'individu en tant que tel. Les sentiments solidaristes sont des sentiments anonymes, impersonnels, abstraits, c'est-à-dire que ce ne sont pas des sentiments [...] Tout sentiment qui a pour objet un troupeau humain est forcément superficiel [...] Il perd en profondeur ce qu'il gagne en étendue ». De là par exemple ce politicien qui se voit l'incarnation d'une cause à défendre, et qui par ses discours et ses actes se hisse au rang de « sauveur » ou d'« ami du genre humain ».

Dès lors « La solidarité trouve son expression la plus abstraite dans l'amour de l'humanité », dans « l'humanisme ». Humanisme qui fait « le culte de l'homme en général », tout en détestant l'individu. Humanisme qui « spiritualise la sympathie, la détache de l'individu (concret) » (*ibid.*).

Pour toutes ces raisons, il semble plus prudent de considérer les solidarités comme des entreprises toujours circonscrites, et jamais à même de trouver une assise universelle. Si elle est un idéal, la solidarité se doit de rester un idéal régulateur, en tant qu'elle fournit l'aiguillon d'une aide efficace, à l'abri des illusions universalistes et des prétentions abusives qui, aveuglément, et sous le commandement du Bien, en viennent à faire le mal, ou à mal faire. Comme pour toute vertu, l'humain se doit d'en faire l'exercice, avec prudence et réflexion, s'il veut prétendre devenir exemplaire, vertueux, et par là même donner une réalité plus concrète à ces termes d'abord abstraits, comme à celui de solidarité. Qu'enfin, la société internationale de droit n'est encore aussi qu'un idéal, et par conséquent l'idée d'une solidarité globale apparaît lointaine. C'est en ce sens que nous voyons dans les solidarités (dans ce pluriel qui évoque la pluralité) la réponse la plus concrète et efficace face à la grande diversité des malheurs humains qui habitent le monde.

CHAPITRE 11
Le corps

Introduction

D'un point de vue général, chez les êtres vivants organisés, le corps peut être défini comme « l'ensemble des parties matérielles constituant l'organisme, siège des fonctions physiologiques, siège de la vie animale » (*cf.* cnrtl.fr, « corps »).

On comprendra ainsi que l'unité du corps relève de l'organisation de ses parties, et que sa fonctionnalité dépend du type d'organisation, ou de la forme de sa composition. Cette unité permet par ailleurs de penser trois fonctions ou trois conditions d'un corps sain : la totalité, la finalité interne et la permanence de l'identité dans le temps. La maladie relèvera par conséquent d'une forme corporelle sujette à un défaut d'organisation ou de fonctionnement, mettant en péril la vie de la totalité. L'anatomie doit ainsi rendre compte de la valeur d'une forme corporelle, qui réponde à une structure normée, c'est-à-dire investie de significations dans ses rapports organiques internes.

Le caractère morphologique unitaire du corps, fondé sur l'agencement structuré d'une collectivité d'éléments hétérogènes, fournit l'expression extérieure d'un ordre naturel et d'une cohésion qui semble manifestement dépasser la seule mécanicité des relations organiques. L'être humain est par exemple cet être pour lequel l'expression manifeste de la vie ne se réduit pas à la seule logique organique interne de sa corporéité. Il possède en effet une intelligence capable de faire du corps l'espace visible de la volonté. Ainsi ne peut-on réduire le corps à la seule nature, quand celui-ci apparaît comme le foyer de déterminants culturels incorporés ou comme la matière plastique de formations et d'expressions nouvelles, volontairement définies. Le corps serait dès lors tout autant un fait naturel que social ou culturel.

L'analogie ou la métaphore qui rapproche le corps politique du corps humain dépend ainsi de ces facteurs (unité/totalité, finalité, identité), qui donnent à penser les types d'organisations sociales et politiques, ou la morphologie de ces compositions que sont les sociétés humaines. L'organisation du corps collectif passe en effet par la volonté politique principale de ramener à l'unité une multiplicité d'êtres différenciés (principe ontologique du politique de réduction à l'unité) et, plus encore, de faire unité à partir de la diversité des opinions, des représentations, voire des valeurs des individus composant le corps social. L'anatomie du corps politique donne à penser le type d'organisation institué et, à travers elle, le type de finalité souhaitée (la différence par exemple entre une monarchie absolutiste et une démocratie). Enfin les corps social et politique ne pourront trouver une certaine stabilité dans le temps, ainsi qu'une image de soi pérenne, que si leur fonctionnement organique (interne et externe) n'est pas sujet à des défaillances ou à des dysfonctionnements qui mettent en péril la « normalité » ou la santé de l'ensemble unifié. Il conviendra dès lors de s'interroger sur les formes normales et pathologiques du corps social et politique, en montrant leurs causes et leurs implications sur la vie de la cité.

Enfin, il s'agira de penser plus étroitement la dialectique corps physique – corps symbolique, et d'en montrer les ressorts dans l'analyse de la discipline des corps dans nos sociétés contemporaines, ou dans l'observation des phénomènes de mépris social qui interdisent à certains corps de prétendre à la visibilité dans le champ social. Le corps social lui-même est travaillé par des tendances d'exclusion ou de rejet de corps dont l'altérité serait une menace ou une source imaginaire d'effondrement. Le racisme, à cet égard, fournit l'exemple typique d'une exclusion où s'affirme la répudiation du corps différencié. Pourra-t-on alors trouver dans le corps l'expression universelle qui témoigne de la dignité de la personne humaine de chacun, et qui affranchisse le regard des uns sur les autres des mécanismes sacrificiels ? Et cette expression pourra-t-elle aussi empêcher que n'adviennent et ne s'imposent les nouvelles stratégies techniques de fabrication de corps nouveaux, « augmentés » ? Penser le corps humain sur le modèle de la machine, n'est-ce pas en effet le destituer de la part symbolique qui participe de son expression et, par là même, n'est-ce pas retirer à l'humain sa personnalité ?

1 L'usage des corps : de la nature à la culture

Le corps humain ne se réduit pas à ses seules caractéristiques biologiques et anatomiques. Il est aussi cette matière informée par la culture, ou la vitrine de processus d'incorporation de schèmes socio-culturels. La *culture faite corps*, c'est ce qu'affirmait le sociologue Pierre Bourdieu, quand il analysait les divers « habitus » constitutifs de nos comportements et de nos pratiques ordinaires (cf. Cours sur « L'alimentation », 3.1). Autrement dit, le corps entendu comme matière brute naturelle semble introuvable sous les multiples strates de déterminations culturelles, qui forment le corps comme unité intégrative de représentations, de valeurs et d'usages culturels spécifiques. Entendu comme le substrat naturel de l'humain, la question demeure de savoir, dans la perception du corps, ce qui revient proprement à la nature et ce qui relève de transformations culturelles normatives.

1.1 Instinct et habitude : la plasticité naturelle des corps

L'homme est cet être animal dont la particularité réside dans le fait de s'extirper du seul instinct, ou des seules tendances réactives qui régissent ses conduites. Sa capacité d'adaptation fournit la marque d'une intelligence capable, sinon de dompter l'instinct, au moins d'intégrer dans ses actions un degré de souplesse pratique, par laquelle il ne se contente pas de répondre aux stimuli extérieurs, mais de trouver la forme la plus adéquate susceptible de le mener aux fins qu'il s'est assignées.

Du fait de son intelligence, ou de sa capacité à résoudre des problèmes, l'humain ne reste pas la proie de ses tendances instinctives constitutives de sa vie naturelle. Il est capable d'apprendre, d'inventer des techniques, en vue de progresser dans la détermination et l'acquisition de ses fins. À la rigidité mécanique de l'instinct, qui régit le monde animal, s'oppose la plasticité de l'intelligence humaine. Et tout ce « savoir inné » qu'est l'instinct chez l'animal, et qui fournit le cadre quasi inébranlable des comportements spécifiques en situation, ne saurait à lui seul donner la clé des conduites humaines, qui impliquent des constructions théoriques ou un type d'intelligence réfléchie orientée vers la mise en forme de pratiques finalisées. En d'autres termes, les conduites humaines, ou l'expression pratique des corps, ne peuvent se réduire au seul facteur biologique : « Le biologique ignore le culturel. De tout ce que l'homme a appris, éprouvé, ressenti au long des siècles, rien ne s'est déposé dans son organisme (…). Chaque génération doit refaire tout l'apprentissage (…). Là gît la grande différence des civilisations humaines avec les civilisations animales. De jeunes fourmis, isolées de la fourmilière, refont d'emblée une fourmilière parfaite. Mais de jeunes hommes, séparés de l'humanité, ne pourraient reprendre qu'à sa base l'édification de la cité humaine. La civilisation fourmi est inscrite dans les réflexes de l'insecte qui eux-mêmes procèdent de ces chromosomes. La civilisation de l'homme ne réside pas dans l'homme, elle est dans les bibliothèques, dans les musées et dans les codes. La civilisation exprime les chromosomes humains, elle ne s'y imprime pas. » (Jean Rostand, *Pensées d'un biologiste*).

Que la vie humaine ne relève pas entièrement de l'instinct, et donc de sa nature biologique fondamentale, c'est ce qui apparaît au regard de la grande puissance expressive de l'intelligence humaine, et de sa façon d'imposer au corps des automatismes structurés et structurants. L'habitude est à cet égard une forme de disposition acquise (et non innée), ou la constitution d'une manière d'être stable, qui conditionne des formes déterminées de pratiques. Ainsi le corps humain peut-il être considéré comme une matière plastique susceptible de recevoir ou d'intégrer des formes nouvelles, et de « prendre le pli » ou d'être durablement marquée par ce qui s'est en elle imprimée. Dès lors, l'habitude acquise peut-elle être associée, comme l'instinct, à une forme d'automatisme aveugle et involontaire. Mais si l'habitude renvoie d'abord à des accoutumances passives, elle peut aussi être active, ou le produit d'une volonté réfléchie. Ainsi par l'exercice, le corps finit par adopter la « bonne forme », ou une certaine aisance, qui reflète l'incarnation ou l'incorporation de l'intelligence humaine. Autrement dit, nos automatismes seraient l'indice d'un corps travaillé par l'intelligence et la volonté, d'un corps « cultivé ». Plus encore, l'habitude renverrait à notre liberté (et donc à notre intelligence), revenue à la nature, au corps :

« Vivant parmi nos œuvres, qui sont des blocs d'intelligence abolie, nous y répondons par des conduites qui sont aussi de l'intelligence et de la volonté naturalisée » (Paul Ricoeur, *Le volontaire et l'involontaire*, VI). L'habitude serait dès lors une méthode ou une recette pour l'action, traduite corporellement en gestes et en conduites automatisés. L'idée se fait corps, la volonté nature. Le danseur, spontanément, peut ce qu'il veut, en réalisant avec grâce (et à la suite d'une longue discipline) la forme qu'il a su imposer à son corps et, à partir de là, créer de nouvelles formes improvisées. L'habitude, on le voit, ne se réduit pas au seul automatisme, mais relève aussi d'une certaine « technique du corps », investie d'intelligence et de volonté. Du fait des formes naturalisées qu'elle produit, on a pu parler de l'habitude comme d'une « seconde nature ».

1.2 La plasticité culturelle des corps

La thèse culturaliste, prise au sens large, selon laquelle nous ne serions que les produits de formes culturelles incorporées, met en lumière la force de l'habitude, la coutume, ou les dispositifs culturels inconscients, comme autant de facteurs conditionnant notre agir quotidien et nos manières d'être. Contre l'idée d'une mécanicité rigide du corps, il s'agit plutôt ici d'en penser la plasticité, c'est-à-dire sa capacité à être modelé, transformé, eu égard aux idées ou aux usages qui s'imposent à lui.

Montaigne partageait déjà dans ses *Essais* cette thèse d'une plasticité essentielle du corps humain, capable de s'adapter au monde, par la puissance qu'il a de conférer un certain usage à des parties naturellement peu enclines à s'y prêter. De là l'exemple du « petit homme natif de Nantes » qui, « né sans bras, qui a si bien façonné ses pieds au service que lui devaient les mains, qu'ils en ont à la vérité à demi oublié leur office naturel. Au demeurant, il les nomme ses mains… » (*Essais*, I, 23). Le corps humain, on le voit, détient cette qualité surprenante de varier sa forme en fonction de l'usage et de recouvrer par là même l'unité nécessaire à la satisfaction de ses besoins.

Si l'usage prime l'idée, dans la conception montaignienne de la « nature humaine », il reviendra plus tard à l'idéalisme allemand de présenter la culture (« *Kultur* ») comme la fin de la nature en l'homme, ou comme le but que se propose la Nature, à travers l'humain. Ce but ou cette fin, dira Kant, vise à « produire dans un être raisonnable l'aptitude générale aux fins qui lui plaisent » (*Critique de la faculté de juger*, §83 : « De la fin dernière de la nature en tant que système téléologique »). La culture doit ainsi porter le sujet humain aux fins voulues, ou à ce que lui dicte sa raison ; loin donc de se réduire passivement à une forme d'incorporation irréfléchie (comme ce dont témoigne la plasticité du corps chez Montaigne), l'homme cultivé est libre, capable de réfléchir son milieu, sans se laisser totalement influencer par ce que ce dernier lui impose. La culture ne saurait en ce sens désigner les seuls processus passifs d'intégration culturelle, et définir le corps humain comme simple résultat d'absorption de normes ou de valeurs. Elle caractérise plutôt la capacité humaine (sa liberté) de s'extraire par la pensée d'une certaine immédiateté, et de se déterminer ainsi à partir de cette opposition.

En un mot, la culture est une formation active de l'esprit cultivé à partir des formes culturelles passivement reçues – une discipline culturelle ou spirituelle que la tradition philosophique allemande a nommé « *Bildung* ».

La *Bildung*, entendue comme « formation » ou discipline, caractérise ce travail de la subjectivité humaine qui, à travers l'éducation, se libère de la spontanéité de sa nature (ou l'expression immédiate du corps) et du poids de la tradition, en vue d'une disposition ou d'une manière d'être propre qui dépasse le cadre de la vie immédiate et simple : « Dans le sujet, cette libération est le dur travail contre la subjectivité de la conduite, contre l'immédiateté du désir, aussi bien que contre la vanité subjective du sentiment et l'arbitraire du bon plaisir » (Hegel, *Principes de la philosophie du droit*, §187). « Dur travail », nous dit Hegel, qui libère le sujet de sa nature simple immédiate, et qui, par l'exemple, participe d'une vie intersubjective approfondie, en partageant aux autres sa libre détermination (en matière de choix, de goûts et de façons d'être). De là, la possibilité d'un corps social cultivé, fondé sur des rapports spirituels qui ne se réduisent pas à une forme de communauté d'intérêts égoïstes où prime la seule nécessité.

Le corps est par conséquent un « fait », à la fois donné et construit, biologique et social (ou culturel). Pour autant, le sujet humain n'est pas nécessairement conscient de tous ces déterminismes qui investissent et modèlent son corps et l'ensemble de ses expressions. Dès lors, vouloir comme certains réduire le culturel à la génétique serait oublier l'ensemble des facteurs culturels inconsciemment hérités par les groupes sociaux. Il convient alors de rappeler la critique que fit l'anthropologue Claude Lévi-Strauss à l'égard de la sociobiologie des années 1970, qui pouvait réduire la vie culturelle à une logique biologique. L'héritage est plus complexe en effet, et relève principalement d'une double acquisition, inconsciente et consciente, de structures traditionnelles et de réglementations sociales :

> […] la culture n'est ni naturelle ni artificielle. Elle ne relève pas plus de la génétique que de la pensée rationnelle, car elle consiste en règles de conduites qui n'ont pas été inventées, et dont ceux qui lui obéissent ne comprennent généralement pas la fonction. (…) il n'est pas douteux qu'entre les instincts hérités de notre patrimoine biologique et les règles d'inspiration rationnelle, la masse des règles inconscientes demeurent la plus importante et la plus efficace, car la raison elle-même est, comme Durkheim et Mauss l'avaient compris, un produit plutôt qu'une cause de l'évolution culturelle[1];

L'humain n'est pas seulement un produit de son corps. Ce réductionnisme a nourri les thèses racistes et l'ethnocentrisme du xixe siècle aura participé, à travers la physiognomonie, entre autres, a affirmé la dépendance du caractère et de l'anatomie humaine : on a pu, par exemple, vouloir déterminer le potentiel criminogène d'un individu à partir de la forme et de la taille du crâne. Le corps devenait dès lors coupable du fait de sa seule forme anatomique ! Il est est ainsi davantage un fait social et le produit de techniques et de représentations culturellement spécifiées.

1 Claude Levi-Strauss, *Le Regard éloigné*, 1983, chap.2 : « L'ethnologue devant la condition humaine »

2 Le corps humain, symbole du corps politique

2.1 Le modèle organique de la cité platonicienne

Dès l'Antiquité, le corps politique est pensé par analogie avec le corps humain. Platon allait jusqu'à dire que le dieu de la médecine, Esculape, était un politicien, en ce que la santé consistait dans l'organisation harmonieuse des parties du corps, et dans la connaissance des conditions d'une bonne santé ; à la différence des « fils d'Esculape », qui ne tiennent pas compte de l'unité organique du corps, et passent leur temps à inventer de nouveaux remèdes superficiels à des pathologies provenant d'un corps social malade (ici démocratique), dirigé par la démesure et l'intempérance. Ainsi, la société saine (ou juste) fournit-elle dans l'harmonie (ou la hiérarchie) de ses principaux organes l'image d'un corps sain, où les parties tiennent leur place et remplissent la fonction qui leur est propre.

C'est principalement dans sa *République* que Platon rend compte de cette analogie, en affirmant que la constitution de la cité juste (ou idéale) relève de la sculpture d'un corps qui ne souffre d'aucune discordance dans la composition de ses parties (*République*, livre IV). Ainsi les trois classes principales de la cité doivent remplir leur fonction, avec mesure, et en vue du bien de la cité : le « bel ensemble », nous dit Platon, consiste ainsi en ce que les trois classes (producteurs, gardiens et classe délibérante) ne se confondent pas et tiennent leur rang, à l'image des trois parties de l'âme (la raison, la volonté et le désir) qui, bien accordées, forment une existence heureuse et juste. Ces trois parties correspondent elles-mêmes aux trois parties du corps humain (la tête, le cœur et le ventre) qui, par analogie, renvoient aux principales instances de la cité : la classe de producteurs (le ventre, le désir), celle des guerriers (le cœur, le courage) et celle des chefs (la tête, ou ceux qui ont la science de la délibération, la sagesse). Une cité juste sera une cité composée de citoyens (et de non-citoyens) conscients de la nécessité de leur tâche, pour maintenir l'ordre voulu par les chefs, à l'image du corps sain dans lequel chaque organe répond exactement à la fonction qui lui est assignée.

Selon Platon, le risque demeure cependant de voir l'intrusion des sophistes dans la cité, qui tendent à vouloir faire passer le mal pour le bien, en flattant la partie de l'âme la moins noble (le désir) et ses passions (l'intempérance, la démesure). En effet, la flatterie « vise à l'agréable sans souci du meilleur » (Platon, *Gorgias*), et a pour moyen la rhétorique, « contrefaçon d'une partie de la politique » et, si dans le domaine politique « l'institution des lois correspond à la gymnastique et la justice à la médecine » (l'art politique s'occupe de l'âme comme la gymnastique et la médecine s'occupent du corps), les sophistes (les rhéteurs) tendent à pervertir l'ordre véritable en substituant le plaisir à la vérité et à la justice. Ainsi, « la cuisine (…) est la forme de flatterie qui s'est insinuée sous la médecine (…) sous la gymnastique, c'est l'esthétique qui s'est glissée ;

l'esthétique, chose malhonnête, trompeuse, vulgaire, servile et qui fait illusion en se servant de talons et de postiches, de fards, d'épilations et de vêtements ! (...) on s'affuble d'une beauté d'emprunt et on ne s'occupe plus de la vraie beauté du corps que donne la gymnastique (…) l'esthétique est à la gym ce que la sophistique est à la législation… la cuisine est à la médecine ce que la rhétorique est à la justice (…) [la rhétorique] correspond dans l'âme à ce qu'est la cuisine pour le corps » (*Gorgias*).

Le corps politique, comme le corps humain, ne pourra échapper aux maladies (aux crises), s'il ne se laisse pas diriger par la raison, laquelle doit commander à la volonté et aux désirs qui, livrés à eux-mêmes, n'occasionnent qu'anarchie et malheur. La cité assure la cohésion des parties, en leur attribuant une fonction particulière. Un membre qui ne répondrait pas à l'ordre de la cité se trouverait dénaturé, voire exclu. La partie ne peut exister en dehors du tout, l'homme ne peut exister vraiment en dehors de la cité. Aristote réaffirmera cette antériorité à la fois ontologique et hiérarchique du corps politique (la cité) sur l'individu, au début de sa *Politique*, en disant qu'un être en dehors de la cité ne peut être qu'« une brute ou un Dieu » (I, 2), c'est-à-dire un corps sans raison, ou un être supérieur absolument immatériel, incorporel. L'appartenance au corps politique humanise ainsi le corps d'un être, par la vocation rationnelle qu'il a de remplir une fonction spécifique au sein de la cité. Et l'on sait que pour les Grecs, la valeur du corps politique prime sur le corps individuel, et qu'ainsi l'homme « viril » sera celui à la fois capable d'exposer son corps (se rendre visible au milieu de ses pairs) dans l'espace public pour dire ses opinions, et d'exposer son corps sur le champ de bataille pour protéger la patrie, quitte à y mourir.

2.2 La fondation du corps politique

Le corps animal et, par conséquent, le corps humain semblent régis par des tendances qui relèvent de l'instinct de conservation. La faim, la soif ou encore la fuite devant la menace poussent les êtres vivants à adopter des conduites qui assurent la préservation de la vie. Un corps souffrant de la faim adoptera par exemple des conduites qui lui permettent de retrouver un état d'équilibre ou un sentiment de l'existence normalisé. Le corps est ainsi composé de forces ou tendances qui participent du maintien d'un certain bien-être organique et, au-delà, de la conservation de soi. C'est ainsi dans l'accomplissement de ses fonctions biologiques que le corps vivant trouve le moyen de préserver sa « nature » ou sa condition propre. Il en va alors de l'humain, comme de l'animal en général, de vivre à la mesure de ces besoins physiologiques fondamentaux qui travaillent à l'accomplissement de sa nature propre.

À cet égard, l'idée d'une « nature » humaine pût être considérée selon deux points de vue, métaphysique ou matérialiste. Aristote entendait la nature comme le propre ou l'essence du sujet individuel, autrement dit comme le principe de spécialisation des êtres, et il faisait de la raison le principe de différenciation spécifique entre les bêtes et les hommes. Dès lors, au-delà de la seule vie biologique, l'humain se voit conditionné par une nature en partie divinisée, la raison, et ainsi poussé malgré lui à accomplir des œuvres qui dépassent le seul cadre de la vie purement biologique, notamment des œuvres politiques : « L'homme est *par nature* un animal politique » (Aristote, *Politiques*, I, 2). Ainsi, réduit à la solitude de sa condition biologique, l'humain ne saurait être considéré dans sa plénitude comme citoyen mais seulement comme un instrument, ou comme un esclave, réduit ainsi à la simple condition générale animale. La spécificité de l'humain passe dès lors par la vie politique comme organisation naturelle d'un « corps », la cité, dont les membres sont dotés d'une réflexion et d'une volonté qui dépassent la mécanicité de l'instinct de conservation de soi. Enfin, si l'humain est en partie déterminé par une condition animale, il se voit motivé, par sa nature spécifique, à accomplir des œuvres qui ne relèvent plus seulement de la seule satisfaction des besoins du corps individuel. La sociabilité naturelle inscrite en l'humain sera alors au fondement de l'existence d'un corps collectif, politique, administré par des lois.

Peut-on se satisfaire cependant d'une telle explication qui, par l'idée d'une nature métaphysique, fait facilement l'économie de la matérialité du corps et des effets qu'elle produit ? La « physis » aristotélicienne, finaliste, ne souffre-t-elle pas de la sous-détermination des tendances humaines biologiques, en fournissant un principe surdéterminant : la raison ?

On ne saurait en effet sous-estimer la « nature » matérielle de l'humain dans la constitution du corps politique. C'est la critique que Hobbes adressera au naturalisme aristotélicien : le corps politique, ou l'État, n'est pas fondé sur une nécessité de nature mais sur une mécanique des passions et, primordialement, sur la conservation de la vie : « si l'on considère de plus près les causes pour lesquelles les hommes s'assemblent, et se plaisent à une mutuelle société (= à faire « Corps »), il apparaîtra bientôt que cela n'arrive que *par accident*, et non pas par une disposition nécessaire (= ou métaphysique) de la nature (…). Nous ne cherchons pas de compagnons par quelque instinct de la nature ; mais bien l'honneur et l'utilité qu'ils nous apportent » (Hobbes, *Le citoyen*, I, 2).

Ainsi, Hobbes propose-t-il une génération mécaniste de l'État souverain, depuis l'idée matérialiste d'une nature physique principalement déterminée par la loi nécessaire de la conservation de soi. On renverra ici à la lecture des chapitres 11, 13 et 14 du *Léviathan*, qui exposent le problème de la mécanique des passions humaines, et sa résolution dans le calcul rationnel d'une constitution d'un corps politique qui satisfasse à la loi de nature de la conservation de soi. Le conflit perpétuel qui se joue à l'état de nature favorisera en effet la volonté des parties à se constituer en un unique « corps » politique. Autrement dit, la mécanique particulière (arbitraire) du pouvoir comme force devra être remplacée par un corps unifié (politique), organique, administrée par la volonté (ou la loi) générale.

Sans entrer dans le détail des différences entre les théories de Hobbes et de Rousseau, on trouve aussi chez ce dernier l'idée que la force ne fait pas le droit, que « le plus fort » ne saurait assurer la stabilité d'un « droit ». La loi en effet, motrice de toute constitution politique, doit faire plier les volontés ou les forces particulières à sa rationalité : « le plus fort n'est jamais assez fort pour être toujours le maître, s'il ne transforme sa force en droit et l'obéissance en devoir » (Rousseau, *Du Contrat* social, I,3). Seul le droit peut endiguer l'expression des forces physiques particulières, en fournissant un cadre législatif durable qui réponde à la demande de sécurité et d'égalité des individus. La force brute d'un corps particulier ne saurait fonder le droit, expression de la souveraineté du corps social ; et l'organisation du corps politique (ou social ici) instaurera un pouvoir coercitif sur toute volonté particulière de domination.

Le « contrat social » de Rousseau est fondée sur l'idée de la souveraineté du peuple, laquelle souveraineté trouvera dans l'état civil son organisation, à l'image d'un corps bien portant, où chaque organe trouve justement sa place, sa fonction, au sein de l'ensemble. Le corps politique institué doit ainsi sceller l'unité à la fois rationnelle, sensible et morale, du peuple « en corps » : « cet acte d'association produit un corps moral et collectif composé d'autant de membres que l'assemblée a de voix, lequel reçoit de ce même acte son unité, son « moi » commun, sa vie et sa volonté » (*ibid.*, I, 6). La métaphore organique de la constitution d'un corps social s'exprimera encore plus nettement dans ce passage : « Le corps politique, pris individuellement, peut être considéré comme un corps organisé, vivant, et semblable à celui de l'homme. Le pouvoir souverain représente la tête ; les lois et les coutumes sont le cerveau (…) les citoyens sont le corps et les membres qui font mouvoir, vivre et travailler la machine, et qu'on ne saurait blesser en aucune partie qu'aussitôt l'impression douloureuse ne s'en porte au cerveau, si l'animal est dans un état de santé. La vie de l'un et de l'autre est le « moi » commun au tout, la sensibilité réciproque, et la correspondance interne de toutes les parties. Cette communication vient-elle à cesser, l'unité formelle à s'évanouir, et les parties contiguës à n'appartenir plus l'une à l'autre que par juxtaposition ? l'homme est mort, ou l'État est dissous » (*Discours sur l'économie politique*).

Rousseau entend ainsi, par la constitution du corps politique à partir du contrat, faire des individus des citoyens, ou des êtres partageant une certaine volonté dite « générale », c'est-à-dire politique, rattachant organiquement chaque membre au tout dont il fait partie. À partir de là, et sans pour autant sacrifier la liberté individuelle, le contrat propose une forme de vie sociale à l'individu, qui le libère de son existence abstraite ou simplement naturelle. Cette reconnaissance, à partir du contrat, de l'humain comme être social, le détache des conditions de vie purement physiques, ou de la considération d'un mode de vie uniquement basé sur la nécessité et la satisfaction des besoins biologiques.

Rousseau affirme enfin le caractère indissociable du corps politique et de la « volonté générale » (ou souveraine), qui doit s'exprimer à travers la loi. Ainsi, le caractère inaliénable de la volonté générale est constitutif de la nature du corps politique et apparaît comme un principe absolu de la souveraineté : « La souveraineté n'étant que l'exercice de la volonté générale, ne peut jamais s'aliéner, et le souverain, qui n'est qu'un être collectif, ne peut être représenté que par lui-même ; le pouvoir peut bien se transmettre, mais non pas la volonté. (…) si donc le peuple promet simplement d'obéir, il se dissout par cet acte, il perd sa qualité de peuple ; à l'instant qu'il y a un maître il n'y a plus de souverain, et dès lors le corps politique est détruit » (II, 1). La volonté générale souveraine s'exprime dans la loi, dont Rousseau dit qu'elle « ne regarde qu'à l'intérêt commun » (II,3), alors que l'intérêt de tous ne concerne que l'intérêt particulier.

On notera ainsi qu'à la différence de Hobbes, pour qui la volonté absolue d'un seul garantit l'ordre social (absolutisme du corps politique), Rousseau identifie, depuis le concept de volonté générale, corps social et corps politique, l'un étant souverain et constitutif de l'autre, l'un étant à l'image de l'autre. Et si Rousseau critiquait le régime parlementaire du fait de la représentativité aliénante, il demeure que sa conception du contrat a influencé les régimes démocratiques modernes, qui tendent idéalement à faire correspondre volonté du peuple et représentation politique, corps social et corps politique. De là encore, l'héritage rousseauiste des révolutionnaires du xviiie siècle qui, à la faveur d'un corps politique unifié et à l'image de la volonté du peuple « en corps », iront jusqu'à décapiter le corps du prince, symbole d'un pouvoir monarchique et exclusif.

3 Tyrannie sociale et discipline des corps

3.1 Le corps social liberticide

L'erreur des révolutionnaires fut cependant de penser qu'un peuple « souverain » garantirait aux citoyens le libre exercice de leurs dispositions et de leurs volontés. Le corps social, libéré de l'arbitraire d'une autorité souveraine transcendante (celle du prince), allait découvrir en son sein une puissance négatrice et liberticide, empêchant l'individu de s'exprimer librement. Le corps collectif devint ainsi le tyran, et la source d'oppression des libertés individuelles. Alexis de Tocqueville et John Stuart Mill rendirent compte de cette dérive des démocraties occidentales, et notamment des tensions entre individus et société. Pour Mill en effet, on ne peut sacrifier le bien-être individuel au profit du bonheur collectif. Le but de la société doit certes être le bien commun, sans exclure de ce bien les préférences individuelles et privées, sans imposer un seul modèle de bien-être. Si le but de la société doit être de fournir à chacun la possibilité de se réaliser, à condition que cette réalisation ne nuise pas physiquement à autrui, il ressort de là qu'une société saine doit être à l'image de la multiplicité des expressions individuelles, et non un processus de réduction des différences à un plan unique prédéfini.

Mais le corps social, dirigé par la domination d'une classe favorisant certaines idées, certains intérêts et sentiments, opprime la liberté individuelle de certains de ses membres, qui voient leurs opinions et leurs conduites réprimées, sous prétexte qu'elles ne correspondent pas au modèle établi par cette majorité. Ainsi, Mill fera la critique de cette nouvelle autorité coercitive qu'est l'opinion publique, quand elle juge depuis ses critères la valeur morale des comportements individuels : « Contraindre quiconque pour son propre bien, physique ou moral, ne constitue pas une justification suffisante. (...) La contrainte ne se justifie que lorsque la conduite dont on désire détourner cet homme risque de nuire à quelqu'un d'autre. Le seul aspect de la conduite d'un individu qui soit du ressort de la société est celui qui concerne les autres. Mais pour ce qui ne concerne que lui, son indépendance est, de droit, absolue. Sur lui-même, sur son corps et son esprit, l'individu est souverain. » (John Stuart Mill, *De la liberté*, chap. 1, 1859).

La société doit bien plutôt laisser libre les individus d'exprimer leurs opinions et leurs penchants. Certes, la plupart conduiront leur existence passivement, se soumettant à la coutume et aux normes établies, sans développer leur singularité, sans exploiter pleinement leur « énergie ». Mais il demeure nécessaire pour Mill de poser comme principe « le libre développement de l'individualité », la spontanéité, condition du progrès social car « Les coutumes sont faites pour les vies et les caractères ordinaires ; mais un individu peut avoir une vie et un caractère extraordinaires » (chap. 3). Et pour ce dernier, la société doit offrir les conditions de son épanouissement : « la nature humaine n'est pas une machine qui se construit d'après un modèle et qui se programme pour faire exactement le travail qu'on lui prescrit, c'est un arbre qui doit croître et se développer de tous côtés, selon la tendance des forces intérieures qui en font un être vivant » (*ibid.*). Il faut ainsi une société qui n'entrave pas ses énergies, ou ses forces vives. Le risque en effet serait de « progresser » vers une société mécanique, castratrice des puissances et des sensibilités individuelles, « si bien qu'à force de ne pas suivre leur naturel, les hommes n'ont plus de naturel à suivre. Leurs capacités humaines sont atrophiées et inertes ; ils deviennent incapables du moindre désir vif, du moindre plaisir spontané ; ils n'ont généralement ni opinions ni sentiments de leur cru, ou vraiment leurs » (*ibid.*). La médiocrité se substituerait alors à l'originalité, et l'uniformisation massive des consciences et des corps s'imposerait sur la diversité individuelle. Le corps social, d'abord défenseur de droits individuels inaliénables, en viendrait à ne plus tolérer aucune forme d'expression individualiste. Ainsi, « la seule source d'amélioration intarissable et permanente du progrès est la liberté, puisque grâce à elle, il peut y avoir autant de foyers de progrès que d'individus. Quoi qu'il en soit, le principe progressif, sous ses deux formes d'amour de la liberté et d'amour de l'amélioration s'oppose à l'empire de la Coutume, car il implique au moins l'affranchissement de ce joug ; et la lutte entre ces deux forces constitue le principal intérêt de l'histoire de l'humanité. » (*ibid.*).

Enfin, toute réglementation, nous dit Mill, doit tenir compte du principe de liberté. Et même ce qui apparaît dangereux aux yeux de la majorité doit faire l'objet d'une réflexion qui s'appuie sur les libertés individuelles, de là les propositions de Mill sur la régulation de l'usage des drogues ou sur la taxation de l'alcool, considérés comme nocifs pour le corps et l'esprit (chap. 5). Si acheter du poison pour empoisonner autrui est répréhensible (car c'est nuire à l'intégrité physique de la personne humaine), la consommation de substances toxiques peut néanmoins être récréative et s'avérer utile en d'autres conditions et ainsi, réguler cet usage sans contraindre passerait par l'information du public (étiquetage) des qualités toxiques du produit en vente libre. Quant à la taxation de l'alcool par l'État pour réduire l'ivresse, elle empêcherait d'abord les moins fortunés de s'en procurer facilement ; mais si cette taxation devait être nécessaire pour la santé financière de l'État, ce dernier devrait taxer les denrées les plus nuisibles consommées à forte dose. Que chacun puisse librement disposer de son existence, morale et physique, c'est donc ce que Mill préconise dans son essai, au nom du principe de liberté et en vue d'une société dynamique et juste.

3.2 Vers une biopolitique du pouvoir

Les observations de Mill paraissent tout à fait contemporaines, et brillent par leur clairvoyance. Le paradoxe démocratique réside dans le fait que l'institution d'un espace public où s'affirment les aspirations des individus peut mener à sa dissolution par le caractère multiple de revendications irréfléchies. Et c'est le corps politique lui-même qui, à l'image de la société, finit par exposer des directions différenciées, antagonistes, jusqu'à l'impossibilité d'une entente par l'exercice serein du débat démocratique. À cet égard, on pensera aux divisions idéologiques insurmontables qui coexistent au sein du Parlement et qui, par leur radicalité, expose la vie démocratique à une crise perpétuelle (crise de la représentativité renforcée par l'impossible entente des représentants eux-mêmes). Dès lors, le corps politique participe plus encore de la dissolution du corps social, qui voit ses membres se diviser, du fait du caractère irréconciliable de « consciences politiques » contradictoires. Alors, le corps politique ne régule plus le corps social et ce dernier s'autodétruit du fait de l'abolition de figures référentes (d'autorité), laissant libre cours à chacun d'exposer sans contrôle (et bien souvent sans réflexion) ses opinions, et d'affirmer la conduite jugée la plus conforme. La crise de la représentativité politique réside ainsi dans le fait de ne plus accorder crédit à ce corps réduit de citoyens (les représentants) censés travailler à des formes d'unification des intérêts du peuple, et à contenir le risque d'une expression plurielle incontrôlée. Le corps politique semble ne plus assurer sa mission première, consistant dans l'élaboration d'une unité à partir de la pluralité des intérêts.

La perte de l'unité du corps social démocratique se mesure à la façon dont chaque membre affirme les aspirations de corporations idéologiques particulières (le politique devient critère d'appréciation axiologique des opinions et des conduites), et à la façon dont chacun se perçoit comme centre de contrôle ou comme autorité justifiée à juger de la conformité ou non des comportements des autres. Ce que Michel Foucault entendait lorsqu'il parlait d'une biopolitique du pouvoir, ou d'une discipline généralisée du corps social, semble désormais moins être le fait d'une autorité centrale disséminée que d'une autorité éclatée, multiple, propre au corps social lui-même. L'épanouissement ou le « développement de la liberté individuelle » dont parlait Mill apparaît dans ces conditions plus fortement compromis.

Par conséquent, et s'il procède du politique, tout pouvoir ne fonctionne pas nécessairement de manière politique. Pour autant, toute forme de coercition localisée provient d'un système général de représentations sociales que le corps politique tend à maintenir. Le pouvoir s'immiscerait ainsi partout, jusque dans les corps et les consciences, lieux d'une discipline censée rendre docile l'ensemble du corps social : « L'invention de cette nouvelle anatomie politique, il ne faut pas l'entendre comme une soudaine découverte. Mais comme une multiplicité de processus souvent mineurs, d'origine différente, de localisation éparse, qui se recoupent, se répètent, ou s'imitent, prennent appui les uns sur les autres, se distinguent selon leur domaine d'application, entrent en convergence et dessinent peu à peu l'épure d'une méthode générale » (M. Foucault, *Surveiller et punir*, 1975). Ainsi la discipline (« anatomie politique du détail »), entendue comme la méthode politique permettant la fabrication de « corps dociles », s'inscrit au sein de toutes les institutions (École, Prison, Hôpital, etc.), et apparaît comme une « technique » de contrôle des corps : « Techniques minutieuses toujours, souvent infimes, mais qui ont leur importance : puisqu'elles définissent un certain mode d'investissement politique et détaillé du corps, une nouvelle « microphysique » du pouvoir ; et puisqu'elles n'ont pas cessé, depuis le xviie siècle, de gagner des domaines de plus en plus larges, comme si elles tendaient à couvrir le corps social tout entier » (*ibid.*).

On comprendra ainsi que le pouvoir relève moins d'une instance juridico-politique centrale que de l'insistance, dissimulée au cœur des institutions, d'un pouvoir omniprésent, façonnant le corps social en son entier. Le pouvoir ne surplombe plus, il s'inscrit au cœur des hommes, dans l'immanence de leurs pratiques et de leurs représentations. Il n'est plus une propriété, mais une stratégie consistant à imposer sa puissance, dans le champ social des rapports de forces : « Ces relations (de pouvoir) descendent loin dans l'épaisseur de la société, elles ne se localisent pas dans les relations de l'État aux citoyens ou à la frontière et elles ne se contentent pas de reproduire au niveau des individus, des corps, des gestes et des comportements, la forme générale de la loi ou du gouvernement » (*Surveiller et punir*, 31-32). Ainsi, le corps devient-il la cible du pouvoir et de sa rationalisation, de techniques disciplinaires en vue d'une domestication généralisée du corps social. Le « biopouvoir » entend s'exercer à la fois sur le corps individuel et sur le corps collectif.

La thèse de Foucault permet de penser qu'une fois le pouvoir installé, celui-ci s'autoalimente à travers ses formations, c'est-à-dire à travers l'ensemble des membres du corps social, façonnés de façon homogène. Qu'ainsi le pouvoir mécanise les corps, et les rend aptes à perpétuer l'ordre voulu. Le caractère individualiste du corps social perd par là même sa substance essentielle (la liberté), et disparaît au profit d'un cadre holistique qui ne dit pas son nom : « On désigne comme holiste une idéologie – ensemble social de représentations ou ensemble des idées et des valeurs communes dans une société – qui valorise la totalité sociale et néglige ou subordonne l'individu humain »

(L. Dumont, *Essais sur l'individualisme*). De là le danger de voir la société démocratique, censée respecter les individualités, sombrer dans la forme des organisations holistes ou communautaires, liberticides, dans lesquelles chaque membre se doit de se conformer et de se plier aux règles du groupe, s'il ne veut pas se trouver mis au ban de l'espace social dans lequel il évolue. On sait par exemple la force coercitive des communautés fondées sur un cadre strict de principes religieux, pliant les corps de ses membres à une forme unique de développement de soi.

4 Le corps du peuple

4.1 La « vie nue »

Le terme « peuple » est équivoque, renvoyant d'une part au peuple « en corps », c'est-à-dire à l'ensemble des citoyens d'un État (le « peuple français » par exemple), et, d'autre part, à l'ensemble des pauvres ou démunis qui se voient ou se sentent exclus de la vie politique (la « classe populaire » par exemple) : « Un même mot recouvre aussi bien le sujet politique constitutif que la classe qui, de fait sinon de droit, est exclue de la politique » (Giorgio Agamben, « Qu'est-ce qu'un peuple ? », in *Moyens sans fins. Notes sur la politique*, 1995).

Le peuple est ainsi perçu d'une part comme « corps politique intégral », et de l'autre comme « sous-ensemble » ou « comme multiplicité fragmentaire de corps besogneux et exclus ». À la fois inclus (comme citoyen souverain) et exclu (comme misérable ou opprimé), le peuple semble manquer l'unité réelle dont il pouvait être la promesse, en laissant en marge du corps politique des corps meurtris, démunis. Agamben identifie ainsi le peuple (la populace, le bas peuple) à la vie nue ou animale, à l'opposé du pôle noble du concept qui caractérise en propre l'existence politique : « En fait, le « peuple » porte depuis toujours en lui la fracture biopolitique fondamentale. Il est ce qui ne peut être inclus dans le tout dont il fait partie et il ne peut appartenir à l'ensemble dans lequel il est inclus depuis toujours » (*ibid.*). Le peuple est dès lors toujours et paradoxalement à la fois compris comme le sol même d'une réalisation politique et comme ce qu'il faut abolir, en vue de son dépassement vers des conditions d'existence plus dignes. L'idéal des sociétés libérales consisterait alors à supprimer le « peuple » (celui de la misère, de la pauvreté, de la « vie nue ») au profit d'un Peuple souverain, unifié et politisé. Mais il apparaît qu'en réalité ces sociétés ne font que perpétuer les inégalités, quand les impératifs économiques (capitalistes) ou encore les politiques migratoires laissent en marge de l'existence politique une partie de la population, réduite à des conditions matérielles minimales, à l'existence de corps besogneux.

On trouvera à cet égard chez Marx une analyse fine de la déshumanisation des travailleurs ouvriers qui, instruments du Capital, voient leur existence réduite à la nécessité, ou à la vie de labeur, mettant leurs corps à la tâche, et les soumettant à l'ordre des machines. L'habileté du travail artisanal a été remplacée par la rigide mécanicité des corps soumis à des opérations répétitives et sans finalité visible, comme c'est le cas encore aujourd'hui dans ces ateliers d'usines où femmes et hommes se soumettent au travail à la chaîne. Le corps du travailleur est assujetti à la mécanicité étrangère de l'instrument, et ne peut plus exprimer sa puissance propre, comme dans l'exercice d'activités créatrices, telles que l'art ou l'artisanat. Et c'est dans ses formes de vie les plus animales, nous dit Marx, que l'ouvrier renouera avec son existence, avec le sentiment de soi, du fait de l'aliénation qu'il subit dans le cadre du travail salarié : « (…) l'ouvrier n'a le sentiment d'être auprès de lui-même qu'en dehors du travail, et, dans le travail l'ouvrier se sent en dehors de soi (…) On en vient donc à ce résultat que l'homme (l'ouvrier) ne se sent plus librement actif que dans ses fonctions animales, manger, boire et procréer, tout au plus encore dans l'habitation, la parure, etc., et que, dans ses fonctions d'homme, il ne se sent plus qu'animal. Le bestial devient l'humain et l'humain devient animal » (*Manuscrits de 1844*).

Par conséquent, la « vie nue » engendrée par l'économie de marché perpétue un défaut de reconnaissance politique à l'endroit des ouvriers démunis, et souvent abîmés par une mauvaise hygiène de vie (malnutrition, alcoolisme, troubles psychologiques, etc.). Et si le corps des opprimés est la manifestation visible d'une société incapable de « faire corps », en intégrant à l'existence politique l'intégralité de ses membres, il demeure encore une autre forme de vie, soumise au mépris, marquée cette fois moins par la visibilité de corps besogneux que par l'invisibilité de corps non reconnus comme faisant partie de l'espace social et politique.

4.2 Les corps invisibles

On pensera ainsi par exemple à ces corps non perçus, intentionnellement ou non, que sont ceux des personnes âgées, des handicapés ou des « étrangers ». Pour des motifs peu admis, et qui relèvent sans doute d'une forme de peur, les corps travaillés par le temps et les corps difformes, ne répondant pas à la « norme », se voient transférés dans la catégorie des « anormaux », et ainsi dépréciés par la non-reconnaissance (ou le mépris) qu'on leur impose. À côté des « a-normaux » sont aussi méprisés les « invisibles », ces corps errants que sont ceux des SDF, ou encore ces figures perçues comme étrangères que sont celles du « migrant » ou du « réfugié ».

Si autrui se donne à moi d'abord par son apparence corporelle, s'il est perçu comme une « personne » parmi les autres, il arrive qu'il ne soit « personne » pour moi, à tel point que je passe près de lui sans y prêter attention, sans le « voir », comme s'il n'existait pas, comme s'il ne faisait pas partie de l'espace public. Nous réduisons à la marginalité, et plaçons en marge de notre perception des autres, des membres de la société qui, parce qu'ils portent une différence visible, se retrouvent relégués dans la catégorie des invisibles. Cette forme de mépris social provient d'un jugement (de l'ordre du préjugé) qui discrimine presque intuitivement des individus à leur apparence physique ou à leurs types de conduites, en les évinçant du champ de nos considérations perceptives ordinaires. Le corps devient à cet égard une enveloppe sur laquelle nous formons nos jugements, oubliant ainsi l'intégralité de la personne qui en est porteuse, sa personnalité, et lui imposant par là même le fait de n'être « personne ». C'est là le terme sacrificiel d'une forme de réification, qui consiste à réduire autrui et son caractère vivant, singulier, à la projection d'une façade statique qu'on a soi-même forgée, en traduisant des traits communs visibles en jugements généraux.

Ainsi peut-on voir « sans voir », ou voir « à travers » cet autre qui, bien que présent physiquement, est rendu « invisible » au sens social. Le philosophe Axel Honneth analyse cette attitude (notamment des dominants à l'égard des dominés) avec finesse, et conclut que les formes de discrimination, de racisme, de mépris, ressortent d'une stratégie de réification qui manque toujours d'abord la reconnaissance. Autrement dit, nos jugements ou nos perceptions théorisées devancent toujours la reconnaissance en l'autre d'une individualité singulière, marquée par des expressions et des sentiments propres. Ce processus d'invisibilisation se trouve présent dans le prologue du roman de Ralph Ellison, *L'Homme invisible*, où le narrateur expose la façon dont les autres regarde à travers lui, ou « ne souhaite pas le voir », du fait de sa couleur de peau (cité au début de Axel Honneth, *La société du mépris*, 7. « Invisibilité : sur l'épistémologie de la 'reconnaissance' »). Honneth mentionnera aussi plus loin ce mépris social, dans le cadre des rapports entre maîtres et serviteurs : « L'histoire culturelle offre de nombreux exemples de situations dans lesquelles les dominants expriment leur supériorité sociale en ne percevant pas ceux qu'ils dominent. La plus notoire est peut-être celle dans laquelle les nobles s'autorisaient à se dévêtir devant leurs domestiques parce que ceux-ci étaient, en un certain sens, tout simplement absents ».

Si donc comme on dit « la honte est dans les yeux », au sens où c'est à travers le regard des autres que l'on apprécie la valeur morale de nos conduites, il semble qu'il faille rabaisser autrui à un rang inférieur pour que son regard ne soit plus pour nous la condition d'une telle appréciation (comme le fait de ne pas rougir de se dévêtir devant un animal). Tout ceci implique alors que le mépris social provienne à la fois d'une mauvaise estime de soi et, plus grave encore, de l'idée que l'autre puisse être considéré comme un « objet », lui retirant ainsi toute la dignité qui lui revient.

4.3 La nudité essentielle

Certes le corps reste l'espace visible et interprétable de nos sentiments et de nos intentions. Il permet d'offrir aux autres une « façade » lisible, qui soit la garantie d'une communication possible entre les personnes. Chacun y manifeste le rôle qu'il entend jouer sur la scène sociale, par des comportements gestuels ou des mimiques significatives. Le corps est ainsi l'exposition publique du jeu qui nous incombe de jouer dans une situation donnée. Les postures doivent répondre à la définition de situations différenciées, et permettent ainsi d'ancrer favorablement le sujet dans la société. Au cinéma, au travail ou à la maison, les postures diffèrent en fonction du contexte. Les corps se plient au texte de la situation dans laquelle ils se trouvent.

Mais c'est là encore « jeu d'acteur », travail d'interprétation et de postures, qui organisent la vie sociale, et qui renforcent la mise en avant de certains rôles ou certaines manières d'être, socialement valorisés. Le timide, par exemple, est trahi par son corps, incapable de contenir sa gêne face au groupe, quand l'assuré ne rougira aucunement de ses maladresses. L'image de soi transfigurée produit des corps contenus ou libérés. Et nous ne pouvons nous évader de ce corps qu'on a, rivés que nous sommes à l'être qu'on est. Il ne nous est pas permis d'aller ailleurs ; nous sommes comme condamnés à ce corps-prison, qui parfois en montre trop, parfois pas assez, qui tombe malade, qui vieillit, etc. La comédie humaine, en ce sens rivée au corps, se trouve vite rattrapée par cela même dont elle se servait pour se jouer. Car au bout du compte, c'est toujours la mort, ou le corps à l'état de cadavre, qui sonne la fin de partie.

Peut-on cependant voir au-delà du corps présent, au-delà de ces qualités qui composent le corps d'un humain ? Peut-on voir le corps comme un phénomène qui porte en lui l'indice de sa transcendance ? Le corps n'offre-t-il à voir que ce qu'il montre ?

Nous parlions plus tôt de la « vie nue ». Elle est d'abord vie du nourrisson, dès la naissance, dans sa plus grande fragilité d'existence. Le corps nu de l'humain renvoie à cette précarité existentielle fondamentale qui le caractérise. Désarmé, ce corps voudra trouver parade avec parures et instruments techniques. Mais il demeure toujours, ontologiquement, c'est-à-dire en vérité, rivé à cette fragilité primordiale. Qu'en cas d'événements malheureux, chacun dépose les armes (position sociale, etc.), et partage avec les autres la même expérience fondamentale de cette égale nudité de l'existence (guerre, déportation, catastrophe, etc.). Les masques tombent, en quelque sorte, et laissent entrevoir une communauté autre, qui reconnaît en chacun l'égale dignité de la personne humaine. Ainsi le corps peut-il faire apparaître autre chose que postures et manières. Quelque chose qui transcende la phénoménalité, et que certains nommeront « éthique ». C'est le cas du philosophe Emmanuel Levinas, qui donne à l'éthique une fonction essentielle, en vue de l'établissement d'une communauté humaine juste. Levinas affirme ainsi que c'est à travers le visage nu d'autrui que s'exprime la Parole éthique, ou le commandement divin qui ordonne de ne pas tuer. Du fait de sa nudité, le visage est cette partie du corps qu'on rencontre dans sa fragilité essentielle, et qui s'impose à nous pour nous rappeler la valeur absolue de la personne humaine, ainsi que l'infinie responsabilité qui nous incombe (E. Levinas, *Éthique et infini*). Dès lors le corps est-il épiphanique, le visage nu faisant signe vers un ordre divin qui transcende toute institution humaine. Levinas précise que ce visage qui nous fait face n'est pas ce visage aux qualités esthétiques multiples (couleur des yeux, forme du nez, etc.), mais ce visage dont l'éclat du regard nous signifie instamment notre responsabilité éthique essentielle pour le genre humain.

Enfin, si le corps se plie aux postures et se joue de manières à des fins d'adaptation et de reconnaissance sociales, il manque le plus souvent le rapport essentiel, rivé qu'il est à la forme de ses prestations, ou de son spectacle. Levinas entend ainsi montrer que la dignité du rapport à l'autre tient moins du jeu « hypocrite » (= du jeu d'acteur de théâtre), du masque, que d'une forme de socialité fondée sur la reconnaissance et la responsabilité, à travers le visage nu d'autrui, de la fragilité de la condition humaine.

5 La valeur du corps

5.1 Le corps-esclave

Le corps fait partie intégrante de la dignité humaine. On ne saurait réduire de nos jours la valeur humaine à sa part rationnelle ou spirituelle, c'est-à-dire à son âme. On ne saurait accepter la mortification qui, chez le croyant, renvoie le corps à sa dimension purement contingente, matérielle, inessentielle, à côté d'une âme, prétendument spirituelle, essentielle, divine.

Le corps a une dignité, c'est-à-dire une valeur intrinsèque, au-dessus de tout prix marchand. Dès lors n'est-il plus possible de considérer le corps comme une marchandise, ou comme un instrument ou un objet susceptible d'être vendu, échangé ou remplacé. Ce qui a une dignité possède ainsi une valeur absolue et s'attache à un être qui a une fin en soi et qui ne saurait être considéré comme un moyen. La philosophie kantienne posait ainsi comme principe fondamental le fait de la dignité de l'humain, et en déduisait l'impératif catégorique et inconditionnel suivant : « Agis de telle sorte que tu traites l'humanité comme une fin, et jamais simplement comme un moyen » (*Fondements de la métaphysique des mœurs*). En conséquence, je ne peux disposer de l'homme, en faire un moyen, pour servir mes intérêts ou mes inclinations personnelles, ni porter atteinte à la liberté ou à la propriété d'autrui.

Cet impératif, interdisant toute mise à disposition instrumentale de la personne humaine, et notamment de son corps, participera de cette volonté d'abolir l'institution de l'esclavage en Europe au xviiie siècle. L'esclavage consiste dans l'exploitation de l'homme par l'homme, dans le fait pour des maîtres de s'approprier autrui comme un bien, une propriété soumise à un cadre juridique strict. On pensera à cet égard au *Code Noir*, rédigé par Colbert en 1685 sous le règne de Louis XIV, qui faisait état de la forme administrative juridique de l'esclavage dans les colonies françaises de l'époque. Ainsi peut-on y lire que l'esclave est un « meuble » (art.44), responsable sur le plan pénal (art.32), qu'il est la propriété du maître, possédant un matricule et non un nom propre. Le Code autorise légalement les châtiments corporels, voire la mise à mort des esclaves, selon la volonté des maîtres.

L'esclave était considéré comme cet être auquel on refusait toute dignité, en le rabaissant au rang d'outil, ou à celui de bête, sans âme ni raison. Aristote en faisait un être dont la valeur était purement instrumentale, servant à la bonne économie familiale : « l'aide physique en vue d'accomplir les tâches nécessaires, on la demande aux deux, esclaves et animaux domestiques » (*Politiques*, I,5). L'esclave faisait partie de ces êtres dont la nature était d'obéir, et de servir les hommes libres : « Ceux qui sont aussi éloignés des hommes libres que le corps l'est de l'âme, ou la bête de l'homme (et sont ainsi faits ceux dont l'activité consiste à se servir de leur corps, et dont c'est le meilleur parti qu'on puisse tirer), ceux-là sont par nature des esclaves » (*ibid.*). Plus tard encore, on s'interrogera sur la nature de ces indigènes du « Nouveau monde », que les Occidentaux exposaient à la curiosité publique, après les avoir ramenés de leurs expéditions. On pensera à la fameuse Controverse de Valladolid (1510), où il s'agissait de définir l'« humaine » condition de ses individus, et par là de déterminer s'ils possédaient une âme et s'ils pouvaient recevoir le message chrétien.

5.2 La marchandisation du corps

Si Le principe d'égalité entre tous les êtres humains a été formulé et déclaré dès le premier article de la *Déclaration des droits de l'homme et du citoyen* de 1789 (« Les hommes naissent libres et égaux en droit »), les inégalités matérielles sont restées persistantes, et de nouvelles formes d'exploitation du corps d'autrui ont dû forcer le législateur à renforcer le cadre juridique de la protection de la personne humaine. On pensera par exemple, dans le cadre de l'économie bourgeoise qui s'est fortement imposée depuis la Révolution industrielle, au statut du travailleur et à la nature du contrat qui devait le préserver d'une aliénation totale dans le cadre de son activité laborieuse. Ainsi, Hegel pouvait-il affirmer ceci : « Je puis aliéner à un autre, pour un temps déterminé, l'usage de mes aptitudes corporelles et intellectuelles et de mon activité possible, parce que dans cette limite elles ne conservent qu'un rapport extérieur avec la totalité et la généralité de mon être ; mais l'aliénation de tout mon temps réalisé dans le travail et de la totalité de ma production ferait de ce qu'il y a là-dedans de substantiel, c'est-à-dire de mon activité générale et de ma personnalité, la propriété d'autrui » (*Principes de la philosophie du droit*, I, 1, C : « *aliénation de la propriété* »).

Marx exposera quant à lui, dans le cadre de l'exploitation capitaliste des travailleurs, les conditions aliénantes et injustes du travail salarié, faisant montre d'une forte dégradation physique des corps laborieux, soumis à des tâches répétitives et mécaniques. Le rapport de servitude du corps à la machine fut bien exposé par le réalisateur Charlie Chaplin qui, dans Les *Temps Modernes*, rend compte de la façon dont l'industrialisation a dépossédé le travailleur de la libre disposition de ses facultés, et de la façon dont le machinisme a réduit le corps à n'être qu'une extériorité exécutrice au service des machines. Si l'artisan trouvait dans son activité l'occasion de disposer librement de ses aptitudes intellectuelles et physiques, demeurant maître de son projet, le travailleur-prolétaire, en travaillant pour un autre, voyait sa puissance et son énergie asservies à des tâches insignifiantes, incapables de participer à la réalisation de son être.

Plus encore, si l'économie de marché reposait sur l'élargissement des échanges et la multiplication-profusion des productions de marchandises, la valeur de ces dernières allaient dépasser le seul cadre utilitaire (valeur d'usage), et devenir en elles-mêmes des valeurs d'échange, c'est-à-dire des marchandises susceptibles de procurer un surplus d'argent dans le cadre de leur revente (valeur d'échange). Cependant, la marchandisation généralisée ne se limitera pas aux seuls objets matériels. En effet, tout ce qui est susceptible de procurer satisfaction, à partir des facultés humaines intellectuelles et physiques, peut être considéré comme valeur d'échange et ainsi être mis sur le marché. Les corps humains n'échappent pas à cette logique économique globalisée, que ce soit dans la mise à disposition rémunérée de ses facultés intellectuelles pour la réalisation d'une œuvre (par exemple être rédacteur pour une revue), ou de son corps, comme dans le cadre de la prostitution et, plus encore du proxénétisme, où le corps se voit réduit à n'être qu'une valeur d'échange (une propriété du proxénète) au profit d'un usage discutable (dans la mesure où le corps d'autrui est perçu comme un moyen pour la seule jouissance du client, et pour le seul profit financier du proxénète).

5.3 Le cadre juridique de protection de la personne humaine

À cet égard, et compte tenu des dérives liées à la marchandisation des corps (ou à leur exploitation), le législateur a dû poser les principes juridiques fondamentaux qui protègent le corps, celui-ci ne pouvant être désolidarisé de la personne humaine dans sa pleine intégrité. Ainsi, le livre premier du Code civil français (« Des personnes ») fait état au chapitre 2 « Du respect du corps humain » et pose les bases juridiques fondamentales de la protection de la personne humaine, et particulièrement des droits relatifs à son corps entendu comme propriété inaliénable, durant la vie comme durant la mort. Ainsi peut-on lire que « Chacun a droit au respect de son corps. 1/ Le corps humain est inviolable. 2/ Le corps humain, ses éléments et ses produits ne peuvent faire l'objet d'un droit patrimonial. » (Article 16-1) ; ou encore que « Le respect dû au corps humain ne cesse pas avec la mort. Les restes des personnes décédées, y compris les cendres de celles dont le corps a donné lieu à crémation, doivent être traités avec respect, dignité et décence. » (16-1-1). Il ressort de l'ensemble de ce chapitre que nul ne peut porter atteinte à l'intégrité physique d'une personne, sans se rendre pénalement justiciable. Ainsi est interdit ce qui relève des violences physiques, ou encore des interventions médicales sans consentement, sauf si le patient est dans l'impossibilité, du fait de son état, de fournir son consentement : « Il ne peut être porté atteinte à l'intégrité du corps humain qu'en cas de nécessité médicale pour la personne ou à titre exceptionnel dans l'intérêt thérapeutique d'autrui. Le consentement de l'intéressé doit être recueilli préalablement hors le cas où son état rend nécessaire une intervention thérapeutique à laquelle il n'est pas à même de consentir. » (16-3).

Le Code porte également sur les formes d'interventions expérimentales susceptibles de modifier le génome ou de produire un être selon des valeurs génétiques prédéfinies : « Nul ne peut porter atteinte à l'intégrité de l'espèce humaine. Toute pratique eugénique tendant à l'organisation de la sélection des personnes est interdite. Est interdite toute intervention ayant pour but de faire naître un enfant génétiquement identique à une autre personne vivante ou décédée. Sans préjudice des recherches tendant à la prévention, au diagnostic et au traitement des maladies, aucune transformation ne peut être apportée aux caractères génétiques dans le but de modifier la descendance de la personne. » (16-4). Au regard de l'évolution des techniques actuelles, l'interdiction des pratiques eugéniques, consistant dans la volonté d'amélioration de l'espèce humaine grâce à la génétique, risque de se voir confrontée à des obstacles majeurs, qui fassent se renouveler les cadres politique, économique et éthique des pratiques basées sur les résultats de la recherche techno-scientifique. On trouvera à cet égard un ensemble de réflexions éclairantes dans l'ouvrage de Laurent Alexandre et Jean-Michel Besnier, *Les robots font-ils l'amour* ? (« Le transhumanisme en 12 questions », 2016), qui interroge les résultats ainsi que les prétentions de la science transhumaniste.

Le transhumanisme se propose d'augmenter l'humain, ou d'améliorer ses facultés grâce aux nouvelles technologies, et notamment grâce à la convergence de quatre disciplines : les nanotechnologies, les biotechnologies, l'informatique et les sciences cognitives. Ainsi pourra-t-on intervenir sur le génome humain pour limiter, dès la naissance, les risques de pathologies liés à certains facteurs génétiques ; réaliser de plus grand séquençage de l'ADN d'un individu afin d'anticiper l'apparition de futures maladies ; remplacer des organes par des dispositifs artificiels qui réparent voire augmentent les capacités fonctionnelles de l'organe naturel ; reproduire certains organes à partir de cellules souches embryonnaires ; coupler le cerveau humain à des dispositifs d'intelligence artificielle, etc. Pour les transhumanistes, la technologie doit être au service du bien-être humain, par l'amélioration de ses capacités. Le corps est ainsi pensé comme une machine, qu'il s'agit de maintenir dans un état optimal de fonctionnement, ou d'« augmenter », par des moyens techniques innovants, capables de décupler les potentialités du corps. Cette conception mécaniste du vivant est critiquée pour l'oubli qu'elle fait de toute la part symbolique de l'humain, c'est-à-dire de l'ensemble des productions imprévisibles de l'activité humaine. En effet, comment redéfinir une humanité dont les productions dépendront moins d'elle-même que d'un ensemble de dispositifs qui prédétermineront la perception et la conduite ? Peut-on encore parler de libre arbitre dans l'activité du cyborg, de cet être qui dans les livres de science-fiction représente un couplage entre l'humain et le robot ? Et que dire enfin du rêve du futurologue américain Ray Kurtzweil, pour qui le transhumanisme permettrait à terme d'« euthanasier la mort » ?

L'ensemble de la littérature transhumaniste interroge par la radicalité qu'elle propose en termes de révolutions techniques. D'un point de vue juridico-politique, il conviendra de reprendre la mesure des lois actuelles, notamment à propos de l'intervention technique sur les corps ; d'un point de vue économique également, il semble que si bientôt certains corps soient couplés à de l'intelligence artificielle, de nouvelles inégalités se creuseront entre corps naturels et corps « augmentés ». Enfin, d'un point de vue éthique, il faudra repenser les limites de l'humain et l'ensemble des catégories qui font sa dignité telles que la liberté, la propriété ou l'égalité. Certes, toutes ces interrogations seront d'abord « politiques », en ce qu'elles devront déterminer un avenir commun, dans cet espace toujours mouvant où se mêlent nature et culture.

PARTIE 3
HISTOIRE

CHAPITRE 12

Les attendus de l'épreuve d'histoire

L'épreuve d'histoire est une composante essentielle du concours commun. D'une durée de 2 heures et de coefficient 3, elle fait appel à la culture historique et politique du candidat tout autant qu'à ses qualités d'analyse et de mise en contexte. En effet, il ne s'agit pas d'une épreuve d'érudition et l'on n'attend pas du candidat des connaissances encyclopédiques mais on lui demande de montrer qu'il a une compréhension claire des enjeux et problématiques des grandes périodes historiques étudiées et que cette compréhension s'appuie sur une bonne maîtrise des enjeux et des acteurs dont il est question dans les documents de l'épreuve. Il sera aussi apprécié que le candidat puisse être capable de souligner de temps à autre le lien qui peut s'établir entre histoire et problèmes actuels.

1 L'épreuve d'histoire

La durée de l'épreuve d'histoire (coefficient 3) est fixée à deux heures. Elle consiste désormais en une étude critique de document, similaire dans sa méthode à celle qui est proposée au baccalauréat. Cependant, le candidat aux épreuves du concours commun sera confronté à deux documents plutôt qu'un seul, comme au baccalauréat. Dans ce type d'exercice, c'est la capacité d'analyse du candidat qui est privilégiée et qui est donc la principale qualité attendue du candidat pour l'épreuve d'histoire au concours commun. Le candidat devra aussi démontrer sa capacité à restituer dans un langage clair et une réflexion organisée les enjeux sous-jacents dans le document et à éclairer le contexte évoqué par celui-ci. Les connaissances personnelles sont donc importantes car elles permettront de mieux décrypter, restituer et contextualiser le propos du document.

2 Les thématiques et périodes au programme

2.1 Les relations entre les puissances et les modèles politiques des années 1930 à nos jours.

Cette seconde grande partie du programme des épreuves d'histoire au concours d'entrée s'organise autour de deux notions essentielles : la compréhension de la nature des conflits modernes, de la guerre totale et industrielle à la guerre froide, et celle du phénomène totalitaire, déterminant pour l'histoire du XXe siècle. Il est évident que la connaissance de l'arrière-plan historique constitué par l'émergence de nouvelles idéologies et de nouvelles techniques au XIXe siècle est un préalable indispensable à la compréhension de ces phénomènes.

2.2 Histoire politique, sociale et culturelle de la France depuis les années 1930.

Ce chapitre montre comment le régime républicain s'est ancré en France à partir de la IIIe République, puis à travers les refondations nécessaires représentées par les IVe et Ve Républiques. Il montre aussi de quelles manières ce régime a été confronté à la persistance d'inégalités socio-économiques (question ouvrière, immigration, place des femmes) et à la question coloniale qui finit par entraîner la chute de la IVe République.

Là encore, la dimension très contemporaine des sujets abordés est à souligner. On ne peut traiter la question des évolutions institutionnelles sans avoir à l'esprit les questionnements actuels quant à l'évolution du régime mixte, présidentiel et parlementaire, de la Ve République de nos jours. De même, la question des inégalités sociales, de l'immigration ou du rôle de la femme dans la société sont encore au centre de débats contemporains avec lesquels le candidat doit obligatoirement être familiarisé par une connaissance solide de l'actualité.

BIBLIOGRAPHIE INDICATIVE

Un conseil essentiel doit être donné au candidat ici : il est impératif de ne pas s'en tenir aux connaissances acquises au lycée mais, à l'inverse, le concours d'entrée à Sciences Po n'est pas un concours d'érudition ! Il ne sert à rien d'accumuler de multiples connaissances si l'on ne s'est pas entraîné à développer un esprit de synthèse qui permettra – et c'est le plus important – de traiter de la manière la plus pertinente possible les sujets proposés. D'autre part, il convient de faire des choix pour ne pas se perdre dans la jungle des ouvrages proposés pour préparer le concours. Voici donc les références de quelques ouvrages parmi lesquels le candidat pourra faire son choix.

Ouvrages généraux

- Serge BERNSTEIN, Pierre MILZA, *Histoire du XXe siècle*, trois tomes, Hatier, 2017.
- Bernard DROZ, Anthony ROWLEY, *Histoire générale du XXe siècle*, quatre tomes, Seuil, coll. « Points Histoire », 1986-1992.
- René RÉMOND, Jean-François SIRINELLI, *Notre Siècle*, Fayard, 1988.
- Jean-François SIRINELLI (dir.), *La France de 1914 à nos jours*, PUF, 2004.

Sur les relations internationales

- René GIRAULT, *Diplomatie européenne. Nations et impérialismes. 1871-1914*, Tome 1, Payot, coll. « Petite bibliothèque Payot », 2004.
- Robert FRANCK, René GIRAULT, *Turbulente Europe et nouveaux mondes, 1914-1941*, Payot, coll. « Petite bibliothèque Payot », 2004.
- Pierre MILZA, *Les Relations internationales de 1871 à 1914*, Armand Colin, coll. « Cursus », 1990.

Sur la révolution industrielle et sa société

- François CARON, *Les Deux Révolutions industrielles du XXe siècle*, Pocket, coll. « Agora », 1997.
- Jean-Pierre DAVIET, *La Société industrielle en France. 1814-1914*, Le Seuil, coll. « Points Histoire », 1995.
- Michel WINOCK, *La Belle Époque*, Perrin, Tempus, 2003.

BIBLIOGRAPHIE

Sur la période de l'occupation

- Michel WINOCK, *Nationalisme, antisémitisme et fascisme en France*, Seuil, coll. « Points Histoire », 1982.
- Robert O. PAXTON, *La France de Vichy. 1940-1944*, Le Seuil, coll. « Points Histoire », 1997.

Sur l'URSS et le totalitarisme

- Martin MALIA, *La Tragédie soviétique, Histoire du socialisme en Russie. 1917-1991*, Le Seuil, coll. « Points Histoire », 1997.

REMARQUE SUR LA BIBLIOGRAPHIE

Ces ouvrages ont fait leurs preuves et contiennent par ailleurs eux-mêmes nombre de références intéressantes. Néanmoins, cette liste n'est qu'indicative et le candidat pourra la compléter ou remplacer certains titres par d'autres selon ses besoins.

On ne saurait cependant trop lui conseiller de ne pas dépasser outre mesure le nombre d'ouvrages conseillés ici. Accumuler une bibliographie beaucoup plus importante serait parfaitement contre-productif en vous amenant à vous disperser. En revanche, la lecture d'ouvrages de référence et de manuels peut être complétée pour certains sujets par celle d'articles.

On conseillera par exemple vivement la lecture de la revue *L'Histoire* ou de *Historia*, disponibles en bibliothèque, qui apportent un éclairage pertinent et clair sur nombre de questions. L'important est que vos lectures vous laissent le temps d'organiser vos révisions et vous permettent de réaliser un ensemble de fiches synthétiques sur chacun des points abordés au programme.

Dernier conseil : surtout ne faites pas d'impasse !

Méthodologie

Comment citer un ouvrage ?

Dans un devoir, il importe au moins d'être capable d'indiquer dans le corps du texte le nom de l'auteur et le titre de l'ouvrage dont vous tirez une citation. N'oubliez pas de souligner les titres que vous indiquez. Si vous donnez une référence complète, cela doit se faire comme suit :

Prénom NOM, *Titre de l'ouvrage* (en italiques dans un document, souligné dans une copie), Éditeur, Date.

3 Conseils pour l'étude de documents

REMARQUE

Pour accompagner cette méthodologie, retrouvez le sujet corrigé en partie 5 de l'ouvrage.

3.1 Quels sont les premiers renseignements à tirer du sujet ? (étape 1)

En procédant par étapes, il convient d'abord de lire avec attention le document. Avant même d'entamer sa lecture, étudiez attentivement la consigne. On vous demandera bien évidemment de vous appuyer sur une étude critique des documents et sur vos connaissances mais l'intitulé précis du sujet oriente déjà votre travail en fixant les bornes chronologiques, géographiques et thématiques qui vont être précisées par les documents.

Dans le cas du sujet blanc déjà diffusé, et disponible en fin d'ouvrage, le sujet donné est : « Vous montrerez que ces documents illustrent la politique de puissance chinoise à la fin des années 1950 et au début des années 1960. » Ceci fournit déjà des indices précieux. Le concept de « puissance » est central dans le sujet. Il faudra le définir, c'est la capacité d'un acteur des relations internationales à influencer les décisions des autres acteurs, dans un sens favorable à ses intérêts. Le concept a été exploré par de nombreux théoriciens, de Nicolas Machiavel à Raymond Aron en passant par Max Weber et en remontant même à Thucydide pour la Grèce antique, jusqu'à Joseph Nye, plus près de nous, qui a défini la notion de *softpower*, la « puissance culturelle ».

« La Chine » ensuite. Le sujet nous invite donc à réfléchir à la notion de puissance, illustrée par l'exemple chinois. En quoi la Chine affirme-t-elle son statut de puissance sur la scène internationale ? Voilà une problématique que les bornes chronologiques vont nous permettre de préciser par la suite. Or, ces bornes chronologiques sont précises et restreintes : « à la fin des années 1950 et au début des années 1960. » C'est ici que les connaissances de cours vont servir à définir plus précisément encore les bornes et les enjeux de notre étude. On peut évoquer dans l'introduction ou au tout début du devoir la victoire de Mao en 1949 et la création de la Chine populaire mais ce qui nous intéresse ici, c'est d'analyser la manière dont la RPC s'affirme, après sa création, comme une puissance. Que nous dit dès lors la chronologie ? « La fin des années 1950 » est un moment charnière pour la Chine. En 1950, il y a eu la signature du traité d'entente entre la Chine de Mao et l'URSS de Staline. En 1953, la Chine participe à la guerre de Corée en y expédiant 300 000 « volontaires ». Mais la fin des années 1950 marque, pour la Chine, le début de la rupture avec l'URSS, qui sera totalement consommée avec les incidents frontaliers opposant l'Armée Rouge et l'Armée de Libération Populaire en mars 1969, autour du fleuve Oussouri et de l'île Zhenbao. Cette période des années 1950-1960 est aussi marquée par les tentatives d'affirmation de la Chine sur la scène internationale par le biais de la montée en puissance du Tiers-Monde et du mouvement des non-alignés, dont la Chine tente de se faire l'un des principaux porte-parole. La Chine va également s'engager activement dans la guerre d'Indochine, puis celle du Vietnam en soutenant matériellement tout d'abord le mouvement d'indépendance du Viêt Minh, puis le régime nord-vietnamien et la guérilla Vietcong. La position chinoise dans ces conflits s'inscrit dans une stratégie globale, qui est centrale pour notre sujet, celle de « l'anti-impérialisme », élément essentiel de la rhétorique du gouvernement central chinois durant les années 1950 et 1960, la Chine noue aussi le dialogue avec l'Ouest, et notamment avec la France de De Gaulle.

Comme nous pouvons le constater, la simple lecture de la consigne permet déjà de mobiliser beaucoup de connaissances, mais il va falloir faire le tri. Ce sont les documents qui vont nous y aider.

3.2 Lire et analyser les documents (étape 2)

Avant de prendre connaissance du contenu des documents, il faut bien identifier les sources et dates de publication. C'est un aspect primordial de l'analyse de document qui permet de resituer le contexte. Dans l'exemple donné par le sujet zéro, le document 1 est extrait du discours prononcé par Mao Zedong devant des représentants sud-américains le 14 juillet 1956. Deux éléments apparaissent déjà ici. Le premier est clairement mis en avant, c'est le rôle qu'entend jouer la Chine face à « l'impérialisme américain », ici en Amérique du Sud, qui constitue encore dans les années 1950 une « chasse gardée » des États-Unis (depuis la formulation de la doctrine Monroe en 1823, puis l'affirmation, par Théodore Roosevelt en 1904, de la nécessité de voir « l'intervention d'une nation civilisée » suppléer les « défaillances répétées et une carence du pouvoir » sur le continent sud-américain et enfin la nécessité répétée de faire barrage au socialisme, en particulier après la prise de pouvoir par Castro en 1959). Le deuxième élément est implicite, il est suggéré par la date à laquelle le discours a été prononcé : en 1956, c'est-à-dire l'année qui marque le début de la rupture entre Chine et URSS.

Le deuxième document est une affiche chinoise de 1960 montrant que la Chine soutient « les mouvements démocratiques nationaux d'Asie, d'Amérique latine et d'Afrique : à bas l'impérialisme ! A bas le colonialisme ! » L'affiche est bien évidemment à mettre en rapport avec l'implication de la Chine dans le mouvement d'affirmation du Tiers monde (avec la présence du ministre des Affaires Étrangères Zhou Enlai lors de la conférence de Bandung en 1955) et son soutien aux mouvements de décolonisation. En 1960, la décolonisation des territoires français s'achève en Afrique, la guerre d'Indochine a pris fin en 1954, immédiatement relayée par la guerre d'Algérie mais il est important de noter également qu'en Asie, l'état d'urgence, déclaré par le gouvernement colonial britannique de la Malaisie en 1948 contre l'insurrection menée par le Parti communiste malais, prend fin le 30 juillet 1960, à l'instigation du gouvernement de la Malaisie indépendante.

N'oubliez pas que vous devez présenter les documents dans l'introduction. Il s'agit d'une présentation succincte et bien intégrée à votre introduction qui doit comporter une phrase d'accroche, puis présenter en quelques lignes les enjeux du sujet, les bornes et concepts clés et formuler une problématique, en énonçant éventuellement ses axes principaux. La présentation des documents peut venir après la problématique

3.3 Définir la problématique (étape 3)

La problématique constitue la question que l'on peut formuler à partir du sujet et après avoir procédé à une première lecture des documents et défini les bornes thématiques ou chronologiques du sujet. Il s'agit du fil rouge qui guidera la réflexion tout au long du devoir. Or, sur quelle notion centrale s'interroge-t-on ici tout d'abord ? C'est évident, il s'agit d'abord de s'interroger sur la notion de puissance (qu'il faudra obligatoirement définir). Ensuite, on doit examiner la manière dont cette notion s'illustre dans le cas chinois et au cours d'une période donnée. On pourra donc se demander : « Par quels moyens la Chine tente-t-elle d'affirmer une politique de puissance au cours des années 1950 et 1960 ? »

Chaque terme a ici son importance. « Par quels moyens », parce que l'on verra que la Chine tente de s'appuyer sur la critique des États-Unis et le soutien au Tiers-Monde. « Tente-t-elle d'affirmer », parce que dans les années 1950 et 1960 la Chine tente de s'affirmer comme un autre modèle antiaméricain, anti-impérialiste et communiste, ce qui l'amène à sortir de l'orbite soviétique et à se positionner en rivale de l'URSS. « Une politique de puissance », on prendra soin de définir soigneusement les caractéristiques de cette politique, ces grands axes idéologiques, en tenant compte des documents : anti-impérialisme et anticolonialisme, notamment. « Au cours des années 1950 et 1960 », la problématique réitère enfin le cadre chronologique du devoir qu'il ne faut pas perdre de vue. Pas question de se lancer dans une récitation de cours en allant jusqu'à évoquer Tian Anmen et Deng Xiaoping, cela n'est pas le sujet et un devoir de ce type n'obtiendrait pas la moyenne.

3.4 Établir le plan (étape 4)

Il ne s'agit plus ici de rédiger une composition mais une analyse critique de document. Néanmoins celle-ci doit s'articuler autour d'un plan précis. Au vu du travail d'analyse du sujet et du cadre fourni par les documents, on a donc déterminé la problématique suivante : « « Par quels moyens la Chine tente-t-elle d'affirmer une politique de puissance au cours des années 1950 et 1960 ? » On peut donc détailler dans une première partie de quelle manière la Chine de Mao tente de se positionner comme un nouvel acteur du camp anti-impérialiste, d'abord aux côtés de l'URSS (guerre de Corée...) puis peu à peu de façon plus indépendante, en choisissant sa propre voie sur le plan interne et en soutenant par ailleurs les mouvements communistes en Asie. Ceci peut fournir une transition pour traiter du deuxième levier de puissance qui permet à la Chine d'affirmer son rôle de puissance sur la scène internationale, à savoir la politique anticolonialiste, dont le deuxième document donne un bon exemple. Évidemment, on fera référence à la conférence de Bandung en 1955, à l'émergence du Tiers Monde dont la Chine tente de se faire le principal porte-parole, au mouvement des non-alignés et au rôle de certaines figures comme Zhou Enlai. Enfin, on pourra synthétiser dans une dernière partie la manière dont la Chine réussit à s'affirmer comme une réelle puissance sur la scène internationale au cours des années 1960, en évoquant sa rupture franche avec l'URSS, son rôle dans la guerre du Vietnam et en concluant sur le rapprochement sino-américain qui s'ébauche dans les années 1970. On n'oubliera pas dans le devoir d'évoquer la question brûlante de Taïwan, qui reste encore aujourd'hui un point de tension très important entre Chine et États-Unis.

PARCOURSUP
QUESTIONS CONTEMPO-RAINES
HISTOIRE
ANGLAIS
ENTRAÎNEMENTS

Thème 1

Fragilité des démocraties, totalitarismes et Seconde Guerre mondiale

« La France de 1919 était grosse de celle de 1940 » remarquait l'écrivain français Henry de Montherlant en 1939[1]. Les années d'entre-deux-guerres, de 1919 à 1939, sont marquées par une difficile reconversion économique après quatre années de dirigisme. Sorties victorieuses du conflit, les démocraties libérales, notamment la France, s'installent dans l'illusion trompeuse d'un retour à la normale et à la stabilité. Très rapidement cependant, les difficultés économiques rencontrées par un certain nombre de nations ébranlent l'édifice démocratique. La crise de 1929 achève de remettre en cause l'ordre politique et l'équilibre européen. Face à une démocratie libérale en crise, des régimes d'un type nouveau, qui adaptent le processus autoritaire aux problèmes de l'intégration des masses, s'instaurent sur la base d'un projet de refonte sociale radicale, prônant un assujettissement des sociétés et des économies à leur entreprise idéologique. Bien que les régimes staliniens, fascistes et nazis aient des bases idéologiques différentes, ils ont en commun une dimension policière sans précédent entraînant la confiscation des libertés avec pour but de créer un « homme nouveau ». Comment la montée en puissance de ces régimes traduit-elle la crise de régime aggravée par la crise économique qui frappe l'Europe de plein fouet à partir de 1929 ?

1 Henry de Montherlant. *L'Equinoxe de septembre*. Grasset. 1938

CHAPITRE 13

L'impact de la crise du Jeudi Noir : déséquilibres économiques et sociaux

1 Les causes de la crise

À bien des égards, la crise de 1929 ne diffère pas d'une crise de surproduction telle celle qui a frappé les économies capitalistes en 1873. En 1929 cependant, à la crise de surproduction s'ajoute l'éclatement de la bulle spéculative qui est le véritable moteur de la crise. Cette fois, c'est une crise financière qui entraîne la crise économique. Le ralentissement de l'économie américaine s'annonce en effet dès le début de l'année 1929. La production stagne et les profits bancaires, les revenus immobiliers, industriels et agricoles fléchissent. Ce ralentissement n'arrête cependant pas la folie spéculative qui s'est emparée de Wall Street et continue à faire grimper le cours des actions.

Entre le début 1928 et octobre 1929, le montant total des prêts double. Les cours des principales valeurs flambent au-delà de toute mesure avant que les premiers doutes commencent à s'installer au vu de l'évolution réelle des profits des entreprises dont les actions ont tant monté. Un certain nombre d'actionnaires avisés ou bien renseignés réussissent à revendre leurs titres et à éviter le désastre avant que le krach n'intervienne, le jeudi 24 octobre, le fameux « Jeudi noir » ou « Black Thursday ». En quelques heures la rumeur s'empare de la place boursière et tout le monde veut vendre ses titres, sans que personne n'achète. À midi, l'indice Dow Jones (l'équivalent du CAC 40) a perdu 22,6 %. La baisse se poursuit pendant trois ans : les cours boursiers chutent de 87 %, entraînant des faillites bancaires en série. Rapidement, cette déroute financière fait vaciller l'économie américaine, puis mondiale.

2 Passage d'une crise américaine à une crise mondiale

La conflagration touche en effet de plein fouet l'Europe, **encore très endettée en 1929** auprès des banques américaines. Celles-ci réclament le remboursement immédiat des prêts consentis pour la reconstruction d'après guerre. La France est, dans un premier temps, épargnée en raison du moindre développement du secteur financier français et de son intégration plus mesurée dans le système financier mondial mais la crise qui touche les revenus agricoles touche de plein fouet son économie à partir de **1931**. Deux chiffres suffisent pour mesurer l'importance de cette dépression planétaire : la production industrielle américaine **a baissé de moitié de 1929 à 1932** et le taux de chômage est passé de 3,1 % à 24 % aux États-Unis. Le chômage, la chute du niveau de vie, la précarité et le déclassement (réel ou redouté, le philosophe Henri Lefebvre évoque ainsi en 1932 un « lumpenprolétariat intellectuel en haillons ») rendent le choc d'autant plus brutal que les sociétés occidentales entraient alors, à la suite des États-Unis, dans l'ère de la consommation et que les discours, relayés par la publicité, présentaient la perspective d'un avenir désormais radieux.

JUIN 1936 : LES ACCORDS MATIGNON

En France en revanche, la montée en puissance de la contestation antiparlementaire est forte dans le contexte de crise économique et culmine avec les affrontements du 6 février 34 au cours desquels seize manifestants et un policier sont tués et 1 500 personnes sont blessées. La crise perdure beaucoup plus longtemps en France, jusqu'à la veille de la Seconde Guerre mondiale mais l'accession au pouvoir du Front Populaire permet une amélioration du sort de la classe ouvrière même si elle accentue encore les clivages politiques. La victoire de mai donne lieu à un immense mouvement de grève en mai-juin 1936, avec des occupations d'usines. 10 millions de personnes au moins participent à ces mouvements, représentés au cinéma par exemple dans le film de Julien Duvivier, *La Belle Equipe*. Dans ce contexte, Blum constitue son gouvernement qui comprend des socialistes et des radicaux mais pas de communistes car, tout en le soutenant, ils refusent d'y entrer. C'est aussi la première fois que des femmes rentrent au gouvernement, trois exactement. Blum appelle alors à la pause et supervise la négociation entre représentants syndicaux et patronat qui aboutit à la signature des accords de Matignon dans la nuit du 7 au 8 juin 1936 :

- augmentation des salaires ;
- conventions collectives ;
- pas de sanctions contre les grévistes ;
- congés payés (loi du 20 juin 1936) ;
- semaine de 40 heures.

Mais si le sentiment ouvrier est celui de la victoire, le chômage ne baisse pas et la production stagne. Pour certains, les mesures prises par Blum ont pesé lourd dans un contexte de guerre. Cette hypothèse est cependant relativement contredite par les historiens militaires qui mettent en avant l'immobilisme des décideurs militaires en dépit de l'ampleur des moyens en 1940.

3 Émergence d'un chômage de masse

Le séisme touche dès 1929 l'économie anglaise qui plonge dans les « Gloomy thirties ». Le Royaume-Uni compte 2,7 millions de chômeurs, en août 1931 et on estime à plus de 10 millions le nombre d'Anglais qui vivent dans la précarité dont la moitié dans la pauvreté absolue, sur une population de 46 millions d'habitants en 1931. La brutalité du choc s'explique aussi par l'absence de tout véritable filet de sécurité ; même en Angleterre, malgré le National Insurance Act de 1911, aucun système d'assurances ou d'assistance sociale ne s'avère capable d'endiguer le déferlement de la misère. Aux États-Unis, l'optimisme des années 1920 cède la place au désespoir : la natalité chute et la cellule familiale est ébranlée alors que la fermeture de nombreuses écoles jette des milliers d'enfants sur les routes. Le nomadisme s'ajoute au chômage pour poser aux villes d'insurmontables problèmes malgré les centres de secours et les soupes populaires. Le progrès devient une illusion dans un monde dominé par la lutte pour la vie (Horace McCoy, *They Shoot Horses, Don't They, On achève bien les chevaux*, 1935, cité par Enrique Leon, professeur en CPGE au lycée Jules Ferry (Paris)). En Allemagne, le chancelier **Heinrich Bruning (1885-1970)**, dépourvu de majorité parlementaire, gouverne de mars 1930 à mai 1932 avec le seul appui du président **Paul von Hindenburg (1847-1934). Les mesures qu'il prend par décrets** (diminution des traitements des fonctionnaires, augmentation des impôts…) n'ont aucun effet et contribuent même à aggraver les conséquences de la crise : **en mars 1932, il y a 6,3 millions de sans-emploi, soit un salarié sur trois** et quatre ouvriers sur dix. Seul un tiers de ces chômeurs bénéficiaient des secours prévus par la loi de 1927 sur l'assurance chômage.

1933 : UN NOUVEAU PRÉSIDENT DES EU. ROOSEVELT. NOUVELLE POLITIQUE ÉCONOMIQUE : LE NEW DEAL

La politique de lutte contre les grands conglomérats industriels et financiers et de renforcement du pouvoir fédéral de Woodrow Wilson (1856-1924, président des États-Unis de 1913 à 1921, et créateur de la Réserve Fédérale) est en effet systématiquement démantelée au nom des principes libéraux par ses successeurs : Warren G. Harding, président de 1921 à 1923, qui freine les réformes progressistes de son prédécesseur et dont le mandat est surtout marqué par une série de scandales, puis Calvin Coolidge, en poste de 1923 à 1929, éminemment favorable au laisser-faire et dont la devise est explicite : « The business of America is business ». Sa volonté de minimiser au maximum le rôle et l'action du gouvernement dans le domaine économique lui vaut le surnom de « Silent Cal », jeu de mots autour de son prénom et de l'expression « make the call », « décider » qui brocarde son incapacité décisionnaire. On a injustement considéré Herbert Hoover (1874-1964), le prédécesseur de Franklin Delano Roosevelt (1882-1945), comme un président impuissant, voire incapable. Il prend pourtant un certain nombre de mesures dont s'inspirera en partie son successeur : programme fédéral de travaux publics (Boulder Dam), émission monétaire et encouragement du crédit (Glass-Steagall Act, 1932) ou aide aux institutions financières. Son attachement à l'équilibre budgétaire restreint néanmoins l'efficacité de ses mesures et les trop timides mesures de protection sociale qu'il prend lui valent une impopularité croissante. À la décharge de Hoover, il faut reconnaître également que l'ampleur de la crise est telle au début des années 1930 qu'elle fait apparaître les mesures du gouvernement américain comme des gesticulations inutiles.

CHAPITRE 14

Les régimes totalitaires : le système soviétique

La Première Guerre mondiale a été une suite de surprises, comme le souligne par exemple l'historien Marcel Gauchet dans *L'Avènement de la démocratie*. Surprise de l'ampleur du conflit bien sûr, bien que certains contemporains l'aient pressentie de longue date, surprise de l'intensité du conflit, première véritable guerre totale et industrielle, surprise de la longueur du conflit, surprise, enfin, de la capacité des États à « tenir » face à une telle épreuve. La guerre provoque une série de conséquences géopolitiques et parmi elles, le renversement des vieux empires européens et la révolution bolchévique refaçonnent le continent dès la fin du conflit. La série de révolutions qui éclatent en Russie à partir de février 1917 est la première conséquence politique importante de 1914-1918 pour l'après-guerre. La forme politique du totalitarisme initie une critique inédite des régimes démocratiques. La Russie bolchevique dénonce la démocratie libérale en tant que régime bourgeois, inégalitaire et corrompu et l'avènement du fascisme en Italie et du nazisme en Allemagne semble proposer une alternative de plus en plus menaçante pour des régimes qui, en France ou au Royaume-Uni, semblent en proie au doute et éprouvent des difficultés à se redéfinir.

Le nouveau régime qui se met en place avec la prise de pouvoir par les bolchéviques en 1917 doit faire face aux menaces extérieures (corps expéditionnaire envoyé par les puissances européennes) et intérieures (mouvements de résistance formés par la troupe disparate des anciens opposants chassés du pouvoir ou des tsaristes qui forment les rangs des Russes blancs). Il doit aussi gagner une assise populaire qu'il ne possède pas encore dans les campagnes. Cette situation mène à la radicalisation du régime. Comment passe-t-on du régime léniniste au pouvoir stalinien de 1917 à 1929 ? Quels sont les instruments de la terreur d'État mise en place par Staline au cours des années 1930 ?

1 La création du régime soviétique

Le nouveau gouvernement mis en place à partir du conseil des commissaires des peuples le **26 octobre 1917** est présidé par **Vladimir Illitch Lénine (1870-1924)**, avec **Léon**

Trotsky (1879-1940) aux affaires étrangères et **Joseph Staline (1878-1953)** à la tête du commissariat aux nationalités. Les premières mesures qu'il prend sont le décret sur la paix qui aboutit à l'armistice de **décembre 1917** et au traité de **Brest-Litovsk en mars 1918** ainsi que le décret sur la terre qui annule les dettes des paysans, abolit la propriété et confie la gestion des terres à des comités agraires dépendants des soviets. Une série de mesures instaurent une **égalité sociale**. Les soldats élisent leurs officiers, on proclame l'égalité des salaires et la suppression des grades et titres. On instaure aussi une société laïque et une **stricte séparation de l'Église et de l'État.**

En vertu des principes marxistes, entreprises et banques sont nationalisées et gérées par l'État. Toutes ces mesures sont inspirées sur le plan économique par les principes marxistes. On cherche à exercer le maximum de contrôle sur les entreprises (comités élus), on met en place un conseil suprême de l'économie et on procède à un certain nombre de nationalisations (en particulier des banques avec l'annulation de toutes les dettes de l'État russe).

Si le gouvernement bolchévique qui se déplace à **Moscou** contrôle les grandes villes, la situation reste confuse dans le sud et l'émergence de fortes résistances qui va précipiter le pays dans la guerre civile va aussi contribuer à radicaliser le régime. Une résistance armée s'organise autour de **Dénikine**, **Krasnov** et **Kournilov**. Cette opposition provoque la création d'un véritable **appareil répressif** en Russie sous l'égide de Lénine.

Dès **le 20 décembre 1917**, Lénine avait décidé de la création de la **Tcheka**, la « Tchezvytchaïnaïa Komissia ». En créant cette police secrète dépendante du parti (Commission extraordinaire pour combattre la contre-révolution et le sabotage), **Lénine** décide que la sécurité intérieure est l'affaire de ceux qui détiennent les responsabilités politiques et justifie cette création par la nécessité de lutter contre les « ennemis de l'intérieur », reprenant un thème qui remonte à la Création du Comité de Salut Public sous la Révolution française.

L'armée rouge, forgée l'année suivante par **Trotsky**, est le pendant de la **Tcheka** et combat les ennemis de l'extérieur. **Félix Dzerjinski (1877-1926)** est nommé à la tête de la **Tcheka** et dispose de « pouvoirs considérables par leur imprécision même » (Hélène Carrère d'Encausse. *Staline, l'ordre par la Terreur*). La Tcheka compte, **dès la fin de 1918, 30 000 fonctionnaires**. La Terreur devient un instrument officiellement admis de l'affermissement et de la sauvegarde du pouvoir bolchévique. Face à la famine qui sévit à Petrograd en janvier 1918, Lénine déclare : « nous ne pouvons rien faire si nous n'utilisons pas la terreur et si nous ne fusillons pas les spéculateurs sur place. ». Les **camps** sont mis en place et évoqués par Lénine dès août 1918, l'appareil répressif est donc installé dès 1918 et va pouvoir s'exercer à l'encontre de tous les ennemis de la Révolution russe au cours de la guerre civile.

Sur le plan politique, les **bolchéviques** qui n'obtiennent pas la majorité des sièges à l'assemblée constituante décident tout d'abord d'en exclure la représentation constitutionnelle-démocrate, puis de cesser d'y siéger eux-mêmes et enfin de la dissoudre. C'est une rupture assumée et définitive avec le parlementarisme : fin janvier 1918 est créée la République Socialiste Fédérative Soviétique de Russie et en mars 1918 le parti bolchévique devient le parti communiste.

La **dictature du prolétariat** se met en place dans un cadre institutionnalisé. L'opposition est désormais interdite. Le régime n'hésite pas à recourir à l'emprisonnement arbitraire ou à l'assassinat politique dans un contexte de guerre : les anciens alliés de la Russie (France et Grande Bretagne) envoient un corps expéditionnaire en Russie pour prêter main-forte aux armées « blanches » des contre-révolutionnaires. Sur le plan économique, l'objectif est de maintenir à tout prix la production pour pouvoir subvenir aux besoins de l'armée créée par Trotsky. Le travail est rendu **obligatoire** de **16 à 50 ans**, les secteurs clés sont nationalisés, toutes les terres sont déclarées propriété de l'État (ravitaillement des troupes).

La création **de l'armée Rouge**, confiée à **Trotsky**, est un succès : d'abord formée sur la base du volontariat, elle fonctionne ensuite sur la base de la conscription obligatoire et rassemble **800 000 hommes dès 1918 (5 millions en 1920 !)**. Sa victoire militaire s'explique par l'incapacité des blancs à s'unir et à rallier les populations (non seulement, les blancs ne formulent aucune proposition relative au problème des terres mais leurs troupes se livrent à des exactions qui leur aliènent les populations). Surtout Trotsky a été capable de mettre sur pied une armée moderne, bien équipée et très bien structurée. **En 1920, le régime a vaincu ses** adversaires sur le plan intérieur et extérieur. Il peut se tourner vers un double objectif : la remise en état du pays et la révolution mondiale.

Néanmoins la situation de la Russie en **1921** est très préoccupante : famine généralisée (plus de **8 millions de morts depuis 1913**), situation sanitaire dramatique, épidémies récurrentes, effondrement de la production industrielle et agricole à cause du manque de machines, grave crise financière, désorganisation des transports, la banque nationale a même fermé et le troc a fait son apparition un peu partout dans le pays.

À cela s'ajoute une crise politique, Lénine est contesté tandis que Trotsky réclame un maintien de la militarisation du parti et de la société pour éviter les débordements. La révolte des marins de **Kronstadt** entraîne la mise en place d'un comité révolutionnaire provisoire qui conteste l'autoritarisme du régime. Mais celui-ci ne transige pas : 10 jours de combats et une répression féroce (100 marins fusillés) viennent à bout du mouvement. Lénine décide alors la pause dans l'application du communisme de guerre et la mise en place de la **NEP (Nouvelle Politique Économique)** pour relever et moderniser l'économie de l'URSS par un retour relatif à **l'économie de marché,** ce qui pose le problème de la contradiction entre idéologie officielle et mesures économiques.

Les mesures les plus importantes sont la **suppression du travail obligatoire** et le rétablissement du libre commerce des grains. Le code rural de **1922** reconnaît la propriété de la terre aux paysans (coup d'arrêt à la collectivisation des terres). On autorise également les entreprises étrangères à s'installer mais l'État conserve toutes les entreprises clés. La NEP se traduit aussi par une relative extension des libertés (déplacement, changement de travail et d'entreprise…). Ces mesures mettent un certain temps à enrayer la crise mais le niveau de production d'avant-guerre est rattrapé en **1923** sur le plan agricole et industriel. Le volume du commerce intérieur est multiplié par **4** mais le commerce extérieur, sur lequel l'État conserve une mainmise absolue, ne décolle pas.

La courte période 1921-1923 correspond pour la société russe à une période de libéralisation des mœurs (divorce, avortement, égalité hommes/femmes), de développement social (alphabétisation et amélioration des conditions sanitaires) et d'intense créativité artistique (âge d'or des avant-gardes russes, de **Kasimir Malévitch** à **Vassily Kandinsky** en passant par **Vladimir Maiakovski**). Sur le plan idéologique pourtant, on assiste à un net raidissement. Le Parti est de plus en plus contrôlé et soumis au **centralisme démocratique** le plus strict.

En avril 1922, Staline est promu au poste de **Secrétaire Général** du Parti Communiste. La bureaucratisation du parti s'accélère et le fonctionnement de l'appareil de parti devient à la fois plus fermé et plus exclusif. Une série de purges vise les **mencheviks** qui sont éliminés. L'activité propagandiste s'intensifie et les libertés fondamentales sont visées par une série de mesures de plus en plus contraignantes. Au début de **1924**, l'ancien Parti Bolchévique lègue à Staline un appareil organisé et un régime autoritaire disposant de tous les outils pour accentuer la dictature.

2 La prise en main du régime et de l'appareil répressif par Staline

Le 30 **décembre 1922, l'URSS** est créée par un traité qui rassemble plus de **140 millions d'habitants** (147 028 000 en 1926 selon les chiffres officiels, 170 464 000 en 1939) dans un État Fédéral de **22 402 200 km**^{2} qui rassemble **8 républiques autonomes**. La première constitution fédérale est établie en **janvier 1924**, le régime s'est installé en Russie et ne paraît plus menacé. L'économie s'est relevée et la longue crise qui a frappé le pays de la guerre extérieure à la guerre civile paraît avoir été combattue avec succès.

Lénine et ses compagnons (Zinoviev et surtout Trotsky) ont réussi à mettre en place un appareil de parti efficace et autoritaire qui tourne résolument le dos au parlementarisme et au libéralisme politique. Au sein du parti, Staline, qui dirige la commission des nationalités, dispose de tous les outils pour réaliser son ascension et mettre en place un État véritablement totalitaire dont le gouvernement bolchévique et léniniste aura esquissé les prémices.

Le système politique s'appuie en apparence sur le **suffrage universel** pour les hommes et femmes de plus de 18 ans qui élisent les délégués des soviets à l'échelle locale et régionale. Ceux-ci désignent ensuite les membres du congrès de **l'union des soviets**, convoquée tous les 2 ans, et déléguant ses pouvoirs à un comité exécutif central (**TSIK**) divisé en deux assemblées : le **soviet de l'union** et le **soviet des nationalités**, parmi lesquels sont choisis les membres du **Praesidium**, siège permanent de 21 membres. En réalité, dès Lénine, c'est le parti, renforcé par la création du poste de **secrétaire général en 1922**, qui possède véritablement **le pouvoir exécutif**. C'est pourquoi, au sein du parti, la question du pouvoir ne se pose véritablement que lors de la succession de Lénine, malade depuis 1922 et de plus en plus retiré de la vie politique.

Staline, à ce moment, possède déjà un pouvoir énorme. Il manœuvre suffisamment habilement pour éliminer dans un premier temps ses opposants avant de s'assurer un contrôle total du parti puis de la société soviétique. Le **Politburo** avait été mis en place en novembre 1917 : c'est cette instance qui dirigeait le parti, et donc l'État russe. Les premiers titulaires furent **Lénine**, **Kamenev**, **Trotsky**, **Staline, Zinoviev** et **Krestinsky**. Après la mort de Lénine, les opposants à Staline en sont progressivement exclus : Kamenev en 1925, puis Trotsky et Zinoviev en 1926 (en 1953, 19 de ses 33 membres entrés en fonction jusqu'en 1949 étaient morts dans des circonstances non naturelles).

Trotsky est sans doute reconnu par Lénine comme plus capable mais il est réticent vis-à-vis de la NEP et **favorable à l'internationalisation de la lutte** menée par les bolchéviques. De même, Lénine a commencé à accorder sa confiance à un plus jeune venu dans le parti : **Nicolaï Boukharine (1888-1938)**. Staline s'applique donc à éliminer ces deux rivaux. Lénine meurt le **21 janvier 1924**. Staline lui organise de grandioses funérailles puis s'applique à écarter Trotsky, chose faite en **1927** grâce à sa mainmise sur les instances du parti.

Comme le rappelle Hélène Carrère d'Encausse, Lénine a accepté dès 1918 qu'une institution policière comme la **Tcheka** fonctionne au-dessus de toute légalité dès lors qu'il pensait avoir bien hiérarchisé les rapports Police-Parti de façon à mettre ce dernier à l'abri de la première. Or, c'est bien de la police politique que Staline va se servir afin d'assurer son contrôle sur le parti en le soumettant à la répression et à la Terreur, tout comme la société soviétique dans son ensemble. En 1922, la Tcheka, dont la dénomination administrative – « Commission extraordinaire » - indiquait qu'elle ne devait être qu'une instance provisoire, devient le **GPU**, administration politique d'État qui se mue l'année suivante en OGPU (Administration Unifiée Politique d'État). À partir de ce moment, le champ d'action de cette institution s'étend au parti lui-même.

En **octobre 1923, Félix Dzerjinski** affirme, soutenu par Staline, le droit de l'organisation à exercer un contrôle policier sur les membres du parti eux-mêmes. Le parti perd son autorité sur la police et « Dzerjinski réserve à cette dernière le droit de décider où se trouvent la vérité et l'erreur dans le parti » (Hélène Carrère d'Encausse. *Staline, l'ordre par la Terreur*). La police devient un instrument de lutte politique. Staline s'assure la collaboration entière et complète de Dzerjinski en le nommant, à la mort de Lénine, à la tête du Conseil Suprême de l'Économie Nationale et en s'assurant ainsi sa reconnaissance et sa fidélité. À la mort de Dzerjinski en **1926**, Staline s'appuie sur **Menjiski** puis **Iagoda** qui se succèdent à la tête de la police politique qui accentue sur les instances du parti les méthodes de contrôle policier.

La maîtrise de l'appareil policier passe complètement sous l'autorité du secrétaire général du parti, ce qui permet à Staline d'isoler Trotski et de se débarrasser de l'opposition de gauche. Alors que du temps de Lénine, la Tcheka pouvait appliquer des méthodes répressives à la société civile mais que le parti restait en dehors de son champ d'action, le règne de Staline étend au parti le règne de la terreur. En 1934, l'OGPU devient le **NKVD** (Commissariat du Peuple à l'Intérieur). **Ejov** succède à Iagoda à la tête du NKVD. L'appareil policier est mis par Staline au service de la préservation de son pouvoir. Le NLVD joue aussi un rôle de premier plan dans la mise en place de la **collectivisation** et dans l'organisation des camps (**goulag**). La défense de la révolution devient un objectif officieusement secondaire. Il faut noter que jamais, dans aucun autre système autoritaire, la police n'a eu autant de moyens et autant d'autonomie. Elle est **l'instrument principal de la conception stalinienne du pouvoir.**

C'est en renouvelant la base militante du parti que Staline a assuré son ascension. En **1924**, le parti compte **472 000** membres, plus de **800 000** en **1925** et **1 535 362** en **1929**. Parallèlement à cet accroissement, les effectifs du parti se sont considérablement rajeunis : en **1927, 87 %** des **membres du parti ont moins de 40 ans et 50 % moins de 30 ans**. Dans le même temps, **les vieux bolcheviques sont progressivement évincés** : des 24 000 compagnons de la révolution en 1917, il n'en reste que **8 000** en **1929**. Des **430 000** membres originels de **1920**, **135 000** subsistent en **1927**. Le parti a donc complètement **renouvelé sa base de 1924 à 1929**. À cette date, bien peu de membres du parti ont connu les heures de la révolution ou de la guerre civile et l'esprit de discipline remplace l'esprit révolutionnaire.

Les chefs de l'opposition, qui sont des cadres du parti, sont restés relativement ignorants de cette évolution de la base et de cette opposition générationnelle qui est voulue par Staline et qui lui profite. À partir de 1929, il ne reste plus à Staline qu'à parachever cette mutation en éliminant les cadres du parti qui sont encore susceptibles de lui résister par un cycle de purges qui va culminer avec les **procès de Moscou en 1936**.

3 La transformation du régime soviétique par Staline

Ses rivaux éliminés, Staline peut rallier l'ensemble du parti à sa politique : **industrialisation massive et collectivisation des terres** (il reprend en fait le programme de **Trotsky**). Staline applique à la fois les plans **quinquennaux** et une répression féroce. L'URSS se construit sous le double signe de la modernisation accélérée et de la terreur policière.

Les plans quinquennaux sont dirigés et élaborés par le **Gosplan** (commission du plan d'État) et ont pour but de **combler le retard industriel de l'URSS** vis-à-vis des pays capitalistes. **Priorité totale est donnée à l'industrie lourde** (78 % des investissements d'État) au détriment de l'industrie des biens de consommation. Dans le domaine agricole, la collectivisation est plus un moyen de briser les **koulaks**, classe de petits propriétaires dont Staline sait qu'ils restent relativement hostiles à la mainmise du parti sur la société. Malgré l'opposition de **Boukharine** et **Rykov**, Staline décide en **1928** de liquider les koulaks : 25 millions de petites exploitations doivent être remplacées par les **kolkhozes** (fermes coopératives) et les **sovkhozes** (fermes d'État).

L'agriculture est elle aussi sacrifiée sur l'autel de l'industrialisation et la collectivisation s'accompagne de **déportations massives** à cause de la résistance des paysans accentuée par la famine qui engendre une situation sanitaire dramatique dans les campagnes (on évalue entre **8 et 10 millions le nombre de déportés** dans les goulags de **1927 à 1939** auxquels s'ajoutent **6 millions de morts** de la famine dans les régions agricoles du sud en 1932-1933). Les objectifs économiques tiennent de la démence : 21 % de croissance par an. On porte aux nues les héros du productivisme : Andreï Stakhanov, mineur du Donbass, est censé avoir réussi à extraire à lui seul 277 tonnes de charbon le **31 août 1935**, un mythe fabriqué par des chiffres truqués.

À partir de **1933**, le **deuxième plan quinquennal** a pour objectif de « consolider le socialisme » : l'ouvrier bénéficie d'une protection sociale avancée mais est contraint rigoureusement par le parti et le règlement. Les salaires et le niveau de vie restent bas. Staline réhabilite une partie des valeurs tsaristes : promotion de l'**élitisme professionnel**, large éventail des salaires, réhabilitation de la culture littéraire traditionnelle (Pouchkine, Gogol, Ivan le Terrible et Pierre le Grand sont aussi remis à l'honneur sur le plan historique…), réhabilitation du nationalisme (le socialisme dans un seul pays), déni des droits des nationalités. **L'assassinat de Kirov, proche de Staline, le 1er décembre 1934** (en fait commandité par Staline) déclenche une nouvelle vague de purges.

Même **Iagoda** est fusillé en 1938, ainsi que 90 % des généraux de l'armée rouge, ce que l'Armée Rouge paiera très cher face à la Wehrmacht en 1941. Trotsky qui s'est enfui en 1933 et a fondé la **IVe Internationale** en septembre 1938 est assassiné au Mexique par un agent de Staline (**Ramon Mercader**) qui s'est fait engager comme secrétaire particulier de l'opposant en exil et réussit ainsi à l'approcher pour l'assassiner. Les premiers prisonniers des goulags sont des prêtres orthodoxes, puis des paysans, des opposants politiques et des membres du parti. En 1940, 8 millions de **zeks**, de « prisonniers politiques », connaissent l'enfer décrit par Alexandre Soljenitsyne dans son ouvrage *L'Archipel du Goulag* (publié en France en 1974).

En 1940, l'écrivain **Arthur Koestler (1905-1983)** dénonce le mécanisme stalinien dans le *Zéro et l'infini* et la philosophe **Hannah Arendt (1906-1975)** écrit, quant à elle, dans *Les Origines du totalitarisme* (1951) que les régimes totalitaires partagent avec les avant-gardes artistiques le culte du mouvement. Pour survivre, un régime totalitaire doit être constamment en mouvement, grâce à deux moyens : la guerre ou les purges, processus de « redynamisation » et de « purification idéologique »… Si Lénine a mis en place les bases d'un régime répressif, Staline en exploite toutes les possibilités pour fonder un véritable **régime totalitaire** qui transforme radicalement la société soviétique.

1937-1938 : LA GRANDE TERREUR

La « Grande Terreur », également désignée par l'expression « Grandes Purges », est le nom donné à une période de forte répression politique en URSS, sous la conduite et à l'initiative de Joseph Staline, à la tête de l'URSS depuis 1927, après la mort de Lénine (1924) et l'élimination de tous ses rivaux. La Grande Terreur est un processus massif de purges et d'élimination qui s'exerce à la fois contre le Parti Communiste d'Union Soviétique et la société elle-même, permettant à Staline d'établir définitivement sa mainmise sur la société soviétique. Il s'agit d'un tournant majeur qui fait basculer complètement l'URSS dans le totalitarisme. Cette période de répression à grande échelle couvre la seconde moitié des années 1930 mais culmine en 1937. Elle s'appuie sur la réalisation d'un certain nombre d'ordres d'exécution de masse lancés par Staline et la mise en place d'une vaste structure concentrationnaire, le Goulag. Le terme Goulag est l'acronyme de « *Glavnoïé oupravlénié laguéreï* », qui signifie « Administration principale des camps », administration créée en juillet 1934 et placée sous l'autorité directe du NKVD, « *Narodniï Komissariat Vnoutrennikh Diel* » ou Commissariat du peuple aux Affaires intérieures. Le dernier camp correctionnel de travail, Perm-35, fut fermé en 1991. Les historiens divergent au sujet du nombre de déportés qui s'établit entre 8 et 20 millions de personnes durant toute la période soviétique. L'historien Nicolas Werth établit qu'un Soviétique sur six est passé par le Goulag (*La route de la Kolyma*). En 2017, Nicolas Werth et Luba Jurgenson évoquent les chiffres de 20 millions de détenus et 4 millions de morts dans leur ouvrage *Le Goulag*. La période la plus meurtrière reste la Grande Terreur de 1937-1938

L'historien Romain Ducombier note que la politique répressive de Staline culmine avec la Grande Terreur qui aboutit en seize mois (août 1937-novembre 1938) à un million et demi d'arrestations et plus de 680 000 exécutions. Le pouvoir stalinien est une « dictature dans la dictature » selon l'expression de l'historien américain Stephen Kotkin[1]. Lénine a été l'initiateur des purges, il a fait fusiller opposants et intellectuels dès 1921 mais l'horreur culmine sous Staline. Les intellectuels sont tout particulièrement visés (les « ingénieurs des âmes » comme les appelle Staline…) : Isaak Babel, Boris Pilniak, Ossip Mandelstam… Une période magnifiquement décrite par Mikhaïl Boulgakov dans son roman *Le Maître et Marguerite* ou par Vassili Grossman dans *Vie et Destin*. Une vague de procès truqués dirigés contre les « saboteurs » permet de « nettoyer » le parti, administration et armée. En 1935, la police politique ne compte pas moins de 300 000 fonctionnaires : c'est un véritable État dans l'État. Les grands procès de Moscou sont dirigés de 1936 à 1938 par Andreï Vychinski (1883-1954) et les derniers compagnons de Lénine sont éliminés : Kamenev et Zinoviev (procès des seize en 1934), le maréchal Toukhatchevski, héros de la révolution, en 1937 (« procès des quatorze »). C'est Vychinski qui invente le procédé de l'interminable confession (« l'autocritique ») et qui se réclame de Fouquier-Tinville… accusateur du tribunal révolutionnaire sous la Terreur durant la Révolution Française. Comme le rappelle l'historien Nicolas Werth, l'ordre n° 00447 du 30 juillet 1937 déclenchant l'« opération "koulak" » contre les « éléments socialement nuisibles » de la société soviétique est le principal d'entre eux. S'y ajoutent la dizaine d'ordres à l'origine des « opérations nationales » contre certaines minorités ethniques d'URSS, en particulier polonaises et allemandes, mais aussi deux autres ordres spécifiques, l'un dit « des épouses », n° 00486 du 15 août 1937, destiné

....

1 Cité par Romain Ducoulombier, « Le stalinisme : violence, idéologie et modernité », *Après-demain*, 2015/4 (n°36, NF), p. 7-9. DOI : 10.3917/apdem.036.0007. URL : https://www.cairn.info/revue-apres-demain-2015-4-page-7.htm

■■■

à réprimer les épouses, concubines et épouses divorcées des « traîtres à la patrie et membres de sabotage trotskistes », et l'autre, la circulaire n° 409 du 5 août 1937, qui fixe des quotas de fusillés dans les camps du Goulag : 767 397 personnes sont arrêtées, dont 386 798 sont fusillées, selon les statistiques officielles du NKVD, chiffres auxquels s'ajoutent les « excès » reconnus par les autorités régionales, c'est-à-dire l'arrestation de plus de 335 000 personnes – comparativement plus meurtrières, puisque 73,6 % des « écroués » sont exécutés.

À RETENIR

- **Totalitarisme : forme d'État dictatorial tentant de transformer une société à partir d'une idéologie en utilisant des moyens de contrôle total de la population (propagande, contrôle des masses et police politique).**
- **Marxisme-léninisme : idéologie née de la transcription en termes politiques des analyses de Marx et Engels par Vladimir Illitch Lénine.**
- **Bolchévique : membre d'une fraction du Parti ouvrier social-démocrate de Russie, créée en 1903 sous la direction de Lénine, devenue un parti indépendant en 1912.**
- **Goulag : système concentrationnaire soviétique.**

CHAPITRE 15

Les régimes totalitaires : le fascisme italien

En dépit d'une apparente victoire des démocraties en 1918, la crise vécue par la démocratie libérale se traduit de façon très précoce avec la mise en place du fascisme italien et l'échec de la très éphémère tentative de mise en place d'un régime démocratique en Russie après la révolution de février 1917. Elle se traduit ensuite au sein des démocraties plus anciennes comme la France, les États-Unis ou le Royaume-Uni à la faveur de la crise de 1929. Elle mène finalement, dans les dernières années d'avant-guerre, à l'établissement de régimes totalitaires qui remettent directement en cause la démocratie libérale en Europe. L'insatisfaction engendrée par les décisions de la Conférence de Paris et les énormes difficultés économiques de l'après-guerre font par ailleurs de l'Italie une des premières victimes d'une crise de régime qui va progressivement s'étendre à toute l'Europe. Comment le régime fasciste qui développe les caractéristiques d'un totalitarisme européen s'impose-t-il en Italie ?

1 Le difficile contexte de l'après-guerre

Alors qu'une ère de paix semble s'être installée en Europe avec l'amélioration des relations franco-allemandes (**pacte de Locarno en 1925**) et que « **l'esprit de Genève** » semble dominer l'Europe, l'évolution démocratique du continent est remise en question. La Russie bolchevique qui devient **l'URSS en 1922** est un État autoritaire, tandis qu'en Italie, le **fascisme s'installe en 1922** sous l'impulsion de **Benito Mussolini (1883-1945)**.

L'Italie, nation tardivement industrialisée, s'était **rangée** aux **côtés des Alliés en 1915** afin d'obtenir les terres **irredentes** qu'elle convoitait. Ces promesses ne sont pas tenues : l'Italie obtient **l'Istrie** et le **Trentin** mais pas **Trieste**, la **Dalmatie** ou **l'Albanie**, pas plus que **Fiume (Rijeka)** qui est l'objet d'une rocambolesque occupation anarcho-nationaliste par les troupes de **Gabriele d'Annunzio** de 1919 à la fin 1920. D'Annunzio y fonde une « anti-Société Des Nations », reçoit le soutien de Lénine et l'anarcho-syndicaliste **Alceste de Ambris** rédige pour la cité rebelle une constitution fondée… sur la musique.

L'Italie a payé un lourd tribut à la guerre (**plus de 640 000 morts et un million de blessés**). Le pays, terrassé par la guerre, est plongé en 1918 dans un contexte social très préoccupant. Il fait face à des **dettes de guerre colossales** provoquées par les emprunts, à un **important retard industriel** et à une situation de **crise économique grave dès 1918** qui entraîne une **ruine partielle de la petite bourgeoisie**, aggravée par une **dévaluation brutale**. En 1918, un dollar vaut une lire italienne. L'année suivante il faut compter 281 lires italiennes pour un dollar. La crise touche aussi largement le secteur ouvrier et le monde paysan et les mouvements sociaux éclatent un peu partout, dans les villes et les campagnes. Ce contexte pré-insurrectionnel fait craindre aux élites un scénario à la russe. C'est dans ce contexte qu'intervient le personnage de **Benito Mussolini**.

2 L'ascension de Mussolini

Benito Mussolini est né à **Romagne** en **1883**. Il est fils d'un forgeron et d'une institutrice. Issu d'un milieu populaire, il est élevé dans le culte des leaders révolutionnaires du XIXe siècle (Kropotkine, Bakounine, Marx, Jaurès, Proudhon, Blanqui…). Il adhère au Parti Socialiste en **1901** et est contraint de fuir en Suisse en **1902** où il fréquente des révolutionnaires russes. Il revient en Italie et fonde un journal socialiste en 1914, ***Il popolo d'Italia***. Il est farouchement **belliciste** et son expérience de la guerre est déterminante. Elle lui laisse l'idée que la **nation au combat** est la plus parfaite expression d'une **unité égalitaire et fraternelle**.

Jugé dangereux et nationaliste, il est exclu du Parti Socialiste Italien en 1919 et fonde le 23 mars 1919 à Milan, place Sepolcro, les *fasci italiani di combattimento*. Ses « faisceaux de combat » sont revêtus de chemises noires et rassemblent d'abord des déçus de la guerre, des soldats démobilisés, des chômeurs ou des déclassés. Avec l'évolution de la situation économique, des membres des classes moyennes et petits bourgeois désargentés sont séduits par le programme fasciste. Mussolini leur offre l'asile d'une autorité, d'un ordre, d'une règle.

Le petit parti fasciste compte **1 500 membres en mars 1919 et 17 000 en décembre de la même année**. Mussolini reçoit le soutien des **milieux industriels** qui voient en lui un **rempart efficace contre le bolchévisme**. Ils lui apportent un soutien financier non négligeable.

À l'occasion des troubles sociaux de 1920, les chemises noires font office de **briseurs de grève**. Le parti mussolinien devient un instrument contre-révolutionnaire. Les ***squadristi*** passent à tabac les militants syndicaux socialistes et catholiques dans les campagnes, ce qui permet aux fascistes de contrôler progressivement la rue par une politique **de la terreur**. Ce procédé est aussi particulièrement efficace dans les campagnes où le **problème agraire** est source de troubles sociaux.

Mussolini réussit à faire élire **35 députés en 1921**. Les faisceaux se transforment dès lors en ***Partito Nazionale Fascista***. Le parti compte **720 000** membres **en 1922** : il devient une **organisation de masse**. À l'occasion des grandes grèves de **juillet 1922**, les fascistes interviennent partout, de véritables batailles les opposent aux socialistes dans les grandes villes italiennes.

C'est le tournant de l'aventure fasciste. Fort de l'état de chaos dans lequel est plongé l'Italie, Mussolini réclame la dissolution de la chambre et une participation au pouvoir. Les **27-30 octobre 1922, 40 000 chemises noires** participent à la marche sur Rome. Impressionné par cette démonstration de force, le roi Victor-Emmanuel III charge Mussolini de former un gouvernement. L'assassinat du député socialiste Matteoti est un autre tournant. Loin de reculer face aux mises en accusation, Mussolini menace la chambre et se fait attribuer les pleins pouvoirs, il fait interdire les grèves et les rassemblements. Le « **Duce** » (le « Chef ») est né.

3 Les fondements et caractères idéologiques de l'État fasciste

Le fascisme est avant tout une **réaction aux idées libérales** et il s'oppose à la **démocratie et au marxisme**. Il se traduit aussi par un sentiment de révolte contre les modes de vie et de pensée imposés par la classe dirigeante, ainsi que par l'aspiration à une stabilité retrouvée face à un contexte de crise profonde. Ce désarroi est le ferment sur lequel vont se développer les mouvements et les idéologies pré-fascistes.

Phénomène complexe, le fascisme est aussi bien influencé par le **socialisme** italien ou français (Mussolini est lecteur de **Georges Sorel**) que par le **nationalisme** ou les **avant-gardes** telles que le **futurisme** qui perçoivent notamment la possibilité d'une régénération par la guerre. Il n'y a pas un fascisme mais **des fascismes**. Il existe ainsi un premier **fascisme révolutionnaire** qui combat à la fois le capitalisme et les forces révolutionnaires de l'extrême gauche et un **second fascisme** qui se caractérise, avec la prise de pouvoir, par **l'alliance de grands** intérêts **industriels et financiers et de la petite et de la moyenne bourgeoisie**.

Le fascisme italien au pouvoir n'est pas à proprement parler un totalitarisme. Il se caractérise par un renforcement des structures du capitalisme et par la mise en place d'un système de parti unique, imposant un système de terreur physique et psychologique, un monopole des moyens d'information, des instruments militaires et un contrôle bureaucratique de l'économie. Néanmoins, le contrôle exercé sur ces différents secteurs et sur la société italienne est très inégal. Dans les faits, le fascisme italien s'apparente en réalité plus à une dictature classique de type franquiste ou salazariste. On ne peut réellement parler de totalitarisme intégral qu'avec la mise en place de la république de Salo, sous le contrôle de l'Allemagne, de 1943 à 1945.

PARCOURSUP
QUESTIONS CONTEMPORAINES
HISTOIRE
ANGLAIS
ENTRAÎNEMENTS

CHAPITRE 16

Les régimes totalitaires : l'Allemagne nazie

Dès les années 1920, l'édifice démocratique européen révèle sa fragilité. Tout au long de cette décennie et de la suivante, les dictatures réapparaissent un peu partout en Europe : Horthy en Hongrie, Salazar au Portugal, Metaxás en Grèce et Franco en Espagne. À partir du milieu des années 1930, l'Europe est à nouveau majoritairement composée de régimes autoritaires et de dictatures. Mais c'est surtout la mise en place du fascisme en Italie qui instaure le cadre idéologique dont s'inspire fortement Adolf Hitler pour l'Allemagne. Les difficultés économiques entraînées par la crise de 1929 et l'échec du régime de Weimar précipitent à son tour l'Allemagne dans le totalitarisme. Quelles sont les caractéristiques de l'État totalitaire mis en place par Adolf Hitler au cours de son irrésistible marche au pouvoir de la fin de la Première Guerre mondiale jusqu'aux années 1930 ?

1 L'ascension

Dans un climat très dégradé, marqué par une situation économique très mauvaise et par l'humiliation ressentie par les Allemands suite au « **diktat** » de **Versailles**, la **République de Weimar (1919-1933)** a succédé à l'empire autocratique vaincu de Guillaume II (IIe Reich).

L'occupation par la **France et la Belgique du bassin minier de la Ruhr** en compensation du non-paiement des « réparations » prévues en 1919 affaiblit encore une Allemagne connaissant une **situation désastreuse** : **1 Allemand sur 4 est chômeur en 1923**. Le gouvernement est contesté à l'extrême gauche gauche par les **Spartakistes** de **Karl Liebkniecht et Rosa Luxembourg** et bientôt également par le Parti national-socialiste **d'Adolf Hitler (1889-1945)** qui s'appuie sur l'organisation paramilitaire fondée par **Ernst Röhm (1887-1934)**, les **sections d'assaut (S.A. ou Sturmabteilung)**.

En **1923**, à **Munich**, Hitler tente un putsch qui échoue et le conduit en prison. Il y rédige ***Mein Kampf (Mon Combat)*** où est exposée la doctrine **ultranationaliste et raciste** du nazisme. Libéré moins d'un an plus tard, il réorganise son parti : aux S.A. en chemise brune, il adjoignit son « **échelon de protection** » **(Schutzstaffel ou S.S.)** en **uniforme noir**. Il sema alors la terreur politique au moyen d'émeutes et de combats de rue, tout en affirmant publiquement qu'il ne voulait accéder au pouvoir que par des voies légales.

Comme en Italie, Hitler trouve le **soutien d'industriels, de politiques ou de financiers effrayés par la progression du communisme**. La République de Weimar rencontre également peu de soutien réel dans les milieux d'affaires qui doutent de sa capacité à faire face à la crise et le SPD (parti socialiste) ne parvient par ailleurs pas à trouver, comme en France par exemple, le soutien de l'extrême-gauche qui ne lui a jamais pardonné la **répression sanglante du mouvement spartakiste**.

Enfin, la droite conservatrice espère manipuler Adolf Hitler. **Kurt Von Schleicher (1882-1934)** conçoit ainsi le dangereux projet de s'associer avec le Parti Nazi, alors même qu'une enquête démontre encore en 1931 que ce dernier prépare toujours activement une révolution et détient un arsenal conséquent ainsi qu'une liste de personnes à assassiner. Von Schleicher accepte néanmoins de former **un premier gouvernement** avec Adolf Hitler qui va exercer à partir de là une influence grandissante sur le vieux président **Paul Von Hindenburg**. Alors que le parti nazi arrive en deuxième position aux élections législatives de **1932**, Hindenburg appelle Hitler au poste de chancelier en **janvier 1933**. Von Schleicher paiera très cher son aveuglement et ses calculs politiques : il sera **assassiné** avec les chefs SA lors de la **« nuit des longs couteaux », les 29 et 30 juin 1934.**

Quatre semaines après la désignation d'Hitler comme chancelier, **l'incendie du Reichstag (mars 1933)**, déclenché par Goering, permet d'accuser les communistes et fournit un prétexte à Hitler pour réclamer plus de pouvoir et étrangler littéralement les libertés que garantissait la Constitution de Weimar : libertés de presse et de réunion, respect de la personne et de la propriété privée… grâce au décret pour la protection du peuple et de l'État, signé par le Président Hindenburg à la demande d'Hitler, **le 28 février 1933**.

En **1934**, à la **mort d'Hindenburg**, grâce à l'appui d'une majorité écrasante de députés, Hitler put réunir à la fois les fonctions de chancelier et de président et devenir **Reichsführer**, c'est-à-dire le « guide » d'un nouvel État : **le IIIe Reich**. Hitler est ainsi devenu légalement dictateur.

1936-1939. LA GUERRE CIVILE ESPAGNOLE

L'année 1936 est marquée par deux événements déterminants : d'une part la victoire, aux élections législatives d'avril 1936, de la coalition du Front populaire emmenée par Léon Blum, et d'autre part le déclenchement, en juillet 1936, de la guerre civile espagnole, après l'échec de la tentative de *pronunciamento* des généraux hostiles au Frente popular en Espagne, dont va bientôt se détacher la figure du général Franscisco Franco. Ces deux événements ont une résonance très importante à la fois dans l'opinion publique et dans les milieux intellectuels. Peu de temps après la victoire du Front populaire, le cabinet Blum reçoit le 19 juillet 1936 l'appel au secours du président Giral, chef du Frente popular et vainqueur des élections de février 1936 en Espagne, qui se trouve confronté au soulèvement militaire mené par les généraux Franco, Mola et Sanjuro : « Sommes surpris par dangereux coup de main militaire. Vous demandons de vous entendre immédiatement avec nous pour fournitures d'armes et d'avions. Fraternellement. Giral. » L'Espagne, en 1936, est affligée de clivages politiques déterminés par des conflits sociaux plus marqués qu'en France. La pérennité de structures archaïques tant au niveau social que politique, l'existence de graves inégalités sociales et la virulence du discours des forces révolutionnaires ou réactionnaires – qui n'ont rien à envier à la rhétorique assassine pratiquée en France – ont créé un climat d'agitation largement aggravé par la fragilité des structures démocratiques et une culture de l'affrontement qui imprègne toutes les catégories sociales et se communique fréquemment des journaux et des Cortès à la rue. L'octroi d'un statut d'autonomie à la Catalogne et les initiatives syndicales dans certaines provinces, comme celle de Badajoz où l'U.G.T. s'était emparé par la force de 3 000 propriétés, accentuait gravement le sentiment d'insécurité dans le pays et le ressentiment des milieux conservateurs ou nationalistes. Dans un contexte d'instabilité et de radicalisation de plus en plus extrême, l'assassinat à Madrid le 13 juillet de José Calvo Sotelo, leader monarchiste et l'un des principaux chefs de l'opposition, par des officiers républicains et des militants socialistes, représenta le véritable événement déclencheur de la guerre civile. L'annonce du coup d'État le 18 juillet 1936 apparaît donc comme l'aboutissement d'une opération déjà longuement et mûrement réfléchie, à laquelle la dégradation du climat politique a offert des conditions idéales. Cependant, les conjurés du 17 juillet se soulevèrent en Espagne sans avoir formé de projet plus précis que le renversement immédiat du Frente Popular. Ils avaient péché par optimisme et la tentative de coup d'État s'avéra rapidement être un échec. Les généraux ne réussirent pas à faire tomber le gouvernement républicain et à s'emparer du pouvoir tandis que l'armée en Espagne restait divisée.

Le bombardement de la ville de Guernica du 26 avril 1937 est à plus d'un titre un des tournants du xxe siècle et de l'histoire militaire : pour la première fois, une agglomération civile était entièrement rasée par une attaque aérienne. Événement traumatisant, tournant psychologique de la guerre civile et démonstration des capacités de destruction effroyables de la Blitzkrieg, le ravage de la ville basque de Guernica par les Stukas allemands donne lieu à des lectures complètement contradictoires et antagonistes de l'événement dans les journaux français et européens. La guerre d'Espagne est non seulement un terrain d'expérimentation militaire pour le régime nazi et le fascisme italien mais c'est aussi un laboratoire de la propagande et de la désinformation à grande échelle. Des voix s'élèvent, après le bombardement, pour dénoncer l'organisation d'un véritable massacre de populations civiles à une échelle industrielle, dont celle de la revue *Esprit* qui assume une fonction essentielle dans la diffusion en France d'une information complète et relativement objective sur les bombardements de la ville basque par l'aviation allemande. La guerre civile se poursuit encore deux ans après Guernica, jusqu'à la chute de Barcelone et la défaite finale des Républicains espagnols en 1939. Cette guerre a souligné l'inaction des gouvernements français et britanniques, et a été marquée par l'engagement actif des régimes nazi, fasciste et stalinien, auxquels elle aura servi de premier terrain d'affrontement, mais aussi par l'engagement de dizaine de milliers de volontaires, venus de toute l'Europe combattre dans les « Brigades Internationales » aux côtés des Républicains espagnols contre les Franquistes. Ce combat fut immortalisé par André Malraux dans son roman *L'Espoir*. La guerre d'Espagne est le dernier chapitre tragique qui précède la Seconde Guerre mondiale.

2 Les caractéristiques de l'État nazi

Il s'agit d'un État totalitaire dont la devise est « un seul peuple, un seul État, un seul chef » (*ein Volk, ein Reich, ein Führer*). Ses caractéristiques sont les suivantes :

- **L'antisémitisme** est un trait essentiel de **l'idéologie racialiste des nazis**. Dès **1933**, les **Juifs sont exclus de l'administration**, puis de certaines professions (médecins…) et même de certains spectacles (cinéma, concerts…). En **1935**, les **lois de Nuremberg** interdisent en particulier les mariages et les relations sexuelles entre juifs et aryens. Enfin, en **1938**, la **« nuit de cristal »** inaugure une **politique de terreur** et de confiscation des biens des juifs. En **1941**, Hitler décide **l'extermination de toute la population juive d'Europe**. Même si la date exacte de la décision et de la mise en place de la **« solution finale »** n'est pas précisément connue, la tenue de la conférence de **Wannsee, en janvier 1942**, représente une étape importante de ce processus puisqu'elle place notamment l'organisation de l'extermination des Juifs d'Europe sous le **contrôle direct de la SS**.
- **L'embrigadement** de la jeunesse est un autre trait marquant de l'État nazi. Il s'effectue surtout dans le cadre des Jeunesses hitlériennes. L'adhésion y est obligatoire entre 6 et 18 ans. Les activités sont consacrées à l'endoctrinement et à la formation militaire.
- La **propagande**, dirigée par Goebbels, repose surtout sur la radio et sur de grands rassemblements organisés fréquemment à travers tout le pays, en particulier dans la nouvelle capitale du Reich : **Nuremberg**.
- Propagande et embrigadement s'accompagnent d'une politique de Terreur exercée principalement sous l'égide de la SS et de la toute-puissante **Gestapo, la police d'État.**
- La politique économique est destinée à donner à l'Allemagne la suprématie en Europe, à la faire redevenir une grande puissance. Elle est marquée par un poids croissant du **dirigisme** de l'État et par des mesures qui favorisent les **grands groupes industriels** et bancaires. Elle s'appuie sur une politique de **grands travaux** et sur un **réarmement** massif. Les succès économiques et la baisse du chômage accroissent sensiblement la popularité du régime. Il faut cependant remarquer qu'Hitler arrive au pouvoir dans une période de reprise économique internationale.

Tout comme le fascisme dont il s'inspire, les racines idéologiques du nazisme sont diverses : **nationalisme** du XIXe siècle, **anti-capitalisme**, **anti-marxisme** mais aussi ce qui est présenté comme une forme originale de **socialisme**.

- Il est important de remarquer que, dès 1920, le programme du NSDAP se revendique à la fois du pangermanisme et du socialisme :

« 1. Nous demandons la réunion de tous les Allemands en une Grande Allemagne, conformément au droit des peuples à disposer librement d'eux-mêmes.

2. Nous réclamons l'égalité des droits pour le peuple allemand vis-à-vis des autres nations, et l'annulation des traités de Versailles et de Saint-Germain.

3. Nous réclamons des terres et du sol (colonies) pour nourrir notre peuple et établir notre excédent de population ».

Source : Programme du N.S.D.A.P. (Parti National-Socialiste des Travailleurs Allemands), 24 février 1920.

- Mais la doctrine nazie repose essentiellement sur la doctrine raciale exposée dans *Mein Kampf*, qui postule que les Aryens (Indo-européens, population de l'Antiquité dont sont supposément issus les Grecs, les Slaves, les Celtes, les Latins et les Germains) sont les meilleurs représentants de la race blanche. Une hiérarchie existe toutefois puisque les Germains en sont les « seigneurs ». Il faut en revanche persécuter les éléments qui menacent la pureté aryenne et en particulier les Juifs (de race sémite), rendus responsables de tous les maux, ainsi que les Slaves, considérés comme une population inférieure vouée à l'esclavage.
- La doctrine nazie est bien entendu totalitaire : comme en Italie, toutes les forces de la Nation doivent être soumises à l'État. Il ne peut y avoir qu'une seule opinion, qu'un seul parti politique. Le KPD est interdit dès 1934, le SPD l'année suivante. Leurs dirigeants sont arrêtés, assassinés ou envoyés dans les premiers camps de concentration qui ouvrent leurs portes dès 1933. Ils accueillent ensuite Juifs, homosexuels, Témoins de Jéhovah, Tziganes : tous ceux qui sont considérés comme faisant partie des populations à éliminer.
- Pour autant, l'organisation politique du parti nazi tient plus du féodalisme que d'un véritable étatisme : pour faire du peuple allemand un peuple de seigneurs, pour diriger le parti nazi, il faut un chef, un guide, un führer. La volonté d'Adolf Hitler est donc transmise à une pyramide de chefs dans laquelle chacun est lié à ses supérieurs et au Führer par une soumission volontaire et un dévouement absolu. Chaque soldat SS prête personnellement serment à la personne d'Adolf Hitler.
- Comme l'a montré Hannah Arendt, la guerre est le moteur essentiel du nazisme. Sans elle, il ne peut maintenir l'écran de fumée qui cache que les caisses sont vides et que le chômage est absorbé par le réarmement et une politique de grands travaux qui maintiennent sous perfusion l'économie allemande et contribuent à précipiter l'Europe dans la guerre.

9-10 NOVEMBRE 1938 : LA NUIT DE CRISTAL

La « nuit de Cristal », « Reichskristallnacht » en allemand, doit sans doute son nom au verre brisé qui jonche les trottoirs au matin du 10 novembre 1938, après le pogrom qui fait rage sur tout le territoire du IIIe Reich hitlérien dans la nuit du 9 au 10 novembre 1938, causant la mort de 2 000 à 2 500 personnes, la destruction de plus de 200 lieux de cultes et synagogues et de 7 500 commerces en Allemagne nazie et en Autriche rattachée au Reich après l'Anschluss. Parmi les victimes de cet épisode de violence antisémite, on comptabilise les assassinats perpétrés durant la nuit de Cristal (une centaine), auxquels s'ajoutent les victimes qui meurent de leurs blessures dans les jours suivants et les milliers de victimes de déportation qui suivent immédiatement la nuit de Cristal. 35 000 personnes sont déportées dans les camps. Une partie d'entre elles est libérée contre de fortes rançons, auxquelles s'ajoutent les amendes infligées aux victimes de violence, accusées de « tapage nocturne ». La nuit de Cristal est présentée par le pouvoir nazi comme une réaction spontanée du peuple allemand après l'assassinat de Ernst Vom Rath, secrétaire à l'ambassade d'Allemagne en France située dans l'hôtel de Beauharnais, au 78 rue de Lille. Le meurtrier de Vom Rath est un jeune juif polonais qui se nomme Herschel Grynszpan, (il a 17 ans au moment de l'assassinat). Il séjournait à Paris chez son oncle, réussit à entrer dans le bureau de vom Rath à l'ambassade et tire cinq balles avec un revolver de calibre 6.35 sur le secrétaire Vom Rath pour protester contre la récente expulsion des Juifs polonais vivant en Allemagne. Vom Rath décède le 9 novembre à 16h30 des suites de ses blessures. Une violente campagne antisémite se déchaîne alors dans la presse allemande, orchestrée par Joseph Goebbels, chargé de la propagande du Reich. Adolf Hitler et les dirigeants nazis ne font aucune déclaration publique au moment du décès de Vom Rath. Goebbels finit par annoncer le 9 novembre à 22 heures le décès du secrétaire d'ambassade et le début d'émeutes antijuifs en Allemagne. Goebbels précise devant les dignitaires nazis réunis à l'ancien hôtel de ville de Munich pour la commémoration du putsch de 1923 qu'Adolf Hitler a donné l'ordre de ne rien faire pour empêcher les émeutes. Celles-ci sont en fait soigneusement et rigoureusement encadrées par les SA. Appartements, maisons, commerces, boutiques et lieux de culte sont saccagés sans que la police n'intervienne, même pour empêcher les lynchages et assassinats en pleine rue. La communauté juive est condamnée à payer une amende d'un milliard de marks pour avoir causé ces dommages « en provoquant la juste colère du peuple allemand ». Le lendemain, 10 novembre 1938, Adolf Hitler et les responsables nazis parlent tous d'une « colère populaire spontanée ». Dans son journal[1], Goebbels note, à propos de la soirée du 9 novembre : « Je donne aussitôt les consignes correspondantes à la police et au Parti. Puis je fais un bref discours en conséquence devant les dirigeants du Parti ». Tempêtes d'applaudissements. Tout le monde se précipite immédiatement sur les téléphones. Maintenant, c'est le peuple qui va agir. En fait de « colère du peuple », ce vaste pogrom a constitué une action organisée qui prélude à la mise en place de la politique de déportation massive à partir du 18 septembre 1940, puis d'extermination, avec la « solution finale », décidée lors de la conférence de Wannsee, le 20 janvier 1942.

....

1 *Journal. 1933-1939*, Paris, Tallandier, 2007. p. 647

CHAPITRE 17

La Seconde Guerre mondiale

Entre 1935 et 1939, le Japon, l'Allemagne et l'Italie mènent des offensives militaires qu'ils souhaitent limitées en Europe, en Afrique et en Asie. L'Italie envahit dans un premier temps **l'Éthiopie** (1935), un État qui siège à la SDN, puis **l'Albanie**, afin d'étendre son domaine colonial. L'Allemagne procède à un **réarmement** qui viole les clauses du traité de Versailles. Elle **remilitarise la Rhénanie en 1936**, puis **annexe l'Autriche en procédant à l'Anschluss en 1938** avant **d'envahir les Sudètes puis la Tchécoslovaquie au cours de l'année 1938**. L'invasion de la **Pologne le 1er septembre 1939** mène directement à la guerre.

1 Les victoires de l'Axe

Au début de la guerre, les Alliés disposent d'une supériorité numérique et économique **grâce aux colonies** mais les puissances de l'Axe vont balayer la résistance des Alliés. Ces victoires relativement rapides ne sont pas forcément le fait d'une supériorité militaire et idéologique des troupes de l'Axe. Si c'est le cas pour la Pologne, il s'agit surtout pour la campagne de France de **choix stratégiques désastreux de la part des Français qui mènent à une défaite en trois semaines en mai-juin 1940**.

Le **1er septembre 1939**, les troupes allemandes entrent en Pologne. Les troupes **russes** y pénètrent, elles, le **17 septembre**, en conformité avec le **pacte germano-soviétique d'août 1939**. Il faut **27 jours** pour que l'armée polonaise soit complètement encerclée et écrasée. En réponse à l'attaque allemande de la Pologne, France et Royaume-Uni déclarent la guerre à l'Allemagne le **3 septembre 1939** mais sans prendre d'initiative militaire durant la période de la **« drôle de guerre » de septembre 1939 à mai 1940**. Seule une tentative pour couper le ravitaillement en fer suédois de l'Allemagne est menée **entre mars et avril 1940**. Malgré la réussite de l'opération à **Narvik** (Norvège), le corps expéditionnaire franco-anglais ne reçoit pas de soutien militaire et logistique suffisant et doit finalement se retirer face à la contre-attaque allemande. L'Allemagne conserve le contrôle de la « route du fer », et occupe le Danemark et la Norvège s'assurant ainsi un approvisionnement régulier en minerai.

La stabilité à l'Est étant assurée par le pacte germano-soviétique, les forces allemandes se tournent vers le front de l'Ouest. La guerre à l'ouest commence le **10 mai 1940**. En cinq jours les Pays-Bas sont conquis. La Belgique est envahie.

On a beaucoup glosé sur la soi-disant « absence » des troupes françaises qui auraient littéralement laissé passer les Allemands dans les **Ardennes**. C'est un mythe. Trois facteurs interviennent :

1. Les Français souffrent d'un retard patent, non pas en termes d'armement mais de communications. Le **Général Maurice Gamelin (1872-1958)** se refusait lui-même à communiquer par TSF. Les Britanniques perceront cependant le code de la machine **Enigma** grâce aux progrès réalisés par des scientifiques polonais et français qui permettront à **Alan Turing (1912-1954)** et aux services de décryptage de **Bletchley Park** de gagner la bataille du renseignement en 1941 (il faut souligner aussi que les services de renseignements français du « Chiffre » avaient eux-mêmes réussi à intercepter et décrypter les messages allemands entre 1914 et 1918. Encore un domaine dans lequel l'avance de 1918 fut perdue en 1940. Voir Sophie de Lastours. *La France gagne la guerre des codes secrets 1914-1918*. Tallandier. 1998).
2. Sachant pertinemment que le gros de l'infanterie française, mais non les divisions mécanisées et blindées, se trouvaient devant les Ardennes, le **Général Guderian** souhaita profiter de cette disposition pour provoquer une surprise stratégique. Il réussit à faire traverser les **Ardennes** à ses blindés sur une seule ligne, créant le plus long convoi militaire de l'histoire (jusqu'à la retraite des forces irakiennes de Koweit City en 1991) et prit complètement par surprise les forces françaises.
3. L'inadaptation de l'État-major français. En dépit des avertissements des **Belges** ou du Général **Corap**, le Général Gamelin refuse de croire à la menace des **Ardennes**, un front qui resta ainsi mal préparé contre une **menace blindée** à laquelle il ne croyait pas non plus. Gamelin passait pour un esprit brillant mais sa gestion bornée et immobiliste de la campagne de 1940 fut un tel désastre qu'il y gagna le surnom de Baudelaire, en référence au vers des *Fleurs du Mal* (« La Beauté », 1857) : « Je hais le mouvement qui déplace les lignes ».

Entre le **13 et le 15 mai 1940**, les Panzers font une percée décisive à Sedan. Les forces allemandes encerclent une partie des forces alliées à Dunkerque, dont seule une fraction pourra être évacuée vers l'Angleterre (**350 000 hommes** – une partie de l'armée britannique et une petite fraction des forces françaises), et prennent à revers la ligne Maginot. En **17 jours, la Belgique est vaincue**. Les Français arrêtent les Allemands sur la **Somme, du 5 au 12 juin**, mais de manière surprenante, l'ordre de retraite générale est donné par l'État-major français qui croit pouvoir fixer les Allemands sur des « points d'arrêt ». Erreur fatale. Les troupes françaises se replient sur des routes encombrées par les civils en exode et soumises aux bombardements de la **Luftwaffe**. Il est impossible de coordonner une retraite organisée qui aurait permis de se regrouper pour contre-attaquer. C'est la **débâcle**.

Le gouvernement français fuit vers **Bordeaux** mais finit par demander **l'armistice**. En **quatre semaines**, la France est écrasée, **200 000 soldats** sont morts ou disparus, **1,5 million est prisonnier**. **Le 22 juin 1940**, l'armistice est signé à **Rethondes** au même endroit que la capitulation allemande de 1918. **Le 25 juin**, c'est avec l'Italie, entrée en guerre le **10 juin**, que l'armistice est signé.

Avec les victoires rapides des forces de l'Axe, le Royaume-Uni reste seul face à l'Allemagne **de 1940 à 1941**. La **Luftwaffe** affronte dans un premier temps la Royal Air Force pour le contrôle des airs durant la **Bataille d'Angleterre (juin - octobre 1940)** qui devait servir de prélude à l'opération **Otarie**, le débarquement en Angleterre. Face à la résistance britannique, encouragée par Churchill et favorisée par la découverte du **radar**, Hitler décide d'abandonner le projet d'invasion et entame le **Blitz** – bombardement des principales villes anglaises – pour pousser les Britanniques à la reddition. Dans le même temps, la marine allemande et les **U-boot** (sous-marins) mènent la « **bataille de l'Atlantique** » contre les navires ravitaillant le Royaume-Uni.

L'Allemagne s'étend aussi vers **l'Est** : en **octobre 1940 la Roumanie est occupée**, en **1941** c'est au tour de la **Bulgarie**. L'Italie envahit quant à elle la Grèce et l'Égypte mais se trouve confrontée à une forte résistance en Grèce et est même mise en échec. Face aux échecs italiens, Hitler intervient pour prêter main-forte à Mussolini : la **Yougoslavie est conquise en 10 jours**, la **Grèce en un mois**. En Afrique, les Italiens reçoivent le renfort de **l'Afrika Korps** commandé par **Erwin Rommel (1891-1944)** et, en octobre 1942, les forces de l'Axe sont en Égypte, à **80 km du Caire**.

2 1941-1942 : la globalisation du conflit et les coups d'arrêt portés aux puissances de l'Axe

Après l'invasion de la **Mandchourie en 1937**, les Japonais poursuivent leur politique d'expansion. Ils s'implantent en **Indochine** après la défaite française de 1940 et signent en **avril 1941 un pacte de non-agression avec l'URSS**.

Face à la politique expansionniste du Japon, les États-Unis décrètent un **embargo** sur les productions japonaises et gèlent les avoirs nippons aux États-Unis. En réponse à cette opposition américaine, les Japonais décident de lancer une attaque surprise sur **Pearl Harbor, le 7 décembre 1941** pour y détruire la flotte américaine (11 navires hors de combat, 159 avions touchés, 2 334 morts, 1 341 blessés). L'attaque de Pearl Harbor est un traumatisme pour les États-Unis. Depuis la courte guerre contre le Canada britannique en 1812, c'est la première fois que les États-Unis sont attaqués sur leur territoire et ils n'ont pas connu de désastre militaire de cette ampleur depuis la guerre de Sécession, guerre américano-américaine.

Après s'être débarrassés, pour un temps, de la puissance américaine, les Japonais s'emparent de **Hong Kong, de la Malaisie, de Singapour, des Philippines, des Indes néerlandaises (Indonésie), de la Birmanie, du Siam (Thaïlande) et d'une partie de la Nouvelle-Guinée.** Les Indes britanniques et l'Australie sont sous la menace des Japonais. Les conquêtes japonaises rassemblent **1/7**^{e} du globe et fournissent aux Nippons matières premières et main-d'œuvre qui sont exploitées sans réserve, tout comme l'Allemagne nazie orchestre le pillage de l'Europe.

La loi prêt-bail du 11 mars 1941 permet aux États-Unis de fournir du matériel militaire au Royaume-Uni en contournant le principe isolationniste, au nom de la nécessité d'assurer la sécurité américaine. La signature, **le 14 août 1941, de la Charte de l'Atlantique** engage plus encore les États-Unis dans un interventionnisme justifié par des valeurs universelles.

Après l'invasion de l'URSS par l'Allemagne nazie au cours de l'été 1941, **l'URSS reçoit également l'aide américaine en plus de celle** des **Britanniques** et les alliés commencent à coordonner leurs actions, y compris avec les **forces de la France Libre** qui remportent une première victoire militaire **à Bir Hakeim du 26 mai au 11 juin 1942**. Celle-ci permet aux Français de contenir les assauts italiens et allemands pour permettre aux Anglais en mauvaise posture de se replier et elle fut déterminante pour la préparation de la bataille décisive **d'El Alamein (juin-juillet 1942)** qui stoppe la progression des forces de l'Axe en Afrique. Le resserrement des liens entre les différents ennemis de l'Axe sous la forme d'une Grande Alliance se confirme lors de la conférence de **Téhéran, réunissant pour la première fois Churchill, Roosevelt et Staline**, les trois principaux dirigeants des Alliés, **en 1943.**

La bataille d'El Alamein, en juin-juillet 1942 ne bloque pas seulement les forces de l'Axe en Égypte, elle ouvre la voie au reflux italo-allemand dans la région. En octobre 1942, le général britannique Bernard Montgomery (1887-1976) remporte la seconde bataille d'El-Alamein qui repousse cette fois Allemands et Italiens et met l'Égypte à l'abri d'une invasion.

C'est le tournant de la guerre. Du **4 septembre 1942 au 2 février 1943**, la bataille la plus meurtrière de toute l'histoire militaire se déroule à **Stalingrad**. La **Wehrmacht** perd **380 000 hommes**, tués, blessés et prisonniers. Les Soviétiques comptent **487 000 tués et 629 000** blessés. L'armée allemande de **Von Paulus** est encerclée et **91 000 Allemands** survivants se rendent, dont 2 500 officiers, 24 généraux et le maréchal **Von Paulus** en personne.

Dans le Pacifique, les Japonais sont stoppés lors de la bataille de la mer de Corail en mai 1942, de la bataille de Midway du 3 au 6 juin 1942 et, enfin, de la bataille de Guadalcanal d'août 1942 à février 1943.

3 La victoire des Alliés

À partir de Stalingrad, les troupes allemandes **ne cessent de reculer**. Les troupes soviétiques libèrent progressivement l'Europe orientale et obtiennent la capitulation des alliés de l'Allemagne (Roumanie, Finlande, Bulgarie, Hongrie).

Les Américains débarquent quant à eux au Maroc et en Algérie, **le 8 novembre 1942**, et opèrent leur jonction avec les Britanniques venant d'Égypte. Le 13 mai 1943, les forces allemandes et italiennes d'Afrique se rendent. Le **10 juillet 1943,** les **alliés débarquent en Sicile puis en Italie**. Mussolini, désavoué, est emprisonné après avoir été renversé par le Grand Conseil du fascisme qui donne les pleins pouvoirs au roi **Victor-Emmanuel III**, ce dernier nommant le maréchal Pietro **Badoglio** président du conseil. Le Duce est cependant libéré grâce à une opération (**Opération Eiche**) combinée des paras du 1er bataillon du 7e régiment des Fallschirmjäger, dirigés par le major Harald Mors, et de l'unité spéciale des commandos de la Waffen-SS Friedenthal dirigée par l'Hauptsturmführer **Otto Skorzeny.**

Mussolini fonde, dans le nord de l'Italie, la **République Sociale Italienne**, ou république de **Salo** (du nom de la petite station balnéaire où trouvent refuge une partie des dignitaires fascistes) le **23 septembre 1943**. C'est le court et sanglant épilogue de l'histoire du fascisme italien au cours duquel se commettent sans doute les pires exactions du régime, à la fois contre les résistants, très actifs dans le nord de l'Italie, et contre les Juifs, en vertu de la Solution Finale appliquée dans la République de Salo. Le **3 septembre 1943, le reste de l'Italie signe l'armistice** puis rejoint le camp des alliés. Les débarquements de **Normandie le 6 juin 1944 et de Provence le 15 août 1944**, permettent la libération de la France avec le soutien de la résistance. Les chars de la deuxième division blindée, commandée par le **Général Leclerc, entrent dans Paris le 25 août 1944.**

Les forces allemandes tentent une dernière contre-offensive **en décembre 1944 dans les Ardennes**, l'offensive dite « Wacht am Rhein », souvent présentée comme un coup de poker allemand manquant de peu de retourner la situation sur le front. En réalité, cette offensive désespérée illustre surtout le manque de clairvoyance d'Hitler. En engageant **250 000 hommes, 2 000 canons, plus de 1 000 chars et 1 500 avions** dans une opération aux objectifs beaucoup trop ambitieux (reprendre Anvers et couper les lignes d'approvisionnement alliées), Hitler annihile toute chance de parvenir à organiser un repli organisé de ses troupes pour protéger l'Allemagne. Au lieu de cela, la Wehrmacht épuise ses dernières forces en laissant dans l'offensive **70 000 à 80 000** tués ou prisonniers. La contre-offensive des Ardennes ne fait qu'accélérer l'effondrement désormais inéluctable du Reich.

Les forces soviétiques progressent vers l'ouest et font leur jonction avec les forces anglo-saxonnes **en avril 1945 sur l'Elbe.** En Italie, la République de Salo s'écroule, Mussolini est arrêté et exécuté par des partisans communistes en tentant de passer la frontière suisse avec sa maîtresse **Clara Petacci**. Leurs corps seront exposés, pendus à des crocs de boucher, **sur la place centrale de Milan. Berlin est prise le 2 mai 1945** malgré la résistance désespérée de la Volkssturm, composée de civils âgés de 14 à 65 ans. **Hitler se suicide dans son bunker le 30 avril 1945**, ouvrant la voie à la capitulation sans condition de l'Allemagne, signée le **8 mai 1945 à Reims** et le 9 mai 1945 à Potsdam.

Menées par les Généraux **Nimitz** et **Mac Arthur**, les forces américaines reconquièrent île par île les territoires annexés par les Japonais, au prix de batailles extrêmement sanglantes. La bataille **d'Iwo Jima** se déroule entre février et mars 1945 et s'achève par la conquête de l'île par les Américains au prix de 20 703 tués et 1 152 disparus japonais (la quasi-totalité de la garnison) et 6 821 tués, 492 disparus et 19 189 blessés américains. **Okinawa en juin 45** s'achève sur un bilan plus effroyable encore : 110 000 morts et 7 400 prisonniers japonais contre 55 000 morts ou blessés américains.

Le recours aux **kamikazes**, pilotes d'avions chargés d'explosifs devant s'écraser sur les navires américains, provoque la destruction de 37 navires américains mais c'est surtout l'effet psychologique qui a le plus d'importance dans l'opération « Vent Divin ». Les généraux et les soldats américains qui voient s'écraser volontairement les avions japonais sur leurs navires réalisent que la victoire finale contre le Japon ne pourra s'obtenir qu'au prix de très lourds sacrifices, de dizaines, voire de centaines de milliers de morts.

La conquête d'îles proches du Japon permet le bombardement de l'île. Mais, en l'absence d'une volonté de reddition, le président Harry S. Truman (1884-1972) décide d'utiliser la bombe atomique (Hiroshima 6 août 1945 - 78 000 morts et Nagasaki 9 août 1945 - 60 000 morts). Le 15 août, l'empereur appelle à la cessation des combats et, le 2 septembre 1945, la reddition sans condition est signée en rade de Tokyo sur le croiseur Missouri.

CHAPITRE 18

Le génocide des Juifs et des Tziganes

Dès son arrivée au pouvoir en **1933**, Hitler met en place un **système concentrationnaire** permettant d'isoler les opposants politiques (socialistes et communistes) et les asociaux (homosexuels, témoins de Jéhovah, criminels de droit commun…) dans les camps de **Dachau** et **d'Orienburg**. **Du 13 au 18 juin 1938, l'opération *« Aktion Arbeitscheu Reich »***, ordonnée et supervisée par Heinrich Himmler conduit à l'arrestation et à la déportation de 10 000 personnes vers les camps de Buchenwald et Sachsenhausen. Avec les premières conquêtes, le système répressif allemand s'étend partout en Europe.

En octobre 1939, Hitler ordonne la déportation de tous les Juifs du Reich en Pologne et leur regroupement dans des **ghettos** (Lodz, Cracovie, Varsovie) pour en faire un « réservoir de main-d'œuvre ». Leurs habitants sont exploités dans le cadre du travail forcé, subissent les privations et maladies les conduisant parfois à la révolte. En 1941, le ghetto de Varsovie rassemble **550 000 personnes**, à 6 ou 7 par pièce ; il y meurt 4 à 5 000 personnes par mois et, en 1943, son **soulèvement provoque la mort de 400 000 personnes**. Une autre solution est envisagée : placer les Juifs allemands en quarantaine, sur l'île de Madagascar et financer cette installation grâce aux biens des Juifs européens.

Le **RSHA – Office central de la sécurité du Reich** – est chargé du maintien de l'ordre dans les territoires occupés. Pour maintenir l'autorité allemande et anéantir toute velléité de résistance, il met en place un **régime de terreur** grâce aux SS et à la Gestapo (police secrète d'État) mais aussi grâce aux polices des pays occupés et de groupes extrémistes locaux : torture des prisonniers, représailles (Lidice en Tchécoslovaquie rasé en 1942, hommes fusillés, femmes et enfants déportés ; Oradour sur Glane le 9 juin 1944 : 642 civils massacrés) mais aussi déportation des opposants pour les isoler ou, pour certains prisonniers – ***Nacht und Nebel*** **(lois de décembre 1941)** *Nuit et brouillard* –, les faire disparaître. Avec l'augmentation des déportations, le nombre de camps de concentration s'accroît. À son apogée, le système concentrationnaire allemand se compose de **20 camps principaux et de 165 camps de travail annexes ou kommandos**. À l'intérieur de ces camps, dirigés par des SS et des kapos – prisonniers de droit commun –, les conditions de vie sont inhumaines : absence de nourriture, humiliations, brimades, travail harassant. Sur les **1,6 million de déportés dans des**

camps de concentration, un tiers est mort. Selon les camps, le taux de mortalité oscille entre **30 et 60 %.** C'est pour cela qu'ils sont parfois appelés, les camps de la « mort lente ». Dans le même temps, les brimades et les exécutions s'amplifient, en particulier après l'invasion de la Russie et la mise en place des ***Einsatzgruppen***. Ces derniers suivent la progression des troupes allemandes et procèdent au nettoyage des territoires libérés par les Allemands en éliminant Juifs, Tziganes et communistes. Ils feront plus de **800 000 morts**. À **Babi Yar, les 29 et 30 septembre 1941, ils tuent 33 771 Juifs**. Avant l'exécution, les membres de ces commandos spéciaux font subir aux condamnés des mesures vexatoires (brûler les barbes, faire ramper) ou des « jeux » (faire creuser des tranchées par les futures victimes puis obliger les suivants à se coucher sur les morts). C'est en assistant à l'une de leurs opérations qu'Himmler décide la mise en place de solutions plus humaines… pour les bourreaux. Les Allemands ont dès lors recours à des camions à gaz.

En juillet 1941, Hitler décide l'extermination des Juifs mais la mise en place est lente. En novembre 1941, les premiers camps d'extermination sont créés à Belzec et Chelmno (camions avec monoxyde de carbone des moteurs diesels). Ce n'est qu'avec la conférence de Wansee, le 20 janvier 1942, que la « Solution finale », c'est-à-dire l'organisation rationnelle de déportation et d'extermination des Juifs et des Tziganes à l'échelle européenne, est mise en place. Elle s'appuie sur six camps en Pologne : 4 camps d'extermination immédiate (Chelmno, Belzec, Treblinka, Sobibor) et 2 camps mixtes mêlant extermination et concentration (Maïdanek, Auschwitz Birkenau) et sur l'utilisation de procédés industriels (appels d'offres, rationalisation scientifique et technique…).

Le camp **d'Auschwitz Birkenau s'étend sur 40 km², il s'agit du plus grand des camps d'extermination**. On y trouve plusieurs chambres à gaz (Bunker 1 et 2 ayant servi à l'expérimentation entre 1942 et 1943 du Zyklon B ; Krematorien II, III, IV et V construits au printemps 43) dont certaines indiquent le « perfectionnement » du système : morgue en sous-sol aménagée en salle de déshabillage attenante à une chambre à gaz de 210 m² et ascenseur permettant de hisser les cadavres au rez-de-chaussée où se trouvent cinq fours crématoires à trois creusets. Malgré ces installations perfectionnées, le rythme des gazages impose la création de cinq fosses d'incinération à ciel ouvert. Les membres des convois meurent gazés à l'arrivée, en travaillant jusqu'à l'épuisement ou lors d'expériences scientifiques (Mengele, Clauberg, Kremer). À son maximum, il y périt quotidiennement **12 000 victimes. Sur les 1,1 million de déportés à Auschwitz, 960 000 sont morts**. Devant l'avancée des troupes soviétiques, le gazage cesse ; en novembre 1944 l'ordre de destruction est donné. Les survivants sont entraînés dans des **marches de la mort** destinées à éliminer les derniers témoins de l'horreur et à empêcher leur libération. Le second conflit mondial est le cadre d'une extermination méthodique des Juifs (**6 millions**) et des Tziganes (**200 000**). Celle-ci prend plusieurs noms : **génocide** depuis le juriste polonais Lemkin (1944), **Shoah** (catastrophe en hébreu) pour les Juifs, **Holocauste** qui qualifie un acte rituel religieux.

Même si les atrocités allemandes sont les plus terribles, les autres nations combattantes ont aussi commis des crimes de guerre : déportation en Sibérie des Allemands de la Volga et massacre de plus de 4 000 officiers polonais à Katyn par les Russes, déportation de 127 000 Américains d'origine japonaise par les Américains, action de l'unité 731 en Mandchourie (près de 3 000 morts).

Les alliés du régime nazi ou ses États satellites ont aussi mis en œuvre une politique d'extermination visant les populations juives et tziganes en Europe. C'est le cas de l'Italie mussolinienne. Dans un premier temps, le fascisme italien ne conduit pas de politique ouvertement antisémite mais, à l'imitation de l'Allemagne nazie, l'Italie fasciste en 1938 adopte des lois raciales, en italien Leggi razziali, et participe à la politique de déportation et d'extermination nazie durant la Seconde Guerre mondiale, politique accélérée par l'occupation allemande de l'Italie à partir de 1943. 9 000 des 50 000 Juifs italiens sont déportés vers des camps en Europe. Les Italiens établissent même un camp de concentration à Fossoli, dans le nord de l'Italie, en Emilie-Romagne, à partir de 1942. Par la suite, le camp est utilisé par les SS comme camp de regroupement et de transit durant l'occupation allemande. Sur 9 000 déportés, 7 750 ne reviendront pas, selon les chiffres donnés par le Mémorial de la Shoah de Yad Vashem.

En France, la déportation des Juifs et des Tziganes s'effectue à une plus grande échelle, avec le concours actif des autorités de Vichy. L'Institut d'histoire du Temps Présent et du Ministère des Anciens combattants avance le chiffre de 141 000 déportés : 75 000 environ pour des raisons raciales et 66 000 environ pour des motifs politiques. 2 500 des juifs déportés reviendront des camps, 23 000 déportés politiques survivront. Le régime de Vichy a mené également une politique d'internement des Tziganes, dans les camps d'Argelès-sur-mer et à Bacarès, qui avait servi à interner les réfugiés de la guerre civile espagnole. En 1942, le gouvernement de Vichy fait construire le camp de Saliers, spécifiquement destiné à l'internement des Tziganes. 3 000 d'entre eux sont internés dans l'ensemble de la France. Les persécutions envers les Tziganes se sont, comme celles perpétrées contre les populations juives, étendues à tous les territoires conquis par l'Allemagne nazie. L'historien Donald Kenrick estime que 30 000 Tziganes ont été tués en Biélorussie, Russie et Ukraine. Des dizaines de milliers sont déportés en Pologne, Roumanie, Hongrie ou Serbie. Pour l'ensemble de l'Europe, le nombre de victimes tziganes est évalué entre 300 000 et 500 000 victimes.

Thème 2

La multiplication des acteurs internationaux dans un monde bipolaire (de la fin de la guerre aux années 1970)

La Seconde Guerre mondiale est le conflit le plus dévastateur de l'histoire de l'humanité et entraîne une recomposition totale de l'organisation géopolitique et économique du monde. Elle confirme le déclin de l'Europe, largement entamé après la Première Guerre mondiale, en laissant le Vieux Continent exsangue et les empires coloniaux européens au seuil de l'effondrement. Elle fait également des États-Unis et de l'URSS les nouvelles puissances dominant les relations internationales. Les bombardements atomiques d'Hiroshima et Nagasaki font entrer le monde dans l'ère de la terreur nucléaire et donnent de manière éphémère aux États-Unis le monopole de cette arme nouvelle. Mais la Seconde Guerre mondiale permet parallèlement à l'URSS d'affirmer sa formidable puissance militaire et de faire rentrer la moitié du continent européen dans sa zone d'influence directe. De 1945 jusqu'aux années 1970, la confrontation des deux superpuissances américaine et soviétique instaure un nouvel équilibre et une organisation bipolaire du monde qui repose sur une succession de phases de crise et d'apaisement entre deux adversaires aux idéologies incompatibles et irréconciliables.

CHAPITRE 19

La fin de la Seconde Guerre mondiale et les débuts d'un nouvel ordre mondial

La Seconde Guerre mondiale s'achève le 2 septembre 1945 avec la capitulation du Japon. Le bilan est catastrophique et le monde entre dans une nouvelle ère marquée par une nouvelle hiérarchie des puissances avec la domination des deux supergrands qui s'annonce.

On compte entre 40 et 60 millions de morts, soit cinq fois plus que lors de la Première Guerre mondiale. Plus de la moitié des morts sont des civils. Aux morts dues aux affrontements, il faut ajouter celles résultant des conditions de vie et de l'aspect idéologique du conflit. Ainsi, les crimes contre l'humanité ont fait 8 millions de victimes dont 6 millions de Juifs. Il faut ajouter à cela les exactions commises par l'empire japonais en Asie (les procès de Tokyo en 1946 sont loin de condamner l'ensemble des responsables, notamment ceux de l'Unité 731 qui effectuaient des tests sur des prisonniers vivants).

Le **bilan matériel** de la guerre est également effroyable. L'Europe est en ruine, tout comme le Japon. De nombreuses villes ont été presque entièrement rasées, comme Brest en France ou Dresde en Allemagne et bien sûr Hiroshima et Nagasaki. Le conflit a bouleversé l'économie mondiale. Le financement a été assuré par le recours à l'emprunt, aux impôts et à l'inflation, ce qui a pour conséquence la hausse des prix, la dépréciation de nombreuses monnaies et l'accroissement de la dette publique.

Cet endettement généralisé impose **une remise en ordre du Système monétaire international (SMI)** lors de la conférence de **Bretton-Woods en 1944** qui fixe le dollar comme étalon monétaire. **Le FMI, créé en 1944 et la BIRD** (Banque internationale pour la reconstruction et le développement) **le 27 décembre 1945** sont des institutions qui ont pour charge de financer les énormes chantiers de reconstruction. **Le GATT (Accord général sur les tarifs et le commerce), signé en octobre 1947**, engage les signataires à cesser toute pratique commerciale discriminatoire et à favoriser le libre-échange. Ce système doit permettre de restaurer une coopération internationale et les échanges internationaux afin d'empêcher un nouveau conflit.

Enfin, la découverte des camps représente un choc insurmontable. Le procès des crimes perpétré par les autorités nazies se tient, symboliquement, à **Nuremberg de novembre 1945 à octobre 1946. La notion proprement juridique de** crime **contre l'humanité apparaît pour la première fois en 1945 dans le statut du Tribunal militaire de Nuremberg, établi par la Charte de Londres**. Les **23** inculpés sont accusés de crimes contre la paix pour les guerres d'agression, de crimes de guerre et de crimes contre l'humanité. **Douze** seront **condamnés à mort**. Si ce procès pose les bases d'une justice internationale, il présente des limites en ne s'intéressant pas aux crimes des vainqueurs. Au Japon, un tribunal international siège aussi à Tokyo de mai 1946 à novembre 1948. Il faut aussi faire face à la question de l'épuration dans les pays qui ont été occupés par l'Allemagne, en faisant le procès des collaborateurs.

1 Un nouvel ordre mondial

Les relations internationales sont encore dominées par les vainqueurs de la Grande Alliance, réunis pour la première fois en **1943 à la conférence de Téhéran** et à nouveau à celle de **Yalta en février 1945** (États-Unis, URSS, Royaume-Uni) et enfin à **Potsdam du 17 juillet au 2 août 1945**. À Yalta, le sort de **l'Allemagne** est décidé : elle sera **divisée**, ainsi que Berlin, en quatre zones d'occupation (France, Royaume-Uni, URSS, États-Unis), démilitarisée et dénazifiée. Après six mois de négociations, le **20 février 1947**, sont signés les traités de paix de Paris entre les 21 vainqueurs et 5 alliés de l'Allemagne (Italie, Roumanie, Bulgarie, Finlande et Hongrie).

L'Allemagne perd le **quart de sa superficie et la ligne Oder-Neisse** devient sa nouvelle frontière avec la Pologne. L'URSS retrouve à l'ouest des territoires perdus lors de la révolution de 1917. L'Autriche est provisoirement occupée. L'Italie cède des territoires à la Grèce et à la Yougoslavie et la monarchie y est remplacée par une République. La Hongrie et la Bulgarie reviennent aux frontières de 1938.

Le Japon **perd toutes ses dépendances** et revient aux frontières du début des années 1930, l'empereur renonce à être un « dieu vivant », même s'il est maintenu en place par les autorités américaines. Le Japon devient en réalité un véritable **protectorat** américain sous la direction du **général Douglas Mac Arthur jusqu'en 1951**.

L'URSS reçoit le sud de l'île Sakhaline, les îles Kouriles et Port Arthur. La Mandchourie et Formose retournent à la Chine. La Corée, redevenue indépendante, est occupée au Nord du 38e parallèle par les Soviétiques et au Sud, par les Américains. Les États-Unis récupèrent les archipels japonais du Pacifique. Enfin, avant de capituler, le Japon qui s'était appuyé sur des mouvements nationalistes a donné leur indépendance à plusieurs colonies européennes.

Face à une Europe dévastée, les États-Unis et l'URSS s'imposent clairement comme les **nouveaux meneurs des relations internationales**. L'URSS est une **puissance continentale dominante** et, même si elle ne possède pas encore l'arme atomique en 1945, elle est de loin la première puissance militaire mondiale. Staline établit sans peine son influence dans une Europe de l'Est presque entièrement libérée par l'Armée Rouge (hormis la Yougoslavie, libérée par **Mihailovic** et **Tito**, le second se débarrassant du premier à la fin de la guerre).

Les États-Unis apparaissent comme les grands vainqueurs de la guerre. Ils disposent des **trois-quarts des stocks d'or mondiaux**, le dollar s'est imposé comme la seule monnaie devise internationale depuis **Bretton-Woods (juillet 1944),** la livre n'étant plus en mesure de jouer un rôle prépondérant, même si elle reste encore présente dans les échanges internationaux.

Sur le plan militaire, les États-Unis sont désormais présents partout dans le monde et disposent du **monopole nucléaire jusqu'en 1949**. Financiers du monde, ils s'imposent également comme les chefs de file du monde libre : ils sont les seuls capables d'assurer sa reconstruction et président à la mise en place de nouvelles institutions internationales telles que **l'Organisation des Nations unies (ONU), fondée à la conférence de San Francisco le 26 juin 1945**.

Dotée de beaucoup plus de moyens que la défunte SDN, l'ONU comprend une assemblée générale composée des 51 pays membres et pays signataires de la Charte de l'ONU (elle en compte aujourd'hui 193) et surtout un Conseil de sécurité formé, en 45, de 11 membres dont 5 permanents (Chine, États-Unis, France, Royaume-Uni, URSS) ayant un droit de veto et 6 élus pour 2 ans par l'Assemblée. C'est le véritable organe exécutif de l'ONU, compétent notamment pour les questions de maintien de la paix et de sécurité. C'est le Conseil de Sécurité qui décide de proposer le 29 novembre 1947 un plan de partage de la Palestine (qui ne sera jamais appliqué) ou qui autorise une intervention internationale en 1950 pour venir en aide à la Corée du Sud. Mais l'assemblée générale de l'ONU vote aussi les résolutions, ainsi la résolution n° 9 qui donne naissance à la cour internationale de justice le 15 octobre 1946.

2 Le sort des vaincus

À la suite des accords de Potsdam (juillet – août 1945), les Alliés décident de mettre en œuvre, dans leurs zones d'occupation respectives, en Allemagne et en Autriche, une politique de « dénazification » destinée à sanctionner les nazis et à démocratiser la société allemande. Cette politique s'accompagne d'une épuration qui touche tous les secteurs (justice et magistrature, administration, économie, secteur public et privé…). Cette politique d'épuration est cependant organisée différemment selon les zones d'occupation, en dépit de l'accord initial de Potsdam et de l'expérience commune du procès de Nuremberg (1945-46). Même à l'Ouest, en dépit d'une tendance grandissante à l'homogénéisation des pratiques épuratoires, notamment dans l'association des Allemands eux-mêmes à l'entreprise, la dénazification ne fut jamais uniforme selon les régions et les secteurs professionnels.

La déclaration du palais de Saint-James signée le 13 janvier 1942 à Londres par 8 dirigeants de gouvernements en exil à Londres ainsi que le général De Gaulle place parmi les « principaux buts de guerre le châtiment par le moyen de la justice organisée, des responsables de ces crimes ». Cette déclaration est complétée par la Déclaration de Moscou du 30 octobre 1943 signée par Roosevelt, Churchill et Staline, qui formule, au nom des trente-deux Nations Unies un avertissement solennel :

« Prévenons ceux qui jusqu'à présent n'ont pas trempé leurs mains dans le sang innocent qu'ils craignent de rejoindre les rangs des coupables, parce qu'il n'est pas douteux que les trois puissances alliées les poursuivront jusqu'aux confins de la Terre pour les remettre aux mains de leurs accusateurs de façon que justice soit rendue ».

Cependant, après la capitulation de l'Allemagne, le 8 mai 1945, cet avertissement semble difficile à transcrire sous forme d'une politique d'épuration et de dénazification complète. 8 millions d'Allemands sont membres du NSDAP (Nationalsozialistische Deutsche Arbeiterpartei, Parti Nazi) et dans toutes les strates de la société, des institutions et de l'économie allemande, au niveau local comme national, d'anciens membres du Parti Nazi sont encore en place. Il faut donc procéder à une opération à la fois administrative et judiciaire complexe de recensement, d'enquête et de traitement judiciaire des dossiers. Ainsi, en zone américaine, plus de 13 millions de personnes remplissent des questionnaires qui servent ensuite de base aux processus d'épuration. Parallèlement au volet judiciaire et coercitif, les Alliés cherchent à mener une action pédagogique en sensibilisant la population allemande aux crimes du nazisme et en la plaçant devant ces réalités grâce aux visites de camps de concentration imposées aux populations locales, à des projections de documentaires ou à la retransmission du procès de Nuremberg à la radio. Pour les trois zones occidentales, les procès donnent lieu à plus de 5 000 condamnations, dont 486 exécutions.

La politique de dénazification menée dans la zone d'occupation soviétique est très différente. Quatre partis politiques sont autorisés et forment, le 14 juillet 1945, un bloc « anti-fasciste ». Au titre des réparations, des usines sont démontées et expédiées en URSS, c'est la mise en œuvre d'une politique de démantèlement et d'exploitation systématique des ressources allemandes dans la zone soviétique. Une réforme agraire est introduite et les entreprises industrielles sont nationalisées sur le modèle soviétique. Sur le plan politique, la dénazification est finalement plus limitée : il s'agit en effet moins de punir les anciens Nazis que d'asseoir solidement le pouvoir communiste. D'autre part, l'interprétation communiste, qui fait du « fascisme », apparenté au nazisme dans la rhétorique officielle, un produit du capitalisme, amène à cibler la répression sur les milieux d'affaires. L'assimilation entre fascisme (ou nazisme) et capitalisme conduit aussi à considérer que la majorité des nazis se trouvent dans les zones ouest et qu'en revanche, à l'est, c'est la construction d'un État allemand modèle du soviétisme qui permettra d'extirper de cette société les derniers germes du fascisme/nazisme. Ceci préfigure, dès 1945, le clivage entre la zone soviétique et les zones alliées. La dénazification, enfin, ne sera jamais complète. Nombre de scientifiques qui avaient œuvré pour l'État Nazi se reconvertissent au service des Alliés occidentaux ou Soviétiques en monnayant leurs compétences en échange d'une amnistie. Quant aux milieux politiques, nombre d'anciens nazis trouveront à se reconvertir au sein des instances du Parti Socialiste Unifié en RDA et en Autriche, Kurt Waldheim, ancien Secrétaire Général des Nations-Unies de 1972 à 1981 et président de la République Fédérale d'Autriche de 1986 à 1992, sera inquiété en raison de son passé nazi et même déclaré *persona non grata* sur le territoire des États-Unis d'Amérique.

LE PROGRAMME DU CNR

Le programme du Conseil National de la Résistance fut initialement intitulé « Les Jours heureux » et adopté par le Conseil National de la Résistance le 15 mars 1944. Le CNR fut créé à l'initiative du préfet de l'Aveyron et délégué du général de Gaulle auprès de la résistance Jean Moulin qui parvint à unifier entre 1942 et 1943 les différents mouvements de résistance sous le commandement unique de cet organisme. La première réunion du CNR eut lieu le 27 mai 1943 dans l'appartement de René Corbin, au premier étage du 48 rue du Four à Paris. Jean Moulin meurt le 8 juillet 1943 mais le CNR lui survit et parvient à coordonner les actions de sabotage et la lutte armée des différents maquis contre l'occupant allemand. Le 15 mars 1944, le CNR adopte donc le programme des « Jours heureux », une dizaine de feuillets séparés en deux parties : l'une concernait les actions de la Résistance intérieure française à mener dans la perspective de la Libération et l'autre détaillait les « mesures à appliquer dès la Libération du territoire », concernant aussi bien l'épuration que la restauration d'une légalité politique et un ambitieux programme social. La majorité des propositions du CNR sont appliquées entre la Libération de 1944 et le début de 1946, d'abord par le Gouvernement Provisoire de la République Française (GPRF) d'août 1944 à octobre 1945, puis par le nouveau régime de la IVe République. Ces mesures comprennent, entre autres : la nationalisation des usines Renault ou d'Air France, la création de la Sécurité sociale, la nationalisation de la Banque de France, la création d'EDF et GDF le 8 avril 1946. Le système de retraite par répartition, dont la création est souvent attribuée au CNR, fut en réalité décidé par le décret-loi du 14 mars 1941. Le système fut mis en place par René Belin, ex-dirigeant de la CGT devenu ministre du Travail du régime de Vichy, et ses collaborateurs Pierre Laroque et Alexandre Parodi. Cinq ans plus tard, la loi du 22 mai 1946 institue les régimes de retraites encore en vigueur aujourd'hui en France. Ce furent à nouveau P. Laroque et A. Parodi, entre-temps devenu résistants, qui adaptèrent et précisèrent le système pour la IVe République.

CHAPITRE 20

Les modèles des deux superpuissances et la bipolarisation

Cinq années séparent la conférence de Yalta du déclenchement de la guerre de Corée (1950). Au cours de ces cinq années, le monde se trouve radicalement divisé en deux camps : l'Est et l'Ouest. Les deux blocs antagonistes s'organisent progressivement avant d'en arriver à s'affronter, toujours par pays interposés.

La période qui va de 1947 (Plan Marshall) à 1953 (mort de Staline et fin de la guerre de Corée) voit les tensions entre les deux blocs augmenter graduellement. La question de la responsabilité du déclenchement de la guerre froide a évidemment représenté un enjeu idéologique. Pour les historiens marxistes, la faute en incombe aux États-Unis, possesseurs et utilisateurs de la bombe A. Les Soviétiques vont même jusqu'à considérer que la guerre froide a commencé en 1917, avec l'envoi de corps expéditionnaires français et anglais en Russie pour aider les blancs. Pour les Occidentaux, Staline est d'abord responsable de n'avoir pas respecté les engagements pris à Yalta et d'avoir impulsé une politique expansionniste.

On peut se demander de quelle manière se mettent en place les caractères principaux de ce que le philosophe français **Raymond Aron (1905-1983)** qualifiera au cours de la Détente de « Paix impossible, guerre improbable ».

1 L'entrée dans la guerre froide

Le journaliste **André** Fontaine **(1921-2013)** qualifiait la guerre froide de « longue épreuve de force entre EU et URSS après la dissolution, au lendemain de la capitulation du Reich, de la coalition antihitlérienne. »

Le 5 mars 1946, Churchill, qui s'est rendu à **Fulton** (Missouri) pour y être fait docteur *honoris causa* prononce un célèbre discours qui reste aussi connu sous le nom de discours du « Rideau de fer » en référence à la phrase : « De Stettin à Trieste, de la Baltique à l'Adriatique, un rideau de fer traverse l'Europe. » Dès 1945-46, le coup de force communiste en **Roumanie (février 1945)**, la formation d'un gouvernement d'union nationale en majorité communiste en **Yougoslavie (7 mars 1945)** et la formation d'un gouvernement similaire en **Pologne (juin 1945)** inquiètent les Occidentaux. En **janvier 1946, Enver Hoxha** proclame la création de la **République Populaire d'Albanie**, en octobre, la guerre civile entre communistes et monarchistes reprend en Grèce tandis que le PC prend le pouvoir en **Bulgarie** le même mois. L'URSS exerce des pressions sur la Turquie pour obtenir le contrôle des détroits et il commence à apparaître clairement que les élections libres promises par Staline ne seront jamais organisées en Europe orientale.

En effet, en janvier, les communistes obtiennent **80 % des voix en Pologne** au cours d'élections truquées. Les Anglais sont sans doute les premiers à prendre conscience de la réalité des visées expansionnistes de l'URSS. Churchill avait souhaité dès 1943 « que l'on serre la main des Russes le plus à l'est possible de l'Elbe » et la menace soviétique prend définitivement corps pour Londres au cours **de l'hiver 1946-1947**. En conséquence, le Royaume-Uni prend la décision dès l'année suivante de construire sa propre bombe A.

La réaction est un peu plus tardive aux États-Unis. On commence à parler de guerre froide au début **de l'année 1947**. On a mis en cause l'incapacité de **Harry S. Truman (1884-1972)** à réagir rapidement. En réalité, deux ans seulement après avoir pris la difficile décision d'autoriser le largage de la bombe atomique sur Hiroshima et Nagasaki, Truman sait assez vite faire face aux ambitions soviétiques en Europe comme en Asie. Truman, entré en politique en **1923**, entame une carrière obscure et cahotante. Sénateur du Missouri en 1935, il préside efficacement pendant la guerre une commission d'enquête sur les gaspillages de la mobilisation économique et fait économiser 15 milliards au pays. Truman passe néanmoins pour un homme falot, un personnage à la Clément Atlee (« un taxi vide s'arrête devant le 10, Downing Street, Clement Atlee en descend » disait Churchill). On l'a choisi au départ pour ne pas faire d'ombre à Roosevelt et il ne fait d'ailleurs même pas partie de l'entourage de Roosevelt à Yalta.

Quand, le **12 avril 1945, Roosevelt meurt soudainement**, Truman est élu président contre James Byrnes. **Le 25 avril**, il apprend que les EU détiennent la **bombe A**. Quand il l'apprend en **juillet 1945** à Staline, celui-ci ne manifeste aucune surprise, peut-être l'a-t-il su avant même que Truman ne l'apprenne. À ce moment, les deux vainqueurs sont encore capables de s'entendre sur l'adoption de la **quadrizone en juillet 1945 à Potsdam**. Mais c'est l'année **1947** qui voit réellement les antagonismes s'installer.

Les tensions de l'année 1947 sont l'aboutissement d'un processus de **réorganisation de l'Europe.** Les initiatives russes en Europe orientale et en Méditerranée ont donc décidé les Occidentaux à réagir et à adopter la tactique du *containment*, que Truman définit dans son adresse au congrès en mars 1947. Le **plan Marshall** en est l'illustration et sa mise en place entraîne un durcissement des positions soviétiques. On peut se demander néanmoins quelle stratégie Staline a réellement à l'esprit en 1947.

Malgré les initiatives soviétiques, il semble que les partis communistes locaux fassent preuve d'une animosité à l'égard des Occidentaux que l'URSS cherche quelquefois à tempérer. Néanmoins, Staline paraît avoir eu de façon précoce une vision assez nette de la situation. Il explique ainsi en janvier 1945 à **Gueorgui Dimitrov** (ancien secrétaire général du Komintern) : « La crise du capitalisme s'est révélée dans la division des capitalistes en deux factions – l'une fasciste, l'autre démocratique… Maintenant nous sommes avec une faction contre l'autre et dans l'avenir nous nous tournerons aussi contre cette faction des capitalistes. ».

Cette vision du monde ne s'impose cependant progressivement qu'à partir de l'année 1946 puis plus nettement à partir de l'année 1947, provoquant la réaction des alliés et amenant Truman à élaborer devant le Congrès la doctrine de l'endiguement : « nous devons œuvrer partout à contenir cette vague de totalitarisme ». La doctrine connaît un premier champ d'application en **Grèce** avec la fin de la guerre civile et de la menace que constitue la guérilla communiste, grâce à l'aide du **Plan Marshall**. Et la conférence de **Paris du 29 juin au 2 juillet 1947** est un échec au grand soulagement des EU qui n'ont pas envisagé que l'URSS accepte le plan Marshall. L'attitude des Soviétiques vis-à-vis de l'aide Marshall reste ambivalente jusqu'au bout mais la manière dont les États-Unis accueillent le rejet soviétique montre que la guerre froide est bien devenue pour tous une réalité. La remobilisation est difficile aux États-Unis mais prend progressivement corps. Après le **Truman Loyalty Program** qui initie la guerre froide, le **National Security Act crée le Conseil National de Sécurité et la CIA**. La première mission de l'agence de renseignement sera d'empêcher la victoire communiste aux élections italiennes de **1948**. Peu à peu, sous l'impulsion de G.C. Marshall, en poste depuis janvier 1947, la politique **d'endiguement** prend corps.

2 Les premiers véritables affrontements de la guerre froide

Après la Seconde Guerre mondiale, Berlin garda son statut de **capitale de l'Allemagne**, encore considérée comme un pays, bien que la ville soit dans le secteur russe. Néanmoins, la rupture de l'administration conjointe des quatre puissances en 1948 a mis fin à l'administration de Berlin qui a perdu son statut de capitale.

Suite à cette rupture, l'URSS demanda que **Berlin fasse entièrement partie du secteur soviétique**. Son essai de bloquer les forces occidentales en fermant toutes les routes menant à Berlin échoua lorsqu'un **pont aérien** organisé par les Alliés fut établi. Lors du blocus de Berlin, Berlin Ouest vit l'atterrissage d'un avion toutes les 45 secondes permettant le ravitaillement des 2 millions d'habitants. Plus de 277 728 vols furent effectués pour ravitailler la ville (1 000 vols quotidiens). Ce massif pont aérien dura **11 mois, puis, en 1949**, les trois secteurs occidentaux se réunirent pour former Berlin-Ouest rattaché à la **République Fédérale Allemande** (R.F.A). Berlin-Est entra dans la R.D.A (**République démocratique allemande**) pour devenir sa capitale en **1954**.

Avec la fin du blocus de Berlin, la situation se fige en Europe et la guerre froide se déplace en Asie. Dans la nuit du **24 au 25 juin 1950**, à 4 heures du matin, **600 000 soldats nord-coréens franchissent la ligne de démarcation du 38e parallèle** qui sépare leur État, sous gouvernement communiste, de la Corée du Sud, sous régime pro-occidental. C'est le début de la guerre de Corée. Trois jours plus tard, Séoul, capitale de la Corée du Sud, tombe entre les mains des communistes. Le jour même de l'attaque nord-coréenne, le président américain Harry Truman saisit **l'Organisation des Nations Unies (ONU)**.

La jeune instance internationale joue sa crédibilité sur ce conflit. Le Conseil de sécurité condamne l'agression et annonce la mise en place d'une force internationale pour rétablir la paix dans la région. Cette décision a été rendue possible par **l'absence des Soviétiques** qui, depuis plusieurs mois, boycottaient le Conseil de sécurité. Un corps expéditionnaire sous les ordres du général **Douglas MacArthur (1880-1954)** débarque dans la péninsule et préserve de l'invasion une tête de pont à Pusan, au sud-est. Le général lance sa contre-offensive le **15 septembre**, reprend **Séoul le 2 octobre**, repousse les envahisseurs vers le nord, franchit le **38e parallèle** et atteint en un mois la frontière avec la Chine.

Dans une situation désespérée, les Nord-Coréens reçoivent l'appui d'innombrables « volontaires » venus de Chine où une révolution communiste a triomphé quelques mois plus tôt. Six armées chinoises d'un total de **180 000 hommes** franchissent le Yalou, le fleuve qui sépare la Corée de la Chine. Le corps expéditionnaire de l'ONU doit se replier au sud du **38e parallèle** et au prix de nombreux efforts arrive à se rétablir sur l'ancienne ligne de démarcation.

La Chine est condamnée par l'ONU. Néanmoins, le général MacArthur ne se satisfait pas de cette condamnation diplomatique et réclame **une intervention aérienne contre les bases arrière des Nord-Coréens** situées en Mandchourie, de l'autre côté de la frontière avec la Chine. Au grand soulagement de l'opinion internationale, le président Truman rappelle le turbulent général le **11 avril 1951** et le remplace par le général **Matthew Ridgway (1895-1993)** qui s'en tiendra sagement à une guerre de positions.

Un armistice est signé quatre mois après la **mort de Staline (5 mars 1953)**, **le 27 juillet 1953, à Pammunjon**, sur le 38e parallèle. Il est toujours en vigueur dans l'attente d'un hypothétique traité de paix. La division de la Corée est confirmée par la conférence de Genève (1954). Vite oubliée, la guerre de Corée reste le conflit le plus meurtrier de la deuxième moitié du XXe siècle. On évalue le nombre de victimes à **38 500 dans les forces onusiennes, à 70 000 dans les forces sud-coréennes et… à 2 millions chez les combattants nord-coréens et chinois**. À cela s'ajoutent les civils, victimes des bombardements, des disettes et des épidémies (peut-être trois millions).

LE COUP DE PRAGUE (1948)

Avant que n'éclate la première crise de Berlin (juin 1948-mai 1949), le « coup de Prague » est le premier électrochoc qui fait prendre conscience aux Occidentaux de la réalité de l'expansionnisme soviétique. À la différence de la Pologne où Staline imposa, sans remords, un gouvernement à sa botte, le Généralissime accepte d'organiser des élections libres en Tchécoslovaquie. Il est vrai que Staline doit compter avec la présence proche des Américains en Autriche et il est satisfait des annexions faites au détriment du territoire tchécoslovaque (Ruthénie). Ainsi, en 1945, des élections libres, conformément à la Charte de l'Europe Libérée de Yalta, sont organisées.

Le parti des Propriétaires (parti conservateur dirigé par Édouard Bénes) l'emporte mais les Communistes recueillent 25 % des voix. Aussi un gouvernement d'union nationale est-il formé, avec en son sein, huit ministres communistes à des postes-clés (Intérieur, Information, Justice). À cette date, la Tchécoslovaquie est le cadet des soucis de Staline, trop occupé avec la Grèce ou l'Iran. La mise en place de l'aide Marshall à partir de l'été 1947 rappelle à Staline que le statut de la Tchécoslovaquie n'est pas réglé : à cette époque de Guerre Froide avancée, un pays européen ne peut être dans les deux camps en même temps et le gouvernement tchécoslovaque confie son intention d'accepter l'aide du plan Marshall à l'occasion de la Conférence de Paris.

Staline, furieux, convoque Gottwald et donne le signal au Parti Communiste Tchèque de déstabiliser le pouvoir en place. Manifestations dans la rue, pressions concernant la réforme agraire promise mais non effective, obstruction des ministres communistes, aboutissent à la démission des ministres conservateurs du gouvernement et à leur remplacement par des ministres communistes. Le « Coup de Prague » (février 1948) s'est opéré sans effusion de sang (si ce n'est le meurtre-suicide de Masaryk, défenestré).

La démission des Occidentaux est flagrante : aux Soviétiques, la Tchécoslovaquie, aux Occidentaux, l'Autriche. Le « rideau de fer » devient plus net, reste à régler le problème de Berlin. Le coup de Prague est un déclencheur pour les occidentaux. Il est encore difficile pour les opinions publiques et les milieux d'affaires occidentaux d'accepter dès 1948 que les espoirs de paix durables se transforment en affrontement.

3 Deux blocs antagonistes

À partir de 1947, le monde entre dans un processus de **bipolarisation** qui se caractérise en particulier par la mise en place de **deux blocs antagonistes**, chacun d'entre eux étant structuré par une **solidarité militaire, économique et idéologique**.

Les Européens ayant accepté le plan Marshall ont mis en place **l'OECE** qui va devenir **l'OCDE en 1961** (Organisation de coopération et de développement économiques). Cet organisme est d'abord chargé de répartir l'aide du plan Marshall entre les différents pays bénéficiaires. L'OECE devient bientôt une institution essentielle dans l'organisation économique du **bloc de l'Ouest et des Pays Développés.**

Du côté soviétique, est organisé le **CAEM** (conseil d'aide économique mutuelle) ou **COMECOM en 1949**. Il doit permettre l'harmonisation des planifications des membres, l'organisation du développement des membres sur le modèle soviétique. Cette solidarité économique est renforcée par la mise en place du **Kominform en 1947** qui assure l'alignement des **PC nationaux sur le PCUS**, renforcé par les purges de **1948 à 1952**, qui se déroulent dans les États satellites.

La répression qui s'exerce dans le bloc de l'Est trouve cependant son pendant à l'ouest avec la mise en place de la « chasse aux sorcières » organisée par le sénateur Maccarthy à la tête de la « Commission des Activités Anti-Américaines » qui s'appuie sur la délation, la constitution de listes noires et la loi **Mac Carran** rétablissant le **délit d'opinion** pour traquer les sympathisants et militants communistes aux États-Unis. Si l'URSS de Staline est clairement un État totalitaire, le maccarthysme peut être considéré comme une véritable entorse aux principes démocratiques aux États-Unis.

Le durcissement des relations entre Américains et Soviétiques conduit à de nombreux affrontements indirects et à la mise en place de deux blocs. Mais, avec la mort de Staline le 5 mars 1953 puis la fin de la guerre de Corée et l'accession au pouvoir de Nikita Khrouchtchev, la Guerre froide cède la place au « dégel » des relations américano-soviétiques à partir de la deuxième moitié des années 1950.

4 « Paix impossible, guerre improbable. »

C'est en **1945**, sous la plume de l'écrivain anglais **George Orwell**, que l'expression « Guerre froide » apparaît pour la première fois. Elle est reprise en 1947 par le milliardaire américain **Bernard Baruch**, proche des milieux gouvernementaux, et popularisée par le journaliste **Walter Lippmann** dans un ouvrage portant le même titre. D'après l'historien **André Fontaine**, elle désigne « un conflit dans lequel les deux parties s'abstiennent de recourir aux armes l'une contre l'autre ». En effet, il s'avère rapidement impossible pour les deux blocs d'envisager un affrontement direct sous peine de destruction mutuelle.

Dès 1950, les États-Unis disposent en effet de plusieurs centaines de bombardiers stratégiques et de plusieurs milliers de bombes atomiques. L'URSS se situe encore à l'échelle inférieure (un peu plus d'une centaine de bombardiers et quelques centaines de charges atomiques) avant d'atteindre un potentiel comparable à partir de 1956. La guerre froide devient donc rapidement cette « Paix impossible, guerre improbable » que le politologue français **Raymond Aron** a décrite.

Le dégel s'amorce après la mort de Staline en 1953. Au XXe Congrès du Parti communiste soviétique, en février 1956, le nouveau dirigeant, **Nikita Khrouchtchev (1894-1971)**, dans un rapport secret, dénonce les crimes de son prédécesseur. Sans remettre en cause le système soviétique lui-même, Khrouchtchev appelle à une « **coexistence pacifique** » avec l'ouest.

Du côté américain, la menace russe amène plusieurs formes **d'endiguement** : doctrine des représailles nucléaires massives remplacée par celle de la **riposte graduée**, utilisation de la **CIA** pour lutter contre les gouvernements adverses, mise en place d'une politique de « relève des défis » technologiques et de lutte contre le socialisme dans le Tiers-Monde.

L'amélioration des relations internationales confirme ce réchauffement des relations entre les deux superpuissances avec la fin des combats en Corée (« Paix Blanche » de Pammujon en juillet 53), la **dissolution du Kominform en 1956,** la **cogestion de la crise de Suez** et, pour finir, le voyage de **Khrouchtchev aux États-Unis en 1959**, premier déplacement d'un dirigeant soviétique aux États-Unis.

Cependant, ce réchauffement des relations est à relativiser. La compétition idéologique et les tensions restent toujours présentes, notamment avec l'entrée de la **RFA** dans **l'OTAN**, l'Organisation du Traité de l'Atlantique Nord, créée en 1949, et la création du **Pacte de Varsovie en 1955**, ou l'écrasement de l'insurrection hongroise en **novembre 1956 par l'Armée Rouge**.

LA CRISE DES MISSILES DE CUBA ET LA DÉTENTE

En 1959, un coup d'État mené par Fidel Castro provoque le renversement du dictateur proaméricain, Raul Batista. Devant l'hostilité croissante des États-Unis vis-à-vis de son régime, Castro se rapproche de l'URSS. La tentative ratée de la CIA de faire débarquer des activistes anticastristes dans la baie des Cochons en avril 61 finit de pousser Cuba dans les bras des Soviétiques.

La découverte, en octobre 62, de missiles soviétiques sur l'île de Cuba provoque une réaction forte de John Fitzgerald Kennedy (1917-1963) qui organise un blocus de l'île de Cuba et contraint Khrouchtchev à rappeler les navires acheminant les têtes nucléaires vers Cuba et à retirer les missiles de l'île. En échange, Kennedy accorde une promesse de non-invasion de Cuba et le retrait des missiles américains de Turquie mais maintient un embargo commercial à Cuba. Les deux Grands, suite à l'épisode de Cuba, cherchent à éviter de se retrouver à nouveau face à « **une diplomatie au bord du gouffre** ». Dès **juin 1963**, un « téléphone rouge », liaison permanente par téléscripteur entre le Kremlin et la Maison Blanche, leur permet de se concerter immédiatement en cas de crise.

Mais la Détente se manifeste aussi par le **désarmement des arsenaux nucléaires**, même s'il reste tout relatif. Il sert autant à réduire qu'à moderniser l'arsenal des deux superpuissances et ne remet jamais vraiment en cause la doctrine MAD (*Mutual Assured Destruction*), même tempérée par la riposte graduée, qui reste la base de la dissuasion : l'arme nucléaire est efficace tant que personne n'ose l'utiliser.

En **1968** est signé le **traité de non-prolifération nucléaire**, qui garantit théoriquement le maintien du nucléaire dans le cercle fermé des cinq puissances officielles (États-Unis**, URSS, Chine, France, Grande Bretagne**). Depuis, d'autres puissances atomiques se sont jointes, plus ou moins officiellement, au club **: l'Inde, le Pakistan, la Corée du Nord et Israël.** ■■■

Officiellement, 188 États sur 193 ont signé ce traité. L'Afrique du Sud a supposément démonté son arsenal avant de la signer.

Cette normalisation des relations entre les deux blocs, entamée à partir de 1962 et qui va se poursuivre jusqu'au milieu des années 1970, provoque un rapprochement Est-Ouest. Mais, l'opposition entre les deux Grands se poursuit par puissances interposées à travers des conflits périphériques comme la guerre du Vietnam (1964-1975).

On cherche donc du côté russe à renforcer les positions soviétiques. Pour certains spécialistes, la Détente représente même dans les années 1970 une « autoroute pour l'URSS », celle-ci obtenant à l'issue des accords d'Helsinki (1975) des prêts avantageux, des livraisons de céréales et des transferts de technologie et même une reconnaissance des frontières issues de la Seconde Guerre mondiale en échange de vagues promesses de modération et de respect des droits de l'homme. Les Occidentaux s'engagent à ne pas intervenir dans les démocraties populaires en cas de crise.

CHAPITRE 21

Les nouveaux États : des indépendances à l'affirmation

Au sortir de la guerre de **1939-1945**, la hiérarchie des puissances se trouve bouleversée dans le monde. Les puissances européennes possèdent toujours d'immenses empires coloniaux mais leur domination est largement remise en question par la guerre, la défaite et la **concurrence des deux nouvelles superpuissances** que sont les États-Unis d'Amérique et l'URSS. L'Europe a bien cessé en 1945 d'être une puissance mondiale dominante et c'est une nouvelle organisation du monde qui s'affirme progressivement dans le chaos des décolonisations.

L'expression « **Tiers-monde** » est due à l'économiste français **Alfred Sauvy** qui conclut un article donné le **14 août 1952** au journal *L'Observateur* en faisant référence à l'abbé Sieyès : «...car enfin, ce Tiers-Monde ignoré, exploité, méprisé comme le Tiers état, veut lui aussi, être quelque chose ». Cette désignation renvoie à un **espace géographique précis**, celui des **anciennes colonies** et des **pays en développement** : **l'Asie, l'Afrique et l'Amérique latine**. Le **« Tiers-monde »** renvoie donc à une réalité précise, liée au contexte de la guerre froide et à l'après-**décolonisation**.

Au cours des années 1950-1960, le Tiers-monde devient un **nouvel acteur de l'ordre mondial**. Né progressivement des deux vagues de décolonisation – dans les années 1940 et 1950 – il s'affirme progressivement sur la scène internationale et entend se définir comme une **force non-alignée**. Si la notion de Tiers-monde renvoie à la guerre froide, **celle de non-alignement restreint le champ chronologique**. On pourra prendre la conférence de **Bandung** en **1955** comme point de départ de l'affirmation du Tiers-monde et la conférence de **Belgrade** en 1961 comme point de départ du mouvement des « non-alignés ».

1 Un Tiers-monde qui s'organise autour de figures charismatiques et de conférences fondatrices

Les conférences de **Bandung (Indonésie) en 1955** et de **Belgrade (Yougoslavie) en 1961** restent deux événements fondateurs du mouvement des non-alignés. Bandung rassemble, en avril 1955, **29 pays** (24 pays asiatiques et 5 africains), ainsi que plusieurs grands leaders : **Nehru** (Inde), **Nasser** (Égypte), **Soekarno** (Indonésie), **Haïlé Sélassié** (Éthiopie), **Zhu Enlai** (ministre des affaires étrangères de la Chine communiste) et **Tito** (Yougoslavie). Cette conférence **condamne le colonialisme** et affirme l'importance de la **coopération économique** pour sortir du sous-développement et rejeter l'emprise des deux blocs. Cependant, les limites du « non-alignement » sont vite **relativisées par les logiques régionales.**

Le président égyptien **Nasser** parle d'une « Internationale des pauvres », puisque ce congrès représente plus de la moitié de la population mondiale et qu'il réclame des mesures pour le développement des nouveaux États. **Léopold Sedar Senghor** estime quant à lui que la conférence exprime la prise de conscience de leur dignité par les peuples de couleur et la fin de leur complexe d'infériorité. Les participants posent le problème du **développement économique**. Bien qu'elle ne débouche pas sur des mesures concrètes, la conférence de Bandung a un retentissement important : c'est la première fois que le Tiers-Monde s'exprime sur la scène internationale.

Des chefs d'État comme **Nehru** (Inde) ou **Soekarno** (Indonésie) sont auréolés de prestige après avoir vaincu les colonisateurs. Ils ont conscience de diriger des états qui comptent parmi les plus grands et les plus peuplés du monde (l'Indonésie est le pays musulman le plus peuplé, l'Inde est la plus grande démocratie du monde).

En **1956, Nasser nationalise le canal de Suez**, jusque-là propriété d'une compagnie financière franco-britannique et principale artère du commerce pétrolier : il affirme le droit des peuples à disposer de leurs ressources nationales. **En 1960, 13 états qui effectuent 90 % des exportations mondiales de pétrole créent l'OPEP**.

Pour dépasser le morcellement du monde arabe, certains dirigeants souhaitent l'unité politique de la « nation arabe ». Le **panarabisme** regroupe, dans les années 1960, des États laïques ; le colonel Nasser, au pouvoir en Égypte de 1954 à 1970, en est la principale figure. Mais l'essentiel du ciment de cette nation arabe tient dans **l'hostilité à l'État d'Israël.**

L'Organisation de l'Unité Africaine (OUA) est créée en 1963 et a pour objectif de créer un gouvernement des Africains qui respecte les minorités raciales et religieuses. On s'aperçoit que le véritable ciment de l'unité africaine est, après la fin de la colonisation, l'hostilité à la politique de l'apartheid de l'Afrique du sud.

En 1961, la conférence de Belgrade rassemble 25 états sous la présidence de **Tito**, l'homme qui, au sein du bloc communiste, a résisté à Staline et a cultivé une voie originale (le titisme). Au cours de cette conférence sont définis le terme et la position de **neutralisme**. C'est la véritable naissance politique du mouvement des **non-alignés** qui a émergé à Bandung six ans plus tôt. Cette conférence dénonce la **bipolarisation** qui perdure, malgré la politique de **coexistence pacifique** et affirme également un soutien inconditionnel aux mouvements d'indépendance encore en cours (en Algérie particulièrement).

Durant les années 1960, plusieurs courants se distinguent à l'intérieur du mouvement : Tito veut un strict neutralisme, Nasser veut tirer le plus d'avantages possible de l'opposition entre les blocs, Castro veut un rapprochement avec l'URSS, allié naturel des non-alignés selon lui, alors que des courants pro-occidentaux apparaissent en Afrique et en Amérique latine.

Ces états non-alignés deviennent **majoritaires à l'Assemblée générale de l'ONU**. Ils font prévaloir leurs vues lors du vote de nombreuses résolutions. En 1960, ils font voter à l'ONU la Déclaration sur l'Octroi de l'indépendance aux pays et aux peuples coloniaux. Ils dénoncent la **guerre d'Algérie**, l'intervention américaine au **Vietnam**, la situation des **Palestiniens**, la politique **d'Apartheid** en **Afrique du Sud**. Ils n'obtiennent qu'une réforme partielle des organes centraux, avec l'augmentation du nombre de membres au Conseil économique et social et au Conseil de sécurité. En revanche, ils ne réussissent pas à entamer le droit de veto des grandes puissances.

En janvier 1966, s'organise à **La Havane** la conférence dite « **Tricontinentale** », sous la présidence symbolique de Che Guevara qui affirme la résistance à l'impérialisme (critique de l'intervention américaine au Vietnam) et proclame : « Un, dos, tres… Muchos Vietnam ! ». Cette conférence est aussi symbolique **des divisions qui agitent le mouvement**. Le fait qu'elle soit organisée à Cuba remet en cause le principe même de neutralité à l'égard des deux blocs.

2 La constitution d'organisations internationales

Les organisations internationales contribuent à organiser le Tiers-monde mais ne sont pas toujours à l'abri de l'influence des deux grands.

La création de l'OUA, Organisation de l'Unité Africaine, en 1963 se fixe **trois objectifs** principaux :

- Hâter les décolonisations africaines
- Préparer une **union économique du continent africain** (voire politique pour certains dirigeants comme **Patrice Lumumba, président de la République démocratique du Congo assassiné en 1961** à l'issue de la prise de pouvoir par Mobutu)
- Intervenir dans les conflits internes pour tenter de les régler pacifiquement

La création de la **CNUCED en 1963 (Conférence des Nations-Unies pour le Commerce et le Développement)**, sous obédience de l'ONU, a pour but de tenter d'organiser le Tiers-monde économiquement et de pallier ses difficultés. Elle rassemble **75 pays d'Amérique latine et d'Afrique** pour régler les partenariats économiques et assurer leur développement.

La création de ces deux organisations internationales correspond à l'entrée massive des pays d'Afrique à l'ONU.

La création de **l'ASEAN en 1967 (Association des Nations d'Asie du Sud-Est/ Association of South East Asia Nations) rassemble l'Indonésie, la Malaisie, les Philippines, Singapour, la Thaïlande (et le sultanat de Bruneï en 1984)**. Cette organisation internationale est particulière. On ne peut pas dire qu'elle soit vraiment une marque d'indépendance du Tiers-Monde à l'égard des blocs car elle est créée dans le contexte de la guerre froide, largement sous l'impulsion des États-Unis, afin de garantir le développement économique d'un certain nombre de pays d'Asie pour éviter qu'ils ne sombrent dans le communisme. Néanmoins, l'ASEAN est un franc succès qui permet un réel développement des pays qui deviennent progressivement de véritables acteurs (voire des acteurs de premier plan) de l'économie mondiale.

La création de l'OPEP (Organisation des Pays Exportateurs de Pétrole) en 1960 à Bagdad rassemble l'Arabie Saoudite, l'Irak, l'Iran, le Koweit et le Venezuela. D'un point de vue économique, ces pays utilisent la « rente pétrolière » pour assurer leur développement même s'ils connaissent des difficultés économiques et de fortes inégalités. Ils démontrent leur capacité à influer fortement sur l'économie mondiale en 1973, lors de la guerre du Kippour, et en 1979 à l'issue de la crise des otages en Iran en faisant monter le prix du baril à 29 $ lors de la première crise et à 34 $ en 1981 (le prix du baril a quadruplé en 1973 suite à la Guerre du Kippour).

3 Les limites de la position neutraliste et de la « IIIe voie » : un tiers-monde divisé et dépendant

Dans chacune des trois aires du Tiers-monde, on constate finalement qu'il est impossible d'échapper complètement à la bipolarisation. Encore l'Afrique reste-t-elle plus longtemps à l'écart du conflit, parce qu'elle ne représente pas un enjeu stratégique pour les deux grands dans un premier temps. Claude Cheysson, commissaire européen au développement, estime ainsi que : « La grande chance de l'Afrique est d'être restée à l'écart de la Guerre Froide ». Un avis à relativiser.

L'Algérie de **Ben Bella** puis de **Boumédienne** choisit en effet le camp socialiste, ainsi que la **Lybie** de Kadhafi, l'**Irak** de Hussein, la **Syrie** d'Hafez El Hassad, **l'Iran** de Khomeiny, le **Congo** (éphémèrement) en décembre **1969**, le **Bénin** (ex-Dahomey) en

1974 et, à l'inverse, **l'Egypte** de Sadate choisit l'Occident, en se détachant du socialisme arabe, ainsi que la **Côte d'Ivoire** de Houphouët-Boigny, le **Sénégal** de Senghor ou encore le **Kenya** ou la **Tanzanie**. Ces clivages, encore plus marqués au Moyen-Orient, véritable zone d'influence des deux grands, n'empêchent pas les conflits entre alliés : **l'Arabie Saoudite**, alliée des États-Unis, n'hésite pas à se servir de l'arme pétrolière contre **Israël**, voire contre les États-Unis eux-mêmes.

Quant à l'Amérique latine ou l'Amérique centrale, elles restent, hormis **Cuba**, sous étroite surveillance des États-Unis comme en témoignent les exemples du Brésil, où les présidents **Quadros** (1961) et **Goulart** (1964), trop à gauche, sont poussés vers la sortie, ou du Chili où la CIA participe en 1973 au renversement du président socialiste **Salvador Allende** et à l'installation du régime **d'Augusto Pinochet**. Les Marines interviennent également à **Saint-Domingue pour mater en 1965** une révolte populaire.

En Asie, à l'inverse, c'est l'influence de l'URSS qui s'affirme. Les accords de **Genève** qui signent la fin des hostilités entre la France et le Viet Minh ne sont pas appliqués (**31 juillet 1954**). Le nord-Vietnam, dirigé par **Ho Chi Minh**, finit par attaquer le sud-Vietnam de **Diem**. Les États-Unis soutiennent militairement le sud-Vietnam dès 1961, un soutien qui dégénère en guerre entre 1965 et 1973. Les accords de Paris mettent fin au conflit le **27 janvier 1973** et 2 ans plus tard, le **30 avril 1975**, les troupes nord-vietnamiennes s'emparent de Saigon et les Khmers rouges contrôlent le Cambodge. Les États-Unis jouent la carte de la Chine (Nixon est reçu en Chine en février 1972) et la Chine Populaire remplace Taiwan au Conseil de Sécurité en **octobre 1971** afin de contrer quelque peu l'influence soviétique dans la région.

On s'aperçoit donc que la notion de « non-alignement » reste très théorique et ne peut pas prétendre à une réalité quelconque au-delà de 1975. Le camp des non-alignés jette ses derniers feux diplomatiques au cours de la **conférence d'Alger en 1973,** point culminant de l'activisme du Tiers-monde, qui rassemble 75 pays. Ceux-ci réclament une véritable indépendance économique à travers la proclamation du **NOEI, Nouvel Ordre Économique International**. Ils souhaitent rééquilibrer le commerce international, contrôler les matières premières et les activités des firmes multinationales. En 1975, une initiative est prise dans ce sens par la Communauté Économique Européenne qui signe avec **46 pays ACP (Afrique, Caraïbes, Pacifique) la convention de Lomé** garantissant une certaine stabilité des prix des produits tropicaux importés par la CEE.

Il s'agit une fois de plus de créer une solidarité de développement. Néanmoins, si le relatif déclin des États-Unis sur la scène internationale favorise l'affirmation du tiers-monde, on constate que beaucoup de pays participants s'appuient largement sur le soutien… de l'URSS. La conférence des non-alignés réunis à nouveau à **La Havane en 1979** montre ainsi clairement les limites du mouvement puisque le président en est **Fidel Castro**, qui n'incarne pas vraiment une position neutraliste. À cette date, les divisions du tiers-monde paraissent impossibles à surmonter et le thème de « l'anti-impérialisme » américain met le mouvement en balance : faut-il se ranger à la critique de l'impérialisme américain en s'alignant bon gré mal gré sur les positions soviétiques ou continuer dans la voie du neutralisme qui paraît de plus en plus difficile à tenir ?

En dépit d'un certain succès économique (les pays de l'OPEP et l'ASEAN), le mouvement tiers-mondiste ne parvient donc pas **à dépasser ses contradictions** et ses divisions. **La dépendance économique est toujours très importante**. De 1945 à 70, le développement du Tiers-monde s'appuie encore largement sur l'aide de l'Ouest (essentiellement les États-Unis et la France) et de l'Est (10 %). La dette du tiers-monde devient abyssale dans les années 1970 et les Pays en Voie de Développement font face à **une pression démographique croissante**. Leur industrie insuffisamment développée leur impose d'importer les biens manufacturés et ils s'appuient essentiellement sur l'exportation des matières premières dont les cours sont déterminés par les pays du Nord. Seule l'OPEP constitue un véritable levier de puissance.

CHAPITRE 22

La Chine de Mao, un nouvel acteur

Des guerres de l'opium, de 1839 à 1842, contre le Royaume-Uni, puis en 1856-1860, contre la France, les États-Unis, la Russie et le Royaume-Uni, jusqu'à la création de la République Populaire de Chine en 1949, la Chine a connu une longue période d'anarchie et de soumission à l'influence des grandes puissances mondiales. Sous la conduite de Mao Zedong, la Chine communiste tente de reprendre sa place sur la scène internationale et de se moderniser, au prix de réformes aux conséquences tragiques, dans la seconde moitié du XXe siècle. Aujourd'hui, la Chine apparaît comme une puissance mondiale en mesure de rivaliser avec le leadership américain. Comment cette transformation s'est-elle opérée , sous la conduite de Mao puis de ses successeurs ?

1 Un nouvel État communiste...

La proclamation de la République en **1949**, en portant **Mao Zedong** à la présidence, ouvre une ère nouvelle pour la Chine, celle d'une forme d'autoritarisme sous la houlette du Parti Communiste Chinois, dirigé d'une main de fer par Mao Zedong. À la fin de la guerre, les communistes sont portés au pouvoir par la force des armes mais aussi parce qu'ils apparaissent comme seuls capables de moderniser en profondeur la société chinoise. Au niveau des villes et de l'industrie, le modèle de référence reste cependant celui de l'allié soviétique. Le chantier de la reconstruction est donc mené par un Parti communiste qui compte 4 500 000 membres à travers le pays. Autour de Mao Zedong, à la fois président de la république et du parti à l'autorité incontestée, Liu Shaoqi, Zhou Enlai et Chen Yun organisent la reprise en main du pays et les réformes. À la fin de l'année 1949, ils réunissent à Pékin une Conférence consultative du peuple chinois qui doit rétablir le fonctionnement de l'État, pratiquement interrompu par douze années de guerres étrangères et civiles.

Les réformes débutent en **juin 1950** avec l'application de la **loi agraire** sur toute l'étendue du territoire. Comme en URSS dans les années 1920, on peut remarquer que l'autoritarisme du parti voisine avec des avancées sociales et sociétales, comme l'égalité civique et juridique obtenue par les femmes dès 1950. Le principal chantier mis en place par les autorités communistes chinoises est cependant la **collectivisation des terres** sur le modèle soviétique. Elle suppose la **confiscation des terres des grands domaines** et leur redistribution à trois cents millions de paysans : lors de cette transformation des campagnes d'une ampleur gigantesque, près de la moitié des terres cultivables change de main. Les terres seront mises en commun au sein de coopératives de production instituées à partir de 1954 : 400 000 de ces coopératives regroupent déjà 15 % de la population à la fin de 1955. Mao décide d'accélérer le processus de manière à ce que 70 % des foyers paysans se trouvent en coopératives en 1956. La réforme agraire lancée par le pouvoir maoïste dans les années 1950 est donc ambitieuse. À la fin de la décennie, il y a plus de 600 000 fermes collectives en Chine, regroupant les anciens villages et les terres agricoles et laissant toutefois subsister quelques lopins de terre privée, d'un à deux hectares, dont le produit peut être vendu sur le marché libre du village. En 1957, la Chine produit 190 millions de tonnes de céréales, dont l'État prélève 50 de manière à assurer l'alimentation des villes. Les rendements restent cependant faibles et les récoltes qui suivent la première réforme agraire sont décevantes. Cette première réforme modifie en profondeur le paysage rural de la Chine. Au total, 50 millions d'hectares sont répartis entre 300 millions de paysans qui n'avaient auparavant pas ou très peu de terre ; les instruments de production sont distribués en fonction de la taille des fermes. La propriété paysanne est complètement réformée. Les parcelles sont très morcelées et spécialisées, en fonction des conditions locales des sols et de la possibilité de disposer d'engrais. La **redistribution** s'applique à l'ensemble de la communauté, aux logements aussi bien qu'aux terres. Les maisons sont ainsi réquisitionnées pour loger les familles des nouveaux travailleurs agricoles ou transformées en locaux administratifs pour les autorités de gestion et de contrôle des coopératives. L'agriculture connaît une relative mécanisation, qui reste néanmoins très partielle.

Dans un premier temps cependant, l'industrie est loin d'être abandonnée et le **développement de l'industrie lourde** est même favorisé sur le modèle soviétique. De la même manière que pour l'agriculture, l'industrie est divisée en unités de production qui prennent en charge la vie des ouvriers, attribuant les logements, assurant les retraites et même la construction d'écoles, de crèches et de services sociaux. À la campagne comme en ville, ce sont des comités locaux qui supervisent la production et tous les aspects de la vie sociale. Ces **comités de quartiers** et **comités** paysans rendent directement compte aux autorités du Parti et exercent un contrôle strict sur les citoyens et travailleurs de la nouvelle république populaire. Cela ne se fait pas sans opposition de la part des possédants et la réforme agraire s'accompagne d'une répression sanglante : c'est le début des « **camps de redressement** » ou ***laogai***. En 1951 et 1952 sont lancées des campagnes de propagande :

- les « **Trois Contre** », ***sanfan***, contre la corruption et la bureaucratie ;
- les « **Cinq Contre** », ***wufan***, contre la fraude fiscale et la corruption. On encourage les dénonciations et l'on importe le modèle soviétique de l'autocritique.

2 ...Influencé par l'Union soviétique

En décembre 1949, la rencontre de Mao et Staline à Moscou est à l'origine d'un traité d'alliance et d'assistance mutuelle entre la Chine et l'URSS, signé en février 1950. La Chine ne se trouve plus isolée et entre dans le camp soviétique à peu près en même temps que les nombreux « pays de l'Est » européens. Elle participe à la défense de la Corée du Nord contre les Américains, qui la frappent d'embargo et lui font perdre son siège de membre permanent de l'ONU au profit de Taïwan. En dépit de la mort de Staline, le 5 mars 1953, la Chine utilise l'Union soviétique comme modèle de développement ; un premier plan quinquennal est lancé alors que le pays vient de retrouver son niveau de production de 1936. Une constitution de type soviétique est adoptée en septembre 1954.

La Chine va également s'efforcer de rétablir sa **zone d'influence** en Asie, et en particulier en Asie centrale. L'armée chinoise **occupe ainsi dès octobre 1950 le Tibet**, en théorie indépendant depuis 1913. **En mars 1955, le Tibet est proclamé Région Autonome, à l'instar du Xinjiang,** province extrême-occidentale chinoise de 1 600 000 km² sur laquelle le pouvoir central avait perdu graduellement tout contrôle à partir du début du xxe siècle. Tandis que les Chinois reprennent le contrôle de l'éphémère « République du Turkestan oriental » (dont les dirigeants sont morts dans un opportun accident d'avion en allant à la rencontre de Mao Zedong), la frontière avec l'URSS se précise : la Mongolie « extérieure » reste indépendante et les Soviétiques rendent Port-Arthur à la Chine. La seule ombre au tableau reste Taïwan, toujours dirigée par Jiang Jieshi, défendue par les États-Unis et destinée à demeurer en dehors de la République populaire.

3 ...Jusqu'à la rupture

La dégradation des rapports sino-soviétique a d'abord pour origine l'évolution des relations américano-soviétiques et la « déstalinisation ». Lors du 20e congrès du PCUS, Nikita Khrouchtchev dénonce les « erreurs » de Staline, et parle de coexistence pacifique avec le monde occidental. Ce discours est mal accepté à Pékin où Mao s'attache de plus en plus à défendre l'œuvre de Staline et le modèle sur lequel la révolution chinoise a pris exemple. Mao, néanmoins, saisit l'occasion de se démarquer plus nettement sur le plan idéologique du grand frère soviétique. Il avance également une critique du modèle soviétique dans un texte d'**avril 1956, les *Dix Grands Rapports***, qui dénoncent en particulier le sacrifice de l'agriculture soviétique au profit de l'industrie. Cette position suscite des critiques au plus haut degré de l'appareil de gouvernement chinois et du parti. En septembre 1956, lors du 8e congrès du Parti communiste chinois, Liu Shaoqi, un des membres les plus éminents du parti et le grand artisan de la « **sinisation du marxisme** », défend l'idée d'un assouplissement du collectivisme. À mots couverts, Liu Shaoqi s'en prend aussi au culte de la personnalité maoïste.

Mao contre-attaque en **février 1957** de manière large en dénonçant les nouveaux « **mandarins rouges** » dont les attitudes bureaucratiques et arrogantes sont des héritages du passé impérial et des obstacles aux réalisations révolutionnaires. Mao lance donc la « **campagne des Cent Fleurs** » qui n'est rien moins qu'un mouvement de purge déguisé. Manipulé par le régime et par Mao, ce mouvement « populaire » dénonce le modèle soviétique et les privilégiés du régime mais cesse aussi vite qu'il a commencé, en juin 1957, sur ordre du parti et de Deng Xiaoping, un fidèle de Mao, qui sanctionne les « fleurs vénéneuses » : un million de responsables dont le comportement est jugé « droitier ». Cette purge précède les nouvelles réformes lancées par Mao à l'occasion du « Grand Bond en Avant ».

3.1 Le Grand Bond en Avant

Deux raisons principales expliquent la décision de Mao d'impulser la réforme du « Grand Bond en avant » dès l'**hiver 1957** : d'une part les résultats relativement décevants de la première réforme agraire, d'autre part la volonté de rompre avec le modèle de développement soviétique à partir de la condamnation par le PCC du **processus de déstalinisation à partir de 1956**. L'objectif est non seulement de parvenir à faire de la Chine une économie autosuffisante et exportatrice mais plus encore de dépasser le grand frère soviétique. Pour ce faire, un nouveau plan de réorganisation des campagnes est promulgué qui a pour objectif de briser les dernières résistances et de faire décoller la production. Les coopératives agricoles et fermes d'État doivent donc être regroupées en **communes populaires**. Chaque commune populaire peut rassembler au moins une dizaine de coopératives et assurer une production planifiée par les autorités du Parti.

Une « commune populaire », ou **renmin goshe**, regroupe à peu près 5 000 familles de travailleurs agricoles. En plus de regrouper les coopératives, les communes populaires comprennent aussi des usines, des parcs d'engins agricoles, des ateliers agricoles… La commune populaire devient une **véritable communauté** et une **unité de production autarcique** à grande échelle dans laquelle agriculture et industrie sont étroitement associées. Les travailleurs rattachés à une commune sont aussi sollicités pour prendre part à de vastes chantiers d'État : construction de barrages, de nouvelles routes ou d'infrastructures diverses et mise en valeur de nouvelles terres par le défrichement et le remembrement. La première commune populaire est mise en place à titre expérimental au Henan dès l'hiver 1957. Le principe se généralise ensuite à toute la Chine. À partir de l'été 1958, on compte 70 000 *renmin goshe* dans toute la Chine.

Cette nouvelle réforme instaure donc une **collectivisation** des biens et ressources à une échelle beaucoup plus grande que la première réforme agraire et fait disparaître définitivement les lopins privés. Tout, terres, usines, fermes, habitations, animaux, est collectivisé. La **redistribution** des ressources est supervisée par la direction de chaque commune populaire, elle-même directement **dépendante de l'État et du Parti.**

Tous les services sociaux sont à ce titre assurés par les autorités locales du Parti : entretien de la voirie, dispensaires et hôpitaux, écoles. Quant à la police, ce sont les milices organisées localement qui l'assurent. L'ambition du « Grand Bond en avant » dépasse très largement le cadre d'une simple réforme agricole. Il s'agit pour le pouvoir maoïste de remplacer en quelques années toutes les pratiques et tous les savoir-faire traditionnels d'une Chine rurale jugée archaïque. Il s'agit aussi, par le biais de la collectivisation associée à la **mécanisation**, de transformer les mentalités tout autant que l'appareil productif. Pour Mao, le « Grand Bond en avant » doit faire sortir la Chine du sous-développement tout autant que de l'archaïsme pour ouvrir la voie à l'instauration d'une société communiste susceptible de faire concurrence au système capitaliste et de remplacer le modèle soviétique jugé périmé.

Le « Grand Bond en avant » ne donnera cependant jamais les résultats escomptés. Bien au contraire, le passage brutal de l'utopie à la réalité a des conséquences dramatiques pour la population chinoise. Dès l'automne 1958 apparaissent des signes inquiétants : récoltes insuffisantes accentuées par des conditions climatiques défavorables et l'absence d'une partie de la main-d'œuvre absorbée par les chantiers d'intérêt général ; incompétence des cadres locaux, souvent des maoïstes zélés « parachutés » dans des contrées dont ils ignorent l'essentiel et où leurs décisions aggravent la situation.

La production s'effondre au cours des années 1959, puis 1960. En raison de cet effondrement, une partie de la population est victime d'un approvisionnement insuffisant qui se transforme en famines à mesure que les récoltes diminuent. La situation alimentaire et sanitaire déjà désastreuse de certaines communes populaires est accentuée par les réquisitions du Parti.

Le pouvoir maoïste et le PCC font preuve d'aveuglement face aux conséquences du Grand Bond en avant qui fait plonger le pays dans un cercle vicieux. À mesure que les chiffres de production empirent, les autorités du Parti exigent plus et à mesure que la famine se répand, le mécontentement grandit et les paysans tentent de préserver par tous les moyens un peu des maigres récoltes qui ne doivent plus leur permettre que de survivre. On tente de cacher quelques poignées de farine en creusant rapidement un trou dans le sol, au pied d'un arbre. On remplace le contenu d'un œuf gobé à la va-vite par de la poussière pour que les miliciens ne s'aperçoivent pas du larcin. On remplace les pommes de terre par des cailloux dans les sacs.

Face au mécontentement qui grandit et à la recrudescence de larcins, le Parti mène une **répression féroce**. Ceux qui sont accusés de vols sont jetés en prison pour y mourir de faim ou simplement exécutés sans jugement, souvent battus à mort pour économiser les balles. Durant les trois années du Grand Bond en Avant, de 1958 à 1961, on estime à **vingt millions** le nombre de victimes des famines ou de la répression. Les conséquences du Grand Bond sont aussi politiques : Mao préfère démissionner de la présidence de la République, en laissant la place à son rival **Liu Shaoqi** en 1959. En revanche, il parvient à limoger le plus haut responsable de l'armée, le maréchal Peng Dehuai, qui critique sévèrement la politique du Grand Bond, pour le faire remplacer par le plus consensuel **Lin Biao**. Dans une Chine prise à la gorge économiquement par les conséquences désastreuses du Grand Bond, le pouvoir accepte même de se lancer dans une **décollectivisation timide**, rétablissant les marchés libres et les lopins de terre particuliers à partir de 1962.

3.2 La Révolution culturelle

Sur le plan international, les années 1960 sont marquées par **l'isolement de la Chine**. Les relations avec l'Inde pâtissent de l'accueil fait par ce pays au Dalaï-Lama en exil, après l'annexion du Tibet par les Chinois. L'île de Taïwan représente toujours un danger pour le régime et a reçu le soutien des Occidentaux, États-Unis en tête. Enfin, les relations avec l'URSS ne cessent de se dégrader. Le voyage de Khrouchtchev aux États-Unis en 1960 est interprété comme une trahison par le PCC et la montée des tensions entre Chine et URSS culmine avec une courte guerre frontalière autour du fleuve Oussouri, sur l'île Zhenbao en 1969. Des incidents de frontière ont lieu aussi avec l'Inde, avec une courte guerre en 1962 dans la région himalayenne de l'Aksai Chin (au sud du Tibet) qui est annexée par les Chinois. Si le conflit sino-russe a été réglé par Boris Elstine, les tensions sino-indiennes restent aujourd'hui encore très vives et le Cachemire est toujours le point focal des tensions entre Chine, Inde et Pakistan, trois puissances nucléaires. D'ailleurs, s'il faillit, pour l'Inde et le Pakistan, attendre 1998 pour procéder à des essais nucléaires, la Chine fait éclater sa première bombe atomique dans le désert du Taklamakan (lac asséché du Lop Nor) en 1962.

Face à l'échec retentissant du Grand Bond en avant et confronté à des critiques de plus en plus vives au sein du Parti, Mao doit faire face à une opposition montante. Il prend donc la décision de désarmer celle-ci en relançant le processus révolutionnaire, dès l'année 1962. Face aux dirigeants du parti susceptibles de le contester, comme Liu Shaoqi, auquel il a abandonné la présidence, Mao met en avant l'idée d'une **véritable armée populaire**, chargée de construire et défendre la révolution à tous les niveaux contre ceux que Mao désigne comme les « bureaucrates », responsables de l'échec du Grand Bond en avant. Mao sait pouvoir s'appuyer sur des légions d'étudiants et de jeunes intellectuels, acquis à sa cause et révoltés par la corruption ou l'incompétence de certains membres du Parti. L'idée d'une révolution culturelle capable d'imposer dans les mentalités comme dans la société une forme parfaite d'égalité fait son chemin très rapidement mais c'est un mouvement urbain, contrairement au Grand Bond en avant, et orchestré par le pouvoir.

Révolution « culturelle », la nouvelle entreprise débute par une mesure symbolique : **Jiang Qing,** l'épouse du président, supprime du répertoire de l'Opéra de Pékin tous les personnages et costumes traditionnels et quasiment toute référence à l'époque impériale et au confucianisme, jugés archaïques. En 1965, le petit livre rouge des *Citations du président Mao* est publié et diffusé à des millions d'exemplaires. L'ouvrage devient la bible de ceux que l'on appelle bientôt les gardes rouges, des étudiants pour la plupart qui réclament la démission de la direction et des enseignants de l'université de Pékin, en les accusant d'être des bourgeois corrompus. Dans le même temps, **l'armée**, passée sous le contrôle de Lin Bao, devient avec **l'université** le deuxième creuset de la Révolution culturelle et une **véritable école de la révolution.**

Le mouvement, qui prend vraiment son essor à l'été 1966, permet à Mao d'écarter Liu Shaoqi, Chen Yun ou Deng Xiaoping, dignitaires du Parti largement visés par la

« chasse aux bureaucrates » des **Gardes Rouges**, et ceux qui étaient les plus critiques vis-à-vis de la politique maoïste. Les Gardes Rouges voient d'ailleurs leur existence officiellement confirmée lorsque Mao les désigne, après un passage en revue sur la place Tian An Men, comme les véritables défenseurs de la nouvelle révolution qui débute. Cette reconnaissance leur confère un énorme pouvoir : ils peuvent réquisitionner, perquisitionner, emprisonner, interroger, torturer et même tuer. On jette en prison ou on torture sur dénonciation, n'importe qui, n'importe quand. Les intellectuels et les enseignants sont particulièrement accusés d'être les principaux propagateurs des idéaux bourgeois et contre-révolutionnaires.

Le mouvement devient rapidement difficile à contrôler. Il gagne les usines en décembre 1966 et Shanghai, transformée elle-même en « commune populaire », en 1967. Il s'étend aussi aux campagnes où des milices de Gardes Rouges pratiquent exactions et exécutions sommaires au nom de la Révolution Culturelle. Après avoir lancé la Révolution Culturelle, ses initiateurs vont donc chercher à éteindre l'incendie. Jiang Qing dénonce les agissements des « gauchistes » qui mettent en danger la révolution. Les principaux chefs des Gardes Rouges sont à leur tour victimes de la répression. Mais le mouvement de répression touche aussi l'aile droite du Parti, présentée comme responsable des débordements qui l'ont d'abord prise pour cible, et **Liu Shaoqi,** considéré comme chef de file des « droitiers », est exclu du Parti en 1968 et meurt de mauvais traitements à la prison de Kaifeng en 1969. La Révolution culturelle est finie. Elle laisse à nouveau une Chine exsangue.

À la fin des années 1960 et de la Révolution Culturelle, le Parti communiste chinois compte 22 millions de membres. Il est cependant extrêmement divisé. Principal artisan de la Révolution Culturelle dans l'armée et fidèle de Mao, Lin Biao pense être son successeur désigné. C'est cependant son opposition à la politique de rapprochement entre la Chine et les États-Unis qui va lui coûter son rang et sa vie. Dénoncé à son tour, Lin Biao meurt en 1971 dans un accident d'avion en Mongolie, alors qu'il tente de s'enfuir en URSS.

Regroupant autour d'eux une faction de membres du Parti, d'économistes et d'ingénieurs favorables à une modernisation de l'appareil industriel chinois en pratiquant une politique d'ouverture économique, le premier ministre Zhou Enlai et Deng Xiaoping, redevenu membre du Comité central, sont plus prudents et tentent de conduire une politique de **rénovation industrielle et économique** qui profite du fait que la Chine a rompu son isolement, comme le montrent la visite officielle de Nixon en 1972 et **l'obtention d'un siège de membre permanent** au Conseil de Sécurité de l'ONU.

La situation politique est cependant encore chaotique, tandis que s'annonce le crépuscule du pouvoir maoïste. C'est sa femme, Jiang Qing, qui prend les rênes du pouvoir à la tête de la « **Bande des Quatre** », menant de véritables campagnes de dénonciation de la politique de Zhou Enlai et Deng Xiaoping. Celles-ci semblent porter leurs fruits puisque Zhou Enlai est remplacé à sa mort en 1976 par le très « maoïste » **Hua Guofeng**. Jiang Qing obtient également la destitution de Deng Xiaoping, puis elle s'attaque à Hua Guofeng, tentant de le destituer pour s'accaparer le pouvoir après la

mort de Mao Zedong, qui survient le 9 septembre 1976. Mais cette dernière tentative va provoquer la chute de la « Bande des Quatre » dont les membres sont arrêtés tandis que Hua Guofeng devient président.

Celui-ci est souvent présenté comme un continuateur de la politique maoïste. Il ordonne la construction du mausolée du Grand Timonier place Tian Anmen et l'édition de ses œuvres complètes. Sa tentative de relancer une politique de grands travaux (barrages et travaux d'irrigation) se heurte cependant à des conditions économiques très défavorables et à la montée en puissance d'un courant qui, au sein du Parti, entend critiquer les orientations maoïstes pour impulser un changement politique. Ce courant s'incarne dans la personnalité de Deng Xiaoping, réhabilité suite à l'arrestation de la Bande des Quatre et étoile montante du Parti.

4 La Chine après Mao

La fin des années 1970 marque un tournant important pour la Chine. La mort du Grand Timonier en 1976 et le procès de la « Bande des Quatre » qui a lieu à partir de 1980 permettent de dresser ouvertement le **bilan du maoïsme**. Non seulement, Jiang Qing et ses complices sont condamnés (Jiang Qing meurt en prison en 1990) mais la politique suivie par Mao est en partie critiquée. Du moins conserve-t-on un juste milieu : si l'héritage de la réforme agraire et même du Grand Bond en avant est peu remis en question, en revanche les réalisations de la Révolution Culturelle et leurs conséquences sont mises à l'index. Cette critique nouvelle du maoïsme s'accompagne de manifestation en faveur de l'ouverture démocratique. Chose impensable : ces manifestations ont lieu sur la place Tian An Men en 1978.

Deng Xiaoping, né au Sichuan en 1904 dans une famille de propriétaires terriens et venu au communisme en France, est le grand bénéficiaire de cette période critique qu'il a lui-même favorisée. La chute de la Bande des Quatre lui permet d'opérer un retour politique et il succède à Hua Guofeng à la tête du pays en décembre 1978. Il entame le processus de **décollectivisation des campagnes** en autorisant les paysans à signer avec l'État des contrats qui leur assurent, pour plusieurs années, l'usufruit des terres collectives**. Les communes populaires sont supprimées en 1985.**

L'accent est désormais mis sur la rentabilité plutôt que sur la production brute en favorisant la poursuite de la mécanisation et l'usage de nouveaux engrais. **La Chine entame sa « Révolution Verte ».** La lenteur de la modernisation, l'extrême morcellement des parcelles et le démantèlement de l'appareil d'État contrôlant les communes populaires favorise cependant un chômage rural endémique et de plus en plus important. C'est la rupture entre Chine intérieure et Chine littorale qui commence vraiment à être visible à partir de Deng Xiaoping.

Les réformes touchent également l'industrie et le reste de l'économie chinoise. Comme dans le domaine agricole, priorité est donnée dans l'industrie à la modernisation et à la rentabilité. Le gouvernement chinois crée **cinq zones économiques à statut particulier**, dans les provinces maritimes. Leur but est d'attirer les capitaux étrangers et de former des cadres aux technologies occidentales nouvelles. La plus importante de ces zones est **Shenzhen**, à côté de Hong Kong. Dans le reste de la Chine, le secteur d'État reste maître de 80 % des entreprises. Cette évolution marque la politique d'ouverture mise en œuvre par Deng Xiaoping qui va avoir pour effet d'intégrer peu à peu la Chine au système économique globalisé en plein essor.

La politique d'ouverture poursuivie par Deng Xiaoping ne s'accompagne pas nécessairement d'une politique semblable sur le plan politique, en dépit des aspirations visibles à une transition démocratique. Durant le « **printemps de Pékin** » de **1979**, les journaux parallèles se multiplient ainsi que les débats concernant le maoïsme et ses excès. Deng Xiaoping fixe néanmoins des limites claires. Le régime reste gouverné par le parti unique et le centralisme démocratique, dénommé « dictature démocratique du peuple ». La critique anti-maoïste est aussi limitée, sinon réprimée. Les manifestations libérales ne cessent pas et font même place à des troubles à Nankin, Shanghai et même Pékin. La réponse du PCC est l'**immobilisme** : à l'occasion du 13e congrès, en 1987, on réaffirme l'attachement au marxisme-léninisme, au régime de parti unique et à l'héritage maoïste.

4.1 Tian An Men

La crise cependant ne cesse pas, d'autant que les convulsions qui agitent le bloc soviétique à partir de 1989 donnent espoir, en Chine, aux partisans d'une libéralisation politique. **En avril 1989,** des manifestations ont à nouveau lieu à Pékin, sur la **place Tian An Men**. Elles prennent une ampleur nouvelle après la mort de **Hu Yaobang**, ancien responsable des Jeunesses communistes et représentant de l'aile libérale, mort qui provoque la colère des manifestants et l'occupation continuelle de la place. C'est un véritable village de tentes entouré par l'armée et la police qui prend place au centre de Pékin.

C'en est trop pour les autorités du Parti qui considèrent qu'elles ne peuvent tolérer plus longtemps ce mouvement séditieux. Dans un article du *Quotidien du Peuple,* le 26 avril 1989, Deng Xiaoping dénonce les « **fauteurs de troubles** ». C'est une manifestation monstre de plus de 100 000 personnes qui lui répond le lendemain et le mouvement ne cesse de s'intensifier au cours du mois suivant. Les autorités chinoises prennent alors la décision de briser par la force le mouvement d'opposition étudiante, au risque de s'aliéner l'opinion publique mondiale, largement gagnée à la cause des étudiants de Tian An Men. Le **20 mai,** la **loi martiale** est proclamée. L'armée patiente encore un peu, en espérant que les derniers grévistes de la faim et manifestants vont évacuer d'eux-mêmes la place. Enfin, dans la **nuit du 4 au 5 juin**, soldats et chars investissent Tian Anmen, écrasant les tentes et réprimant à balles réelles l'émeute qui s'ensuit. On compte entre deux et trois mille victimes au petit matin.

C'en est fini des espoirs de libéralisation politique et Deng Xiaoping justifie la répression en dénonçant la décomposition de l'ancien bloc soviétique, mettant en avant le rôle de l'armée et du Parti, qui ont évité que semblable sort ne touche le socialisme chinois. À partir de là, Deng Xiaoping, qui a renforcé son autorité au sein du PCC, peut reprendre la politique d'ouverture économique et accentuer le développement des ZES (Zones Économiques Spéciales). Sa succession, en 1997, est assurée sans heurt par Jiang Zemin qui poursuit sa politique.

4.2 La nouvelle puissance chinoise

Entre 1980 et 2000, la Chine entre dans les années de « croissance à deux chiffres ». Le taux de croissance de l'économie est en moyenne de 10 % jusqu'au milieu des années 2000. Il redescend progressivement mais reste encore aujourd'hui aux alentours de **7 %**. La Chine devient une puissance industrielle et économique de premier plan. Son PIB égale celui des États-Unis en 2015, même si le PIB/Habitant la situe beaucoup plus loin dans les classements économiques. Devenue la première puissance industrielle et économique d'Asie, la Chine assume de plus en plus clairement un rôle de leader parmi les pays asiatiques, ce qui ne va pas sans tensions avec ses voisins. Elle est en conflit, essentiellement pour des questions de souveraineté maritime, avec le Japon, le Vietnam, la Corée du Sud, Taïwan, Bruneï, l'Indonésie et les Philippines.

Même si le risque de famine est désormais écarté dans les campagnes, le développement très rapide des provinces littorales en même temps que le phénomène persistant du **chômage rural** lié à la décollectivisation en Chine intérieure font parler aujourd'hui d'un **développement à deux vitesses** pour la deuxième puissance économique mondiale.

L'exode rural, de par son ampleur, témoigne à lui seul des difficultés du monde rural : près de 200 millions de paysans pauvres ont quitté leur foyer, quelquefois chassés également par les expropriations liées aux grands travaux (comme le « barrage des Trois Gorges » et le projet « Nord Eau Sud Déplacer » qui consiste à détourner une partie du cours du Yang Tsé). Ils s'entassent dans certains quartiers des faubourgs où se forment de véritables villages de chômeurs, ceux des « émigrés de l'intérieur », une population en constante augmentation qui perturbe même le recensement des villes chinoises. Shanghai compte ainsi officiellement 23 millions d'habitants mais c'est officieusement 35 millions de personnes qu'elle abrite, si l'on prend en compte les flux très difficiles à calculer de travailleurs immigrés.

La Chine se trouve ainsi aujourd'hui confrontée à une opposition de plus en plus problématique entre l'**intérieur du pays**, encore largement touché par la pauvreté, le sous-développement et le chômage, et une **Chine littorale** qui est désormais associée à la Triade. Sur le plan international, la Chine est désormais largement intégrée à l'économie mondiale et a tendance à s'impliquer beaucoup plus hors de ses frontières en tentant de regagner son influence en **Asie centrale**, considérée désormais comme son arrière-cour, mais aussi en s'investissant largement sur le continent africain, souvent avec des dirigeants mis à l'index par les puissances occidentales en raison de leurs manquements aux Droits de l'Homme. C'est le cas par exemple de Robert Mugabe, président du Zimbabwé qui, en tant que président de l'Union Africaine depuis le 30 janvier 2015, représente un interlocuteur précieux pour la Chine.

Si la Chine reste un partenaire de premier plan pour les États-Unis, elle a eu tendance ces dernières années, dans un contexte international de plus en plus multipolaire, à se rapprocher de la Russie ou de l'Inde, autres membres des BRICS. La politique chinoise reste cependant ambivalente. Elle a certes bénéficié de la crise de 2007, rachetant une partie des dettes européennes ou américaines mais ses **problèmes environnementaux** la forcent à prêter davantage l'oreille aux prescriptions des grands forums environnementaux, tandis que son économie ne peut se passer pour le moment ni des marchés ni des investissements européano-américains. Sur le plan militaire, la Chine œuvre cependant à se doter d'une véritable **capacité de projection** ce qui, à l'orée des années 2020, marquera peut-être la véritable entrée de la Chine dans le domaine d'une politique de puissance globale.

À RETENIR

- **En 1949, la victoire de Mao Zedong consacre la naissance de la République Populaire de Chine tandis que Tchang Kaï-Tchek, battu, s'exile sur l'île de Formose.**
- **En 1956, début de la rupture sino-soviétique. La Chine se rapproche des États-Unis dans les années 1970. Le Grand Bond en Avant à partir de 1958 aura des conséquences catastrophiques.**
- **Révolution Culturelle à partir de 1966.**
- **Mort de Mao en 1976. Deng Xiaoping au pouvoir en 1978. Début de « l'économie socialiste de marché ».**
- **Répression de Tian An Men en 1989.**
- **Jeux olympiques de Pékin en 2008.**
- **Le PIB PPA (Parité de Pouvoir d'Achat) chinois dépasse celui des États-Unis en 2014.**
- **Début de l'épidémie de Covid-19 partie de Wuhan en Chine à la fin 2019.**

CHAPITRE 23

Les conflits du Proche et Moyen-Orient

Le Moyen-Orient demeure une zone sous tension particulièrement importante dans **l'arc de crise** qui va de la **Mauritanie** jusqu'à **l'Afghanistan**. Depuis **1948** et **la première guerre israélo-arabe**, les conflits récurrents entre l'État d'Israël et ses voisins, ainsi que le **conflit israélo-palestinien** ont fait de la région un des points de fixation des crises internationales. Mais il faut ajouter à cela la rivalité entre puissances régionales, qui reviennent sur le devant de la scène aujourd'hui, opposant **Arabie Saoudite, Iran, Émirats et Égypte.**

1 Le mandat britannique en Palestine

À l'issue de la guerre, Israël annexe Jérusalem-ouest (en février 1949) et 77 % de l'ancienne Palestine. La **Jordanie**, seul pays arabe qui soit vraiment bénéficiaire de la guerre, met la main sur la **Cisjordanie**, à l'est de la mer Morte. La guerre de 1948 est suivie de deux autres guerres israélo-arabes :

1. La **guerre des Six Jours, en 1967**, qui voit Israël attaquer préventivement l'Égypte suite au blocus du détroit de Tiran dans le Golfe d'Aqaba et rend l'État hébreu maître du Sinaï et du plateau du Golan où l'armée syrienne est également battue.

2. **La guerre du Yom Kippour en 1973** qui voit les armées arabes, et notamment l'Egypte, attaquer par surprise Israël, qui renverse le cours des opérations militaires pour repousser finalement ses adversaires. Du côté égyptien, le conflit du Yom Kippour avait surtout pour but de forcer les Israéliens à se rasseoir à la table des négociations afin de permettre aux Égyptiens de récupérer le Sinaï, ce qui va se révéler être un succès. **En 1977, Anouar El-Sadate**, qui a besoin de l'aide financière des États-Unis, se rend à Jérusalem. Dans son discours devant la **Knesset**, il reconnaît l'existence de l'État d'Israël et un traité de paix est signé en **1979** qui permet à l'Égypte de **récupérer le Sinaï en 1982**.

En revanche, Israël conserve toujours la Cisjordanie et une partie du plateau du Golan. Les Palestiniens qui ont fui les combats en 1948 se sont installés majoritairement au Liban, dans des camps de réfugiés, en Cisjordanie et dans la bande de Gaza. Leur volonté de fonder **un véritable État palestinien** et l'opposition israélienne à ce projet sont à l'origine du conflit **israélo-palestinien.**

2 Le conflit israélo-palestinien

L'Organisation de libération de la Palestine est fondée par **Ahmed Choukairy** le **28 mai 1964 à Jérusalem.** Elle est composée de plusieurs organisations palestiniennes, dont le **Fatah**, le **Front populaire de libération de la Palestine (FPLP)** et le **Front démocratique pour la libération de la Palestine (FDLP)**. L'arrivée de **Yasser Arafat qui la dirigea de 1969 à sa mort, le 11 novembre 2004,** la change en véritable organisation de guérilla. L'organisation obtient malgré tout le statut d'observateur à l'ONU en 1974.

En **1982**, Israël déclenche l'opération « **Paix en Galilée** » qui a pour but de mettre fin aux agissements des groupes terroristes ayant pris pied dans les camps de réfugiés. L'armée israélienne laisse les milices chrétiennes du Général Aoun organiser les massacres des camps de réfugiés **de Sabra et Chatila** du **16 au 18 septembre 1982**. Les Israéliens doivent finalement évacuer le Liban, soumis à l'influence syrienne jusqu'en 2005. Les États-Unis et la France obtiennent le retrait de la Syrie du Liban après l'assassinat du premier ministre Rafic Hariri. En 2006, une nouvelle intervention israélienne contre le Hezbollah se solde par un demi-échec militaire. Le **Hezbollah** est désormais une force politique incontournable au Liban et une force militaire (il possède drones et missiles) armée par la Syrie et l'Iran.

La première **Intifada** (guerre des Pierres) est déclenchée en **1987** par une génération qui a toujours vécu sous l'occupation israélienne et vise à attirer l'attention de l'opinion internationale. C'est également l'année de naissance du Hamas qui se donne pour objectif la libération par les armes de toute la Palestine, de la Méditerranée au Jourdain et refuse donc l'existence d'Israël

En **1988, Yasser Arafat, chef de l'OLP (rivale du Hamas)** proclame la naissance de l'État de Palestine, sur la base de la résolution de **l'ONU de 1947** (la carte en « taches de léopard »). En **1993**, les accords **d'Oslo**, supervisés par les États-Unis permettent de lancer un projet de paix. Ils sont signés par **Yitzhak Rabin** et **Yasser Arafat** et prévoient l'instauration d'une **autorité palestinienne** c'est-à-dire d'un gouvernement dirigé par Arafat**. Ce n'est pas un État** : ses pouvoirs sont limités à certains domaines (éducation, santé, protection sociale, police) et l'autorité palestinienne n'est pas compétente en termes de relations extérieures (pour nouer des relations diplomatiques ou mener une politique de défense).

Néanmoins, Rabin n'essaie pas de démanteler les colonies, **leur nombre double même entre 1990 et 2000** et les extrémistes des deux bords tentent de faire échouer

PARCOURSUP
QUESTIONS CONTEMPORAINES
HISTOIRE
ANGLAIS
ENTRAÎNEMENTS

les accords : Hamas et Jihad islamique multiplient les attentats auxquels répondent les frappes israéliennes qui, plus ou moins ciblées, touchent la population civile. **Yitzhak Rabin est de plus assassiné par un juif extrémiste en 1995** ce qui conduit à geler tout plan de paix entre 1996 et 1999.

En **1999, l'élection d'Ehoud Barak** et les négociations de Camp David, avec l'arbitrage de Clinton qui veut finir son mandat sur un coup d'éclat, semblent ramener un espoir de paix mais s'achèvent sur un échec, en raison, à nouveau de la question de la colonisation juive des territoires occupés.

En 2000, la seconde Intifada fait suite à la visite d'Ariel Sharon sur le Mont du Temple le 28 septembre, déclenchant des manifestations qui sont durement réprimées. Cette Intifada est moins massive mais s'accompagne d'une vague d'attentats-suicides au cœur des villes juives.

En conséquence, les autorités israéliennes décident d'entamer en **2003 la construction d'un mur** (ou no man's land par endroits) entre Israël et la Cisjordanie. C'est une réponse à la multiplication des attentats-suicides liés à la **seconde Intifada**. Mais c'est aussi un **constat d'échec, celui de la pacification voulue par le premier ministre Shimon Peres**. Ce projet contribue à la mise à l'index d'Israël dans la communauté internationale.

En 2004, à la mort d'Arafat, Mahmoud Abbas devient le président de l'Autorité palestinienne et doit faire face à la montée en puissance du Hamas, en particulier dans la bande de Gaza. En 2005, le premier ministre israélien Ariel Sharon décide d'évacuer la Bande de Gaza et en 2006, la population gazaouite est conviée à participer aux premières élections à Gaza. Celles-ci sont remportées, avec 56 % des voix, par le Hamas, qui rejette les accords d'Oslo et refuse de reconnaître Israël. Le Hamas est boycotté par la communauté internationale qui ne reconnaît que Mahmoud Abbas comme interlocuteur.

L'opposition politique se transforme en **2007** en **lutte armée entre le Hamas et le Fatah** (parti historique d'Arafat, qui soutient Abbas). Le Hamas étend son autorité sur l'ensemble de la bande de Gaza et le Fatah est contraint de se replier sur la Cisjordanie.

Le conflit israélo-palestinien est un **argument politique pour tous les pays arabes qui se déclarent volontiers solidaires des Palestiniens**, plus par hostilité à Israël que par volonté réelle de voir se créer un État palestinien. Mais il a des conséquences directes sur certains pays comme le Liban, qui se trouve de plus en plus déstabilisé par l'afflux massif de réfugiés palestiniens et par le jeu trouble des pays voisins (la Syrie, agissant par le biais du Hezbollah qu'elle arme, Israël qui soutient les milices chrétiennes du général Aoun).

L'INDÉPENDANCE D'ISRAËL

En **1947**, les Britanniques quittent la **Palestine** qu'ils ont administrée sous **mandat de la Société des Nations depuis 1923**. Le 2 novembre **1917**, une lettre ouverte signée par **Arthur Balfour**, le ***Foreign Secretary* britannique**, avait été interprétée comme un signe tangible de la puissance britannique en faveur de l'établissement **d'un État juif en Palestine**, en ce que Balfour appelait à l'établissement d'un « foyer national pour le peuple juif ».

Cette déclaration fixait un des objectifs du mandat britannique qui devait déboucher sur **l'indépendance de la Palestine**. Entre la publication de la déclaration Balfour et la fin de la seconde guerre mondiale, l'émigration européenne n'a cessé de renforcer la communauté juive de Palestine : il y a 55 000 Juifs pour 560 000 Arabes en 1918 contre 600 000 Juifs pour 1 200 000 Arabes en 1948.

C'est dans une atmosphère tendue que les Britanniques remettent la question de la Palestine et leur mandat à l'ONU **en février 1947**. Ils se sont en effet trouvés confrontés aux opérations menées par les mouvements indépendantistes juifs comme la **Haganah et l'Irgoun** (organisations clandestines paramilitaires sionistes créées en 1920 qui seront intégrées à l'armée israélienne, Tsahal, en 1948).

L'effondrement de l'Empire ottoman vers 1923 a été accompagné par l'émergence du nationalisme dans ses provinces arabes. En Palestine, celui-ci s'est manifesté sous la forme du mouvement **sioniste,** qui visait à l'établissement d'un État **juif** et par le **nationalisme palestinien**, hostile à la présence britannique et à l'immigration juive. Ce mouvement est notamment représenté par l'organisation de la Main Noire (à ne pas confondre avec l'organisation nationaliste serbe du même nom) qui pratique une violence politique d'inspiration religieuse, le **Jihad et l'anti-sionisme**. En témoigne le massacre d'Hébron, **le 24 août 1929**, au cours duquel les activistes de la **Main Noire** massacrent **67 Juifs et blessent 53 personnes**. L'ampleur du massacre est cependant limitée par l'intervention d'habitants arabes d'Hébron qui permet de sauver plus de trois cents habitants juifs de la ville.

Depuis le **30 novembre 1947** et le vote du **plan de partage de la Palestine** par l'**ONU**, les forces paramilitaires juives affrontent les irréguliers arabes palestiniens et les volontaires de **l'Armée de libération arabe**, après l'évacuation par les Britanniques qui étaient jusqu'alors responsables de l'administration du pays. **Le 14 mai 1948**, la Déclaration par David Ben Gourion qui proclame l'indépendance de l'État d'Israël **crée l'État d'Israël**. Cinq heures plus tard, les armées égyptiennes, jordanienne, irakienne et syrienne – ainsi que le Jihad Al-Muqadas, l'Armée de la Guerre-sainte, une force d'irréguliers Palestiniens – interviennent militairement contre le nouvel État.

Les forces juives ne disposent au départ que **de 5 à 10 000 combattants** mais ce sont pour l'essentiel des combattants de **l'Irgoun et de la Haganah** qui ont, pour une partie d'entre eux, bénéficié d'une formation militaire européenne en tant que juifs européens immigrés. En face, les forces arabes sont numériquement supérieures mais divisées, très mal formées et mal encadrées.

Cependant, tandis que les milices palestiniennes assiègent Jérusalem en avril, les armées arabes pénètrent largement en Israël. Le rapport de force n'est cependant largement inégal que dans le courant du mois de mai. Dès **juin, une mobilisation intensive** de la population civile permet

■■■

à la jeune armée israélienne, **Tsahal**, de regrouper près de **80 000 combattants**, soit autant que les forces arabes. Cette armée est renforcée également par des armes qui passent la frontière. Les Français livrent ainsi aux Israéliens d'antiques chars Hotchkiss qui datent de la première guerre mondiale mais permettent de s'opposer aux tanks arabes. L'incapacité des forces arabes à se **coordonner entre elles** permet également à l'armée israélienne de survivre pendant le premier mois de la guerre et d'avoir le temps de se renforcer pour affronter les forces arabes successivement et non réunies.

Le **9 avril 1948,** des éléments de l'Irgoun entrent dans le village de **Deir Yassin** et y massacrent 100 à 120 personnes qui sont supposées faire partie des forces irrégulières palestiniennes. En représailles, 79 personnes sont tuées le **13 avril** dans l'attaque d'un convoi médical se dirigeant vers l'hôpital Hadassah du mont Scopus à Jérusalem. Les combattants arabes exécutent des patients, des médecins et des infirmières. Le 13 mai 1948, le massacre des colonies juives de **Kfar Etzion** entraîne la mort de 130 personnes.

Le massacre de Deir Yassin eut un impact psychologique terrible sur la population palestinienne, convaincue que l'objectif de l'armée israélienne était de procéder à un nettoyage ethnique. L'armée israélienne encourage d'ailleurs largement cette opinion en procédant à des expulsions et en rasant des villages. On estime à plus de 700 000 le nombre d'Arabes palestiniens qui fuient ou sont expulsés de leurs villes et villages et se voient refuser tout droit au retour sur leurs terres tant pendant qu'après la guerre.

Thème 3

Le monde à la recherche d'un nouvel équilibre depuis les années 1970

Si la période de trois décennies qui succède à la Seconde Guerre mondiale voit l'installation d'un ordre bipolaire contesté peu à peu par l'émergence de nouveaux acteurs, l'équilibre géopolitique et l'organisation économique du monde sont à nouveau remis en question au tournant des années 1960-1970. L'affirmation de la puissance chinoise ou la politique d'indépendance gaullienne font apparaître des fissures et des rivalités au sein de chacun des deux blocs. La fin de la période des Trente Glorieuses et les chocs pétroliers de 1973 et 1979 avalisent la transformation de l'économie mondiale. Tandis qu'États-Unis et URSS s'engagent et s'épuisent mutuellement dans de coûteux conflits périphériques – Vietnam et Afghanistan – le monde entre à nouveau dans une période d'instabilité et de tensions dont le premier aboutissement est la fin de la guerre froide avec l'implosion de l'URSS. Un nouvel équilibre mondial, plus incertain, en émerge.

CHAPITRE 24

Les chocs pétroliers et la fin des Trente Glorieuses

La crise de 1973 est due au premier choc pétrolier provoqué par l'augmentation brutale du prix du baril de pétrole, décidée par les pays de **l'OPEP** en réaction à la guerre du Kippour entre Israël et les pays arabes (troisième conflit israélo-arabe). Néanmoins, cet événement n'est pas le véritable déclencheur de la crise, il révèle et exacerbe les **limites du modèle de croissance** des Trente Glorieuses et les faiblesses structurelles de l'économie mondiale.

1 Les Trente Glorieuses : croissance et réorganisation de l'économie mondiale

La croissance exceptionnelle de la seconde moitié du XXe siècle, pour la période des Trente Glorieuses, dans les pays développés se fonde avant tout sur le développement du secteur secondaire et concerne d'abord les pays industrialisés. Cette croissance s'appuie sur la progression de la demande en raison de la progression démographique (la population mondiale est multipliée **par deux entre 1950 et 1975**, c'est le phénomène du baby boom) liée à l'élévation du niveau de vie.

Cette croissance s'appuie aussi sur l'internationalisation des échanges qui contribue à élargir les débouchés des productions nationales : les exportations mondiales représentent 62 milliards de dollars en 1950, et 578 milliards de dollars en 1973. La progression de la productivité appuyée sur l'organisation scientifique du travail, les innovations de produits et de production et l'automatisation de la production (toyotisme) en série permet aussi de répondre à la demande et aux besoins du marché.

On assiste à la concentration des activités économiques et industrielles en même temps qu'à la diversification des activités. Le rôle des **firmes multinationales (FMN)** ou **transnationales (FTN)** s'accentue : elles implantent des filiales non seulement dans les pays développés mais aussi dans les pays en développement afin de bénéficier d'une main d'œuvre et de matières premières à bas coût, ce qui contribue également à renforcer la dépendance économique d'une partie des économies en développement. À ce phénomène de **concentration économique** s'ajoute l'accentuation du rôle des États qui restent des acteurs majeurs du développement économique.

La croissance accroît donc dans le même temps sensiblement les déséquilibres internationaux et renforce la suprématie des pays de l'OCDE. La **Division Internationale du Travail (DIT)** fixe les rôles des différents acteurs de l'économie mondiale sur la base d'un « **échange inégal** ». En 1973, les produits bruts, donc à faible valeur ajoutée, représentent 75 % des exportations des pays en développement alors que les produits manufacturés, donc à plus forte valeur, représentent 60 % de leurs importations. D'autres effets pervers de la croissance sont dénoncés à partir du début des années 1970. Les courants écologistes expriment notamment leur inquiétude face aux **conséquences environnementales** du modèle industrialiste et productiviste. En 1972, les experts du **Club de Rome** publient un rapport, intitulé *Halte à la croissance ?* dans lequel ils évoquent l'épuisement prochain des sources de matières premières.

2 La crise de 1973 révélatrice de problèmes profonds

La crise de 1973 correspond en effet plus à la **fin d'un cycle de croissance** qu'à un coup d'arrêt soudain et brutal. Dès les années 1960, l'inflation suggère des risques de surchauffe des économies. Au début des années 1970, les États-Unis connaissent une crise monétaire provoquée par les déséquilibres de leur économie. **En 1971**, la spéculation forte sur le dollar, alliée à l'énorme progression de la dette extérieure américaine (due notamment au coût faramineux de la guerre du Vietnam) amène les États-Unis à **suspendre la convertibilité du dollar** qui est ensuite dévalué à deux reprises. Les fluctuations du dollar ont pour effet de déstabiliser le système monétaire mondial et entraînent une stagflation (cumul de la stagnation et de l'inflation)

La décision des pays de **l'OPEP d'augmenter les prix du baril** suite à la **guerre du Kippour** déstabilise durablement une économie mondiale déjà fragilisée, notamment par la fin de la convertibilité or/dollar. **En trois mois, le prix du baril de brut passe de 3 à 12 dollars**. De 74 à 1978, l'OPEP relève à trois reprises le prix du baril avant de procéder à une nouvelle hausse en juin 1979, suite à la révolution iranienne. Le prix du baril s'élève alors à 21 dollars et coûte jusqu'à 34 dollars en 1982. Ces augmentations renforcent l'inflation, d'autant plus qu'elles s'accompagnent d'une hausse des prix des produits dérivés et des autres matières premières. Le déficit commercial qui se creuse pousse les États à réduire leur consommation intérieure, provoquant alors une récession. En 1975, le volume des échanges a diminué de 7 % et les PIB diminuent (-0,8 % aux États-Unis, -1,4 % en RFA), à l'intérieur de l'OCDE. Entre 74 et 82, la moyenne annuelle de croissance n'est plus que de 2 % (5 % entre 62 et 73) et proche de 0 au début des années 1980.

La crise révèle une évolution esquissée depuis les années 1960 : sous l'effet de **l'internationalisation de l'économie**, les pays occidentaux entrent dans l'ère post-industrielle. La crise les pousse à abandonner les activités peu rentables (textile, métallurgie) pour les délocaliser. Les PID se concentrent sur certains secteurs à haute valeur ajoutée qui supposent une maîtrise technologique. La désindustrialisation fait entrer les économies développées dans une ère de restructuration économique aux effets ravageurs sur le plan social.

CHAPITRE 25

Un nouvel ordre mondial à partir des années 1970 ? Libéralisation et dérégulation de l'économie

Le 15 août 1971, l'administration Nixon met fin au système de Bretton Woods et à la parité or-dollar pour remédier aux difficultés rencontrées par l'économie américaine, minée par le déficit abyssal créé par la course aux armements et la guerre du Vietnam. Le démantèlement du système de Bretton Woods, garantit la suprématie dans les échanges internationaux d'un dollar au cours désormais fluctuant. Néanmoins, elle entraîne aussi une reconfiguration du système financier et monétaire et une plus forte instabilité de l'économie mondiale.

1 Libéralisation, financiarisation et mondialisation de l'économie

Dans les pays occidentaux, dès le début des années 1980, sous l'influence des **doctrines néo-libérales (Thatcher, Reagan)**, le **rôle économique de l'État décline** : la recherche de la productivité, l'adaptation à la concurrence internationale et le besoin de liquidités poussent la plupart des gouvernements occidentaux à privatiser leurs entreprises publiques.

Les États-Unis et l'Europe de l'Ouest paraissent **renouer avec la croissance au milieu des années 1980** grâce à l'émergence des nouvelles technologies de l'information et de la communication ainsi qu'à l'utilisation de technologies de pointe (biotechnologies, nanotechnologies) mais la croissance reste fragile comme le montre **l'éclatement de la « bulle Internet » en 2001** avec la crise du **NASDAQ** (National Association of Securities Dealers Automated Quotations. Il s'agit du marché boursier des entreprises du secteur de l'électronique et du numérique. C'est le deuxième plus grand marché boursier du monde, derrière le New York Stock Exchange).

ÉCONOMIE D'ENDETTEMENT, ÉCONOMIE DE MARCHÉ DE CAPITAUX ET FINANCIARISATION

Jusque dans les années 1980, les pays développés suivent le modèle de l'économie d'endettement. Dans une économie d'endettement, la banque centrale permet le financement de l'économie, la création monétaire se fait par la voie du crédit, et est très surveillée par l'État, le risque étant de favoriser à terme une forte inflation, phénomène caractérisant d'ailleurs encore les pays développés dans les années 1980.

En revanche, dans une économie de marché de capitaux, les acteurs utilisent les marchés pour se financer. Les entreprises ou l'État peuvent donc être amenés à émettre des valeurs mobilières comme des actions ou des obligations pour augmenter leur capital et aller chercher leur argent sur les marchés, plutôt que de se fournir exclusivement à la banque centrale. Dans les années 1980, la déréglementation s'accélère, et a pour conséquence le recours massif aux marchés de capitaux. La part de crédit représentait 60 % en 1988, et n'est plus que de 20 % aujourd'hui en termes de financement de l'économie.

La financiarisation de l'économie est le nom donné à la part croissante des activités financières (services de banque, d'assurance et de placements) dans le PIB des pays développés notamment. Elle provient d'une multiplication exponentielle des types d'actifs financiers et du développement de la pratique des opérations financières tant par les entreprises et autres institutions que par les particuliers. Ceci présente le risque de faire gonfler artificiellement la bulle financière et de soumettre l'économie réelle au risque constant de la spéculation. C'est ce qui guide principalement le mécanisme de la crise de 2007-2008.

Dans les pays communistes, la crise se répand en raison de **l'épuisement du modèle économique soviétique** et des conséquences de la crise mondiale. La faible productivité et l'endettement des États empêchent toute adaptabilité du modèle. Avec la chute du communisme, les États se convertissent à l'économie de marché et s'ouvrent davantage au marché mondial mais dans la difficulté : hyperinflation (+2 500 % en 1992 en Russie), crise monétaire, déficit budgétaire, paupérisation de la population.

Dans le Tiers-monde, la crise a rendu plus visibles **les écarts de développement** et de richesse. Les pays pétroliers utilisent la **rente pétrolière** pour financer une industrialisation rapide. Les « **pays-ateliers** » bénéficient de la délocalisation des activités industrielles à faible valeur ajoutée et connaissent une forte croissance tout au long des années 1970 et 1980. Mais la situation de la majorité des pays d'Afrique, d'Amérique latine et du subcontinent indien est aggravée par la **hausse du prix du pétrole, l'inflation et le ralentissement des échanges internationaux**. Par exemple, les États qui avaient empruntés sur les marchés internationaux ne peuvent faire face au poids de la dette.

La crise n'a pas empêché le développement du commerce international. De 1973 à 89, les échanges sont passés de 574 milliards à 3 470 milliards de dollars pour atteindre plus de 8 000 milliards en 2008 et près de 10 000 milliards en 2011. Cette augmentation, liée à la poursuite des négociations du GATT, au développement des relations économiques entre l'Est et l'Ouest et à l'insertion de certains PED dans les échanges internationaux, marque l'essor véritable du phénomène de globalisation de l'économie et des échanges appuyé sur la financiarisation de l'économie, en particulier dans les économies post-industrielles des pays développés. Après, la chute du communisme en 1991, le capitalisme s'impose comme le seul modèle de développement et les firmes multinationales (FMN) continuent de s'étendre et de renforcer leur rôle dans l'économie mondiale. A la fin du xxe siècle, 150 firmes réalisent le tiers des exportations mondiales et les échanges entre filiales de FMN représentent 40 % du commerce mondial. Alors que jusque dans les années 1980, les Pays Développés fonctionnaient encore majoritairement sur un modèle d'économie d'endettement, c'est désormais le modèle de l'économie de marchés de capitaux qui a pris le relais. La dérégulation monétaire qui a accompagné la fin de la parité or/dollar a aussi ouvert la voie à une financiarisation de l'économie devenue un élément constitutif de l'économie mondiale. La croissance annuelle du commerce mondial s'accentue dans la dernière décennie du xxe siècle (4,7 % en 90, 5 % en 92, 10 % en 94). Mais l'économie mondiale connaît une nouvelle crise de grande ampleur à partir de 2008, qui fait suite à la crise des « subprimes » américaine de 2007. Même si l'économie mondiale donne aujourd'hui de nets signes de reprise, la crise a eu pour conséquence d'opérer une subtile évolution des hiérarchies mondiales en confirmant la montée en puissance des pays émergents.

RONALD REAGAN, ICÔNE DE LA GUERRE FROIDE ET DU LIBÉRALISME AMÉRICAIN

Ronald Reagan, né le 6 février 1911 à Tampico (Illinois) et mort le 5 juin 2004 à Los Angeles (Californie), fut le 40e président des États-Unis, du 20 janvier 1981 au 20 janvier 1989, entre Jimmy Carter (20 janvier 1977 – 20 janvier 1981) et Georges H.W. Bush (20 janvier 1989 – 20 janvier 1993). Ronald Reagan débute sa carrière en tant qu'animateur de radio, après avoir décroché une licence d'économie et de sociologie à Eureka College dans l'Illinois. En 1937, il s'installe à Los Angeles où il débute une carrière d'acteur qui l'amène à devenir président de la Screen Actors Guild en 1941. Durant la Seconde Guerre mondiale, sa myopie l'éloigne du front et il est affecté aux services de propagande et de relations publiques de l'US Air Force. Il redevient président de la Screen Actors Guild en 1946 et sera réélu à cette fonction durant sept mandats, de 1947 à 1959, dirigeant l'organisation à travers les difficiles années du

■■■

Maccarthysme. Fervent anticommuniste, Reagan témoigne devant la Commission des Activités Anti-Américaine et fournit au FBI les noms d'acteurs qu'il considérait comme étant des sympathisants communistes au sein de l'industrie cinématographique. La carrière d'acteur de Reagan peine à décoller et il s'intéresse à la politique dès les années 1950. Venant d'une famille démocrate libérale, c'est plutôt vers ce milieu politique qu'il se tourne avant de se rapprocher des milieux républicains à partir des années 1950, soutenant la candidature de Dwight D. Eisenhower à la présidence en 1952 et 1956, puis celle de Richard Nixon en 1960. Reagan forge ses convictions conservatrices libérales lors de son passage comme présentateur au General Electric Theater, show populaire financé par la célèbre entreprise, Quittant peu à peu le milieu du cinéma, il y trouve cependant deux épouses : Jane Wyman, avec laquelle il se marie en 1940 et dont il divorce en 1949 et Nancy Reagan, rencontrée en 1949, avec qui il se marie en 1952. En août 1962, Reagan rallie officiellement le Parti Républicain avec ce mot célèbre : « Je n'ai pas quitté le Parti Démocrate. Le parti m'a quitté. » C'est le début d'une longue carrière qui l'amène d'abord à devenir gouverneur de Californie en 1966, réprimant notamment les manifestations étudiantes contre la guerre du Vietnam. En 1976, Reagan entre en compétition avec Gerald Ford lors des primaires républicaines. Même s'il perd l'investiture, Reagan s'installe à cette occasion dans le paysage républicain. Ford ayant lui-même perdu les élections face au Démocrate Jimmy Carter en 1976, Reagan se lance dans la compétition en 1980 et bat le président sortant. Il s'installe à la Maison Blanche en janvier 1981 et remporte à nouveau les élections présidentielles en 1988. Reagan a, en huit ans de présidence, profondément marqué la vie et l'imaginaire politique américain. Personnage controversé et critiqué par les milieux démocrates en raison de ses prises de position très conservatrices, Reagan a fait face, de 1980 à 1988, à la fin de la Guerre froide. Proclamant, dès le début de son premier mandat, « America is Back », il augmentant les dépenses militaires de 40 % et contribue à l'asphyxie économique de l'URSS grâce à la « Big Stick Policy » et au programme IDS (Initiative de Défense Stratégique) surnommé « Guerre des Étoiles », qui poussa l'URSS à se lancer dans une nouvelle course aux armements, fatale pour son économie. Selon le général Vernon Walters[1], au début des années 1980, Ronald Reagan aurait déclaré : « Si les Soviétiques ont cette passion de vouloir rester devant nous, dépensons beaucoup d'argent, ils feront faillite. » Sur le plan intérieur, Reagan a également initié une véritable révolution, revivifiant tout d'abord un Parti Républicain lessivé par les années Nixon et le scandale du Watergate mais combattant aussi l'interventionnisme du gouvernement américain initié par la présidence de Franklin Delano Roosevelt pour privilégier au contraire une politique du *laissez-faire*. Le premier mandat de Reagan est marqué par le second choc pétrolier de 1979, auquel il répond par des réductions d'impôts. Les « Reaganomics », mot-valise de « Reagan » et « economics », inspirés des théories économiques de Milton Friedman, s'appuient sur la réduction des dépenses du gouvernement (à l'exception des dépenses militaires), des impôts fédéraux et de la régulation de l'économie par l'État. Pour les économistes, les mandats de Reagan marquent le début de la dérégulation financière et économique mondiale. Cette politique permet à Reagan de contrôler l'inflation, de faire baisser le chômage et de stimuler la croissance mais c'est au prix d'une considérable augmentation des inégalités aux États-Unis.

1 Cité par C. Durandin. *Les États-Unis, grande puissance européenne.* Paris. Armand Colin. 2004. pp. 10-11

LA CRISE DE 2007, ABOUTISSEMENT DE LA RÉORGANISATION FINANCIÈRE ET ÉCONOMIQUE DES ANNÉES 1970-1980

En août 2007, une quantité importante de ménages américains fait simultanément défaut sur des paiements d'hypothèques contractées quelques années auparavant sur le marché immobilier. Les ménages ne remboursant pas leurs prêts, leurs institutions financières respectives se sont automatiquement retrouvées dans l'impossibilité de rembourser à leur tour d'autres institutions financières. Ce manque de liquidité a contaminé, dans un premier temps, tous les marchés financiers de la planète ayant investi dans le tristement célèbre marché des subprimes (prêts hypothécaires à haut risque). Dans un deuxième temps, aux États-Unis, d'autres marchés (les crédits à la consommation, les prêts étudiants, les prêts automobiles, etc.) furent également atteints. Devant les pertes colossales qui se dessinaient, un vent de panique généralisé s'est alors emparé des marchés boursiers sur la planète. Les banques centrales sont d'abord venues à la rescousse en injectant des milliards sur les marchés mais cela n'a pas empêché l'économie réelle de subir le contrecoup de cette crise rapidement devenue mondiale.

La crise de 2007 et ses conséquences ont donc pour effet de confirmer une évolution déjà largement en germe depuis le début du XXIe siècle. Aux trois pôles de la Triade vient s'ajouter une puissance montante, **celle de la Chine**, dont le PIB parvient à dépasser de très peu celui des États-Unis en **2015** (un chiffre à relativiser néanmoins, si l'on rapporte le PIB de la Chine à sa population, elle ne se classe encore qu'au 88e rang mondial pour le PIB/habitant). En dépit du fait que les États-Unis restent la **première puissance économique**, le PIB américain ne représente plus que **25 % du PIB mondial à la fin du XXe contre 40 % dans les années 1950**, et la concurrence des nouvelles puissances économiques, les fameux BRIC (Brésil-Russie-Inde-Chine), Chine en tête, s'accentue. Le Brésil est ainsi la 7e puissance économique mondiale en 2015, juste derrière la France, la Russie et l'Inde se disputent les 8e et 9e places et la Chine s'impose comme le concurrent le plus sérieux à une hégémonie américaine appelée à être de plus en plus sérieusement remise en cause dans les décennies futures. Une concurrence monétaire internationale forte a émergé, même si la domination du dollar est toujours écrasante à l'heure actuelle : 63,5 % des réserves en devises des banques centrales mondiales restent constituées en dollars contre 20 % pour l'euro, 4,52 % pour le yen ou 1,1 % pour le yuan[1]. La récente crise entraînée par l'épidémie mondiale due au virus Covid-19 risque à nouveau de rebattre les cartes sur le plan géopolitique, en raison de l'impact économique du confinement de la moitié de la population terrestre et de l'énorme ralentissement économique qui débouche sur une très forte récession et une nouvelle crise mondiale.

1 Chiffre 2018. FMI/Natixis

LE VOCABULAIRE DE LA FINANCE

- **Capital :** stock accumulé de biens ou de richesses que l'on utilise pour produire de nouveaux biens ou revenus.
- **Financiarisation : Selon L'Observatoire de la finance (Fondation reconnue d'utilité publique basée à Genève) :** « le processus de financiarisation résulte de la montée en puissance de pratiques, de techniques et aussi de représentations et de valeurs inspirées par la finance ».
  - cette mutation transforme l'économie et la société contemporaines en les organisant autour d'une nouvelle cohérence articulée sur l'efficacité financière et sur une vision du temps linéaire spécifique à la finance ;
  - cette cohérence s'approche avec la crise actuelle de son point de rupture, ce qui expliquerait l'atmosphère de « fin de règne » ressentie par certains.
- **Actif (financier) :** Un actif financier est un titre ou un contrat, généralement transmissible et négociable (par exemple sur un marché financier), qui est susceptible de produire à son détenteur des revenus et/ou un gain en capital, en contrepartie d'une certaine prise de risque.
- **Produits dérivé financier :** Il s'agit d'un contrat entre deux parties, un acheteur et un vendeur, qui fixe des flux financiers futurs fondés sur ceux d'un actif sous-jacent, réel ou théorique, généralement financier.
- **Action :** Une action est un titre de propriété délivré par une société de capitaux (par exemple une société anonyme ou une société en commandite par actions). Elle confère à son détenteur la propriété d'une partie du capital, avec les droits qui y sont associés : intervenir dans la gestion de l'entreprise et en retirer un revenu appelé dividende.
- **Obligation :** Une obligation est une valeur mobilière constituant un titre de créance représentatif d'un emprunt. L'obligation est cessible et peut donc faire l'objet d'une cotation sur une Bourse ou un marché secondaire. Dans la pratique, les volumes échangés se négocient principalement de gré à gré. La crise financière de 2007 à 2011 a vu les rendements des obligations atteindre des plus bas historiques.
- **Warrant :** Un warrant (ou bon de souscription) est un produit de bourse à effet de levier. C'est un contrat transférable qui confère à son détenteur le droit, et non l'obligation, d'acheter ou de vendre une quantité donnée d'un actif spécifique, à un prix déterminé d'avance (le prix d'exercice ou strike), à la date d'échéance (ou maturité) du contrat (Warrant européen) ou à tout moment jusqu'à cette date (Warrant américain).
- **Effet de levier :** L'effet de levier (financier) est un terme général pour désigner n'importe quelle technique destinée à multiplier les profits et les pertes. Les techniques courantes de levier sont l'endettement, l'achat d'actifs à long terme, et les produits dérivés.
- **Option :** En finance, une option est un produit dérivé qui établit un contrat entre un acheteur et un vendeur. L'acheteur de l'option obtient le droit, et non pas l'obligation, d'acheter (call) ou de vendre (put) un actif sous-jacent à un prix fixé à l'avance (strike), pendant un temps donné ou à une date fixée. Ce contrat peut se faire dans une optique de spéculation ou d'assurance.

■■■

- **Stock-option :** Une stock option (ou stock-option) est une forme de rémunération versée par une entreprise généralement cotée en bourse. Il s'agit d'une option d'achat (call) dont l'actif sous-jacent est l'action de l'entreprise concernée.
- **Contrats dits « Futures » ou « Forwards » :** Ces contrats sont négociés sur un marché organisé (« futures ») ou directement de gré à gré, entre banques (« forwards ») et permettent d'acheter ou de vendre un actif à un prix et une date future précisés dans le contrat. On appelle également les futures les « contrats à terme », c'est-à-dire qu'ils précisent la quantité d'actifs achetée ou vendue, la date de la transaction (dans le futur) et le lieu (contrairement aux forwards) de la négociation. Ce sont les instruments financiers les plus traités du monde.
- **Swap :** Le swap (de l'anglais to swap : échanger) ou l'échange financier (J.O. du 31 janvier 1990) est un produit dérivé financier. Il s'agit d'un contrat d'échange de flux financiers entre deux parties, qui sont généralement des banques ou des institutions financières.
- **Certificats :** Emis par des établissements financiers, les certificats font référence à un indice boursier. L'émetteur garantit leur remboursement à l'échéance à la valeur de l'indice (ou du panier d'actions) à la date ou à un prix fixé par l'émission. Il existe des certificats pour profiter de la hausse, ou de la baisse d'un indice.
- **Titrisation :** Technique financière qui consiste classiquement à transférer à des investisseurs des actifs financiers tels que des créances (par exemple des factures émises non soldées, ou des prêts en cours), en transformant ces créances, par le passage à travers une société ad hoc, en titres financiers émis sur le marché des capitaux.

CHAPITRE 26

La révolution islamique en Iran

L'islamisme est un **mouvement radical** qui cherche à faire de l'Islam et de la stricte application de la **charia (loi islamique)** la base unique de la vie sociale et politique, ainsi que de la justice. Tous les mouvements islamistes considèrent que l'islamisation de la société passe par l'instauration d'un État islamique. Mais le terme regroupe en fait une grande diversité de situations (des radicaux qui prônent le **Jihad** contre l'Occident aux légalistes qui jouent le jeu électoral, comme l'AKP en Turquie et les Frères musulmans en Égypte). L'Islamisme est en général une réaction face à l'occidentalisation du monde musulman. Il est apparu dés le XVIIIe siècle en réaction à la colonisation avec le mouvement wahhabite mais c'est en réalité dans les années 1970-1980 qu'il parvient à s'implanter réellement dans les sociétés musulmanes, en réaction à la domination communiste ou occidentale et la révolution iranienne de 1979 est le fer de lance de l'islamisme et de la montée en puissance du **fondamentalisme**, c'est-à-dire le **retour** aux seuls textes fondateurs de la religion, en contournant tous les apports de l'histoire, de la philosophie, de la tradition. D'autres mouvement émergent ou réapparaissent progressivement, à la suite de la révolte iranienne, en Algérie, Tunisie, Égypte, Libye, ou en Arabie Saoudite avec le **Wahhabisme,** mouvement puritain, datant du XVIIIe siècle, qui prône une pratique rigoriste de l'islam.

1 Les causes de la révolution

La révolution iranienne de 1979 a des causes lointaines qu'il faut aller chercher 26 ans auparavant, quand, en 1953, le shah (« roi », en Perse), Mohammad Reza Pahlavi monte sur le trône en Iran. L'Iran, à la sortie de la Seconde Guerre mondiale, s'était trouvé au cœur des rivalités de la guerre froide, confronté à la pression de l'URSS à travers la crise irano-soviétique de 1945-46, durant laquelle les provinces kurde et azéri de l'Iran avaient tenté de faire sécession avec l'aide de l'URSS. Cette crise fut la toute première épreuve de force de la guerre froide, Staline soutenant les sécessionnistes et refusant de retirer les troupes soviétiques d'Iran.

En 1953, quand Mohammad Reza Pahlavi prend le pouvoir, l'Iran fait face à une crise avec le Royaume-Uni qui cherche à sécuriser les intérêts de ses compagnies pétrolières dans ce pays. La volonté du Premier ministre iranien Mohammad Mossadegh, en poste depuis 1951, de nationaliser les ressources pétrolières iraniennes, menace les intérêts britanniques et américains dans la région. La CIA et le MI6 montent donc conjointement l'opération Ajax pour renverser le Premier ministre iranien et mettre un terme à sa politique de réappropriation nationale des ressources iraniennes. Le Shah Mohammad Reza Pahlavi, remis sur le trône avec les pleins pouvoirs grâce au concours des services secrets américains et britanniques, organise une répression politique très dure, en s'appuyant sur la SAVAK, les services de la sécurité intérieure, mis en place de 1957 à 1979. L'opposition est divisée entre intellectuels démocrates libéraux et laïcs et une opposition religieuse qui s'organise autour de la figure de l'Ayatollah Khomeiny, exilé d'Iran à partir de 1964. En dépit de la croissance économique que connaît l'Iran au cours des années 1960, la politique du Shah cristallise les oppositions, notamment religieuses. La réforme agraire, qui a pour but de répartir de manière plus équitable les terres agricoles, heurte le clergé qui est l'un des principaux propriétaires terriens du pays. Parallèlement, les mesures prises par le Shah, qui tendent à minimiser le rôle de l'Islam dans la société iranienne et à accorder plus de droits aux femmes, contribuent à dresser encore plus les religieux contre le régime. Les chefs religieux peuvent s'appuyer sur les catégories urbaines et rurales les plus pauvres de la population, qui sont aussi les plus religieuses, mais aussi sur une partie de la jeunesse iranienne, dont les « étudiants en religion », opposés au régime du Shah. À cette opposition religieuse s'ajoutent une opposition laïque, plutôt présente dans la classe moyenne urbaine, des notables mossadeghistes et anti-américains, une extrême-gauche groupusculaire mais vivace et une partie de la population ouvrière qui se rallie soit à l'opposition religieuse soit au Parti Communiste iranien, le Tudeh. Dans les années 1970, le Shah a contre lui les élites religieuses chiites du pays mais aussi une bonne partie des classes populaires, des catégories les plus pauvres et des intellectuels qui sont prêts à s'allier avec les religieux pour faire tomber le pouvoir. Les prêches de Khomeiny, toujours en exil à l'étranger, sont dirigés contre le pouvoir du Shah et circulent sous le manteau, sous la forme de cassettes VHS distribuées dans les commerces ou les marchés des grandes villes.

Le régime perd de plus l'appui de la nouvelle administration américaine de Jimmy Carter qui s'inquiète des atteintes aux droits de l'homme en Iran et menace d'interrompre les livraisons d'armes au régime. Les intellectuels iraniens, comme Ali Shariati, philosophe réfugié à Londres, mènent campagne de l'étranger contre le Shah, tandis qu'à l'intérieur du pays, la contestation se fait de plus en plus entendre. Mais c'est Khomeiny, qui accuse le régime d'avoir fait assassiner son fils, retrouvé mort en 1977, qui fédère autour de sa personne une opposition disparate, ne comptant pas que des religieux.

2 La révolution islamique

Le 18 février 1978, un service religieux se tient en mémoire des morts après un deuil de 40 jours et rassemble des foules qui en profitent pour manifester contre le régime du shah. La répression est terrible et cause plus d'une centaine de morts. Mais les « manifestations de deuil » se répètent encore le 29 mars, puis le 10 mai, plongeant l'Iran dans un cycle de violence et d'instabilité qui va finir par entraîner la chute du régime. Le vendredi 8 septembre, c'est l'armée qui intervient en plus de la SAVAK et de la police contre des millions de manifestants. Le shah d'Iran, de plus en plus menacé, cherche à retrouver le soutien américain. Le conseiller national à la sécurité, Zbigniew Brzezinski appelle le shah le 4 novembre 1978 pour lui signifier le plein et entier soutien des États-Unis. Le Shah accepte de nommer un nouveau Premier ministre, Shapour Bakhtiar, en signe d'ouverture, et ce dernier lui conseille de quitter un temps le pays pour calmer les esprits. Le 16 janvier 1979, le Shah d'Iran Mohammad Reza Pahlavi quitte le pays. Commence une longue errance qui le mène jusqu'aux États-Unis.

En Iran, Shapour Bakhtiar tente de donner des gages de bonne volonté aux manifestants en ordonnant la dissolution de la SAVAK et la libération des prisonniers politiques. Depuis son exil français de Neauphle-le-Château, l'Ayatollah Khomeiny appelle au soulèvement et à la grève générale. Le 1er février, l'Ayatollah atterrit à l'aéroport de Téhéran où il reçoit un accueil triomphal. Il s'installe dans le centre de Téhéran, à l'école Alavi, qui devient le quartier général des révolutionnaires. Une guerre civile entre partisans de Khomeiny et de Bakhtiar semble inévitable. Des affrontements éclatent au sein même de l'armée et des combats de rue ont lieu dans la nuit du 10 février. Shapour Bakhtiar quitte clandestinement l'Iran en avril, alors que les cellules révolutionnaires des « théologiens » fidèles à Khomeiny prennent le nom de « Gardiens de la Révolution » et commencent à prendre un peu partout le pouvoir dans les villes et les villages iraniens. Prenant le contrôle des tribunaux, les Gardiens se lancent dans un vaste processus d'épuration intellectuelle dans le but de purger la révolution de ses éléments les plus disparates et les plus gênants. Les opposants laïcs et intellectuels qui ont fait alliance avec Khomeiny pour chasser le Shah réalisent trop tard leur erreur. Des dizaines de milliers d'arrestations ont lieu, les effectifs de l'armée sont réduits de moitié. Une nouvelle constitution est rédigée ; elle crée le puissant poste de Guide Suprême, chargé de contrôler l'armée et les services de sécurité, et pouvant mettre son veto à la candidature des prétendants au poste de président de la république. Un président de la république est élu tous les 4 ans au suffrage universel, mais seuls ceux dont la candidature a été approuvée par le Conseil des gardiens de la Révolution ont le droit de se présenter aux élections. Khomeiny lui-même devient « Guide de la Révolution ».

Alors que le Shah d'Iran est réfugié aux États-Unis, Khomeiny exhorte le gouvernement américain à le livrer aux nouvelles autorités de la République islamique d'Iran et, devant le refus américain, exhorte la population à manifester devant l'ambassade américaine le 28 novembre 1979. La situation dégénère rapidement et les manifestants prennent d'assaut l'ambassade. La crise des otages de l'ambassade américaine de Téhéran commence. Elle va durer 444 jours et provoquer une tentative d'intervention des forces spéciales américaines qui se soldera par le fiasco de l'opération « Eagle Claw » les 24 et 25 avril 1980. Après une série de panne et d'incidents et une collision entre un avion de transport Hercule C-130 et un hélicoptère Sikorsky RH-53D, les États-Unis déplorent la mort de huit soldats. Cet échec cuisant joue un grand rôle dans l'échec de Jimmy Carter face à Ronald Reagan à l'élection présidentielle de 1979. C'est d'ailleurs Reagan qui recueillera les fruits de la résolution de la crise des otages au tout début de l'année 1980. Les États-Unis ont perdu aussi l'un de leurs plus fidèles alliés dans la région devenu, jusqu'à nos jours, l'un de leurs adversaires les plus déterminés. L'ancien Premier ministre Shapour Bakhtiar, réfugié en France, échappe de justesse à une tentative d'assassinat qui coûte la vie à sa voisine et à un policier en 1980. Il est assassiné au couteau chez lui à Suresnes avec son secrétaire particulier le 6 août 1991.

À partir des années 1980, les différents mouvements panarabistes côtoient les mouvances inspirées par l'islamisme chiite iranien. L'Iran soutient de nombreux attentats et actions menées hors de ses frontières, notamment grâce à la force Al-Qods, services d'intervention extérieurs des Gardiens de la Révolution, créés à la fin de la guerre Iran-Irak et dirigés par le général Qasem Soleimani, tué par un drone américain le 3 janvier 2020.

Chaque mouvement terroriste a sa **propre logique** et poursuit ses propres intérêts, qui peuvent être liés au **panarabisme** (comme en Lybie, d'où Khadafi finançait même l'IRA), à des mouvements plus anciens (les Frères Musulmans en Égypte existent depuis 1920), à des intérêts religieux, claniques et tribaux. Chaque mouvement possède sa propre logique culturelle (par exemple le kamikaze palestinien a fait école en Tchétchénie ou en Afghanistan sans pour autant appartenir à la culture du terrorisme de ces deux pays). Le terrorisme international qui prévalait dans les années 1970-1980 est devenu aujourd'hui un phénomène beaucoup plus parcellaire et insaisissable. Le 11 septembre a impulsé en tout cas une dynamique nouvelle.

CHAPITRE 27

L'effondrement du bloc soviétique

La perte de prestige liée à la guerre du Vietnam et le coût de la lutte contre le communisme amènent les États-Unis à opter pour une stratégie de négociation, de marchandage planétaire avec l'URSS à partir des années 1970. C'est la théorie du *linkage* / realpolitik de **Kissinger** ou de l'ours et du fouet de **Stanley Hoffmann** : « Quand l'ours se conduit bien, on lui donne un sucre. Quand il se conduit mal, on lui donne un coup de fouet ». **L'Ostpolitik** (ouverture à l'Est) du chancelier ouest allemand **Willy Brandt**, menée à partir de **1969** avec la bénédiction des Américains, est une autre manifestation de la Détente mais elle montre aussi la volonté des Européens de se soustraire à l'affrontement bipolaire et de renouer les liens entre Ouest et Est du continent. Néanmoins, si l'URSS semble reprendre l'initiative sur le plan international dans les années 1970, cet activisme dissimule un essoufflement du modèle soviétique qui se transforme graduellement en crise interne du système soviétique à partir des années 1980.

1 La fragmentation des blocs

En **1968** est signé le **traité de non-prolifération nucléaire**, qui garantit théoriquement le maintien du nucléaire dans le cercle fermé des cinq puissances officielles (**EU, URSS, Chine, France, GB**). Depuis, d'autres puissances atomiques se sont jointes, plus ou moins officiellement, au club **: l'Inde, le Pakistan, la Corée du Nord et Israël**. Officiellement, 188 États sur 193 ont signé ce traité. L'Afrique du Sud a supposément démonté son arsenal avant de la signer.

En **1972** les accords **SALT I** ouvrent les **entretiens sur la limitation des armes nucléaires stratégiques** (*Strategic Arms Limitation Talks*), qui gèlent pendant 5 ans la construction d'armements stratégiques et limitent le nombre et la capacité des missiles antibalistiques (**ABM**) contraires au principe de la « **destruction mutuelle assurée** » (population comme garantie de non-attaque). Aujourd'hui, le développement de systèmes antimissiles contrevient à cette doctrine et contribue à relancer les vieilles tensions de la guerre froide entre États-Unis et Russie.

La plus puissante arme atomique jamais utilisée fut la « **Tsar Bomba** », surnom donné par les Américains à une bombe 3 500 fois plus puissante que celle d'Hiroshima, testée le 30 octobre 1961 à 11 h 32 à 4 000 mètres au-dessus de la mer de Barentz. La bombe devait initialement atteindre 100 mégatonnes. Elle fut réduite à 50 mégatonnes afin que, selon les dires de Khrouchtchev, « l'onde de choc ne fasse pas voler en éclats tous les miroirs de Moscou ». Il s'agissait surtout d'éviter une contamination radioactive de toute l'atmosphère qui intervient fatalement au-delà de cent mégatonnes, les vents de haute altitude ne suffisant plus à dissiper rapidement les traces de radioactivité.

Ne pouvant se confronter directement, les deux Grands continuent à s'affronter aux marges de leur zone d'influence à travers des conflits périphériques. Au **Vietnam**, les **Américains soutiennent le Sud et les Soviétiques le Nord**. Malgré un fort investissement (jusqu'à 500 000 soldats américains), les États-Unis finissent par se retirer en **1973** permettant l'arrivée de dirigeants communistes dans la péninsule indochinoise (Vietnam, Cambodge, Laos), en **1975**. Cet échec provoque une perte d'influence des États-Unis et favorise la progression du communisme.

Le relâchement des tensions internationales libère aussi des forces centrifuges menaçant, à l'intérieur de chaque bloc, l'hégémonie de la puissance dominante. À l'Ouest, il s'agit de la France, à l'Est, de la Chine. Dès son retour au pouvoir, en 1958, le général De Gaulle prend ainsi ses distances avec les États-Unis. L'idée n'est cependant pas de remettre en question l'alliance avec les Américains mais de garantir une certaine indépendance à la France en opérant un rapprochement avec l'Est.

La rupture entre la Chine et l'URSS dans les années 1960 est plus grave. Heurtés par la déstalinisation et la coexistence pacifique, les dirigeants chinois publient en 1963 une déclaration en 25 points énumérant les divergences avec l'URSS. Les États-Unis tirent profit de ces tensions pour se rapprocher eux-mêmes de la Chine où le président Richard Nixon effectue une visite d'État historique en 1972. Dans le reste du bloc communiste, en particulier en Europe, les Soviétiques maintiennent leur pouvoir grâce à la force (écrasement du Printemps de Prague en 1968) au nom de la « souveraineté limitée » ou doctrine Brejnev.

2 Reprise des tensions et crise interne en URSS

En dépit des accords SALT (*Strategic Arms Limitation Treaty*) signés en 1972, les Soviétiques prennent en 1977 la décision d'installer des missiles tactiques nucléaires SS-20 à moyenne portée (de 500 à 5 000 km) sur leur territoire, ce qui leur procure une supériorité importante. Ces missiles, bien que moins puissants que les anciens SS-5, étaient en revanche redoutablement plus précis, ce qui permettait aux Soviétiques d'envisager des frappes limitées et tactiques et leur permettait de remettre en cause la doctrine de la riposte graduée qui prévalait jusqu'alors. Les Européens craignaient que l'URSS dispose désormais d'une possibilité de première frappe rapide à leur encontre, sans pour autant menacer directement les États-Unis, ce qui découplait en pratique la dissuasion américaine et européenne. Néanmoins, les États-Unis répliquèrent aux Soviétiques avec l'installation de missiles Pershing II. Leur installation provoque des manifestations monstres, notamment à Berlin où des centaines de milliers d'Allemands défilent au slogan de « Plutôt rouges que morts ! » Il faut attendre 1987 pour que Washington et Moscou se mettent d'accord sur « l'option zéro » et le retrait de tous leurs missiles. Chacun des blocs pointait vers l'autre une armada de missiles, d'une puissance jusque-là inégalée sur une si faible surface de la terre.

Une série d'événements internationaux fragilise dans les années 1980 le mythe de la révolution invincible en Union Soviétique comme en Allemagne : Gorbatchev et la Perestroïka, la politique à l'Est de Jean-Paul II à la suite du Concile Vatican II (le pape dénonce les mensonges d'État et le régime communiste tout comme le « mirage consumériste de l'Ouest »), les effets de la catastrophe de Tchernobyl. L'Europe de l'Est ne peut rester artificiellement isolée face à l'accélération des grandes mutations technologiques, la téléphonie, la télévision hertzienne ou les programmes d'ordinateurs. L'émergence d'une opposition interne au pays rejoint la montée des mécontentements des classes moyennes devant les disparités des niveaux de vie, parfois au nom des principes affichés du régime, parfois contestant celui-ci. Les résultats économiques médiocres à partir des années 1970 et le développement des inégalités entre la majorité de la population et les cadres du parti renforcent la contestation du régime.

3 La guerre d'Afghanistan

L'Afghanistan est au centre des préoccupations stratégiques de la Russie depuis le XIXe siècle, au cours duquel le « Grand Jeu », pour reprendre l'expression employée par l'écrivain britannique Rudyard Kipling[1], avait déjà opposé les Britanniques et les Russes pour le contrôle de l'Asie centrale et de l'Afghanistan. Les Soviétiques s'efforcent au cours de la guerre froide de maintenir un certain degré de contrôle sur la politique afghane. Après avoir bénéficié de l'appui de l'URSS pour prendre le pouvoir en 1973, le prince Mohammad Daoud Khan tourne le dos aux Soviétiques. Ceux-ci soutiennent alors le coup d'État mené par le parti démocratique populaire d'Afghanistan (PDPA), qui organise un putsch militaire pour renverser Daoud, assassiné avec sa famille dans la nuit du 27 avril 1978. Les Soviétiques ne parviennent pourtant pas à rétablir leur influence très longtemps. Le 14 septembre 1979, le nouveau président Nour Mohammad Taraki est assassiné et remplacé par Hafizullah Amin, bien moins fidèle à Moscou et incapable de faire face à l'insurrection islamiste qui s'étend dans tout le pays. Dans la nuit du 24 au 25 décembre 1979, les troupes soviétiques entrent massivement en Afghanistan, dans le cadre de l'opération Chtorm-333. Des unités des forces spéciales, les *Spetsnaz*, et des agents du KGB y étaient déjà présents en nombre depuis des mois.

1 L'expression, attribuée à l'officier britannique Arthur Conolly (qui l'utilise dans une correspondance en 1840), est utilisée par Rudyard Kipling dans son roman *Kim*, publié en 1901.

Le palais présidentiel de Kaboul est cerné, le président Hafizullah Amin est exécuté par les *Spetsnaz* et remplacé par le communiste pro-soviétique Babrak Karmal.

L'opération soviétique est condamnée par l'ONU le 14 janvier 1980. Les États-Unis décident de boycotter les XXIIe Jeux Olympiques d'été à Moscou en 1980 pour protester contre l'invasion soviétique de l'Afghanistan. Cette montée des tensions entre les deux superpuissances marque la reprise de la guerre froide, qui entame sa dernière phase, jusqu'en 1989. Le conflit afghan couvre toute cette période qui s'achève à la fois avec l'évacuation de l'Afghanistan par l'Armée Rouge en février 1989 et la chute du mur de Berlin en novembre 1989.

La guerre soviéto-afghane peut se découper en trois phases. De 1979 à 1983, les soviétiques tentent, grâce à un engagement massif, de prendre le contrôle de l'ensemble du pays, en envoyant plus de 100 000 soldats en Afghanistan, ainsi que des chars et véhicules blindés. C'est un échec. Non seulement les troupes de l'Armée Rouge parviennent à contrôler avec peine les villes et principaux axes de communication mais les deux-tiers de l'armée afghane (80 000 hommes sur 120 000), formée par l'armée soviétique, désertent dans les premières années de la guerre. Les moudjahidines afghans (le « moudjahid » est dans l'islam un combattant de dieu qui s'engage dans le Djihad, la guerre sainte), soutenus et armés par les États-Unis, prennent progressivement le contrôle de la majorité du territoire (80 %), à l'exception des villes principales. Les troupes soviétiques engagées en Afghanistan comptent dans leurs rangs des forces spéciales et agents du KGB mais aussi une bonne part de jeunes appelés et la guerre commence à peser sur la société soviétique, du point de vue social et économique. Dans un deuxième temps, l'URSS tente d'engager une autre tactique, privilégiant la contre-guérilla, menée par les forces spéciales et faisant un usage intensif, à la fois des hélicoptères d'attaque (Mil-Mi 24 Hind, devenu une véritable icône de la guerre) et des mines antipersonnelles, qui sont larguées par millions sur le territoire afghan. Les combats entraînent la fuite de millions d'Afghans vers le Pakistan voisin qui devient le principal foyer d'accueil de réfugiés dans le monde, avec plus de trois millions de déplacés sur son sol. Cette tactique de contre-guérilla s'avère être un nouvel échec, en particulier à partir du moment où les moudjahids afghans commencent à recevoir des missiles sol-air FIM-92 Stinger, ce qui fait perdre aux Russes le contrôle du ciel. La troisième phase du conflit intervient à partir de 1986, quand Mohammed Nadjibullah remplace Babrak Karmal à la tête de l'État afghan et cherche à négocier avec les rebelles. Parallèlement, l'accession au pouvoir du nouveau Secrétaire Général du Parti Communiste d'Union Soviétique, Mikhaïl Gorbatchev en 1985, prépare un tournant majeur pour la guerre. En février 1988, Mikhaïl Gorbatchev décide de retirer les troupes soviétiques, et négocie une trêve avec l'un des principaux chefs des combattants afghans, Ahmed Chah Massoud. Le 15 février 1989 marque la fin de l'occupation soviétique.

Plus de 900 000 Soviétiques ont servi en Afghanistan, 14 000 ont été tués, 75 000 blessés, 800 hélicoptères et avions ont été abattus, 1 500 blindés détruits. La guerre aura coûté à l'URSS entre 2 et 3 milliards de dollars américains par an. Les pertes afghanes (tous bords confondus) sont estimées à 1 242 000 morts dont 80 % de civils. Depuis 1992, sur les 6 millions d'expatriés afghans, environ 3 millions étaient revenus en 1998. La guerre d'Afghanistan ne s'achève cependant pas avec le retrait soviétique. Elle se poursuit encore jusqu'à nos jours, opposant, depuis 1989, différentes factions combattant pour le pouvoir, ainsi que la coalition occidentale qui intervient dans le pays après les attentats de 2001 et jusqu'en 2015, sans parvenir plus que les Soviétiques à contrôler le pays ou à réduire l'influence des combattants islamistes talibans. L'Afghanistan reste aujourd'hui un pays en ruine, l'un des plus pauvres du monde, et, pour les Russes, il représente le souvenir d'un véritable « Vietnam soviétique ».

4 L'effondrement de l'URSS

L'URSS de la fin des années Brejnev (1964-1982) est un État en pleine sclérose et asphyxié économiquement. L'arrivée de Ronald Reagan au pouvoir en 1980 et sa politique de fermeté (« *Big Stick Policy* ») relance la course aux armements et inaugure une dernière période de la guerre froide qui prend le nom de « guerre fraîche ». Elle est marquée par la crise des euromissiles de 1977 à 1983. Engagée en Afghanistan en 1979 et tentant de suivre les États-Unis lancés dans une politique de réarmement massive, l'URSS achève de s'épuiser. En avril 1986, l'accident nucléaire de Tchernobyl est un révélateur de l'état de délitement dans lequel se trouve l'URSS, alors que Mikhaïl Gorbatchev vient à peine d'arriver au pouvoir. Le 26 avril 1986, à 1 h 23, le réacteur n°4 de la centrale nucléaire thermique Lénine, située le long de la rivière Prypiat, à 14,5 kilomètres au nord-ouest de la ville de Tchernobyl est détruit par une violente explosion. La déflagration laisse le cœur du réacteur à nu et provoque un incendie entretenu durant deux semaines par l'intense chaleur dégagée par la fusion des matériaux. Des poussières et des gaz radioactifs sont rejetés pendant 10 jours dans l'atmosphère et jusque dans la stratosphère, à plus de six kilomètres d'altitude. Des débris provenant de l'intérieur même du réacteur sont projetés jusqu'à plusieurs kilomètres autour de la centrale. Le soir du 26 avril 1986, le journal télévisé soviétique annonce simplement qu'un incendie en voie d'être maîtrisé a eu lieu à la centrale de Tchernobyl. Il faut attendre le lendemain, le 27 avril au matin, soit plus de 24 heures après l'explosion, pour que les habitants de Prypiat, de Tchernobyl et des villes voisines reçoivent des comprimés d'iode[1] et l'ordre d'évacuer. La lenteur de la la réaction des autorités met cruellement en lumière les défauts de l'autoritarisme bureaucratique de l'URSS.

Au cours des années 1970 et 1980, le phénomène de la « dissidence » monte aussi progressivement en puissance. Des *samizdats,* des écrits clandestins qui critiquent ou moquent le régime, circulent sous le manteau. Il s'agit le plus souvent de courts pamphlets mais quelquefois aussi d'ouvrages interdits. La dissidence est aussi incarnée par les intellectuels qui prennent publiquement position contre le pouvoir et en paient quelquefois durement le prix. L'écrivain Alexandre Soljenitsyne, condamné à huit ans

1 Qui empêche l'iode radioactif de se fixer sur leur glande thyroïde

de goulag entre 1945 et 1953 pour avoir critiqué Staline, publie en 1962, *Une journée d'Ivan Denissovitch*, un brûlot qui lui vaut à nouveau d'être mis à l'index par le régime. Mais c'est plus encore la publication de *L'Archipel du Goulag* en 1973 qui lui vaut d'être expulsé d'URSS en 1974 et de devenir la principale figure de l'opposition au régime soviétique à l'étranger, ne cessant d'exhorter à agir contre l'URSS et allant même jusqu'à dénoncer, lors d'un discours à Harvard en 1978 les dirigeants des démocraties libérales dont « la langue sèche et les mains se paralysent face aux gouvernements puissants et aux forces menaçantes, face aux agresseurs et à l'Internationale de la terreur. »[1] Le physicien Andreï Sakharov, qui a publié en 1968, l'ouvrage interdit *Réflexions sur le progrès, la coexistence et la liberté intellectuelle*, est empêché par le pouvoir soviétique de quitter le pays pour recevoir le Prix Nobel de la paix qui lui est décerné en 1975. La même année, il publie *Mon pays et le monde*, dénonciation du système soviétique à nouveau interdite en URSS. Sakharov est placé en résidence surveillée entre 1980 et 1985. Il meurt à Moscou le 14 décembre 1989, après avoir été témoin de la chute du mur de Berlin. Autre scientifique en butte aux persécutions du régime, Valerei Legassov était un physicien nucléaire soviétique qui a supervisé l'entreprise de sécurisation du site de Tchernobyl après l'explosion. On doit sans doute à ses initiatives d'avoir évité une catastrophe plus ravageuse encore pour l'Europe et le monde. Après la catastrophe, Legassov a tenté d'attirer l'attention du pouvoir et de l'opinion publique sur les défauts de fabrication du modèle de réacteur RMBK, utilisé à Tchernobyl. Il a en conséquence été déchu de ses fonctions et assigné à résidence. Il finit par se pendre le 26 avril 1988, à la date anniversaire de la catastrophe de Tchernobyl. « Chaque mensonge que nous racontons implique une dette envers la vérité. Un jour, cette dette doit être payée », affirme Legassov dans le testament sonore qu'il a laissé après sa mort.

L'arrivée de Mikhaïl Gorbatchev au pouvoir en 1985 et sa politique de libéralisation et de transparence politique (« Perestroïka » et « Glasnost ») ne résout rien et accélère au contraire le délitement de l'empire soviétique en ouvrant la voie à l'indépendance des États-satellites (puis des républiques-sœurs) entre 1989 et 1991. La destruction du mur de Berlin dans la nuit du 9 au 10 novembre 1989 est le symbole de la fin de la guerre froide. Quand Mikhaïl Gorbatchev annonce à la Douma qu'il quitte le pouvoir et dissout l'URSS le 25 décembre 1991, celle-ci n'est déjà plus qu'une coquille vide.

....

1 Extrait du « Déclin du courage », discours prononcé par Alexandre Soljénitsyne devant les étudiants d'Harvard en 1978, de nouveau disponible aux éditions des Belles Lettres, dans la collection « Le goût des idées » (traduit du russe par Geneviève et José Johannet).

CHAPITRE 28

Terrorisme, guerres asymétriques et nouveaux crimes de masse

Depuis la **fin de la guerre froide en 1991**, le monde est entré dans une période de transition marquée d'abord par l'incontestable domination des États-Unis, devenue une hyperpuissance après la chute de l'URSS. Cette domination est brutalement remise en cause après les attentats du **11 septembre 2001** qui sont suivis de l'intervention en Afghanistan en 2001 et en Irak en 2003. En dépit de l'activisme de la nouvelle administration Bush qui désigne un nouvel **« axe du mal »** et des « États voyous » (Corée du Nord, Iran, Irak, Syrie), les États-Unis voient leur leadership contesté par les menaces nouvelles représentées par les mouvements islamistes et terroristes et face à l'émergence de nouvelles puissances. Entre 2007 et **2015**, une nouvelle séquence semble bien avoir débuté, avec tout d'abord une crise économique mondiale qui a accentué l'endettement américain et favorisé l'émergence de nouvelles puissances au détriment d'un nord affaibli, puis la crise géorgienne marquant le réveil des ambitions russes et un coup d'arrêt à l'expansion occidentale à la périphérie de l'ancien empire soviétique, et en **2011 le mouvement de révolte des pays arabes** bouleversant brutalement l'équilibre géopolitique de la région. **Les crises de Crimée et d'Ukraine entre 2013 et 2015** ont semblé amener le retour d'une « nouvelle guerre froide » entre les États-Unis et l'Europe occidentale et une Russie à nouveau impériale tandis que la puissance chinoise s'affirme de plus en plus.

1 Les tensions d'un monde plus instable

La fin de la guerre froide en 1991 (avec l'implosion de l'URSS) est la cause **d'un réveil des nationalismes** et des revendications identitaires. Les conflits nationaux, ethniques et religieux, étouffés ou instrumentalisés par la guerre froide, deviennent les sources majeures d'instabilité. Les conflits se déplacent également à l'intérieur des États, ce qui rend les interventions extérieures difficiles et pose la question du **droit d'ingérence** face aux prérogatives de la souveraineté nationale. L'éclatement de la **Yougoslavie** à partir de **1991** marque le retour des revendications nationales en Europe et montre que les logiques d'alliances qui remontent quelquefois à la première guerre mondiale perdurent : **Slovénie et Croatie** proclament leur indépendance en **1991**. L'Allemagne reconnaît quasi immédiatement l'existence de son alliée historique, la Croatie, ce qui a pour effet de précipiter l'effondrement de la confédération yougoslave. La **Serbie** de Slobodan Milosevic entame alors une guerre de reconquête avec l'armée de l'ex-Yougoslavie. Si la Slovénie est relativement épargnée par les combats, Serbie et Croatie s'entre-déchirent, et les massacres interviennent dans chacun des deux camps. Milosevic se fait le chantre d'un **renouveau panslaviste** et **panserbe** assorti d'une politique de « purification ethnique » visant à regrouper le peuple serbe au sein de la grande Serbie. L'armée croate n'est de son côté pas exempte d'exactions pratiquées à l'encontre de populations civiles. En octobre de la même année, la **Bosnie Herzégovine** (2 millions de musulmans, 1,5 million de Serbes orthodoxes et 750 000 croates catholiques) proclame son indépendance. **Slobodan Milosevic** déclare vouloir protéger et regrouper dans un ensemble politique les Serbes de Bosnie. La guerre avec la Bosnie commence avec le siège de Sarajevo. **L'Europe** démontre à l'occasion de cette crise majeure à deux heures d'avion de Paris son **impuissance diplomatique** en ne parvenant à imposer aucun arbitrage aux belligérants. Ce sont finalement **l'OTAN** et les É**tats-Unis** qui interviennent, soulignant l'impuissance de l'Union Européenne (créée par le traité de **Maastricht en 1992**). Le dernier acte des guerres d'ex-Yougoslavie intervient avec la crise du **Kosovo**, province considérée comme historique par la **Serbie**, qui proclame son indépendance en **1998**. Cette décision provoque l'intervention de l'armée serbe et une **nouvelle intervention de l'OTAN en 1999** qui débouche sur la création d'un protectorat de l'ONU dans lequel est stationnée la KFOR (force de maintien de la paix).

2 Le retour des crimes de masses et des génocides

La Krajina de Knin, en Croatie, est un parfait exemple de territoire ayant subi plusieurs nettoyages ethniques dans un laps de temps assez court. Ancienne marche militaire des Habsbourg (Militärgrenze ou vojna krajina), cette région fut le théâtre d'un double nettoyage ethnique durant l'éclatement de l'ancienne Yougoslavie (1991-1995). Lors de l'accès à l'indépendance de la Croatie, la Krajina de Knin était majoritairement peuplée de Serbes qui s'insurgèrent et en expulsèrent la population croate en 1991.

Après une indépendance autoproclamée et quatre années d'affrontements, la Krajina fut reconquise par les forces croates durant l'été 1995. À cette occasion, la Krajina de Knin fut vidée de l'essentiel de sa population serbe. À ces exactions répondent celles pratiquées par les Serbes et les Serbes de Bosnie contre les populations civiles bosniaques ou Croates, lors du siège de Sarajevo ou du massacre de Srebrenica.

Le siège de Sarajevo fut le plus long siège de l'histoire de la guerre moderne. Il a duré du 5 avril 1992 jusqu'au 29 février 1996 et a opposé les forces de la Bosnie-Herzégovine, qui avaient déclaré leur indépendance de la Yougoslavie, et les paramilitaires serbes qui voulaient rester attachés à la Yougoslavie. Le nombre de morts civils, estimé à 10 000, dépasse le nombre des pertes militaires, estimé lui à moins de 7 000. Craignant une Yougoslavie dominée par les Serbes, la Croatie et la Slovénie déclarèrent leur indépendance en 1991. Le 1er mars 1992, le gouvernement de la république de Bosnie-Herzégovine organisa un référendum qui aboutit à l'indépendance de la Bosnie en dépit de l'opposition des Serbes de Bosnie. La Bosnie proclama son indépendance le 5 avril 1992. Elle fut reconnue par la Communauté européenne dès le lendemain.

Le Tribunal Pénal International pour l'ex-Yougoslavie (TPIY) est mis en place le 25 mai 1993 par le Conseil de sécurité de l'Organisation des Nations unies et a eu la charge de juger les responsables de crimes de guerre et de violations du droit humanitaire dans le cadre des conflits qui ont déchiré l'ex-Yougoslavie de 1991 à 1999. Cette instance provisoire est rattachée à la Cour Pénale Internationale, à laquelle se sont jointes d'autres instances temporaires comme le Tribunal Pénal International pour le Rwanda (TPIR), le Tribunal Spécial pour la Sierra Leone (TSSL), le Tribunal Spécial des Nations Unies pour le Liban (TSNUL). La première audience du TPI pour l'ex-Yougoslavie se tient à La Haye le 8 novembre 1995. L'instance prononce 161 mises en accusation pour les crimes commis par exemple lors du massacre de Srebrenica, en juillet 1995, durant lequel plus de 8 000 personnes sont tuées par l'Armée de la République Serbe de Bosnie, sous le commandement du général Ratko Mladic. L'ex-président Slobodan Milosevic est aussi jugé pour la mise en place de la politique de « purification ethnique » qui a conduit au déplacement et à l'internement forcé de dizaines de milliers de personnes. Il meurt en prison en 2006 sans que son procès ait pu aboutir. Le Tribunal Pénal International est aussi sollicité suite au **génocide rwandais** qui, en trois mois, du 7 avril 1994 au 17 juillet 1994, a coûté la vie à 800 000 Rwandais selon l'ONU. Le **Tribunal Pénal International pour le Rwanda (TPIR)** est mis en place le 8 **novembre 1994**. Il condamne à la prison à vie **Jean-Paul Akayesu,** maire de la ville de Taba, l'ancien premier ministre du gouvernement intérimaire en avril 1994, **Jean Kambanda,** pour avoir organisé et participé directement à des actions génocidaires. L'animateur principal de **Radio Mille Collines**, média rwandais ayant inlassablement réitéré les appels au massacre durant toute la durée du génocide, est, quant à lui, condamné à douze ans de prison en juillet 2000. Ces trois procès emblématiques se sont accompagnés de nombreux autres jugements rendus contre de multiples personnalités politiques ou militaires du Rwanda.

3 Le conflit israélo-palestinien cristallise les tensions au Moyen-Orient

L'**Organisation de libération de la Palestine** est fondée par Ahmed Choukairy le 28 mai **1964** à Jérusalem. Elle est composée de plusieurs organisations palestiniennes, dont le Fatah, le Front populaire de libération de la Palestine (FPLP) et le Front démocratique pour la libération de la Palestine (FDLP). L'arrivée de **Yasser Arafat** qui dirigea l'OLP de 1969 à sa mort, le 11 novembre 2004, la change en véritable organisation de guérilla. L'organisation obtient malgré tout le statut d'observateur à l'ONU en 1974. La première **Intifada** (« guerre des pierres ») est déclenchée en **1987** par une génération qui a toujours vécu sous l'occupation israélienne et vise à attirer l'attention de l'opinion internationale. C'est également l'année de la naissance du Hamas qui se donne pour objectif la libération par les armes de toute la Palestine, de la Méditerranée au Jourdain, et refuse donc l'existence d'Israël. En **1988,** Yasser Arafat, chef de l'OLP (rivale du Hamas) proclame la **naissance de l'État de Palestine**, sur la base de la résolution de l'ONU de 1947 (la carte en « tâches de léopard »). En 1993, les accords d'Oslo, supervisés par les États-Unis permettent de lancer un projet de paix. Ils sont signés par **Yitzhak Rabin** et **Yasser Arafat** et prévoient l'instauration d'une **autorité palestinienne,** c'est-à-dire d'un gouvernement dirigé par Arafat**. Ce n'est pas un État** : ses pouvoirs sont limités à certains domaines (éducation, santé, protection sociale, police) et l'autorité palestinienne n'est pas compétente en termes de relations extérieures (pour nouer des relations diplomatiques ou mener une politique de défense). Néanmoins, Rabin n'essaie pas de démanteler les colonies, leur nombre double même entre 1990 et 2000 et les extrémistes des deux bords tentent de faire échouer les accords : Hamas et Jihad islamique multiplient les attentats auxquels répondent les frappes israéliennes qui, plus ou moins ciblées, touchent la population civile. Yitzhak Rabin est de plus assassiné par un juif extrémiste en 1995 ce qui conduit à geler tout plan de paix entre 1996 et 1999.

En 1999, l'élection d'Ehoud Barak et les négociations de Camp David, avec l'arbitrage de Clinton qui veut finir son mandat sur un coup d'éclat, semblent ramener un espoir de paix mais s'achèvent sur un échec, en raison, à nouveau de la question de la colonisation juive des territoires occupés. En 2000, la **seconde Intifada** fait suite à la visite d'Ariel Sharon sur le Mont du Temple le 28 septembre, déclenchant des manifestations qui sont durement réprimées. Cette Intifada est moins massive mais s'accompagne d'une vague d'attentats-suicides au cœur des villes juives. En conséquence, les autorités israéliennes décident d'entamer en **2003** la **construction d'un mur** (ou *no man's land* par endroits) entre Israël et la Cisjordanie. C'est une réponse à la multiplication des attentats suicides liés à la seconde Intifada. Mais c'est aussi un constat d'échec, celui de la pacification voulue par le premier ministre Shimon Peres. Ce projet contribue à la mise à l'index d'Israël dans la communauté internationale.

À la mort d'Arafat en 2004, Mahmoud Abbas devient le président de l'Autorité palestinienne et doit faire face à la montée en puissance du Hamas, en particulier dans la bande de Gaza. En 2005, le premier ministre israélien Ariel Sharon décide d'évacuer la Bande de Gaza et en 2006, la population gazaouite est conviée à participer aux premières élections à Gaza. Celles-ci sont remportées, avec 56 % des voix, par le Hamas, qui rejette les accords d'Oslo et refuse de reconnaître Israël. Le Hamas est boycotté par la communauté internationale qui ne reconnaît que Mahmoud Abbas comme interlocuteur. L'opposition politique se transforme en 2007 en lutte armée entre le Hamas et le Fatah (parti historique d'Arafat, qui soutient Abbas). Le Hamas étend son autorité sur l'ensemble de la bande de Gaza et le Fatah est contraint de se replier sur la Cisjordanie.

Le conflit israélo-palestinien est un argument politique pour tous les pays arabes qui se déclarent volontiers solidaires des Palestiniens, plus par hostilité à Israël que par volonté réelle de voir se créer un État palestinien. Mais il a des conséquences directes sur certains pays comme le Liban, qui se trouve de plus en plus déstabilisé par l'afflux massif de réfugiés palestiniens et par le jeu trouble des pays voisins (la Syrie, agissant par le biais du Hezbollah qu'elle arme, Israël qui soutient les milices chrétiennes du général Aoun).

LE TOURNANT DU 11 SEPTEMBRE

En 1987 (ou 1992, selon certains manuels), le milliardaire saoudien Oussama Ben Laden (né en 1957, mort en 2011) fonde l'organisation terroriste **Al Qaida** (« la base ») au Soudan, à partir de son expérience d'entraînement des volontaires en Afghanistan. En 1996, il se réfugie en Afghanistan. Il se fait connaître entre 1993 et 2001 par des attentats contre des installations militaires américaines en Arabie Saoudite, au Yémen et au Kenya. Mais les attentats du **11 septembre 2001** sont d'une tout autre nature : des avions civils détournés par 19 terroristes s'abattent sur les deux tours du World Trade Center ainsi que sur le bâtiment du Pentagone à Washington causant plus de 3 000 morts. Les EU obtiennent de l'ONU l'autorisation d'intervenir en Afghanistan où ils soupçonnent que le régime Taliban abrite Ben Laden. Après une guerre éclair, les Talibans sont renversés en **décembre 2001**.

Ben Laden reste introuvable pendant plus de dix ans tandis qu'Al Qaida devient le centre d'une nébuleuse terroriste qui s'étend mais qui n'a pas vraiment d'organisation centralisée et revendique les attentats en Indonésie en 2002 et 2005, au Maroc, en Arabie Saoudite et en Turquie en 2003, en Espagne en 2004, au Royaume-Uni en 2005, au Pakistan et en Algérie en 2007. La politique de l'administration Bush affirme que la sécurité des États-Unis ne peut être garantie que si le monde est en paix. Cela veut dire que les États-Unis se considèrent comme « engagés dans une guerre mondiale » (G. W Bush) et qu'ils mènent une croisade contre les « **États voyous** » : Iran, Irak, Syrie, Corée du nord soupçonnés de soutenir le terrorisme international. Ce sont ces certitudes qui les mènent à l'**invasion de l'Irak** en **mars 2003.**

L'Irak devient un véritable bourbier pour les États-Unis (près de 5 000 militaires américains officiellement tués en Irak entre 2003 et 2011, beaucoup plus selon certaines associations d'anciens combattants et sources indépendantes). Cela contribue à faire de l'Irak une véritable base de recrutement pour le terrorisme international. Ce n'est finalement qu'en 2011, après dix ans de traque, que Ben Laden sera localisé et éliminé par les forces spéciales américaines, dans sa villa fortifiée, dans la banlieue d'Abbottabad (148 000 habitants) le 2 mai 2011. La traque et l'élimination, qui a eu lieu à quelques kilomètres seulement d'une académie militaire pakistanaise, sont racontées dans le film de Katryn Bigelow, *Zero Dark Thirty* (2012).

CHAPITRE 29

L'introuvable gouvernance mondiale ?

En **1990**, au cours de la **première guerre du Golfe**, une coalition internationale, sous le commandement américain libère le **Koweït** envahi par Saddam Hussein. L'URSS en pleine décomposition ne peut rien pour son ancien allié irakien. Les États-Unis obtiennent à partir de là l'alliance durable de l'Arabie Saoudite et la possibilité d'installer des bases militaires dans ce pays où se situent les deux villes saintes les plus importantes du monde musulman (La Mecque et Médine). Parallèlement, l'effacement soviétique s'est confirmé avec le retrait des troupes russes d'Afghanistan en 1989, suivi d'une longue guerre civile à l'issue de laquelle le pays tombe sous le contrôle des **Talibans**. Les conflits civils et interethniques se multiplient également sur le continent africain : au **Rwanda**, en **1994**, avec le génocide de 800 000 Tutsis par la minorité Hutus, au **Darfour**, déchiré depuis 2003 par une guerre civile mais aussi au **Libéria**, en **Sierra Leone**, en **Côte d'Ivoire**, en **Somalie**, en **République Démocratique du Congo** où des milices armées, en partie composées d'enfants et d'adolescents rançonnent, pillent et tuent.

1 Une nouvelle donne internationale ?

Les événements qui secouent le monde arabe depuis mars 2011, avec la révolution tunisienne, peuvent nous donner l'occasion de dresser un bilan provisoire des rapports de force mondiaux. On peut, depuis la fin de la guerre froide, distinguer deux phases de l'évolution de la politique internationale.

De 1991 à 2001, les États-Unis passent du statut d'« hyperpuissance » (expression inventée par Hubert Védrine) à celle de superpuissance concurrencée et menacée. Néanmoins sous la présidence de Bill Clinton, les États-Unis affectent de privilégier le multilatélarisme et se lancent dans de nombreuses interventions au nom du droit d'ingérence et de préoccupations humanitaires (Somalie en 1993 par exemple).

À partir des attentats du 11 septembre 2001, l'unilatéralisme s'affirme et l'administration Bush, dénonçant les États-voyous et l'axe du mal, agit largement en dehors de la légalité internationale, ignorant même l'ONU (en Afghanistan, les contingents étrangers ne sont que des supplétifs et en Irak en 2003, l'intervention se fait sans l'aval de l'ONU).

En 2011, les choses ont bien changé. La crise économique de 2007 a affaibli les États-Unis (650 milliards de dette à l'égard de la Chine) et sa diplomatie ne semble plus aussi assurée. La **crise géorgienne de 2010** et la réaction très rapide de l'armée russe ont bien fait valoir les limites de l'influence américaine et de l'OTAN. La rapidité de l'annexion de la **Crimée** par la Russie en **2014** et la gravité de la **crise ukrainienne (2013-2015),** aujourd'hui devenue une véritable guerre civile, ont semblé faire resurgir d'étrange manière le spectre de la guerre froide, tandis que l'Union Européenne tente tant bien que mal de se doter d'une politique étrangère et d'une sécurité commune (PESC = politique de sécurité commune), mais ne semble pas envisager de politique de défense commune hors du cadre de l'OTAN.

La révolte des pays arabes, qui a démarré avec la « **révolution de Jasmin** » tunisienne en décembre 2010 et mis le feu au Moyen-Orient, a ramené brutalement sur le devant de la scène la notion d'événement, par essence imprévisible, et semblé désorienter les diplomaties européenne et américaine. Au même moment, la révolte de la **Cyrénaïque a fini** par entraîner l'Europe dans une intervention en **Libye** aux résultats incertains en **2011** et la révolte à laquelle a été confronté le pouvoir autoritaire de **Bachar Al-Assad** s'est transformée en véritable guerre civile ayant entraîné la mort de plus de 200 000 personnes, civils et combattants compris. La région, déjà durablement déstabilisée par la crise en Irak, bascule dans une recomposition chaotique des rapports de force entre puissances régionales. L'installation et le développement du **Califat de l'État Islamique**, proclamé le **29 juin 2014**, confère une nouvelle dimension au terrorisme inspiré par le fondamentalisme religieux avec le développement du phénomène du djihadisme en Europe, nouvelle source d'inquiétude pour les démocraties européennes.

Néanmoins, il montre aussi à quel point les alliances et les rapports de force évoluent au Moyen-Orient, les États-Unis étant contraints de tolérer l'intervention de l'Iran sur le territoire irakien, seule puissance réellement à même de mener une intervention terrestre contre l'État Islamique, implanté à cheval sur un Irak et une Syrie en plein chaos. La crise dans laquelle s'est parallèlement enfoncé le **Yémen** en **2015** montre aussi l'opposition entre les pays arabes et l'Iran qui mène à une « guerre froide du Moyen-Orient », tout autant qu'à une véritable course aux armements dans la région.

2 Le retour d'un ordre multipolaire

Ainsi, après l'effacement de la puissance européenne suite aux deux guerres mondiales, le nouvel ordre mondial caractérisé par la **bipolarisation** et l'organisation économique instituée par la conférence de Bretton Woods a laissé progressivement la place à un **retour progressif à une économie-monde multipolaire**. Si le leadership incontesté des États-Unis s'est imposé dans les relations internationales après la chute de l'URSS, à partir de 1991, force est de constater que le développement du terrorisme international, du 11 septembre 2001 aux attentats de Charlie Hebdo le 7 janvier 2015 à Paris, ainsi que la montée en puissance des concurrences russe et chinoise ont questionné ce leadership, ébranlé qui plus est par la crise de 2007. Avec la recherche d'une certaine forme d'**indépendance énergétique** et un relatif désengagement de l'arc de crise, du Moyen-Orient à l'Asie centrale, on peut se demander si les États-Unis, dans le cadre d'un monde marqué par l'installation d'un marché mondial tout autant que par l'instabilité globale, ne pourraient pas abandonner l'interventionisme politique dans certaines régions du monde au profit de la construction de la plus vaste zone de libre-échange du monde, avec l'aboutissement des négociations autour du **traité transatlantique (TAFTA) en 2015**. Ne verrait-on pas alors resurgir la division du monde en blocs, selon une logique bien sûr légèrement différente de celle de la guerre froide ? Les tensions montantes entre les puissances américaine, russe et chinoise, plus fortes encore depuis l'élection du 45e président des États-Unis Donald Trump, mènent depuis 2016 à une opposition de plus en plus marquée, en particulier entre Chine et États-Unis.

Les États-Unis d'Amérique sont une jeune nation, comparée à la Chine. Néanmoins, les deux puissances ont un point commun : elles ont fait véritablement leur entrée sur la scène mondiale au cours du XXe siècle et partagent une épopée commune, celle de la conquête et de l'unification d'un territoire de la taille d'un continent, préalable à leur affirmation sur la scène internationale. Dans le cas chinois, le contrôle de ce territoire a été remis en question avec le déclin et la chute de la dynastie Qing, à partir du XIXe siècle, et rétabli seulement dans la deuxième moitié du XXe siècle. Les Chinois n'ont pas oublié le « siècle de l'humiliation », allant de la première guerre de l'Opium, qui s'achève en 1842 par la mainmise britannique sur le commerce chinois, jusqu'au bouleversement géopolitique que représente la victoire de Mao Zedong en 1949. Entre les deux, la Chine aura connu une longue phase de chaos.

Si le mot d'ordre lancé par Jiang Zemin en 1999 s'affirmait dans la droite ligne de la politique de Deng Xiaoping et a été suivi à la lettre par Hu Jintao de 2003 à 2012, l'accession au pouvoir de Xi Xinping donne un coup d'accélérateur à la politique d'expansion chinoise. L'annonce, en 2013, du lancement du projet de la « nouvelle route de la Soie », lors d'une visite de Xi Xinping à Astana, au Kazakhstan, a concrétisé de manière spectaculaire cette politique. Le relatif retrait de l'influence russe a évidemment ouvert la voie à la pénétration économique chinoise dans une région riche en ressources naturelles[1] mais pour le pouvoir central à Pékin, le projet OBOR (« One Belt One Road », rebaptisé « Belt and Road Initiative » depuis 2016), vise aussi à cimenter l'unité économique et géographique des régions occidentales de la Chine.

La « Belt and Road Initiative » s'inscrit dans un plan de développement aux dimensions globales que Xi Xinping a évoqué comme étant tout simplement le « projet du siècle »,

....

1 Le Turkménistan posséderait près de 12 % des réserves mondiales de gaz, et le Kazakhstan détiendrait une capacité estimée à 12 % des réserves mondiales d'uranium et les 11e réserves mondiales de pétrole, tandis que l'Ouzbékistan est le 13e producteur mondial de gaz et le 5e pays producteur d'uranium.

destiné à recueillir 1,3 trillions de dollars d'investissement d'ici à 2027 pour les seules routes terrestres.[1] Le projet doit, selon les termes de Xi Xinping, ouvrir « une nouvelle ère de la mondialisation »[2], en dessinant un vaste circuit de voies terrestres et maritimes, allant de l'Europe à la Chine, en passant par l'Asie centrale pour le versant terrestre et la mer de Chine, le détroit de Malacca, l'Océan Indien, le détroit de Bab-el-Mandeb, en face de Djibouti où la Chine déploie une base navale depuis 2017, le canal de Suez et enfin la Méditerranée.

Les ambitions de Pékin ne se limitent pas à cet espace terrestre et océanique. Avant de passer le relais à Xi Jinping, Hu Jintao avait clairement formulé en 2012 les nouvelles priorités stratégiques lors du 18e congrès du PCC : « Nous devons attacher la plus haute importance à la sécurité sur les mers, dans l'espace et le cyberespace. »[3] Un impératif déjà souligné treize ans plus tôt par les officiers Qiao Liang et Wang Xiangsui, colonels dans l'armée de l'air, dans leur ouvrage *La guerre hors-limite* en 1999 : « Le champ de bataille sera partout »[4]. Le moins que l'on puisse dire est que la Chine a su à la fois investir le cyberespace… et s'en prémunir. Les géants chinois des BATX (Baidu, Alibaba, Tencent et Xiaomi), véritables concurrents des GAFAM, rassemblent des centaines de millions d'utilisateurs, et le « Grand Pare-feu National », ou « Bouclier Doré » de son vrai nom, assure au pouvoir central chinois une protection relative contre l'« influence étrangère ».

La pandémie mondiale de Covid-19 a encore accentué les tensions entre les deux principales puissances de la planète, les États-Unis et une partie des États européens accusant Pékin d'avoir sous-évalué la gravité de l'épidémie et même cherché dans un premier temps à la cacher à la fin de l'année 2019, avant de finir par avertir l'Organisation Mondiale de la Santé au début de l'année 2020. Le 1er janvier, huit médecins de Wuhan sont arrêtés et accusés de diffuser de fausses informations sur le virus. Ils travaillent au service de neurologie de l'hôpital de la Croix-Rouge, à l'université de médecine ou au centre de cancérologie. Parmi eux, Li Wenliang, est mort du coronavirus peu après. De forts doutes sont apparus quant à la réalité du bilan chinois (3 311 morts déclarés, tandis que les États-Unis faisaient état de 89 000 morts à la mi-mai). En réponse, Pékin a accusé les Occidentaux en général de n'avoir pas su faire face à l'épidémie et de reporter la responsabilité sur la Chine : « Nous n'en serions pas là si les Occidentaux avaient mieux réussi à endiguer l'épidémie »[5], déclare même Lu Shaye, ambassadeur de Chine en France à la fin avril 2020. La pandémie mondiale démontre avec brutalité l'impossibilité de mettre en place une véritable gouvernance mondiale et le repli des États sur leurs intérêts nationaux.

....

1 1 300 milliards de dollars. Estimation Morgan Stanley/Bloomberg.

2 Reuters. 26 avril 2017.

3 Konstantin Syroezhkin. « The 18th Congress of the Communist Party of China : inconclusive results, urgent tasks, shaky compromises. » *Central Asia and the Caucasus*. Volume 14. Numéro 1. 2013

4 Qiao Liang et Wang Xiangsui. *La Guerre hors limites. L'art de la guerre asymétrique entre terrorisme et globalisation*. Traduit du chinois par Hervé Denès. Payot. 2003

5 https://www.lopinion.fr/edition/international/lu-shaye-ambassadeur-chine-nous-n-en-serions-pas-si-occidentaux-216612

Thème 4

Histoire politique, sociale et culturelle de la France depuis les années 1930

Dès les années 1920, l'édifice démocratique européen révèle sa fragilité. Tout au long de cette décennie et de la suivante, les **dictatures** réapparaissent un peu partout en Europe : **Horthy** en **Hongrie**, **Salazar** au **Portugal**, **Metaxás** en **Grèce** et **Franco** en **Espagne**. À partir du milieu des **années 1930**, l'Europe est à nouveau majoritairement composée de **régimes autoritaires** et de **dictatures**. Mais plus encore que ce renversement, les difficultés **économiques** entraînées par la **crise de 1929** et la contestation **antiparlementaire** signalent **l'essoufflement des démocraties libérales**. En France, les conséquences socio-économiques et démographiques de la Première Guerre mondiale vont largement peser sur l'évolution politique du pays jusqu'à la Seconde Guerre mondiale et la **défaite de 1940**, la plus grave défaite militaire de l'histoire de France. Les quatre années d'occupation allemande et de régime vichyste balaient l'ancien paysage politique. La **reconstruction** entamée après la Seconde Guerre mondiale et la période des **Trente Glorieuses** transforment en profondeur la société française. Les évolutions culturelles, politiques et socio-économiques, **des années 1970 jusqu'à nos jours**, achèvent de donner un nouveau visage à la « puissance régionale à vocation mondiale », telle que Charles De Gaulle décrivait la France dans les années 1960.

CHAPITRE 30

La France des années 1930, une nation affaiblie, un régime contesté

La France de 1918, régie par les institutions de la IIIe **République** (trois lois constitutionnelles votées entre janvier et juillet 1875 et amendées en 1884) semble sortir renforcée de la Grande Guerre sur le plan institutionnel. La signature de l'armistice le **11 novembre** entraîne une explosion de liesse populaire. La victoire se confond avec le triomphe des institutions républicaines (célébration grandiose du 14 juillet 1919, commémoration du 11 novembre en jour férié en 1922). Néanmoins, les difficultés économiques de l'immédiat après-guerre constituent une première **remise en cause du modèle libéral**. Si la France semble retrouver une certaine stabilité au cours des années suivante, la véritable épreuve intervient dans les années trente, à l'issue de la crise de 1929.

1 Les années de reconstruction : 1919-1929

1.1 Le bloc national : 1919-1924

En **novembre 1919**, une coalition politique s'impose avec l'idée de rassembler toutes les forces politiques pour reconstruire le pays et se veut la continuation en temps de paix de l'Union Sacrée du temps de guerre. En réalité, il s'agit surtout d'une union du centre et de la droite avec quelques éléments de gauche (la Fédération Républicaine, l'Alliance démocratique et l'Action libérale). Le **Bloc national** entend d'abord faire front contre la gauche socialiste et communiste. La peur du bolchevisme domine. Le mode de scrutin (représentation à la proportionnelle) favorise largement les coalitions. Les divisions au sein de la gauche permettent aussi la victoire du Bloc National qui remporte donc **les élections législatives de 1919** avec 433 sièges contre 180 pour la gauche, qui continue à s'enliser dans les divisions internes. En effet, Froissard et Cachin, à l'occasion d'un voyage à Moscou en juillet 1920, reviennent convaincus de la nécessité d'une adhésion à la IIIe Internationale marxiste-léniniste. En **décembre 1920**, le **congrès de Tours** est le siège d'un débat houleux. Les **propositions Zinoviev** qui sous-entendent la soumission à Moscou divisent le parti entre les partisans de l'adhésion (**Froissard/Cachin**) et les opposants à l'alignement (**Blum/Guesde**). Cette opposition provoque la scission entre **SFIC** et **SFIO**.

La droite peut donc gouverner tranquille dans un premier temps et le nombre important d'anciens combattants dans les rangs des députés et l'ampleur de cette victoire de la droite laisse le nom « **Chambre bleu horizon** » à la nouvelle majorité.

La politique du Bloc National est celle de **la recherche de l'unité sur le plan intérieur, du retour à la normale** et de la célébration de la victoire. **Le 11 novembre devient un jour férié en 1922** et les années du Bloc National sont marquées par les célébrations. Partout les associations **d'anciens combattants** s'organisent, donnant naissance aux puissantes **ligues** dont l'action deviendra si déterminante au cours des années trente. La France des années 1919-1924 est, à l'image de sa chambre, « bleu horizon ».

En dépit des affirmations des ténors du Bloc National, le temps de l'Union Sacrée est pourtant bien terminé. **Georges Clémenceau, président du conseil de 1917 à 1920**, a fait son temps. Négociateur du traité de Versailles et de la loi sur la journée de huit heures, il manque de peu la présidence de la République en 1920. Battu, il doit céder la place à **Paul Deschanel (1855-1922)** élu président de la République le 17 janvier 1920. Deschanel est élu avec la plus forte majorité de l'histoire de la IIIe. Il lance à Clémenceau : « Vous avez gagné la guerre, nous gagnerons la paix. » mais ne restera pas assez longtemps président pour tenir sa promesse…

UN PRÉSIDENT TOMBÉ D'UN TRAIN

*Le **23 mai 1920**, Deschanel, qui voyage en train à destination de Montbrisson, chute sur la voie en s'étant imprudemment penché par la fenêtre après avoir « ressenti une sensation d'étouffement ». Le train circule heureusement à ce moment à faible allure. Deschanel est retrouvé en pyjama, hébété et ensanglanté par un ouvrier cheminot à qui il explique qu'il est le président de la République. Cet accident peut être relié à la santé mentale relativement fragile de Deschanel, souffrant de dépression, de somnambulisme et de crise d'angoisse. Le **21 septembre 1920**, soit huit mois après avoir battu Clémenceau, Deschanel démissionne en ces termes : « Mon état de santé ne me permet plus d'assumer les hautes fonctions dont votre confiance m'avait investi. ».*

Afin de mettre fin au conflit de l'anticléricalisme qui avait occupé le champ politique de la Belle Époque, et de s'associer le soutien des catholiques, le Bloc National rétablit les ambassades du Vatican en 1921 et surtout du régime du **Concordat**, c'est-à-dire du statut scolaire et religieux qui existait en Alsace-Lorraine en 1871.

En même temps le gouvernement est confronté à une très forte agitation sociale, durement réprimée avec une forte **poussée du syndicalisme** (1 600 000 membres pour la CGT en 1919). Le printemps 1920 est marqué par de nouveaux mouvements sociaux, après ceux de 1919, en particulier chez les cheminots et les mineurs, ce qui force le gouvernement à réquisitionner du personnel pour remplacer les grévistes et à mener une politique de répression très ferme avec l'arrestation des chefs du mouvement.

Sur le plan extérieur, le bloc national mène une politique intransigeante vis-à-vis de l'Allemagne pour le respect des traités de guerre. **L'occupation de la Ruhr**, envisagée dès 1921, est réalisée en **1923**. Dans le même temps, la France conclut des alliances défensives avec la Belgique, la Pologne et la Tchécoslovaquie dans le but d'isoler l'Allemagne. En 1921, l'historien **Jacques Bainville** dénonce, dans *Les conséquences politiques de la paix*, le caractère trop exigeant de cette politique et les conséquences futures du traité de Versailles sur la politique européenne.

Sur le plan économique, la situation est encore préoccupante en **1923**. **L'inflation** et le poids des **emprunts** de guerre (GB, EU) minent la reprise économique. Cette situation amène le gouvernement à contracter de nouveaux emprunts et à mettre en place une lourde politique fiscale qui contribue à le rendre impopulaire. Cette impopularité contribue à la **victoire du Cartel des gauches en 1924.**

1.2 Le Cartel des Gauches

Le Cartel des gauches profite de la division de la droite pour s'installer au pouvoir en 1924. Cependant, en dépit de la majorité en sièges (**353**), cette nouvelle coalition ne dispose pas d'une véritable assise populaire.

Contrairement au Bloc national, sur le plan extérieur le Cartel cherche une **solution négociée avec l'Allemagne**. Le Royaume-Uni joue un rôle de médiateur, la France accepte le plan **Dawes** qui prévoit l'évacuation de la **Ruhr**. En **1925**, le traité de **Locarno** apparaît comme une avancée majeure pour le **maintien de la paix** en Europe. La France soutient l'Allemagne pour son **entrée à la SDN en 1926.**

Sur le plan intérieur, le Cartel est partisan d'une politique **d'apaisement** : loi d'amnistie en 1925 pour les déserteurs de guerre et transfert des cendres de Jaurès au Panthéon. Mais le Cartel relance le débat autour de la **question cléricale**. L'ambassade du Vatican est supprimée, ainsi que le statut particulier de l'Alsace-Lorraine. Le régime parlementaire fait aussi face à la renaissance de la contestation d'extrême droite avec le phénomène des Ligues comme celle de **l'Action Française**, des **Jeunesses Patriotes** de **Pierre Taittinger** ou des **Croix de Feu** du **Colonel de La Rocque.**

Le Cartel fait face également dans les premiers temps à la résistance du Président de la République **Alexandre Millerand (1859-1943)**, ancien socialiste qui entre en conflit direct avec l'Assemblée sur la question épineuse des **pouvoirs du président**. Millerand doit finalement laisser la place à **Gaston Doumergues (1863-1937)**. Il anime dès lors la **Ligue Nationale Républicaine,** personnage étrange à qui la droite nationaliste aurait proposé de tenter un coup d'État lors du conflit qui l'opposait à l'assemblée…

La condamnation de **l'Action française par le Vatican** en **1926** contribue cependant à affaiblir le puissant mouvement de contestation antiparlementaire et à en détacher une partie du monde catholique (exemple de l'écrivain **Georges Bernanos** ou de **Jacques Maritain**. Dilemme pour les intellectuels catholiques). On constate un relatif apaisement du climat politique, bien éphémère puisqu'il ne durera que le temps de l'investiture Poincaré.

C'est sur la question financière que le Cartel va tomber. Comme son prédécesseur, il échoue à trouver une solution à la dette, à la situation monétaire et financière. Le Cartel a recours à **l'emprunt** comme le Bloc National avant lui. Cette situation instable entraîne une **confrontation avec la Banque de France** qui rechigne à accorder plus d'avances, symbolique de l'opposition entre le Cartel des gauches, qui propose d'assainir les finances en organisant un **prélèvement direct sur les capitaux privés** et les milieux financiers qui dénoncent l'évasion des capitaux dont ils rendent le gouvernement responsable. L'opposition entre gouvernement et secteur financier aboutit à une crise grave : **spéculation contre le franc**, manifestations et crise parlementaire, tous les éléments sont réunis pour faire tomber le Cartel des gauches. Le président **Doumergues** fait alors appel à **Poincaré** pour rétablir la confiance.

1.3 Poincaré : une stabilisation illusoire

La politique menée par Poincaré s'énonce en quelques points :

- une augmentation des impôts qui touchent la classe moyenne ;
- une limitation des dépenses publiques ;
- une réduction des emprunts ;
- et surtout la décision de dévaluer le franc en 1928.

Sur le plan international, Poincaré s'inscrit dans la droite ligne du Cartel en confiant à **Aristide Briand (1862-1932)** le ministère des affaires étrangères. Le passage de Briand aux Affaires Étrangères se caractérise par une politique de rapprochement avec l'Allemagne marquée par trois décisions importantes :

1. le Traité de Locarno (1925) par lequel l'Allemagne accepte sa frontière occidentale et entre à la SDN ;
2. l'acceptation du Plan Young (succède au Plan Dawes le 7 juin 1929 mais il est invalidé par la crise, l'Allemagne ne pouvant tenir ses engagements ; il faudra attendre 1988 pour qu'elle achève de rembourser les 121 milliards de Marks dus) ;
3. le pacte Briand-Kellog (27 août 1928).

Cette période est caractérisée également par de nombreuses initiatives, en lien avec la SDN, pour rendre viable l'idée de fédération. Une ère de relative paix sociale s'annonce alors avec la mise en sommeil de l'extrême droite et un certain nombre de mesures sociales, telles que l'instauration d'une assurance maladie en 1928, la réduction du service militaire, la gratuité de l'enseignement secondaire, et la loi Loucheur sur les logements sociaux (HBM).

Poincaré qui cherche à mener une politique d'union finit cependant par quitter le gouvernement, en raison, là encore, d'un conflit avec l'Assemblée. Avec son départ c'est la fin d'une (courte) époque. On va entrer peu à peu dans une nouvelle ère d'instabilité économique, avec la crise de 1929, et politique avec le réveil de l'extrême droite et la montée en puissance de l'extrême gauche.

2 Crises et remise en question du régime de 1929 à 1939

L'historien des idées **Jean-Louis Loubet Del Bayle** (*Les non-conformistes des années trente : une tentative de renouvellement de la pensée politique française*. Seuil) qualifie les années **1930-1932** « d'années charnière ». En effet, dans ce cours laps de temps, la France se trouve frappée à la fois par les conséquences de la **crise économique de 1929** et par le réveil de la **contestation antiparlementaire**. Le départ de Poincaré marque la fin d'une époque et le début des années 1930 est marqué par une agitation croissante qui aboutit à la crise du **6 février 1934**. Le 12 février, le Rassemblement Populaire et le front démocratique marquent le réveil du mouvement de défense de la République qui aboutit à l'aventure du **Front Populaire** de 1936 à 1938.

2.1 La crise économique

Elle intervient très tardivement en France, à partir de **1931**, ce qui laisse croire à un certain nombre d'observateurs que la France est miraculeusement préservée du désastre. La crise se fait ressentir cependant avec la **dévaluation du dollar et de la livre** qui rendent le commerce extérieur moins compétitif. La dégringolade des prix des denrées agricoles et des matières premières affectent également grandement l'économie française. Si la France a été moins sensible à la crise financière, elle n'échappe pour autant pas à la crise économique.

Face à cette crise d'un genre nouveau, et surtout d'une **ampleur nouvelle**, le gouvernement est démuni, car encore culturellement attaché à des solutions datées, obnubilé par le souci de maintenir l'équilibre budgétaire et par le refus de dévaluer à nouveau. La dégradation de la situation socio-économique doit pourtant rapidement interpeller les gouvernants. **En 1930, la France comptait 20 000 chômeurs, et un million en 1935.**

André Tardieu (1876-1945), au pouvoir de **1930 à 1932**, tente de lancer une politique de grands travaux et de soutien aux agriculteurs. Mais l'interventionnisme de l'État est interprété comme la marque d'une dérive autoritaire. Le gouvernement Tardieu est remplacé en 1932 par la coalition de gauche dominée par le **Parti Radical.**

Directement confronté aux conséquences de la crise, le gouvernement mène une politique d'immobilisme car il ne peut bénéficier d'aucun soutien massif au sein de l'Assemblée. Il faudra en fait attendre l'arrivée au pouvoir du **Front Populaire** pour observer un changement de cap avec le choix de la **dévaluation, des mesures sociales et un engagement plus massif de l'État dans l'économie**. Ces mesures répondent aux aspirations de la classe ouvrière et reprennent une partie de l'esprit du **New Deal américain de 1932**. Mais la timidité de la dévaluation, la spéculation et la fuite des capitaux limitent grandement l'efficacité de ces mesures.

Il faut attendre le gouvernement **Daladier en 1938** pour observer une timide reprise. Ce gouvernement autorise des **dérogations à la loi des 40h** (entreprises œuvrant dans le secteur de la défense nationale) et le gouvernement de **Paul Reynaud (1878-1966)** prend un certain nombre de mesures d'économies budgétaires efficaces. Tout en revenant à une certaine forme de traitement libéral de la crise, Daladier et Raynaud conservent un certain dirigisme. Le pari est en tout cas réussi puisque les capitaux reviennent, les prix se stabilisent et le chômage baisse. Mais la politique extérieure et la guerre ne laisseront pas le temps à l'économie française de se ressaisir.

2.2 La tentation fasciste ?

Un certain nombre de groupes tentent de fournir, selon leurs propres dires, une **alternative politique** aux clivages traditionnels et plaident pour un renouvellement de la pensée et de la culture politique. Parmi ces groupes, on distingue les mouvements proches de **l'Action Française, de la Jeune Droite, des Jeunes Turcs de Mendès-France, des mouvements catholiques de gauche ou de mouvements proches du PC** également. Tous ces mouvements se rencontrent, discutent et forment une vaste nébuleuse, celle des « **non-conformistes des années 1930** ».

Les représentants de ces différents courants se rassemblent au sein de mouvements ou de revues : *Esprit*, *Combat*, *Ordre Nouveau*, *Plans*...Ils restent cependant prisonniers d'une théorisation excessive qui va les condamner à un reclassement politique à l'extrême droite ou à l'extrême gauche après **le 6 février 1934**. Si ces courants s'entendent au début pour rejeter « capitalisme, communisme et fascisme, trois faces de la même erreur » (**Thierry Maulnier**), un certain nombre d'entre-eux vont par la suite se rapprocher des « révolutions installées » que sont le fascisme ou le communisme. Une partie des anciens cadres d'*Ordre Nouveau* se rapprochent ainsi du fascisme à partir de 1934.

Certains intellectuels et écrivains font ce choix beaucoup plus tôt : **Robert Brasillach (1909-1945)**, l'un des animateurs de la revue *Je suis partout*, **Lucien Rebatet** ou **Pierre Drieu la Rochelle**...

Il n'est pas rare et même commun dans les années trente de passer de l'extrême gauche à l'extrême droite et même du communisme au fascisme. Le futur Compagnon de Route **Paul Nizan (1905-1940)** fait d'abord un passage par le *Faisceau* de **Georges Valois**, de même pour **Claude Roy**, passé de son côté de *Je Suis Partout* au communisme...En revanche, si le communisme peut se targuer en France d'une véritable implantation dans les milieux ouvriers et intellectuels (**Malraux**, **Gide**, Congrès des intellectuels en 1935), il est difficile d'en dire autant du fascisme (le *Faisceau* et le *Francisme* représentent les seuls courants qui se réclament idéologiquement du fascisme et ils restent assez minoritaires). L'activité des **Ligues nationalistes** devient cependant extrêmement importante à partir de 1930. Même si l'on ne peut assimiler le fascisme au conservatisme ultra-réactionnaire des Ligues, il va sans dire que leurs menées **antiparlementaires** représentent une menace de plus en plus réelle pour la **démocratie libérale**.

2.3 De crise politique en crise diplomatique

Dans un contexte de crise économique et politique, **le 6 février 1934** a pour point de départ l'affaire **Stavisky**. **Alexandre Stavisky (1886-1934)**, aventurier et escroc impliqué dans le financement occulte du Parti Radical retrouvé « suicidé » dans sa chambre d'hôtel. À cela s'ajoute le renvoi du préfet de police **Jean Chiappe (1878-1940)**, proche des milieux d'extrême droite. Au soir du 6 février, une vaste manifestation qui rassemble **toutes les ligues d'anciens combattants et d'extrême droite** mais aussi **l'ARAC** (Association Révolutionnaire des Anciens Combattants) communiste d'Henri Barbusse, **l'UNC** (Union Nationale des Combattants) ou les **Croix de Feu** à la fois paramilitaire et antiparlementaire. La foule se presse vers la place de la Concorde aux cris de « À bas les voleurs ! » et se heurte violemment à la police : **16 morts et 1500 blessés**.

Aux yeux des partis de gauche, il s'agit véritablement d'un coup d'État manqué illustrant la réalité du danger fasciste en France, qui inspire un **regroupement des gauches sur la base de l'antifascisme**. Socialistes, communistes et radicaux défilent ensemble. C'est une première. Le gouvernement d'**Edouard Daladier (1884-1970)** démissionne suite au 6 février et **Doumergues** forme un gouvernement d'union nationale et les élections municipales consacrent la naissance en mai 1935 **d'une coalition de Rassemblement populaire** qui va devenir le **Front Populaire** (PC+SFIO+Parti Radical), vainqueur aux élections législatives de **mai 1936**.

La victoire de mai donne lieu à un immense **mouvement de grève pacifique en mai-juin 1936**, avec des occupations d'usines. **10 millions de personnes** au moins participent à ces mouvements, représentés au cinéma par exemple dans le film de **Julien Duvivier,** La Belle Équipe. Dans ce contexte, **Blum** créé son gouvernement composé de socialistes et radicaux mais pas de communistes qui, tout en le soutenant, refusent d'y entrer. C'est aussi la première fois que des femmes rentrent au gouvernement, trois exactement.

Blum appelle alors à la pause et supervise la négociation entre représentants syndicaux et patronat qui aboutit à la signature des accords de **Matignon** dans la nuit du 7 au 8 juin 1936 :

- augmentation des salaires ;
- conventions collectives ;
- pas de sanctions contre les grévistes ;
- congés payés (loi du 20.6.1936) ;
- semaine de 40 h.

Mais si le sentiment ouvrier est celui de la victoire, le chômage ne baisse pas et la production stagne. Pour certains, les mesures prises par Blum ont pesé lourd dans un contexte de guerre. Une hypothèse qui est cependant relativement contredite par les historiens militaires qui mettent en avant l'ampleur des moyens en 1940 mais l'immobilisme des décideurs militaires.

Les tensions et l'agitation ne cessent d'ailleurs d'augmenter sur le plan extérieur et la **guerre d'Espagne (1936-1939)** est vécue comme la tragédie du Front Populaire. La France avait déjà donné l'impression de privilégier l'immobilisme lors de la **remilitarisation de la Rhénanie (1936) ou de la crise éthiopienne (1935)** et Blum, paralysé à la fois par le manque de soutien du **Foreign Office** britannique et par la crainte de voir son gouvernement renversé par la droite, choisit la politique de non-intervention en Espagne en 1936.

Cette décision provoque l'éclatement de la majorité entre communistes favorables à l'intervention et radicaux qui y sont opposés. À cette occasion, les **Brigade**

Internationales sont créées. Le gouvernement est accusé par la droite de fermer les yeux sur les départs des volontaires voire d'organiser des livraisons d'armements.

L'accumulation des difficultés économiques provoque la démission de Blum **le 27 juin 1937** après avoir réclamé en vain les pleins pouvoirs (sur le plan financier uniquement) pour régler la question économique. Il est remplacé par **Camille Chautemps (1885-1963)** qui répond aux difficultés par une nouvelle dévaluation. Blum revient brièvement au pouvoir début janvier 1938 mais il ne parvient pas à s'imposer et à exploiter les divisions de la droite et de l'extrême droite, mais finit par démissionner le 8 avril, marquant la fin de l'expérience du Front Populaire.

Le gouvernement Daladier qui le remplace est confronté à une situation internationale très dégradée, faisant notamment face à la crise des **Sudètes (1938)**. La relative stabilisation de l'économie permet à Daladier de mener une politique de réarmement et de conserver sa majorité. Confrontés à la crise des Sudètes, Daladier et Chamberlain vont signer les **accords de Munich les 29 et 30 octobre 1938** en espérant gagner du temps. La décision sera durement jugée par **Winston Churchill (1874-1965)** : « Ils avaient eu à choisir entre le déshonneur et la guerre, ils ont eu le déshonneur et ils auront la guerre », laissera-t-il tomber à l'annonce de la signature.

À RETENIR

- **La IIIe République est un régime de type bicaméral et parlementaire qui dirige la France de 1870 à 1940. C'est le président du Conseil qui gouverne, le président de la République (élu pour 7 ans) n'a presque aucun pouvoir.**
- **En France, la crise économique ne commence réellement à intervenir qu'à partir de 1931 mais elle dure jusqu'en 1939.**
- **La France de l'entre-deux-guerres est marquée par une forte instabilité ministérielle (« valse des ministères ») et par une forte opposition antiparlementaire.**
- **Néanmoins, c'est la défaite de 1940 qui va entraîner la chute du régime.**

BIBLIOGRAPHIE INDICATIVE

- BERSTEIN (S.) et MILZA (P.), *Histoire de la France au XXe siècle, tome 1, 1900-1930 ; tome 2, 1930-1958*, 2009
- SIRINELLI Jean-François (dir.), La France de 1914 à nos jours, Paris, PUF, 2004.

CHAPITRE 31
Résistance et collaboration en France

Le Reich est entouré **d'États satellites** (Hongrie, Bulgarie, Slovaquie, Roumanie) qui conservent un semblant d'indépendance sous tutelle allemande ou italienne. Certains satellites sont issus de la Yougoslavie démembrée (Croatie, Serbie). Des pays, quant à eux, conservent leur gouvernement, mais sont placés **sous tutelle** : le Danemark (sans occupation), la France de Vichy. La France a un double statut sous l'occupation. La zone nord, au-dessus de la ligne de démarcation courant sur 1 200 kilomètres, de la frontière espagnole, dans les Basses Pyrénées, jusqu'à la Haute Savoie, en traversant l'Aquitaine et le centre la France, est une zone occupée et directement administrée par les forces allemandes. La « Zone libre », en revanche, qui couvre une partie du sud-ouest et l'essentiel du sud-est de la France (hormis une mince zone frontalière occupée par l'Italie), est censée disposer de son propre gouvernement, le régime de Vichy, dirigé depuis la ville du même nom par le Maréchal Philippe Pétain. En fonction de leur statut, les différentes régions annexées sont soumises à un **régime d'exploitation :** prélèvement économique, Service du Travail Obligatoire qui fournit **sept millions de travailleurs** au Reich, réorganisation partielle de la production industrielle ou agricole, parfois pillage pur et simple. La France ne fait pas exception à la règle, pas plus qu'elle n'échappe à la politique de déportation et d'extermination nazie, à laquelle le régime de Vichy participe activement.

1 La collaboration

Il convient tout d'abord de distinguer les « collaborationnistes » des « collaborateurs ». Les premiers s'engagent par idéologie aux côtés de l'occupant, convaincus que l'ordre nazi doit être imposé à l'Europe. C'est le cas en France de Joseph Darnand (1897-1945), fondateur et dirigeant de la Milice, véritable supplétif paramilitaire vichyste à la Gestapo, de Léon Degrelle, fondateur et animateur du mouvement rexiste en Belgique ou encore de Vidkun Quisling, qui dirige la Norvège pour les nazis et dont le nom est passé dans le langage courant pour signifier aujourd'hui « traître » en norvégien.

Les « collaborateurs » acceptent de servir l'occupant pour des raisons plus diverses : par intérêt économique, choix politique ou tout simplement parce qu'ils continuent à servir une administration passée aux mains de l'occupant. Le régime de Vichy en France met en place une véritable collaboration d'État. L'argument avancé par Philippe Pétain pour justifier la collaboration est le fait d'atténuer le prix de la défaite par une politique de collaboration de plus en plus active. La thèse défendue par Robert Aron en 1954 dans son ouvrage *Histoire de Vichy* est que Pétain a servi de bouclier pendant que De Gaulle jouait le rôle de l'épée contre les nazis, une thèse largement mise à mal par les travaux de Robert Paxton (*Histoire de Vichy*, 1973), puis des historiens qui l'ont suivi : la politique antijuifs suivie par Vichy est loin d'avoir été complètement imposée par l'occupant. Il y a dans tous les cas une adhésion idéologique de Vichy à une partie des visées de l'Allemagne nazie.

« Né d'une défaite, installé dans une ville d'eau, dirigé par un vieillard, le "royaume du Maréchal" n'a pas été une "divine surprise", selon le mot involontairement révélateur de Maurras, mais son contraire : la seule apothéose qu'il ait connue est celle de la résignation », écrit l'historien Alain-Gérard Slama.[1]. L'avènement du régime de Vichy, dès lors, agit comme le catalyseur du ressentiment et des oppositions idéologiques qui travaillent la société française depuis l'avènement de la IIIe république. On connaît le mot de Charles Maurras, à l'audition du verdict prononcé contre lui, lors de son procès devant la Cour de justice du Rhône, le 28 janvier 1945 : « C'est la revanche de Dreyfus ! » L'exclamation de Maurras renvoie à une composante majeure du corpus idéologique de l'extrême-droite nationaliste qui est l'antisémitisme. Avec le gouvernement de Vichy, cette extrême-droite antiparlementaire et antisémite semble trouver l'occasion de faire triompher ses thèses. « On ne peut comprendre le régime vichyssois si on ne met pas l'accent sur cette spécificité qui le distingue de toutes les autres expériences autoritaires, et qui le situe, non en dehors, mais à l'intérieur d'un débat politique issu de la grande Révolution et de l'Empire », écrit encore Alain-Gérard Slama[2]. Pour autant, certains historiens considèrent que Vichy ne fut pas une simple parenthèse autoritaire et antisémite sous l'occupation, mais que le régime réalisait des ambitions idéologiques allant beaucoup plus loin que le vieux conservatisme nationaliste incarné par Maurras. Ainsi pour l'historien Zeev Sternhell, certains épisodes historiques, certains groupes avaient préparé l'avènement de ce que l'auteur de *Ni droite, ni gauche* n'hésite pas à qualifier de fascisme à la française. Vichy, régime né de la défaite, fut-il la simple façade d'un gouvernement fantoche ou la révolution nationale représenta-t-elle une véritable tentative de réaliser en France une expérience de type fasciste ?

La défaite en cinq semaines de la France face à l'armée allemande, après la percée surprise de Guderian dans les Ardennes, a représenté un choc pour la population française et pour le monde. Le gouvernement français fuit vers Bordeaux mais finit par

....

1 Alain-Gérard Slama. « Vichy était-il fasciste ? » *Vingtième Siècle. Revue d'histoire*. N°11, juillet-septembre 1986. pp. 41-54.

2 *Ibid.*

demander l'armistice. En quatre semaines, la France est écrasée, 200 000 soldats sont morts ou disparus, 1,5 million sont prisonniers. Le 22 juin 1940, l'armistice est signé à Rethondes au même endroit que la capitulation allemande de 1918. Le 25 juin, c'est avec l'Italie, entrée en guerre le 10 juin, que l'armistice est signé. Le choc moral de la défaite est terrible. André Gide, qui est à Vichy le 14 juin 1940, le jour où Paris est pris, écrit : « À la lueur tragique des événements est apparu soudain le délabrement profond de la France, qu'Hitler ne connaissait que trop bien. Partout incohérence, indiscipline, revendications de chimériques droits, méconnaissance de tous devoirs. ». L'idée, en effet, s'impose dans une partie de l'opinion publique et chez nombre d'intellectuels de droite comme de gauche que la défaite s'explique par le déclin français, entamé de longue date.

Pendant la période de Vichy, Pétain est le chef de l'État français. Il dirige un régime qui peut être assimilé à une dictature, puisque le maréchal Pétain possède tous les pouvoirs. Ces pleins pouvoirs lui ont été confiés, à une écrasante majorité, par un vote des députés et des sénateurs, le 10 juillet 1940, à Vichy. Pour asseoir encore son autorité mais aussi pour « condamner les responsables de la défaite française », les dirigeants de la IIIe République sont arrêtés (Édouard Daladier, Léon Blum). À partir de 1942, ces hommes politiques sont jugés au procès de Riom : aucune décision ne sera prise mais ils resteront en prison ou seront livrés aux nazis pour être déportés. Le maréchal Pétain et son entourage veulent construire un nouveau modèle d'État autoritaire, paternaliste, catholique et corporatiste. Cette volonté de réformer la société et la vie politique françaises est résumée par la formule « Révolution nationale » et construite autour de la devise « Travail, Famille, Patrie » qui remplace pendant 4 ans la devise « Liberté, Égalité, Fraternité ».

Le régime de Vichy se caractérise par la mise en place d'une collaboration d'État qui débute officiellement avec l'entrevue de Montoire entre Hitler et le maréchal Pétain, le 24 octobre 1940. Elle se déroule sous l'impulsion de Pierre Laval, qui est alors vice-président du Conseil (en fait chef du gouvernement, alors que Pétain est chef de l'État). Cette rencontre est conforme aux idées collaborationnistes de Laval. Au nom de la collaboration d'État et par idéologie, des lois racistes sont votées à l'image de la loi d'octobre 1940 qui interdit de nombreux métiers aux Juifs. De même, un commissariat aux affaires juives est créé et dirigé par un collaborationniste, antisémite, Xavier Vallat. Ce dernier fait voter, en juillet 1941, une loi portant sur le « Statut des Juifs » qui aggrave les restrictions concernant les Juifs et ordonne un recensement national des « Israélites ». Cela conduit donc le régime de Vichy à participer à la « Solution finale » : 76 000 Juifs des 300 000 vivant en France sont déportés, 2 500 reviendront. Après décembre 1940, la politique de collaboration ne change pas vraiment d'orientation, mais la pression allemande est de plus en plus forte. En juin 1942, après le retour de Laval sous la pression des Allemands, la politique de collaboration s'accentue avec l'instauration de la Relève (envoi d'ouvriers français en Allemagne en échange du retour de prisonniers de guerre) puis en février 1943, du STO (Service du Travail Obligatoire), qui conduit 700 000 Français en déportation de travail. En novembre 1942, avec l'occupation de la zone sud par l'Allemagne et l'Italie, la collaboration franchit un nouveau pas. Cela se traduit par l'arrivée au pouvoir des « ultras » de la collaboration, des collaborationnistes les plus déterminés : Philippe Henriot qui devient secrétaire d'État à l'information ; Joseph Darnand, un des dirigeants de la LVF (Légion des Volontaires Français), nommé secrétaire d'État au maintien de l'ordre ; Marcel Déat qui devient secrétaire d'État au travail et à la solidarité nationale.

Le ralliement au Maréchal Pétain, massif à l'été 1940, est progressivement battu en brèche avec le développement de la politique de collaboration d'État. Avec le discours sur le « vent mauvais » du 12 août 1941, le maréchal veut relancer la Révolution nationale en renforçant un régime déjà très autoritaire : épuration renforcée, dirigisme politique, économique et policier plus affirmé. Il réclame un État « indépendant et fort ». Néanmoins, l'opposition au régime devient plus forte et, surtout, l'opposition armée se structure et se renforce, notamment avec l'adoption du STO.

LE FRONT DE L'EST ET LA GUERRE D'ANÉANTISSEMENT

Sans déclaration de guerre, conforté par ses succès, Hitler décide d'envahir **l'URSS**, le **22 juin 1941**, selon trois axes : vers Leningrad, vers Moscou et vers Kiev. Les armées de la « croisade anti-bolchévique » assiègent Leningrad, Moscou et occupent la Biélorussie et l'Ukraine. Ce plan d'invasion a en réalité été préparé depuis le **21 juillet 1940**. Les historiens débattent encore de nos jours pour savoir si Staline a fait preuve de naïveté en imaginant qu'Hitler n'oserait pas s'engager aussi vite dans une telle opération, ou de cynisme en laissant à dessein l'armée allemande s'enfoncer loin à l'intérieur du territoire russe pour l'épuiser. L'offensive allemande aboutit en tout cas dans un premier temps à des **succès foudroyants**, écrasant littéralement une Armée Rouge encore affaiblie par les purges imposées quatre ans auparavant par Staline qui la privent de ses meilleurs officiers.

Dans tous ses engagements, l'Allemagne utilise la technique de la **Blitzkrieg**, combinant l'usage de divisions blindées soutenues par des avions d'attaque au sol (**stukas**). Cette stratégie s'est avérée payante contre la Pologne, attaquée sur deux fronts, la Hollande, la Belgique ou la France mais elle ne peut aboutir qu'à des succès très éphémères dans un pays disposant d'une aussi grande profondeur stratégique que la Russie. La guerre à l'est est une guerre d'anéantissement, elle ouvre un chapitre particulièrement important de l'extermination des Juifs et des Tziganes en Europe, comme le rapporte le Mémorial de la Shoah : « Entre 1941 et 1944, près d'un million et demi de Juifs d'Ukraine a été assassiné lors de l'invasion de l'Union soviétique par l'Allemagne nazie. L'immense majorité est morte sous les balles des *Einsatzgruppen* (unités de tueries mobiles à l'Est), d'unités de la Waffen SS, de la police allemande et de collaborateurs locaux. Seule une minorité d'entre eux l'a été après déportation dans les camps d'extermination. »[1] Cette mission

1 « Les fusillades massives des juifs en Ukraine 1941-1944. La Shoah par balles. » Exposition organisée au Mémorial de la Shoah du 20 juin 2007 au 6 janvier 2008. http://www.memorialdelashoah.org/upload/minisites/ukraine/exposition1.htm

d'extermination était menée par les Les *Einsatzgruppen* (en français : « groupes d'intervention ») dépendant du *Reichssicherheitshauptamt* (« Office central de la sécurité du Reich » ou RSHA), créé par Heinrich Himmler et dirigé par Reinhard Heydrich, jusqu'à sa mort en 1942, puis par Ernst Kaltenbrunner. Les exécutions menées par les *Einsatzgruppen* causent la mort d'un million de personnes. Cet épisode d'extermination de masse qui précède la « solution finale » est resté dans l'histoire sous le nom de « Shoah par balle ».

Pour les Soviétiques, la résistance à la guerre d'invasion menée par l'Allemagne devient la « Grande Guerre patriotique », par allusion à la guerre patriotique de 1812 contre Napoléon. Les deux régimes totalitaires se livrent à une guerre totale sur le plus vaste champ de bataille de l'histoire militaire. Après 4 ans, 5 millions de soldats tués du côté allemand, 10 millions du côté soviétique, auxquels s'ajoutent 15 millions de pertes civiles, en grande majorité soviétique, la « Grande Guerre patriotique » s'achève avec la reddition de l'Allemagne le 9 mai 1945. L'Armée Rouge occupe la moitié de l'Europe et elle apparaît comme le principal vainqueur du nazisme en Europe.

2 La Résistance et sa répression

En effet, comme le rapporte l'historien Fabrice Grenard, à l'automne 1942, les Allemands veulent recruter des ouvriers spécialisés français pour qu'ils participent à l'effort de guerre. La loi du 4 septembre de la même année, promulguée par le régime de Vichy, les y autorise. Puis en février 1943, le S.T.O. (Service du Travail Obligatoire) oblige tous les jeunes français nés entre 1920 et 1922 à partir travailler en Allemagne. Beaucoup d'entre eux cherchent alors à se cacher[1]. Les groupes de réfractaires au travail obligatoire, qui prennent le « maquis », c'est-à-dire se réfugient dans des régions peu peuplées, forêts ou montagnes, d'après l'expression corse *« piglià a machja »*, se joignent aux groupes de résistants, dont certains se sont formés dès 1940. Dans un premier temps, les groupes de résistance en France rassemblent des individus d'horizons politiques et sociaux extrêmement divers : communistes, républicains, royalistes, catégories aisées ou ouvriers. Ces groupes ne sont pas, ou peu, coordonnés. Ce sera la mission de Jean Moulin, préfet de l'Aveyron, puis d'Eure-et-Loir, qui a rejoint la France Libre en 1941, de tenter de fédérer et d'organiser les différents groupes de résistance en France. Il parvient à créer le Conseil National de la Résistance le 27 mai 1943 mais trouve la mort le 8 juillet de la même année, arrêté et torturé par la Gestapo.

Deux événements déterminent le développement des groupes de résistance en France. L'appel du 18 juin 1940 sur Radio Londres par De Gaulle tout d'abord, qui est l'acte fondateur des Forces Françaises Libres, composante militaire française des forces alliées, et la rupture du pacte germano-soviétique par Hitler avec le début de l'opération Barbarossa et de l'invasion de l'URSS, ce qui a pour effet de précipiter en masse les communistes français dans la résistance à partir de 1941. On distingue dès lors deux composantes majeures de la Résistance française : les Forces Françaises Libre,

1 Entretien donné à *Retronews. Le site de presse de la BNF*. Propos recueillis par Arnaud Pagès. 09/04/2020

directement sous l'autorité de De Gaulle, et les Forces Françaises de l'Intérieur (FFI), auxquelles s'ajoutent les différents groupes de Franc-Tireurs partisans (FTP), majoritairement d'obédience communiste.

La résistance, à partir de 1943, parvient à représenter une force d'opposition armée non négligeable. Les FFL gagnent en crédibilité lors de la campagne d'Afrique et notamment grâce au rôle joué lors des batailles d'El Alamein et Bir Hakeim (1942) et les FFI parviennent à constituer de vastes groupes de combattants retranchés dans le maquis qui mènent des opérations de sabotage et de harcèlement contre les forces allemandes de plus en plus ambitieuses. C'est « l'armée des ombres », à laquelle Joseph Kessel consacre le roman du même nom en 1943, dont Jean-Pierre Melville tire son film éponyme en 1969. Les principaux foyers de résistance se situent alors dans le Vercors (premier maquis créé en 1942, il donne lieu en 1944 à la plus grande opération allemande menée contre la résistance avec plus de 10 000 hommes engagés en 1944 contre le maquis commandé par François Huet), dans les Alpes (maquis de Manosque ou du Contadour dans les Basses-Alpes, maquis des Glières en Haute-Savoie), dans le Limousin, le Massif Central, l'Oise, le Morvan, la Normandie, le Var… Le discours du « vent mauvais » du 12 août 1941 montre que le régime de Vichy prend très tôt conscience de l'essor du phénomène : « De plusieurs régions de France, je sens se lever depuis quelques semaines un vent mauvais », déclare Philippe Pétain à cette occasion. Vichy s'avère cependant de plus en plus incapable de lutter efficacement contre les maquis qui essaiment un peu partout de 1942 à 1944. L'occupation de la zone sud par les troupes allemandes à partir de novembre 1942 gonfle encore les effectifs de la résistance, convainquant certains officiers loyalistes d'abandonner le régime de Vichy. Ils font profiter les maquis d'une précieuse expertise militaire. C'est le cas par exemple de Jean Bernard Georges Craplet dit « commandant Duret », Saint-Cyrien de la promotion 1926, qui s'engage en 1942 dans la résistance et obtient la reddition de la garnison allemande d'Ussel face à l'Armée Secrète, regroupement de résistants fondé en septembre 1942. À la tête de l'Armée Secrète en Corrèze, il participe à la libération de la France avec la première armée française. Si la résistance est relativement désorganisée avant 1943, elle se structure ensuite nettement avec la multiplication des maquis. En octobre 1943, le Service National des Maquis (SNM) estime à 43 000 le nombre de maquisards. Fabrice Grenard propose, lui, une estimation un peu plus basse : « On estime qu'en 1943, il y a entre 20 et 30 000 hommes. Avec le Débarquement, il y a une recrudescence de la mobilisation. Les jeunes veulent se battre pour la Libération de la France. On passe alors à des effectifs compris entre 50 000 et 100 000 hommes. »[1] L'historien François Marcot avance lui le chiffre de 200 000 résistants au début 1944 et 500 000 personnes impliquées de différentes manières dans des actes de résistance allant du portage de courrier à l'action armée.

La Résistance au nazisme partout en Europe obéit à des motifs divers, qu'il s'agisse de refuser la présence de l'occupant sur le sol national ou de s'engager pour des motifs plus idéologiques comme ceux qui caractérisent le Parti Communiste en France, qui se

1 Entretien donné à *Retronews*. *Op. Cit.*

présentera à la Libération comme « le parti des 75 000 fusillés ». Les défaites de l'Axe, les progrès des Alliés et l'organisation des réseaux de résistance contribuent à faire grossir les rangs de « L'armée des ombres ». Les risques sont énormes, quels que soient les actes de résistance accomplis. Considérés comme « terroristes », les résistants sont passibles de la torture, des camps de concentration et de la mort. En France, ils sont combattus et pourchassés à la fois par l'Abwehr, services de renseignements de la Wehrmacht, par la Gestapo, police politique SS et par la Milice française créée par le régime de Vichy le 30 janvier 1943. Selon le Mémorial de la France Combattante, 3 000 résistants ont été fusillés, auxquels s'ajoutent plus de 1 000 otages fusillés, 15 000 exécutés par la Wehrmacht, la Waffen SS ou la Gestapo, 86 000 déportés (qui s'ajoutent aux 75 000 juifs déportés). Dans l'*Atlas de la Libération de la France,* Stéphane Simonnet évoque, lui, 8 000 combattants tués, 25 000 fusillés et 27 000 morts en déportation.

Comme dans le cas de la résistance française, les pays alliés apportent un soutien logistique aux résistants, par des parachutages ou de l'aide fournie par des cadres militaires infiltrés dans les pays occupés. La France Libre du Général de Gaulle (1890-1970) s'applique à unifier les mouvements de résistance intérieure et à leur faire reconnaître l'autorité de De Gaulle, notamment par l'entremise de Jean Moulin (1899-1943), arrêté sur dénonciation le 21 juin 1943 à Caluire-et-Cuire (Rhône) et torturé par les services de la Gestapo lyonnaise de Klaus Barbie.

Les différents mouvements de résistance se révèlent aussi de plus en plus utiles pour les services de renseignements alliés. La résistance polonaise parvient à s'emparer d'une machine Enigma allemande et le travail de chercheurs français et polonais permettra de fournir les codes de décryptage qui vont être utilisés par les « machines de Turing » pour commencer à décrypter quotidiennement les transmissions allemandes à partir de 1942. La résistance française fournit non seulement des informations vitales aux Alliés mais participe à la désorganisation des lignes de communication nazies avant le débarquement. Collaboration active et résistance ont été en Europe des attitudes cependant minoritaires par rapport à une forme de passivité qui caractérise la majorité de la population civile tâchant tant bien que mal de survivre en temps de guerre.

CONTINUER OU ARRÊTER LA GUERRE EN FRANCE

« En un mot, alors que nos chefs ont prétendu renouveler la guerre de 1915-1918, les Allemands faisaient celle de 1940 », écrit l'historien Marc Bloch dans *L'Étrange défaite* en 1940. Le 22 juin 1940, la France a signé la reddition la plus déshonorante de son histoire, après une défaite militaire qui surprend le monde entier. Après la victoire de 1918, il était acquis que la France possédait la première armée d'Europe, voire du monde, et les forces en présence ne montrent pas un déséquilibre flagrant en faveur de l'Allemagne : 135 divisions alliées (86 françaises, auxquelles s'ajoutent 13 divisions britanniques, 22 belges et 13 néerlandaises) contre 141 divisions allemands. À elle seule, l'armée française aligne 5 000 canons de plus que l'Allemagne, et compte autant de tanks. C'est cependant l'arme aérienne qui est sous-représentée, avec quatre fois moins d'avions pour la France et deux fois moins au total pour les alliés que l'Allemagne, et

PARCOURSUP
QUESTIONS CONTEMPORAINES
HISTOIRE
ANGLAIS
ENTRAÎNEMENTS

c'est cette arme qui fait la différence lors de la campagne de 1940 durant laquelle l'Allemagne met à profit les techniques de la *Blitzkrieg*. D'autre part, si la France dispose d'autant de chars que l'Allemagne, dont les B1bis et Somua S-35 qui surclassaient les *panzers* en termes de blindage et d'armement, l'arme blindée française fait face à des difficultés techniques majeures, dont l'absence totale d'équipement radio dans les blindés, ce qui limitait largement la possibilité de manœuvres de grande envergure sur un vaste terrain. L'autre problème était le manque de coordination entre les composantes françaises, britanniques, belges et néerlandaises. L'invasion des Pays-Bas et la capitulation des forces néerlandaises en 4 jours, du 10 au 14 mai 1940, puis celle de la Belgique en dix-huit jours, du 10 au 28 mai, prend de vitesse les alliés. La percée de Sedan, qui porte l'offensive en territoire français avec la traversée du massif des Ardennes, prend de court l'État-major français. Si les forces françaises se trouvent désorganisées par la rapide avancée allemande, elles ne sont pas annihilées par la *Blitzkrieg*, et les forces aériennes françaises ne sont pas détruites non plus, mais les hésitations de l'État-major français et l'indécision du Généralissime Gamelin qui fait procéder à des reculades successives dans l'espoir de reformer un front allié et abandonne un large territoire à l'armée allemande entraînent l'annulation de la capacité offensive française et alliée. L'artillerie, qui constituait pour les tacticiens français le pilier de la stratégie défensive, est neutralisée par la mobilité des blindés allemands et par l'aviation ; le Haut-commandement français ne parvient pas à tirer parti de l'arme aérienne, sous-employée et en retard techniquement sur son homologue allemande, car militaires et politiques ont sous-estimé son utilité durant l'entre-deux-guerres. Néanmoins, la *Luftwaffe* perd en cinq semaines 1 300 appareils au cours de la campagne de France, sur 3 900 engagés. Ces pertes seront décisives au cours de la bataille d'Angleterre qui suit la campagne de France. Dès la fin du mois de mai, les Britanniques commencent d'ailleurs à rapatrier leurs forces. La bataille de Dunkerque, le 28 mai, est décisive parce qu'elle se conclut par le fameux « miracle de Dunkerque » qui permet l'évacuation vers les îles britanniques de 250 000 soldats britanniques et 125 000 soldats français mais aussi parce qu'elle signe la destruction quasi complète des capacités offensives des armées alliées. À partir de là se pose pour les décideurs français la question suivante : faut-il continuer la guerre ? L'offensive allemande reprend de manière générale à partir du 5 juin, avec une supériorité désormais écrasante du côté des forces de l'Axe. Malgré la tentative du général Weygand d'installer une ligne de défense sur la Somme, celle-ci est percée le 10 juin. Six millions de réfugiés français sont jetés sur les routes depuis le 15 mai, gênant d'autant plus les mouvements de troupes ou de blindés, et les Allemands bombardent indifféremment colonnes de blindés ou de réfugiés. Le 10 juin, l'Italie déclare la guerre à la France et Paris est déclarée « ville ouverte » le 11. L'armée allemande entre dans la capitale française le 14 juin. L'État-major comme le pouvoir politique sont totalement désorientés. Certains souhaitent continuer le combat en se repliant sur l'empire colonial et l'Afrique du Nord, voire en envisageant de faire de la Bretagne un « réduit » pour résister à l'avancée allemande, comme l'envisage le président du Conseil Paul Reynaud. Néanmoins, ce sont les partisans de l'armistice, comme le général Weygand, le maréchal Pétain et une partie de l'État-major qui l'emportent. Un point crucial qu'il faut souligner ici est que ce n'est pas la voie de la capitulation qui est choisie. Cette dernière option était défendue par De Gaulle qui souhaitait que soit reconnue la défaite sur le sol métropolitain afin de pouvoir continuer le combat sur les théâtres d'opération de l'outre-mer aux côtés de l'Empire britannique. Au contraire, c'est la voie de l'armistice, défendue par Pétain, qui l'emporte. Paul Reynaud a démissionné le 16 juin et son ministre de l'Intérieur Georges Mandel est arrêté le lendemain. De Gaulle, envoyé par Reynaud en mission à Londres, quitte Brest le 15 juin à bord du contre-torpilleur Milan, débarque à Plymouth le 16 juin au matin et rejoint Londres le soir. Le même jour, le président de la République Albert Lebrun nomme Philippe Pétain président du Conseil à la place de Reynaud. Philippe Pétain annonce dès le 17 à la radio son intention de demander la signature de l'armistice. Le 18 juin, De Gaulle lance sur célèbre « Appel du 18 juin » sur Radio Londres. Le noyau de la France libre se constitue à Londres autour de lui. Le 22 juin, le gouvernement de Pétain signe l'armistice. La différence avec une capitulation est essentielle. Au lieu d'être simplement considérée comme un pays vaincu et envahi, la France, avec à sa tête le gouvernement de Vichy et Pétain, à qui la chambre vote les pleins pouvoirs le 10 juillet 1940, devient un Etat-satellite de l'Allemagne. Ce n'est pas, comme la Belgique ou les Pays-Bas, un pays qui subit une occupation militaire mais un gouvernement supposément indépendant et cela va poser en termes très différents après la guerre la question de la responsabilité de l'État français dans la politique génocidaire du IIIe Reich.

CHAPITRE 32

La France : IVe République

Le 25 août 1944, Paris est libéré. Georges Bidault préside le Conseil National de la Résistance (CNR). Il est accompagné du socialiste Daniel Mayer, qui dirige la SFIO, en l'absence de Léon Blum, encore prisonnier en Allemagne :

« L'Hôtel de Ville, ce sont les franchises communales, c'est la population, c'est la tradition révolutionnaire. C'est là qu'on proclame les Républiques, c'est de là que partent les combattants. C'est devant son parvis que le peuple se rassemble à l'occasion des grands événements de son histoire. Mieux, c'est là qu'on fait l'Histoire. (Daniel Mayer) »

De Gaulle qui est également invité à prononcer un discours, semble pourtant énoncer des vues fort différentes :

> *La République n'a jamais cessé d'être. La France libre, la France combattante, le Comité français de la libération nationale l'ont, tour à tour, incorporée. Vichy fut toujours et demeure nul et non avenu. Moi-même suis le président du gouvernement de la République. Pourquoi irais-je la proclamer ? (De Gaulle)*

Le 8 mai 1945, la France fait officiellement partie des pays vainqueurs de la seconde guerre mondiale. Néanmoins, la perte de prestige engendrée par la défaite de 1940, et les quatre années d'occupation durant lesquelles le régime de Vichy a été un satellite de l'Allemagne, est difficile à effacer. Le plus difficile a été pour le Gouvernement Provisoire de la République Française (GPRF) de restaurer rapidement la légitimité de l'État après la libération de Paris le 26 août 1944, de redonner à la France de nouvelles institutions et de garantir la crédibilité et la légitimité de la France auprès de ses alliés. Rien n'était gagné en la matière : lors de la conférence de Yalta en février 1945, qui préside au redécoupage de l'Europe, Charles de Gaulle n'est pas invité à siéger auprès de Roosevelt, Staline et Churchill. C'est ce dernier qui insistera pour permettre à la France d'obtenir une zone d'occupation en Allemagne en 1945.

La IVe République a laissé le souvenir d'une **république « mal-aimée »,** un gouvernement souvent considéré comme faible et trop fragile, à la merci de la « valse des ministères » qui caractérisait déjà la IIIe République. C'est néanmoins la IVe République qui assume le **chantier de la reconstruction, donne l'impulsion initiale (et déterminante) à la construction européenne et gère la première grande crise coloniale, celle de l'Indochine, avant d'être emportée par la seconde, celle de l'Algérie**.

1 La reconstruction de la République

En septembre 1944, se pose le problème aigu de la **vacance du pouvoir**. Le régime de Vichy évanoui, qui possède la légitimité nécessaire pour le remplacer ? Cette interrogation prend place dans un contexte très difficile. Les combats se poursuivent dans l'est de la France, les lignes de communications sont en partie coupées et deux mouvements possèdent la légitimité suffisante pour prétendre exercer le pouvoir : **la Résistance extérieure, c'est-à-dire les Forces Françaises Libres (FFL), dirigées par le général de Gaulle et le Gouvernement Provisoire de la République Française (GPRF) et la Résistance intérieure représentée par le Conseil National de la Résistance (CNR)** et les mouvements de résistants. En théorie, ces deux puissances n'étaient ni étrangères ni antagonistes (le CNR est créé sur l'impulsion de De Gaulle, le GRPF comprend des membres du CNR) : dès son arrivée en France, De Gaulle manifeste le souci de réaliser une synthèse entre Résistance intérieure et extérieure, ainsi qu'avec les représentants de la tradition parlementaire (8 portefeuilles sur les 22 du GPRF). Dans la réalité, deux logiques s'affrontent : d'un côté la volonté de rétablir l'autorité de l'État dans ses prérogatives traditionnelles ; de l'autre, le désir de confier une partie des pouvoirs de l'État aux autorités issues du « soulèvement » des masses populaires d'août 1944.

Le pays a été durement éprouvé par la guerre : **620 000 morts** en raison du conflit et des combats, presque autant de décès dus aux conditions de vie sous l'occupation, la France se trouve à nouveau, comme au sortir de la première guerre mondiale, dans une situation démographique préoccupante, avec un fort déficit de naissances.

Les **destructions matérielles** sont également importantes : 50 % des ponts et 80 % des locomotives ont été détruits soit par les Allemands, soit par les Alliés ou encore par les campagnes de sabotage de la résistance, qui se sont intensifiées après la guerre. **Deux millions d'immeubles** ont été détruits ou endommagés. L'économie est également complètement désorganisée et les spoliations infligées par l'occupation nazie ont fait dégringoler la production industrielle et agricole. L'inflation est galopante et les tickets de rationnement restent en usage jusqu'en… **1949**.

La mission du **GPRF** est donc extrêmement difficile puisqu'il s'agit de former un **gouvernement d'union nationale, qui soit soutenu par les partis issus de la Résistance (MRP, SFIO, PC)**, qui obtienne une reconnaissance internationale (signature des traités de paix, présence à l'ONU) et qui prenne en charge la reconstruction du pays et la restauration de l'autorité de l'État alors que **l'épuration sauvage se déchaîne (elle fera 10 000 victimes).**

Pour restaurer la légitimité de l'État, De Gaulle dispose cependant d'un atout important : les CDL (Comité Départementaux de la Libération) et les CLL (Comités Locaux de la Libération). **Créés en 1943, les Comités Départementaux de la Libération** peuvent revendiquer à la Libération l'exercice du pouvoir et la restauration de l'État au niveau local, c'est même dans cette optique qu'ils ont été pensés. Charles de Gaulle va donc s'appuyer en priorité sur cet outil pour imposer son autorité, en effectuant à l'automne **1944 un véritable « Tour de France »** afin de pouvoir faire reconnaître sa légitimité et obtenir, première étape primordiale dans la reconstruction institutionnelle, le désarmement des milices patriotiques et des groupes armés de résistance, en particulier communistes, qu'il obtient **le 28 octobre 1944. En avril-mai 1945**, les premières élections municipales permettent de remplacer les Comités départementaux de Libération et de ré-instituer un État de droit sur le plan local.

LES STRATÉGIES DU PCF

Le PCF a pris une part importante à la Résistance, surtout à partir du moment où l'URSS a été engagée dans la guerre. Le débat historiographique pour savoir si les communistes ont oui ou non voulu prendre le pouvoir à la Libération n'est toujours pas tranché. Pour l'historiographie communiste, la question ne s'est jamais posée, le PCF imaginant au mieux un nouveau Front populaire (prise du pouvoir impossible pour des raisons géographiques et stratégiques). Pour Jean Poperen, les communistes n'ont pas voulu s'engager dans une histoire incertaine en risquant la destruction de l'organisation du Parti. Pour Annie Kriegel, il y a eu deux stratégies successives du Parti communiste :

- *La 1re*, de juin à novembre 1944, est fondée sur sa puissance numérique (500 000 membres), son expansion géographique, sociale (parti « interclasses ») et politique (contrôle une grande partie de la Résistance, dans les CDL et au CNR), sa force paramilitaire non négligeable (milices patriotiques, Francs-Tireurs et Partisans Français). Le PCF apparaît alors comme une force politique omniprésente, devant la faiblesse des autres. Il est donc légitime de penser que le PCF a voulu mettre en place une stratégie imitée de la révolution de 1917, la stratégie de double pouvoir (structures parallèles au pouvoir d'État : CDL, CNR, CLL, comités d'épuration).
- *Une nouvelle stratégie* s'y est substituée en décembre 1944 : le PCF désarme volontairement les milices patriotiques (sous l'impulsion du GPRF), au retour de Maurice Thorez d'URSS. Le PCF accepte désormais, du moins en apparence, le pouvoir établi et choisit une stratégie d'intégration dans le jeu politique normal. Ce changement s'explique par les objectifs de l'URSS : toute tentative de Révolution aurait diminué les troupes alliées attaquant Berlin, et aurait obligé de Gaulle à faire appel au concours américain (malgré sa volonté d'indépendance).

2 La IVe République

La question était tout d'abord de savoir si les Français désiraient se doter de nouvelles institutions républicaines ou ressusciter la IIIe république. La réponse fut on ne peut plus claire : **le 21 octobre 1945, le retour à la IIIe République est rejeté par**

référendum à 96 % des voix. Ce refus entraîne la création d'une assemblée constituante et la tenue d'élections législatives auxquelles les femmes, qui possèdent le droit de vote depuis le 22 avril 1944, participent pour la première fois. Les élections confirmaient la nouvelle géographie politique : **le PCF devenait la 1re force politique du pays**, le MRP opérait une percée étonnante en devenant le deuxième parti de France tandis que les socialistes de la SFIO se retrouvaient bons troisièmes et que la droite et le radicalisme étaient laminés.

L'élaboration d'une nouvelle constitution fut troublée par **le conflit entre De Gaulle et la majorité parlementaire à propos de la nature du régime**, De Gaulle s'opposant à ce qu'un régime parlementaire soit à nouveau choisi et plaidant en faveur d'un régime présidentiel avec un exécutif fort. Face à l'impossibilité d'imposer son projet, De Gaulle **quitte le pouvoir le 20 janvier 46**, en tentant de provoquer un mouvement populaire en faveur de ses idées, sans succès toutefois. Il s'exprima après le rejet du premier projet constitutionnel, en prononçant le **discours de Bayeux du 16 juin 1946,** qui est resté la référence essentielle des idées de De Gaulle en matière institutionnelle.

LE DISCOURS DE BAYEUX LE 16 JUIN 1946 (EXTRAIT)

« C'est du chef de l'État, placé au-dessus des partis, élu par un collège qui englobe le Parlement mais beaucoup plus large et composé de manière à faire de lui le président de l'Union française en même temps que celui de la République, que doit procéder le pouvoir exécutif. Au chef de l'État d'accorder l'intérêt général quant au choix des hommes avec l'orientation qui se dégage du Parlement. À lui la mission de nommer les ministres et d'abord, bien entendu, le Premier, qui devra diriger la politique et le travail du Gouvernement. Au chef de l'État la fonction de promulguer les lois et de prendre les décrets, car c'est envers l'État tout entier que ceux-ci ou celles-là engagent les citoyens. À lui la tâche de présider les conseils du Gouvernement et d'y exercer cette influence de la continuité dont une nation ne se passe pas. À lui l'attribution de servir d'arbitre au-dessus des contingences politiques, soit normalement par le Conseil, soit, dans les moments de graves confusions, en invitant le pays à faire connaître par des élections sa décision souveraine. À lui s'il devait arriver que la patrie fût en péril, le devoir d'être le garant de l'indépendance nationale et des traités conclus par la France ».

Un premier projet de **régime parlementaire monocaquériste** est donc proposé à la population qui le rejette par référendum **le 5 mai 1946 avec 53 % de NON**. Suite à ce refus sont organisées de nouvelles élections législatives **le 2 juin 1946**, au cours desquelles on constate les progrès du MRP, qui devient la première force politique du pays, et le recul du PC, pointant à la deuxième place, tandis que la SFIO s'affiche toujours en troisième position. Ces élections consacrent en tout cas le tripartisme de la vie politique française après-guerre et l'éviction du parti radical et de la droite traditionnelle. **Le 13 octobre 1946, la Constitution de la IVe République est adoptée de guerre lasse par 53 % des votants** ne représentant que 35 % des inscrits au cours d'un nouveau référendum cette fois largement boudé par les électeurs, ce qui fit dire à de Gaulle, « **un tiers des Français l'a rejeté, un tiers s'est abstenu, un tiers l'a approuvé** ».

La nouvelle république qui se met en place est donc un régime parlementaire dans lequel la majorité parlementaire est désignée par des élections législatives à la proportionnelle, favorisant les gouvernements de coalition, un trait renforcé par la **loi sur les apparentements de 1951**, qui permet aux listes apparentées de se partager les sièges quand elles obtiennent une majorité des voix. Cette pratique est conçue en particulier pour faire barrage au Parti Communiste et au RPF de De Gaulle.

Sous la IVe République, **l'assemblée** détient le véritable pouvoir dans ce régime qui ressemble encore beaucoup à la IIIe République. Elle est élue pour **5 ans au suffrage universel**, vote les lois et le budget, procède à l'élection du président de la république, investit le gouvernement, lui vote sa confiance ou, au contraire, le censure, ou l'interpelle et ne peut être que très difficilement dissoute.

L'assemblée est secondée par une deuxième chambre, le **Conseil de la République** qui a un rôle consultatif et dont les membres sont élus par un collège de grands électeurs (députés, conseillers généraux…) au suffrage indirect. Cette deuxième chambre prend en **1954 le nom de Sénat**.

Le **Président de la République est élu par les 2 chambres en Congrès pour 7 ans** mais il dispose d'un pouvoir limité et désigne le président du conseil qui conduit véritablement la politique nationale (dont il répond devant l'assemblée nationale) et contresigne tous les actes du président.

LES FORCES POLITIQUES SOUS LA IVE RÉPUBLIQUE

- MLN (Mouvement de Libération Nationale) : Le nom de Mouvement de libération nationale a été porté pendant l'Occupation par deux organisations de résistance : l'une, créée en juillet 1940 par Henri Frenay et Berty Albrecht, devient Combat en novembre 1941 ; la seconde, créée en janvier 1944 par Philippe Viannay et Claude Bourdet, regroupe les Mouvements unis de la Résistance (MUR incluant Combat) et les mouvements de zone Nord, notamment « Défense de la France », « Résistance » et « Lorraine ». La création du MLN intervient après celle du Conseil national de la Résistance (mai 1943), réalisée par Jean Moulin à la demande du général de Gaulle ; c'est la poursuite du processus d'unification des mouvements de Résistance.
- L'UDSR (Union Démocratique et Socialiste de la Résistance) : cette formation rassemble les courants non-communistes du MLN qui s'associent avec d'autres mouvements de la Résistance (Libération-Nord, Ceux de la Résistance), pour fonder l'Union Démocratique et Socialiste de la Résistance (UDSR). En principe assez proche du parti socialiste, en fait assez composite, l'UDSR, qui associe une fraction plutôt à gauche et une fraction plutôt gaulliste, ne devait jamais être qu'une formation politique marginale. L'échec des forces de la résistance à se constituer en force politique fut donc complet.

- SFIO (Section Française de l'Internationale Ouvrière) : L'ancêtre du Parti Socialiste naît en 1905 de la fusion de la tendance révolutionnaire de la gauche française et du courant réformiste, représentés d'une part par le Parti Socialiste français, dirigé en 1902 par Jean Jaurès et d'autre part par le Parti socialiste de France, né en 1901. La SFIO accomplit une percée notable au cours de l'entre-deux-guerres, mais c'est surtout avec la victoire du Front Populaire en avril 1936 que la SFIO réalise une première en formant le premier gouvernement basé sur une alliance entre socialistes et communistes. René Mayer (1895-1972) dirige la SFIO à la Libération avant que Léon Blum ne reprenne les rênes de l'organisation.
- PCF (Parti Communiste Français) : Le PCF est issu de la SFIC (Section Française de l'Internationale Communiste), formée elle-même à l'issue du Congrès de Tours en 1920 qui vit socialistes réformistes et révolutionnaires se séparer définitivement face à la question de l'adoption des propositions Zinoviev. L'attitude du PCF a été ambivalente durant la guerre, épousant en cela celle de Moscou. Après l'annonce de la signature du pacte germano-soviétique, le PCF dénonce tout d'abord à partir de 1939 la « guerre impérialiste » et son premier secrétaire, Maurice Thorez, est même obligé de trouver refuge à Moscou. À partir du déclenchement de l'opération Barbarossa à l'été 1941, le PCF rentre dans la clandestinité et va à partir de là contribuer à alimenter et structurer les réseaux de la Résistance. À la libération, le « Parti des 75 000 fusillés » bénéficie d'une aura et d'une influence très importante dans la société et la politique française.
- MRP (Mouvement Républicain Populaire) : créé en novembre 1944 par un groupe de chrétiens résistants, issus des démocrates-populaires d'avant-guerre. Fait nouveau dans l'histoire politique, ces chrétiens se classaient à gauche. Le MRP bénéficia du soutien d'une grande partie de l'électorat « modéré » privé de ses partis politiques habituels : il se trouva dans la position ambiguë d'une formation dont la tête était plutôt à gauche, mais le corps plutôt à droite.
- Parti Radical : Le congrès fondateur du Parti Radical s'est tenu à Paris sous le nom de Congrès du Parti républicain, radical et radical-socialiste. Il s'agit du premier grand parti politique français, largement héritier du contexte politique et des séquelles de l'Affaire Dreyfus. Le Parti radical est formé à partir du parti républicain, qui domine plus ou moins les premières décennies de la IIIe République, et des éléments radicaux que concurrence la montée en puissance des socialistes mais qui partagent néanmoins avec ces derniers un intérêt pour la question sociale, tout en se donnant la mission de rassembler tous les républicains soucieux de reprendre la marche en avant pour assurer la défense d'une République sans cesse menacée. L'Affaire Dreyfus représente le *kairos*, le moment idéal pour la création du Parti Radical. En 1945 néanmoins, ce parti est grandement affaibli. Les scandales à répétition (Stavisky) et le désastre de la campagne de 1940 le désignent encore comme un des premiers responsables de l'occupation. Le Parti Radical qui a régné sur la vie politique française au cours de la première moitié du XXe siècle n'existe désormais quasiment plus.
- RPF (Rassemblement du Peuple Français) : Le RPF est lancé par De Gaulle le 7 avril 1947 à Strasbourg. Il fait suite à son échec de 1946. Le parti grossit très vite : 500 000 adhésions en mai, un million fin juillet, 1,5 million fin 1947. Le péril était de faire de De Gaulle

un simple chef de parti, d'où l'idée de le nommer « Rassemblement ». Le Parti, qui en est un, connaît cependant un reflux électoral après les succès initiaux de 1947. Après un dernier combat contre la CED, De Gaulle se retire de la vie politique le 6 mai 1953 et met le parti en sommeil à partir de 1955. C'est le début de la « traversée du désert ».

- RGR (Rassemblement des Gauches Républicaines) : Il s'agit en fait de la formation politique qui unit les forces du Parti Radical exsangue et de l'UDSR. Après des débuts modestes (11,6 % des voix le 2 juin 1946), la Troisième Force donne au RGR une véritable existence politique en l'associant au MRP et à la SFIO. Le RGR s'impose peu à peu comme une véritable formation qui s'émancipe du Parti Radical et la reprise en main organisée par Pierre Mendès-France à partir de 1955 assure sa pérennité… jusqu'au retour de De Gaulle.
- À cela s'ajoutent les différentes formations politiques de droite, aussi bien de gouvernement qu'héritière des Ligues d'entre-deux-guerres. Elles sont très largement délégitimées en raison de leur rôle au cours de l'occupation et ce même en tenant compte de la participation d'une partie des courants de la droite nationaliste et monarchiste à la Résistance.

3 La crise de la CED

Ce que le politologue Raymond Aron qualifiait d'« Affaire Dreyfus de la IVe République » trouve son origine en Asie. Le 25 juin 1950, la Corée du Nord envahit la Corée du Sud, déclenchant la guerre de Corée, conflit majeur de la guerre froide qui allait durer trois ans. Dans ce contexte tendu, l'Europe demande l'aide des États-Unis pour procéder à son réarmement, en échange de quoi les États-Unis demandent le réarmement de l'Allemagne. René Pleven se rallie à l'idée de Jean Monnet de créer une armée européenne pour intégrer le réarmement allemand dans une perspective européenne tout en accédant aux souhaits des Américains. Le 26 octobre 1950, l'Assemblée nationale accepte le principe d'une armée européenne intégrant des contingents allemands et récuse tout principe d'armée allemande autonome. Le 17 juin 1951, les élections législatives françaises offrent 120 sièges au RPF et 101 aux communistes, hostiles au principe d'une armée européenne. La Troisième Force n'a plus de majorité et le principe d'une armée européenne placée sous l'autorité de l'OTAN heurte autant le RPF que le PCF, pour des raisons différentes. L'année 1952 est un tournant. De Gaulle proteste avec véhémence contre ce qu'il interprète comme la fin de l'armée nationale. Pour Pierre Gerbet, « la querelle de la CED se plaçait de plus en plus sur le terrain émotionnel et le sentiment national était plus fort que le sentiment européen. ». Un élément déterminant intervient également : à partir de 1953, la France, grâce aux recherches de l'Institut Curie, est en mesure de se doter à moyen terme de l'arme nucléaire. Or, le traité de la CED interdit aux puissances contractantes d'en disposer librement (le Royaume-Uni doit toujours obtenir l'aval de l'OTAN aujourd'hui pour s'en servir. De Gaulle : « L'Angleterre a vendu sa souveraineté contre un plat de *Polaris*) ». En août 1954, Mendès-France tente une ultime négociation à Bruxelles et décide de ne pas engager la responsabilité de son cabinet. Le 30 août, le projet est définitivement rejeté à l'Assemblée par 319 voix contre 264. À l'annonce des résultats, *La Marseillaise* retentit mais les cédistes ne pardonnèrent jamais à Mendès-France de n'avoir pas engagé la responsabilité du gouvernement et d'avoir laissé faire de ce vote un vote définitif, en clair : d'avoir enterré le projet. Mendès-France fit accepter le 30 décembre 1954 – en engageant la responsabilité du gouvernement cette fois – le principe de l'entrée dans l'OTAN de la RFA, assortie du rétablissement de sa souveraineté et de son armée. Quatre années après la proposition Pleven, la France acceptait ce que le projet de la CED avait eu pour but d'éviter. Mais le prix du rétablissement de la nation avait été lourd en 1940-45 et les Français n'étaient pas prêts à accepter la fin du modèle de l'État nation.

LA GUERRE D'INDOCHINE

Un élément important qui pèse sur la politique française durant presque toute la durée de la IVe République est **la guerre d'Indochine (1946-1954).** En **1945**, **l'indépendance** avait été proclamée par le Viêt-minh (bras armé du Parti Communiste Indochinois dirigé par Hô Chi Minh), avec le soutien des Japonais avant leur départ. La politique française allait donc consister à faire rentrer l'Indochine dans le giron républicain par le biais dans un premier temps d'une solution négociée. Le **6 mars 1946**, le général Leclerc et Hô Chi Minh signaient à Hanoi un accord reconnaissant l'indépendance du Viêt-nam, État libre à l'intérieur de l'union française, tandis que le 1er juin, l'amiral d'Argenteuil à Saigon proclamait une République de Cochinchine étroitement dépendante de la France. Le nord de l'Indochine était toujours occupé par les armées chinoises de **Tchang Kai Tchek** qui accepte de se retirer, après de longues négociations et un accrochage meurtrier entre les **6 et 8 mars 1946**, dit « **bataille d'Haiphong** ». La guerre d'Indochine se déroule en **deux temps**. De **1946 à 1949, elle prend la forme d'un conflit colonial** opposant le corps expéditionnaire français à la guérilla Viet-Minh. À partir **de 1950**, les forces Viet-Minh reçoivent le soutien logistique de la Chine communiste. Confrontée à un adversaire largement renforcé par l'appui chinois (et russe), la France fait appel au soutien logistique des États-Unis, qui acceptent de lui livrer du matériel. La guerre d'Indochine se transforme **en conflit de la guerre froide**.

La bataille de Diên Biên Phu, qui se déroula du 20 novembre 1953 au 7 mai 1954, décida en grande partie de la fin de la guerre. Occupée par les Français en novembre 1953, cette petite ville et sa plaine environnante devinrent l'année suivante le théâtre d'une violente bataille entre le corps expéditionnaire français, sous le commandement du colonel, puis général, de Castries, et les troupes vietnamiennes (Viêt Minh) commandées par le général Giáp. Nommé président du Conseil par le président René Coty, en juin 1954, Pierre Mendès-France cumule cette fonction avec celle de ministre des Affaires Étrangères. Il s'engage à régler le problème indochinois et aboutit à la signature des **accords de Genève en juillet 1954**, provoquant, par la rapidité et l'efficacité des négociations, un véritable coup d'éclat dans l'opinion qui lui vaut le surnom donné par les journalistes de « Superman ». Il est vrai que l'action de Mendès-France intervenait à point nommé pour faire oublier le désastre de Dien Bien Phu et le président du conseil démontra une maîtrise des médias (allocution prononcée à côté de la pièce dans laquelle se tenaient les discussions, secret conservé soigneusement jusqu'à l'annonce pour provoquer un choc médiatique) qui annonçait une nouvelle ère politique… La France quitta la partie nord du Viêt Nam, après les accords de Genève signés en juillet 1954, qui instauraient une partition du pays de part et d'autre du 17e parallèle Nord. Resté sept mois au pouvoir, « PMF » marque durablement la politique française. Mais s'il a réussi à mettre fin à l'interminable conflit indochinois, à préparer l'indépendance de la Tunisie et à amorcer celle du Maroc, ses tentatives de réforme en Algérie entraînent la chute de son gouvernement, cible à la fois de ses adversaires colonialistes et de ses soutiens politiques habituels anti-colonialistes. Il quitte alors la présidence du gouvernement en février 1955, après avoir été renversé par l'Assemblée nationale sur la question très sensible de l'Algérie française. Une question qui va faire chuter la IVe République deux ans plus tard.

CHAPITRE 33

La crise algérienne et les débuts de la Ve République

La guerre d'Algérie, qui mobilise à son paroxysme plus de 400 000 appelés, pèse sur une jeunesse qui commence par ailleurs à goûter les joies d'une société de consommation en plein développement, dans un pays qui connaît plus de 5 % de croissance par an. De Gaulle saura d'ailleurs parfaitement utiliser les ressources des médias de masse (le transistor est présent dans chaque chambrée d'appelés en Algérie, au moins autant pour se tenir au courant de la situation que pour écouter chanteurs et émissions de variétés) pour fustiger le « quarteron de généraux en retraite ». Avec la IVe République qui tombe en 1958, puis la guerre d'Algérie qui s'achève 4 ans plus tard, c'est une page qui se tourne définitivement.

1 L'Algérie en 1954

L'Algérie française est formée de 3 départements français : l'Algérois, l'Oranais et le Constantinois. À la différence du Maroc et de la Tunisie, l'Algérie n'était donc pas un protectorat ou une simple colonie mais faisait partie intégrante du « territoire indivisible de la République française ». La situation démographique était elle aussi complexe puisque la population européenne installée en Algérie représentait de loin le contingent le plus important de colons de tout l'empire français. Enfin, l'ancienneté de la colonisation de l'Algérie (commencée en 1830) créait des liens beaucoup plus forts entre le pays et une population européenne installée quelquefois depuis plus de cinq générations en Algérie.

Mais l'inégalité restait flagrante entre le **million d'Européens et les huit millions d'Algériens** qui continuaient pour leur part à ne bénéficier que d'un statut de citoyen de seconde zone. Comment aurait-il pu en être autrement ? La question du statut politique des Algériens ne recouvrait en effet pas seulement celle de leurs droits politiques face à la population des **« pieds-noirs »** mais également celle de la représentation dans les institutions de la République.

Si, dès les années 1930 parfois, l'Afrique noire avait pu produire des élites qui briguaient en France des mandats parlementaires, le poids démographique de l'Algérie plaçait le problème à une tout autre échelle. Les tentatives de libéralisation ou de réformes se heurtaient, en particulier depuis les années 1930, à la résistance des pieds-noirs mais également des groupes parlementaires qui craignaient un bouleversement de l'équilibre politique des chambres. En raison de ces difficultés et des liens particuliers existant entre l'Algérie et la métropole, la guerre devait être vécue comme un véritable drame national et une déchirure, y compris par une partie de la population algérienne.

2 Le déclenchement de l'insurrection

Le mouvement indépendantiste qui déclenche l'insurrection à partir de 1954 s'appuie **sur trois courants,** plus ou moins anciens :

- le pouvoir des oulémas, autorités locales et souvent interlocuteurs de l'administration républicaine ;
- le Mouvement du **Triomphe des Libertés Démocratiques de Fehrat Abbas** qui a publié le manifeste de 1943 ;
- le courant révolutionnaire de Messali Hadj et Ben Barka.

Le **FLN (Front de Libération Nationale) est créé en octobre 1954**, en même temps que son bras armé : l'Armée de Libération Nationale (ALN). **Le 1er novembre 1954, 70 actions terroristes** sont menées dans le Constantinois, causant huit morts au sein de la population européenne. La répression française est rapide et féroce et l'action du FLN se voit rapidement réduite à quelques poches de résistance dans les Aurès et en Kabylie. Parallèlement, le gouvernement de Pierre Mendès-France nomme Jacques Soustelle, un « assimilateur progressiste », au poste de gouverneur en Algérie. Il lance rapidement un programme ambitieux de réformes sociales et de scolarisation.

La répression très dure qui suit les événements de la Toussaint 1954 contribue à faire basculer le FLN dans la clandestinité. Les inégalités très fortes au sein de la société algérienne (82 % des enfants algériens ne sont pas scolarisés) offrent aux trois courants déjà cités, notamment le courant révolutionnaire, porteur d'un discours social, une audience de plus en plus marquée, en particulier au sein des couches populaires et des campagnes. Cependant, l'idée d'une société partagée entre colons riches et colonisés pauvres doit être nuancée. Au moins deux millions d'Algériens sur neuf bénéficient d'un niveau de vie proche voire supérieur à celui des européens qui comptent un certain nombre de minorités défavorisées.

En août 1955, le FLN déclenche une nouvelle campagne qui se traduit par les massacres du Constantinois, par crainte que la politique d'intégration de Soustelle ne soit un outil utile à la puissance coloniale pour étouffer la rébellion et la couper de ses soutiens populaires. La politique de « Terreur » du FLN fait de nombreuses victimes dans la population européenne et occasionne en réaction une véritable « chasse à l'arabe » qui se traduit par un millier de morts dans la population algérienne. Cette fois, le divorce est consommé entre une partie de la population européenne et de la population algérienne.

En dépit de la répression menée par les autorités coloniales, l'action du FLN s'intensifie dans les mois qui suivent et amène **le gouvernement de Guy Mollet, qui a succédé à celui de Pierre Mendès-France** (qui a chuté sur la question de la **CED**) à décréter l'État d'urgence et **l'envoi des appelés en Algérie** (on passe de **190 000 à 450 000 soldats du début à la fin de l'année 1956**). On est rentré dans la phase de la guerre mais le gouvernement persiste à parler d'« **opération de pacification** ».

Le rapport de force entre gouvernement et armée évolue peu à peu en faveur de cette dernière. Le gouvernement Mollet qui ambitionnait de mettre fin à la guerre finit par céder aux pressions militaires en décidant l'intensification des opérations sur le terrain et en donnant progressivement carte blanche à l'armée française pour ramener le calme. Cette évolution influence d'ailleurs également les choix politiques qui sont opérés. Alors que le gouvernement avait décidé de nommer dans un premier temps **Catroux**, autre partisan de la solution réformatrice pour obtenir l'apaisement, il cède à la pression conjointe de l'armée et des européens d'Algérie et nomme à sa place **Robert Lacoste**, socialiste et partisan de la guerre à outrance.

JACQUES SOUSTELLE

Né à Montpellier en 1912, dans une famille modeste, il est l'archétype du boursier républicain (premier à l'ENS, major à l'agrégation de philosophie à 20 ans, docteur ès lettres à 25 ans, ethnologue, élève de Paul Rivet). Il rallie De Gaulle du Mexique où il est en séjour d'étude. Il est commissaire à l'information à Londres puis directeur général des services secrets, organise la fusion du BCRA (Bureau Central de Renseignements et d'Action) du colonel Passy et du service de renseignements de Giraud. Pendant la guerre, il contribue à l'organisation de la résistance intérieure et on l'accuse d'avoir favorisé l'écrasement du maquis du Vercors pour contrer l'influence communiste dans la résistance. Député UDSR en Mayenne à la Libération et lors de la Constituante, ce fidèle gaulliste est nommé gouverneur général de l'Algérie par Mendès-France en janvier 1955. Il passe pour un « libéral », un « bradeur » aux yeux d'une partie des pieds-noirs. Pourtant, ceux-ci manifesteront massivement en janvier 1956 contre le départ de celui qu'ils auront reconnu comme le défenseur de leurs intérêts. Le 30 janvier 1956, le général **Georges Catroux** est nommé Résident Général en Algérie en remplacement de Jacques Soustelle, le départ de ce dernier provoque une forte mobilisation de soutien à Alger : la foule le suit jusqu'au quai d'embarquement et déborde le service d'ordre ; Soustelle est obligé d'emprunter une échelle volante pour se rendre à bord du bateau le ramenant en métropole. Soustelle, échappant à la surveillance de la police, rejoint les insurgés le 13 mai 1958 à Alger. Il entre en juillet 1958 comme ministre de l'information dans le premier gouvernement formé sous De Gaulle par Debré. À partir du discours sur l'autodétermination de De Gaulle (septembre 1959), la rupture est consommée entre lui et De Gaulle. Il participe à la « Semaine des barricades » en janvier 1960. Le putsch des généraux, auquel il prend une part active, sous le nom d'emprunt de Sénèque, précipite son exil, car il est poursuivi pour atteinte à l'Autorité de l'État. Il devient membre éphémère du Conseil national de la résistance de Bidault (avatar politique de l'OAS). Il effectue son retour en politique en 1968 en faveur de l'émergence d'une « troisième voie libérale », le Mouvement Progrès et Liberté, et soutient Valéry Giscard d'Estaing en 1974. Élu à l'Académie en 1982, il fait graver sur le pommeau de son épée un aigle dévorant un serpent et un croissant de lune. Il meurt en 1990.

LA « JOURNÉE DES TOMATES »

Le 6 février 1956, le voyage à Alger de Guy Mollet (Front Républicain), « pour étudier sur place la situation », selon ses propres termes, est passé à la postérité sous le nom de « journée des tomates ». Lorsque le cortège officiel se rend au Monument aux Morts d'Alger, il est conspué et accueilli par une foule hostile menée par le Comité d'Entente des Anciens Combattants qui lui lance, entre autres, tomates et quolibets en signe de mécontentement face à la nomination du général Catroux. La voix des maires d'Algérie est relayée dans la presse locale, c'est la célèbre formule de *L'Écho d'Alger* : « le maintien du général Catroux signifierait l'effondrement de l'Algérie », ce à quoi le journal socialiste *Le Populaire* répond que « les pressions des ultras, les démonstrations de force et de violence seront sans efficacité ». À la suite de la journée des tomates, Georges Catroux présente sa démission à René Coty pour éviter d'« entrer en conflit de conception et d'action sur un problème national capital avec ses anciens compagnons d'arme ». Il est remplacé par Robert Lacoste.

3 L'armée règne en Algérie

Sur le terrain, l'Algérie devient **une véritable « province militaire »** dont le contrôle échappe partiellement au gouvernement de la métropole, de plus en plus dépassé par les événements. **La bataille d'Alger, de janvier à septembre 1957,** symbolise cet état de fait : véritable succès militaire, elle mobilise tous les moyens du renseignement, y compris la torture, les arrestations voire les exécutions sommaires pour décapiter le FLN à Alger.

Si l'opération réussit parfaitement, elle suscite l'hostilité de l'opinion métropolitaine et de la communauté internationale à la guerre d'Algérie avec la dénonciation de **l'usage de la torture**. Elle montre aussi que le gouvernement a perdu, de façon inquiétante, tout contrôle sur l'armée en Algérie. Face à la contestation parlementaire et soucieux de ne pas se voir « ravir leur victoire » (le souvenir de l'Indochine est encore présent chez une partie des officiers qui se trouvent en Algérie), les militaires appuient assez complaisamment la **« journée des barricades » qui éclate à Alger le 13 mai 1958** et mobilise une partie de la population et des étudiants pieds-noirs contre l'idée d'une paix négociée. **Le général Massu**, qui a pris la direction des opérations militaires, notamment au cours de la bataille d'Alger, proclame même la création d'un **« Comité de Salut Public ».** Le gouvernement de **Pierre Pflimlin**, perçu comme un dangereux partisan de la solution libérale, est contraint de démissionner après… 15 jours d'exercice. De Gaulle, auquel Massu a cru bon de lancer un appel, apparaît d'autant mieux comme « l'homme providentiel » et « l'homme au-dessus des partis » qu'il a pris soin de dissoudre le RPF en 1953 tout en œuvrant à la mise en place de puissants relais et réseaux intellectuels, au sein du gouvernement, de la presse et de l'armée, prompts à s'activer au moment propice.

LA JOURNÉE DES BARRICADES, 13 MAI 1958

Le 13 mai 1958, la foule envahit le Gouvernement général à Alger et entraîne les militaires à former un comité de Salut Public afin de sauver l'Algérie française. Ce n'est que le dernier d'une longue série de complots visant à abattre la IVe république pour sauver l'Algérie française, depuis 1956. En 1957, on avait découvert le complot du général Faure (antigaulliste) et celui du général Cogny, le 16 janvier 1957, qui avait failli déboucher sur l'assassinat du général Salan, acte inspiré par un certain nombre d'hommes politiques, dont Michel Debré qui a toujours nié avoir préconisé « toute forme illégale de changement de pouvoir ». Le 8 février 1958, le bombardement français de Sakhiet en Tunisie avait provoqué une plainte tunisienne à l'ONU. On craint dès lors une internationalisation du conflit. Le 15 mars 1958, Robert Lacoste, en poste à Alger, avait appelé au retour du grand Charles. Il fut impossible de faire tenir un gouvernement « de salut public » (Soustelle, André Morice, Bidault, Roger Duchet). Le 8 mai, René Coty appela Pierre Pflimlin, favorable à une reprise des pourparlers avec le FLN. Le 9 mai, les généraux Salan et Jouhaud envoyèrent un télégramme au chef d'État-major, le général Ely, lui demandant de mettre en garde le président de la République contre une « réaction de désespoir » de l'armée face à une politique d'abandon. Le soir du 9 mai, le FLN annonça l'exécution de trois prisonniers militaires français. Les esprits s'échauffèrent largement. Le 12, Salan signifia à un envoyé de Pflimlin qu'il valait mieux que celui-ci se retire au profit de De Gaulle tandis qu'Alain de Sérigny publiait un appel afin qu'il sorte de son silence. Le 13 mai à 18h15, Pierre Lagaillarde entraîna, après la cérémonie au monument aux morts d'Alger, la foule à l'assaut du Gouvernement Général. Le général Massu entreprit de « rétablir l'ordre » en formant un comité de Salut Public, tandis que Pflimlin était investi à Paris à la majorité (274 contre 129). Le général Salan, qui détenait, avec l'accord du nouveau président, les pleins pouvoirs, refusa de transmettre aux troupes l'appel à la discipline de Pflimlin et officialisa au contraire les Comités de Salut Public. Le 15, il forma un « gouvernement de large union nationale » et cria publiquement « Vive le général De Gaulle ! ». De Gaulle fit immédiatement savoir qu'il se tenait « prêt à assumer les pouvoirs de la République ». Il rencontra secrètement Pflimlin dans la nuit du 27 mai par l'intermédiaire d'Antoine Pinay, sans obtenir d'accord, mais appela lui-même les « troupes à la discipline ». Réduit à l'impuissance, Pflimlin démissionna le 28. René Coty annonça publiquement qu'il allait faire appel « au plus illustre des Français » et, malgré l'opposition de la SFIO et du PCF, De Gaulle fut désigné et obtint l'investiture par 329 voix contre 224 le 1er juin, puis l'attribution des pouvoirs spéciaux pour régler la question algérienne, c'est-à-dire les pleins pouvoirs pour six mois.

CHAPITRE 34

Le règlement de la question algérienne

La grande question qui agite toujours les historiens est de savoir si De Gaulle avait dès le départ l'intention de lâcher l'Algérie et, quelle que soit l'opinion défendue à ce sujet, il est très difficile d'avancer des preuves allant dans un sens ou dans l'autre. La première année d'exercice du pouvoir sert surtout à rassurer la population, l'armée et à renouer des contacts discrets avec les insurgés. De Gaulle multiplie les voyages en Algérie et l'on constate que son discours évolue graduellement, **de « l'Algérie française » à « l'autodétermination » puis à la reconnaissance de l'« État algérien » et l'indépendance de 1958 à 1961**.

1 L'évolution de la politique algérienne de De Gaulle

En réalité, on peut penser que De Gaulle envisage successivement plusieurs solutions à la crise. Le 3 octobre 1958, De Gaulle prononce à Constantine un discours dans lequel il annonce la mise en place d'un plan de développement de l'industrie algérienne et la création de nouveaux emplois et propose aux combattants du FLN une « paix des braves ». De Gaulle est, à ce moment, président de la nouvelle Communauté des peuples d'Afrique noire, évoluant vers l'indépendance en coopération avec la France, et il pense pouvoir solutionner la crise en y intégrant l'Algérie. En cinq ans, la France devait accorder 250 000 ha de terres aux Algériens, bâtir 200 000 logements, créer 400 000 emplois et scolariser les deux tiers de la jeunesse. Sa proposition ne rencontre cependant pas d'écho, le FLN ne désarme pas et rejette même la proposition de De Gaulle par l'entremise du GPRA le 19 septembre 1958.

Les résultats militaires du plan Challe et le succès de la bataille d'Alger ne pouvant suffire, il fallait trouver une solution politique. 71 % des Français métropolitains étaient favorables à une réouverture des négociations avec le FLN en septembre 1959. Elle ne basculait cependant pas en faveur de la politique d'intégration que 40 % des Français estimaient réaliste en juillet 1958 (41 % estimaient à cette date que l'indépendance était inéluctable). Le 16 septembre 1959, De Gaulle propose à Alger l'autodétermination aux Algériens en vue de faire de l'Algérie un État autonome mais associé à la France. Les Algériens auraient en fait le choix entre sécession, francisation ou autonomie associée.

« Le gouvernement des Algériens par les Algériens, appuyé sur l'aide de la France et en union étroite avec elle pour l'économie, l'enseignement, la défense, les relations extérieures. » Cette annonce provoque de forts remous au sein de l'armée et de la population pied-noire et conduit même à des soulèvements (« semaine des barricades » et « Putsch des généraux »). Le discours du 16 septembre 1959 constitue une rupture : non seulement il échoue à entraîner une reprise des négociations puisque le GPRA est à ce moment en pleine dislocation, mais il contribue à dresser une partie des cadres de l'armée contre De Gaulle. En France comme en Algérie, les adversaires d'une solution négociée se constituent en une multitude de groupes activistes armés.

Après le rappel du général Massu par De Gaulle en 1960, une véritable tentative insurrectionnelle se déclenche à Alger : la **semaine des Barricades du 24 janvier au 1er février 1960.** Cette fois cependant, l'armée ne se rallie pas aux insurgés qui ont tiré sur les forces de l'ordre, tué 14 gendarmes et blessé 60 autres. En réponse, De Gaulle effectue tout d'abord une visite des troupes et des cadres de l'armée pour s'assurer de leur fidélité. Il décide également de relancer les pourparlers avec le GPRA en pleine restructuration qui accepte de son côté d'envoyer des émissaires. Les entretiens secrets de **Melun (25-29 juin 1960)** sont un échec, les Français exigeant un cessez-le-feu comme condition préalable à toutes négociations. De Gaulle opte alors pour la solution du référendum, qu'il confirme le 16 novembre 1960, mais sa venue en Algérie en décembre provoque des manifestations d'Européens et de Musulmans. L'armée fait feu : 120 morts. De Gaulle décide de soumettre au référendum en métropole la question de l'indépendance de l'Algérie. **Réponse : 75 % de OUI**. C'est un tournant qui décide du lancement du processus devant aboutir aux accords d'Evian.

De la « semaine des barricades » au « Putsch des généraux » (1960-1961), De Gaulle se tient publiquement à l'idée d'une « Algérie algérienne liée à la France ». À partir de 1961, on peut estimer que De Gaulle est définitivement acquis à l'idée que l'Algérie doit devenir indépendante. Les accords d'Evian, le 18 mars 1962, vont mettre fin à la guerre après de longues négociations secrètes avec le FLN, indépendance approuvée le 8 avril 1962 en métropole et le 1er juillet en Algérie. Cette évolution entraîne une méfiance de plus en plus marquée de la part des européens d'Algérie, d'autant que le **Gouvernement Provisoire de la République Algérienne (GPRA)** mis en place en septembre 1958, bras politique du Front de libération nationale (FLN), devient un interlocuteur politique du pouvoir gaulliste et négocie les accords de paix (accords d'Évian) avec la France.

2 La tentative de putsch et le règlement de la crise

Les organisations de défense de l'Algérie française se multiplient : Front de l'Algérie française à Alger, Colloque de Vincennes à Paris, avec la participation active de militaires tels que le général Jouhaud, le général Salan et les inculpés des barricades en fuite à Madrid ou les officiers mutés en métropole (Argoud, Gardes…). Le putsch devait avoir lieu en décembre 1960, pendant un voyage de De Gaulle à Alger. On prévoyait que les militants du FAF (Front Algérie Française) harcèlent le service d'ordre pour motiver un appel à l'armée tandis que De Gaulle serait assassiné à Philippeville. Les contre-manifestations musulmanes du 11 décembre firent ajourner ce plan. Mais la victoire de De Gaulle lors du référendum du 8 janvier 1961 sur l'autodétermination avaient relancé les préparatifs. Massu ayant refusé, Salan, Challe et Zeller formèrent avec Jouhaud, Bidault, Soustelle et Lauriol un mouvement de désobéissance civile et un directoire. Le 20 avril 1961, Challe et Zeller atterrirent clandestinement sur la base de Blida. Dans la nuit du 21, le 1er REP s'empara d'Alger et les quatre généraux proclamèrent un « Conseil Supérieur de l'Algérie ». Mais la marine et une partie de l'armée refusèrent de les suivre. Le complot fut décapité à Paris dès le 22 avril avec l'arrestation du général Faure. De Gaulle prononça le 23 une allocution dénonçant le « pronunciamento militaire d'un quarteron de généraux en retraite » et « d'un groupe d'officiers partisans, ambitieux et fanatiques ». Le premier ministre appela la population à se préparer à un débarquement de parachutistes. Le 24, l'article 16 fut mis en application. Les appelés refusèrent de suivre et le putsch acheva de s'effondrer. Challe négocia les conditions de sa reddition et fut condamné à quinze ans de réclusion. Zeller se rendit plus tard. Salan et Jouhaud intégrèrent la clandestinité et l'OAS. L'échec du putsch renforça la crédibilité de De Gaulle en France comme à l'étranger et donna naissance à **l'OAS (Organisation Armée Secrète)** qui mène une politique de la terre brûlée particulièrement violente (jusqu'à 20 morts par jour à Alger en janvier 1962), tentant par tous les moyens de faire échouer les pourparlers. La violence gagne la métropole. En octobre 1961, une manifestation d'algériens est réprimée par la police à Paris. On compte 74 morts.

MANIFESTATION DU 17 OCTOBRE 1961 :

Le 17 octobre 1961, à Paris, une manifestation non violente rassembla 20 000 Algériens encadrés par la Fédération de France du FLN, contre le couvre-feu imposé par la préfecture de police. Elle fut très violemment réprimée. Cet événement est le dernier épisode de la « Bataille de Paris » menée par le préfet de police Maurice Papon contre la Fédération de France du FLN et sa politique de lutte contre les intérêts économiques et militaires de la France sur le territoire métropolitain lancée le 25 août 1958. Le FLN était responsable en France de nombreux attentats contre des policiers (61 tués et 184 blessés en quatre ans). Fin août 1961, en dépit des négociations d'Evian, le FLN décida de reprendre les attentats. Les syndicats de police réclamèrent un nouveau couvre-feu qui fut réinstauré (20 h 30 – 5 heures) et dénoncé comme raciste par les associations musulmanes intégrationnistes. Le FLN décida donc de le briser par un boycott massif et une manifestation. 20 000 manifestants convergèrent des banlieues le soir du 17 octobre. 7 000 agents de police et 14 000 CRS et gendarmes les attendaient. 11 538 arrestations. 2 645 meneurs renvoyés en Algérie. Gaston Defferre réclama une commission d'enquête, contestant le bilan officiel de 2 morts algériens et un passant français. En 1991, Jean-Luc Heinaudi, l'a estimé à plus de 200, à l'aide des archives de la Fédération de France du FLN mais ne fournit une liste que de 74 tués. Il est vraisemblable que le préfet de police ait laissé les mains libres à ses hommes pour éviter qu'une partie d'entre eux ne passent à l'OAS.

Malgré tout les négociations suivent leur cours. La première négociation des accords d'Evian (20 mai-30 juin 1961) est difficile mais permet l'organisation d'une seconde négociation du 20 au 29 juillet 1961 au château d'Allaman (Lugrin). Enfin la conférence d'Evian (7-18 mars 1962) reconnut l'indépendance de l'Algérie mais la garantie des intérêts pétroliers de la France et déboucha **sur les accords d'Evian le 18 mars 1962 et la proclamation d'un cessez-le-feu le 19 mars 1962.** Le référendum **du 8 avril 1962 donne 90, 6 %** de votes favorables à l'indépendance en métropole et **99,7 % en Algérie le 1er juillet.** L'indépendance de l'Algérie, ainsi que la politique de terre brûlée de l'OAS provoquent le départ des **pieds-noirs (800 000).** Quant aux harkis, ceux qui ne peuvent pas fuir sont massacrés. Les attentats de l'OAS ajoutèrent 2 730 morts et 6 000 blessés aux 300 000 victimes (estimation) de la guerre d'Algérie.

OAS (ORGANISATION DE L'ARMÉE SECRÈTE) :

Formée au début de l'année 1961 à Madrid, à l'initiative de Pierre Lagaillarde et Jean-Jacques Susini, deux inculpés des barricades, l'OAS était dirigée d'Alger par le général Salan et comprenait en théorie trois branches : l'Organisation Renseignement-Opération (ORO), l'Organisation des Masses (OM) et l'Action Psychologique et la Propagande (APP). En réalité elle unissait plus ou moins un foisonnement de groupuscules divers. Les effectifs étaient compris entre 1 500 et 3 000 personnes, à Alger et dans les grandes villes, auxquels s'ajoutaient les groupuscules métropolitains. La politique de la « terre brûlée » de l'OAS et l'attentat manqué du Petit-Clamart contribuèrent à renforcer le régime en aliénant à l'OAS tout soutien de l'opinion publique.

LES MÉMOIRES DE LA GUERRE D'ALGÉRIE

L'Algérie est devenue un État indépendant en 1962, à l'occasion de la signature des accords d'Evian, après huit ans de guerre. Le conflit, minimisé par l'État français lors de son déroulement, est aussi en grande partie occulté dans les années qui suivent. En Algérie, le pouvoir en place, fondé sur le parti dominant, le FLN (Front de Libération National), met en place une histoire officielle qui oppose le peuple algérien uni et soudé à l'armée de la puissance coloniale française, évacuant de la lecture officielle la question des populations kabyles ou des dissensions au sein de la population algérienne.

Le travail scientifique des historiens est compliqué en Algérie mais aussi en France pour des raisons différentes. À partir de 1965, le coup d'État qui met Houari Boumédiène au pouvoir fait du FLN le parti unique et de l'Algérie un État autoritaire. Dans ces conditions, le conflit est plus que jamais soumis à une interprétation officielle qui construit une mémoire collective attachée à une forme d'idéalisation nationaliste, largement utilisée par le pouvoir algérien pour pallier dans les décennies qui suivent les difficultés persistantes et la corruption qui minent le pays.

En France, la reconnaissance officielle des exactions commises par l'armée française est problématique même si leur dénonciation commence très tôt. L'usage de la torture est ainsi dénoncé par des témoins directs, comme Henri Alleg (*La Question*, 1958), des historiens comme Henri-Irénée Marrou ou des intellectuels comme Jean-Paul Sartre avec le Manifeste des 121 en 1960. Les acteurs du conflit eux-mêmes, 500 000 soldats mobilisés et un million de pieds-noirs rapatriés d'Algérie, restent très discrets. Les lois d'amnistie de 1968 contribuent à faire rentrer pour un temps la guerre d'Algérie dans l'oubli. Il faut attendre 1983 en France pour que le conflit algérien soit intégré aux programmes scolaires. En Algérie, la guerre fait toujours l'objet d'un traitement officiel qui idéalise l'action du FLN et minore les exactions commises par le groupement armé contre les populations algériennes, dans le cas où elles ne se ralliaient pas à sa cause.

Néanmoins, au cours des années 1970, un premier « réveil des mémoires » a lieu, parallèlement à celui qui caractérise la mémoire de la Seconde Guerre mondiale. Les pieds-noirs se constituent en associations et réclament la reconnaissance des préjudices subis et des indemnisations à l'État. Les anciens soldats d'Algérie obtiennent quant à eux le statut d'anciens combattants en 1974. Les harkis, anciens supplétifs de l'armée française en Algérie, réfugiés en France, se révoltent à propos de leurs conditions d'accueil (certains sont encore parqués dans des camps) et réclament une véritable reconnaissance de leur rôle dans la guerre. En Algérie, il faut attendre les années 1990 pour que s'accomplisse un « réveil des mémoires », suscité par les conséquences dramatiques de la guerre civile qui ravage le pays entre 1991 et 2002, lors de la « décennie noire » (entre 100 et 150 000 morts). Cette tragédie et la politique d'amnistie décidée par le gouvernement algérien vis-à-vis des combattants du Groupement Islamique Armé (GIA) posent à nouveau la question de la mémoire de la guerre d'indépendance à la lumière des difficultés rencontrées par la société algérienne depuis l'indépendance de 1962. Malgré le travail des historiens comme Pierre Nora, Pierre Vidal-Naquet ou Benjamin Stora et la tardive reconnaissance politique – Jacques Chirac inaugure ainsi le mémorial national de la guerre d'Algérie et des combats du Maroc et de la Tunisie en 2002, tandis qu'en 2012, le 19 mars est institué « Journée du souvenir » en hommage aux victimes de la répression du métro Charonne en 1961 – la mémoire de la guerre d'Algérie n'est pas apaisée et empoisonne toujours les relations entre les deux États. La guerre d'Algérie, conflit qui a profondément divisé la société française et a occasionné une tentative de coup d'État, est le conflit dont on ne parle pas, une « guerre ensevelie » pour l'historien Benjamin Stora.

CHAPITRE 35

La France : un nouveau régime

La crise algérienne permet à **De Gaulle de revenir sur le devant de la scène**. Retiré (depuis la dissolution du **RPF** en **1955**), apparaissant comme « au-dessus des partis » et encore auréolé de la gloire du 18 juin, De Gaulle apparaît également comme le seul interlocuteur que l'armée est susceptible d'accepter. Dans un premier temps, il prend soin de se déclarer opposé à l'indépendance. En réalité, il prend rapidement ses distances vis-à-vis des éléments jusqu'au-boutistes.

1 Le retour de De Gaulle

Le 27 mai, s'engage le processus régulier d'établissement d'un gouvernement républicain, après que De Gaulle a été appelé au pouvoir par les principaux chefs de parti – Pinay, Mollet et Pflimlin – afin d'écarter tout soupçon pouvant entacher la légitimité du nouveau régime. Le nouveau gouvernement est investi le 1er juin 1958. Le lendemain, De Gaulle reçoit les pleins pouvoirs et mission d'établir une nouvelle constitution.

Rappel chronologique :

- 15 mai : acclamation du nom du général par l'armée, celui-ci se dit prêt à gouverner
- 24 mai : débarquement de paras d'Algérie en Corse, menace d'intervention le 27 mai en métropole
- 28 mai : démission de Pflimlin
- 1 juin : De Gaulle président du conseil
- 2 juin : pleins pouvoirs
- 3 juin : pouvoir constitutionnel
- **28 septembre 1958 : référendum sur les nouvelles institutions de la Ve République, acceptée avec 80 % de OUI.**

Le nouveau régime donne la prééminence à l'exécutif et doit mettre fin à l'instabilité ministérielle. Les pouvoirs du président sont grandement renforcés : droit de dissoudre l'Assemblée, de lancer une consultation par référendum, nomination du premier ministre et des ministres sur proposition de celui-ci, présidence du conseil des ministres, rôle important dans la politique nationale et étrangère, possibilité d'exercer les pleins pouvoirs, de légiférer par ordonnance. Sur le plan économique, la création du nouveau Franc en 1958 vient renforcer symboliquement le changement de régime.

Le travail constitutionnel s'accomplit au cours de l'été 1958. Y oeuvrent De Gaulle lui-même, Michel Debré (garde des Sceaux), le conseil des ministres et le comité consultatif provisoire. Le texte constitutionnel est soumis à référendum et approuvé le 28 septembre 1958 avec 79,2 % de oui.

2 Une « monarchie républicaine » ?

« Croit-on que j'ai vocation à inaugurer les chrysanthèmes ? Croit-on qu'à 67 ans je vais commencer une carrière de dictateur ? » s'interroge publiquement Charles De Gaulle le 19 mai 1958. Quand le texte de la constitution fut connu, **en septembre 1958**, il suscita beaucoup de réactions de rejet. **Raymond Aron** n'hésita pas à écrire que cette constitution était réactionnaire, « au sens étymologique du terme ». Le texte contient pourtant un certain nombre de compromis : il maintient la **responsabilité du gouvernement** devant le parlement, ainsi que la **séparation stricte de l'exécutif et du législatif** et le **suffrage universel comme source de pouvoir**. Néanmoins, dans la droite ligne du discours de **Bayeux**, le nouveau texte constitutionnel prévoyait que le pouvoir du gouvernement ne procède plus du parlement mais **du président de la République** (« **régime parlementaire à captation présidentielle** »). Un certain nombre de dispositions nouvelles entrent également en ligne de compte, en premier lieu en ce qui concerne les pouvoirs du président :

- Article 5 : il « veille au respect de la Constitution. Il assure, par son arbitrage, le fonctionnement régulier des pouvoirs publics ainsi que de la continuité de l'État. Il est le garant de l'indépendance nationale, de l'intégrité du territoire, du respect des traités. »
- Article 9 : présidence du conseil des ministres
- Article 11 : référendum direct
- Article 12 : droit de dissolution de l'Assemblée
- Article 13 : nomination aux emplois civils
- Article 16 : pouvoirs de crise
- Article 23 : incompatibilité entre mandat parlementaire et fonctions gouvernementales, ce qui prive les ministres de leur base politique et les soumet au président.
- Article 52 : négociation et ratification des traités
- Article 54 et 61 : saisine du conseil constitutionnel

On doit par ailleurs au groupe de réflexion composé en particulier de Guy Mollet et Pierre Pflimlin le célèbre 49.3 (adoption sans vote d'un texte pour lequel le gouvernement engage sa responsabilité à moins que le parlement ne fasse passer une motion de censure à la majorité absolue des députés, qui est une reprise d'une disposition de la IVe).

La constitution de 1958 permettait l'élection du président de la République au suffrage universel indirect : **80 000 grands électeurs** (députés, sénateurs, élus locaux) désignaient la nouvelle tête de l'exécutif aux pouvoirs bien plus étendus que ceux d'un René Coty sous la IVe République. La légitimité populaire du président sort renforcée suite à **son élection au suffrage universel direct avec le référendum du 28 octobre 1962**. C'est la première véritable bataille constitutionnelle à partir de l'adoption de la Ve République.

Le gouvernement, nommé par le président, voit aussi ses pouvoirs renforcés : le Premier Ministre détermine et dirige l'action du gouvernement, a l'initiative des lois, fixe l'ordre du jour de l'Assemblée nationale et peut utiliser le vote bloqué (art **49-3**).

Le régime reste cependant parlementaire : le pouvoir législatif est contrôlé par le Parlement, l'Assemblée nationale contrôle l'action du gouvernement et peut la sanctionner par la motion de censure. La création du Conseil Constitutionnel sert aussi à garantir l'État de droit et la conformité constitutionnelle des lois votées par le Parlement.

En résumé, la constitution de la Ve République instaure ou maintient :

- Un **exécutif dualiste** (le premier ministre conduit la politique intérieure et sert d'interlocuteur avec le parlement. Le risque de dyarchie est – théoriquement – évité par une règle tacite qui veut que le premier ministre remette sa démission au président qui la lui demande même si, en droit, rien ne l'y oblige).
- La **discipline majoritaire**, qui veut que la majorité parlementaire soit « disciplinée » vis-à-vis du président même si, depuis la révision du 25 juin 1992, le parlement peut exprimer, par un vote de résolutions, son opinion sur des projets communautaires, avant leur vote à Bruxelles, ou sur des traités internationaux.
- Le **bicamérisme** (Assemblée Nationale/Sénat).
- Le **Conseil Constitutionnel** (la révision de 1974 ouvre la saisine du Conseil Constitutionnel à 60 députés ou sénateurs en plus du président ou du Premier ministre).

En plus de celles d'Aron, le texte constitutionnel suscite d'autres critiques, celle de François Mitterrand par exemple, qui évoque un « coup d'État permanent », dans son ouvrage éponyme, sorti chez Plon en 1964. Le juriste Maurice Duverger évoquera quant à lui une « monarchie républicaine » dans son ouvrage intitulé *La monarchie républicaine… ou comment les démocraties se donnent des rois*, sorti chez Robert Laffont en 1974. D'autres témoins jugent cependant plus positivement l'œuvre constitutionnelle de De Gaulle et la Ve République : « Il faut que le président de la République ait la confiance du peuple. Non pas la confiance des partis, mais la confiance du peuple. Et c'est dans l'élection au suffrage universel que cette confiance se manifeste. Comme dans le référendum. Le référendum est pour de Gaulle une question de confiance posée au peuple, et il l'a montré puisque, quand cette confiance lui a été refusée, il s'en est allé. » (Raymond Barre. Témoignage publié dans : *Témoins et acteurs de la Ve République*. Sous la direction de Henri Fabre. Collection Rétrospective. Editions Privat. 2006.)

Le **8 janvier 1959, Michel Debré** est nommé **premier ministre**. Il n'y a pas de ministres socialistes et la SFIO n'a plus qu'une quarantaine de députés après octobre 1958. Elle ne s'allie ni avec les communistes, ni avec le MRP ou l'UNR. Les socialistes adoptent une position d'opposition déterminée qui va marquer toute l'histoire de la Vᵉ République. La naissance de la Vᵉ République correspond à l'instauration du IIIᵉ Plan (1958-1961), élaboré sous le régime précédent. De Gaulle se fait par ailleurs un ardent défenseur de la planification (c'est lui qui avait créé le commissariat général au plan). Le gouvernement Debré devait préparer le IVᵉ Plan (1962-1965). C'est l'occasion d'une vaste réforme régionale avec la création de la **DATAR** (La Délégation interministérielle à l'aménagement du territoire et à l'attractivité régionale) en 1963 et le découpage en 21 régions.

3 L'élection du président au suffrage universel

La mise en application de l'élection du président au suffrage universel rencontrait l'opposition des partis traditionnels, à gauche et à droite. De Gaulle devait donc profiter d'un contexte propice pour imposer cette dernière modification de la constitution, ce qui est le cas en 1962. La crise algérienne s'achève avec l'indépendance et De Gaulle, qui a fait échouer le putsch des généraux en 1961, échappe de justesse le **22 août 1962 à l'attentat du Petit Clamart**.

Cependant, face à l'hostilité d'une grande partie des parlementaires à son projet, De Gaulle décide d'utiliser l'article 11 pour avoir recours au référendum. Le Conseil d'État émet un avis défavorable au recours à l'article 11 et le Conseil constitutionnel se déclare incompétent (décision Loi référendaire du 6 novembre 1962). Cette situation entraîne le vote d'une motion de censure, **le 5 octobre à l'Assemblée nationale, à l'encontre du gouvernement de Georges Pompidou** ; c'est la première et unique fois à ce jour qu'une motion de censure est adoptée sous la Vᵉ République. De Gaulle prend alors la décision de dissoudre l'Assemblée.

Le 28 octobre, les Français adoptent la réforme par référendum **(62 % de oui)** : les partis traditionnels sont battus, ils le seront de nouveau aux élections législatives des 18 et 25 novembre : l'UNR gaulliste et les Républicains indépendants obtiennent la majorité absolue des sièges à l'Assemblée nationale.

En 1965, Charles de Gaulle remporte les premières élections au suffrage universel à deux tours (62 %) Le premier tour s'est déroulé le **5 décembre 1965 et le second le 19 décembre**. Charles de Gaulle est réélu pour un nouveau septennat au poste de président de la République française, avec **55,20 % des voix au second tour face à François Mitterrand (44,8 %).**

CHAPITRE 36

Un tournant social politique et culturel : la France des années 1970 à 1995

Le 28 avril 1969, c'est par un simple communiqué laconique envoyé à 0 h 10 que le général De Gaulle annonce aux Français son départ de l'Élysée : « Je cesse d'exercer mes fonctions de président de la République. Cette décision prend effet aujourd'hui à midi ». Ce départ ouvre une nouvelle ère pour la Ve République que l'on peut résumer en trois ruptures de la fin des années 1960 à celle des années 1980. La première est celle de la Ve République sans De Gaulle. Le régime avait été pensé par lui et pour lui ont avancé nombre de ses détracteurs, dont François Mitterrand. Peut-il lui survivre ? Les décennies qui suivent prouvent non seulement que oui mais elles produisent deux autres ruptures qui confirment en même temps la viabilité dans le temps du régime : l'élection de Valéry Giscard d'Estaing, premier président de droite non gaulliste en 1974, puis celle de François Mitterrand, premier président socialiste qui instaure ainsi « l'alternance ».

1 Pompidou à l'Élysée (1969-1974)

Le 15 juin 1969, Georges Pompidou remplace de De Gaulle à l'Élysée. Il est élu avec 57,5 % des voix face à Alain Poher, au cours des élections présidentielles organisées pendant l'intérim assuré par le même Alain Poher. Il poursuit la politique gaulliste d'indépendance nationale mais avec une ouverture européenne plus forte (acceptation de l'entrée de la Grande-Bretagne dans la CEE) pour attirer le soutien des voix centristes. Le président encourage la modernisation de la France à travers de grands projets industriels (Ariane, Airbus, Concorde).

Le premier gouvernement de l'ère Pompidou est assuré par Jacques Chaban-Delmas qui souhaite créer une « nouvelle société prospère, généreuse et libérée » en luttant contre les inégalités sociales (création du SMIC et du salaire mensuel en 1970, développement des conventions collectives). Représentant d'une droite gaulliste moderniste, Chaban s'inspire également du projet de « Great Society » du président américain Lyndon Johnson. Cependant, les divergences entre le Premier ministre et le président amène Pompidou à recevoir la démission de Chaban-Delmas le 5 juillet 72.

Pierre Messmer, plus soumis au Président que son prédécesseur, prend la relève de Chaban-Delmas. Il s'agit de réaffirmer l'unité de la majorité face à un PS qui se réorganise (congrès d'Epinay en 1971 : Mitterrand devient premier secrétaire du PS, le 27 juin 1972 le PS s'allie avec le PC sur la base d'un programme commun de gouvernement). Les législatives de 1973 voient cependant la droite à nouveau victorieuse avec 268 sièges sur 490 mais marquent aussi le progrès de la gauche qui remporte 102 sièges pour le PS et 73 pour le PC. Le 2 avril 1974, Georges Pompidou est emporté par un cancer. L'intérim est à nouveau assuré par Alain Poher.

2 Valéry Giscard d'Estaing (1974-1981)

Valéry Giscard d'Estaing est élu le 19 mai 1974 avec 50,8 % des suffrages contre François Mitterrand, soit un écart de seulement 425 000 voix. Il s'agit du premier président non gaulliste et qui n'appartient pas au principal parti de la majorité. Il choisit cependant un Premier ministre gaulliste : Jacques Chirac. Partisan de la modernisation sociale et sociétale de la France, Giscard souhaite mettre en place une « société libérale avancée ». Ainsi, le droit de vote est abaissé à 18 ans (5 juillet 1974) et cette mesure s'accompagne d'une série de lois sur l'école (collège unique, juin 75), sur le divorce (création du divorce par consentement mutuel, le 4 juin 1975), sur la contraception et sur l'interruption volontaire de grossesse (1974-75) qui transforment la société.

Le septennat de VGE est cependant marqué par le premier choc pétrolier et par la crise économique. Le durcissement du contexte socio-économique entraîne le mécontentement croissant de la population. Les cantonales de mars 1976 donnent la victoire à la gauche (51,5 % des suffrages). Valéry Giscard d'Estaing choisit de sacrifier Jacques Chirac, dont il reçoit la démission le 26 juillet 1976, avant de le remplacer par Raymond Barre. Malgré les efforts de ce dernier pour rétablir l'équilibre budgétaire, la situation économique reste désastreuse et l'opinion se détache progressivement de la droite.

Cette dernière se divise alors en deux partis : le RPR (Rassemblement pour la France, décembre 76) et l'UDF (Union pour la démocratie française, février 78). Ils s'affrontent pour les premières élections municipales à Paris, en 1977. La victoire de Jacques Chirac constitue un échec pour Giscard et offre à l'ancien Premier ministre une base pour la conquête de la présidence. La gauche quant à elle continue à gagner du terrain lors des municipales, gagnant 57 villes de plus de 30 000 habitants.

Cependant, si la stratégie d'union de la gauche lui a permis de progresser, c'est surtout le parti socialiste qui a bénéficié de ces progrès. Aussi, le parti communiste va-t-il rompre avec son allié, en septembre 1977. La droite réussit à sauvegarder quant à elle son unité et remporte la majorité des sièges aux élections législatives avec 291 sièges contre 200 pour la gauche. La fin du septennat de Giscard d'Estaing est entachée de nombreux scandales (l'affaire des diamants offerts à Giscard par l'empereur de Centrafrique, Jean Bedel Bokassa), qui vont contribuer à préparer le terrain pour la victoire de la gauche en 1981.

3 L'alternance (1981-1995)

La droite ne parvient pas en 1981 à sauvegarder son unité comme elle l'avait fait pour les législatives de 1978 et se présente en ordre dispersé aux présidentielles de 1981. Comme en 1974, un débat télévisé est organisé entre les deux candidats. Apparu en 1974 avec la confrontation de Valéry Giscard d'Estaing et François Mitterrand, il s'inspire de la pratique américaine, ce type de rendez-vous existant depuis septembre 1960 aux États-Unis. En 1974, Giscard était sorti largement vainqueur du débat avec Mitterrand. VGE avait reproché à Mitterrand d'être « un homme du passé » avec lequel « on ne peut pas parler d'avenir ». Puis, attaqué sur sa carrière par un Mitterrand lui lançant : « Vous avez été onze ans ministre », Giscard avait répondu : « Vous, vous l'avez été onze fois, j'ai compté ». La réplique emblématique reste celle de Giscard, assénant à Mitterrand : « Vous n'avez pas le monopole du cœur ».

Le débat du 5 mai 1981 voit François Mitterrand prendre nettement sa revanche. Mitterrand, qui avait gardé un très mauvais souvenir du précédent débat, ne souhaitait pas réitérer l'expérience. Son équipe de communication adressa donc un cahier des charges comportant des contraintes d'organisation qui devaient normalement être difficilement acceptables pour l'équipe de Giscard et celle de télévision. Les deux acceptèrent et Mitterrand fut contraint de se prêter au jeu, ce qu'il fit plutôt bien, prenant nettement l'avantage dans le débat et assénant à un Giscard en difficulté une réplique qui fit date : « Vous avez tendance à reprendre le refrain d'il y a sept ans : l'homme du passé. C'est quand même ennuyeux que, dans l'intervalle, vous soyez devenu, vous, l'homme du passif ».

Le 10 mai 1981, François Mitterrand remporte les élections présidentielles (51,7 % des suffrages) et prend la tête d'un régime qu'il dénonce depuis 1958. Il charge Pierre Mauroy, nouveau Premier ministre, de former un gouvernement qui comprend quatre ministres communistes. La France est le seul pays occidental avec des communistes au gouvernement, ce qui inquiète les États-Unis, même si, contrairement aux pronostics affolés du camp giscardien pendant la campagne, la victoire socialiste n'a pas fait venir les chars de l'Armée Rouge sur la Place de la Concorde…

Le gouvernement engage de nombreuses réformes sociales (5e semaine de congés payés ; semaine de 39 heures ; retraite à 60 ans avec 37,5 annuités ; hausse du SMIC de 10 %, des allocations familiales et de logement de 25 %), nationalise douze groupes industriels (1/4 des effectifs industriels) et une quarantaine de banques (90 % des dépôts bancaires) et vote une loi de décentralisation qui renforce le rôle des collectivités locales (loi Defferre de 1982). Enfin, il abolit la peine de mort, au terme d'un long combat mené par l'avocat et homme politique Robert Badinter.

Mais, dès 1983, le bilan s'impose : la politique très volontariste du gouvernement semble être un échec. L'inflation et le chômage restent à des niveaux très importants et contraignent le gouvernement à abandonner ses orientations économiques et à adopter une politique de rigueur sous l'égide de Jacques Delors. Cet échec économique provoque un recul de la gauche aux municipales de mars 83.

En 1984, après l'échec de la loi Savary sur l'école, Pierre Mauroy est remplacé par Laurent Fabius. Le nouveau Premier ministre adopte une politique résolument libérale en limitant l'intervention de l'État dans divers domaines, ce qui crée un malaise au sein du parti socialiste et une rupture au sein de son électorat. Le PS commence à se détacher de son électorat le plus populaire.

Les communistes quant à eux ne participent désormais plus au pouvoir et s'installent dans l'opposition. Dans ces conditions et tandis que le chômage continue à augmenter, les élections législatives du 18 mars 1986 accordent la majorité à l'opposition qui regroupe le RPR et l'UDF. Ces élections marquent aussi l'entrée du Front National (35 sièges) à l'Assemblée, en vertu d'une stratégie mitterrandienne qui devait, grâce à la proportionnelle, affaiblir la droite traditionnelle. La première cohabitation s'organise.

4 Un deuxième septennat difficile

Un nouveau débat télévisé de second tour est organisé le 24 avril 1988, au cours duquel Jacques Chirac lance à François Mitterrand : « Ce soir, je ne suis pas le Premier ministre, et vous n'êtes pas le président de la République, nous sommes deux candidats à égalité [...], vous me permettrez donc de vous appeler monsieur Mitterrand. ». François Mitterrand lui répond ironiquement : « Mais vous avez tout à fait raison, monsieur le Premier ministre ». Plus tard dans le débat, Jacques Chirac finit par dire « monsieur le président » en s'adressant à François Mitterrand. Ce dernier avait par ailleurs obtenu que la table du débat ait les dimensions exactes de celle du Conseil des ministres, où les deux hommes s'étaient réunis chaque mercredi pendant deux ans...

Le 8 mai 1988, Mitterrand remporte à nouveau les élections présidentielles (54,01 % des suffrages), dissout l'assemblée mais n'obtient que la majorité relative, ce qui oblige le PS à une ouverture au centre et vers les communistes. Aussi, c'est Michel Rocard qui est nommé premier ministre. Le nouveau gouvernement ramène le calme en Nouvelle-Calédonie et met en place le RMI (Revenu minimum d'insertion). Mais, les tensions croissantes entre le Président et le Premier ministre conduisent à son remplacement par Edith Cresson puis par Pierre Bérégovoy en avril 1992.

Pierre Bérégovoy a la particularité d'être issu d'un milieu populaire et d'avoir gravi les échelons du milieu syndical au sein de la SFIO (après avoir commencé à travailler comme tourneur à 16 ans et s'être engagé dans la résistance par la suite) avant de rejoindre le PS du Congrès d'Epinay. Devenu premier ministre, il doit affronter les attaques qui visent sa majorité, notamment en raison d'instructions judiciaires pour corruption touchant des proches du président de la République. Lui-même mis en cause, il est, de plus, confronté à la persistance des difficultés économiques et au mécontentement de la gauche, qui voit en lui le symbole du ralliement des socialistes au libéralisme économique. Le 1er mai 1993, il est retrouvé mort, dans sa voiture, sur le bord du canal de la Nièvre, une balle dans la tête. Si l'enquête officielle conclut au suicide, un certain nombre de chercheurs et de journalistes ont mis en valeur des éléments négligés par l'enquête, qui pointent plutôt vers la thèse de l'assassinat politique.

L'absence de solutions à la crise, la multiplication des affaires politiques (sang contaminé) et la mort de Pierre Bérégovoy pèsent lourdement sur la fin de ce deuxième septennat mitterrandien. Les élections législatives de 1993 voient une victoire écrasante de la droite, avec plus de 80 % des sièges. Cette victoire entraîne la seconde cohabitation sous la présidence de Mitterrand, Edouard Balladur devenant Premier Ministre.

Cette seconde cohabitation se déroule avec moins de tensions car il n'y a pas de rivalité entre les deux hommes, en effet Mitterrand ne briguera pas un troisième mandat et le candidat pressenti du RPR est Jacques Chirac. Balladur reprend la politique de privatisation. La cohabitation se maintient jusqu'à l'élection de Jacques Chirac comme président de la République en 1995, avec 52,6 % des suffrages, à l'issue d'un nouveau débat télévisé, cette fois entre Jacques Chirac et Lionel Jospin, candidat socialiste.

CHAPITRE 37

Un tournant social, politique et culturel : les mutations de la société française depuis les années 1970

1 La France, une société en mutation

Jusqu'au milieu des années 1950, la société française connaît encore peu de changements par rapport à l'entre-deux-guerres. Le taux d'urbanisation n'a dépassé les 50 % qu'au début des années 1930 (alors que la population britannique est majoritairement urbaine dès la fin du XIXe siècle). L'agriculture reste une activité primordiale dans la France des années 1950. Le secteur emploie 6 millions de personnes mais la grande majorité des paysans et des exploitations pratique encore une forme de polyculture traditionnelle, peu mécanisée avec de faibles rendements. Cependant, dans une France qui connaît une nouvelle phase d'urbanisation, le monde rural commence à être touché par l'exode rural et par les projets d'aménagement du territoire et de villes nouvelles qui se multiplient au cours des années 1960 puis 1970. Le documentaire d'Eric Rohmer, *Ville nouvelle : l'enfance d'une ville* (1975), qui présente l'élaboration architecturale de la ville nouvelle de Cergy-Pontoise, en est une parfaite illustration.

La France connaît une forte natalité au cours de l'après-guerre, durant la période marquée par le « baby-boom », de la fin de la guerre jusqu'aux années 1970. Combiné à l'allongement de la durée de vie, elle entraîné une forte augmentation de la population française : de 40,1 millions d'habitants en 1946, on passe à 52,6 millions en 1975. L'exode rural touche plus massivement la population active du secteur agricole à mesure que les bouleversements des « Trente Glorieuses »[1] Les paysans représentent

....

1 L'expression qui désigne la période de forte croissance économique et d'augmentation du niveau de vie de 1945-1975 a été forgée en 1979 par l'économiste Jean Fourastié, en référence aux « Trois Glorieuses ».

36 % de la population active en 46 contre 3 millions et 11 % des actifs en 1968, c'est la « fin des paysans » décrite par Henri Mendras, dans son essai du même nom, sorti en 1967. Cet exode rural et cette transformation de la population active est due à une nouvelle vague d'urbanisation et d'industrialisation. Les urbains représentent 75 % de la population en 1975 selon l'INSEE. La croissance de l'urbanisation et du secteur industriel s'accompagne aussi d'une tertiarisation de plus en plus marquée de l'économie, avec le développement des activités de services qui représentent plus de la moitié du PIB en 1973 et la tertiarisation s'accompagnent elle-même d'une très forte hausse du salariat par rapport aux travailleurs indépendants.

L'amélioration du niveau de vie et de la protection du travail et l'augmentation des congés (2 semaines par an en 36, 3 en 56, 4 en 69, 5 en 82) favorise l'émergence d'une « société de loisir », autant que de consommation. Les loisirs sont pris en compte dans les conceptions urbanistiques nouvelles, comme le montre là encore Eric Rohmer dans *Ville nouvelle*, en montrant de quelle manière les villes nouvelles comme Cergy-Pontoise accorde dans leur plan urbain une importance primordiale à la délimitation des espaces de loisir et à la facilitation d'accès aux centres commerciaux. Le développement des *Center Parcs*, concept né aux Pays-Bas en 1968 et arrivé en France en 1978, reflète clairement ces évolutions, proposant des villages de vacances de court séjour ouverts toute l'année, implantés au cœur de domaines forestiers, incluant des équipements de services (restaurants, commerces, etc) et de loisirs, dont l'*Aqua Mundo*, un bâtiment maintenu à 29 °C abritant des activités aquatiques.

Les loisirs et la culture prennent une part de plus en plus importante dans le budget des ménages et des comportements nouveaux apparaissent : la population acquiert davantage de biens de consommation (réfrigérateur, télévision, machine à laver, automobile ; apparition des premières grandes surfaces en 1963, le nombre d'hypermarchés passe de 4 en 1965 à 387 en 1979), et l'essor de la consommation et de la mobilité professionnelle modifie en profondeur le plan urbain avec l'apparition des ZUP : zones d'urbanisation prioritaire, le développement des Habitations à Loyer Modéré (HLM), héritiers des Habitations à Bon Marché (HBM), créés par la loi Siegfried du 30 novembre et développé par la loi Loucheur en 1928 (c'est en 1950 que les HBM deviennent les HLM) ou des « villes nouvelles » déjà évoquées. L'Etat-providence, institué en France par l'application du programme du CNR instaure des mesures de protection du travail et des populations les plus démunies. En 1952, l'État institue un salaire minimum, indexé sur la hausse des prix, permettant ainsi une augmentation régulière du pouvoir d'achat. Le revenu disponible des ménages passe de 16,6 % en 1950 à 32,4 % en 1980.

La société française reste cependant marquée par les inégalités au cours de la seconde moitié du XXe siècle. Le secteur agricole connaît une transformation vécue souvent douloureusement par le monde paysan et que décrit Henri Mendras dans *La fin des paysans* et *La deuxième révolution française*. Le passage au modèle productiviste installe graduellement la domination des exploitations occupant de vastes surfaces et employant peu de personnel, au détriment des petites exploitations familiales qui ont tendance à disparaître. De même les « grandes surfaces », qui commencent à se développer à compter de l'installation d'un premier hypermarché Leclerc à Landerneau en 1964, entraînent des transformations là encore douloureuses, surtout dans les villages et villes de taille moyenne avec la fermeture de nombreux commerces de proximité dans les centres-villes et périphéries en raison de la concurrence de ces grands centres commerciaux qui devient de plus en plus redoutable. L'une des conséquences politiques de ce phénomène est le développement du mouvement protestataire dirigé par Pierre Poujade. Dans le secteur secondaire, les mineurs et les ouvriers des industries atteintes par la crise des années 1970 sont touchés de plein fouet par le chômage de masse. En conséquence, la population active du secteur primaire se réduit drastiquement au cours des années 1970 à 2000, jusqu'à ne plus représenter aujourd'hui que 2,3 % de la population active. En 2012, selon l'INSEE, la population active était estimée à 28,6 millions de personnes de 15 ans ou plus en France métropolitaine. Elle représentait 27,6 millions d'actifs en 2005 et 19 millions cinquante ans auparavant. Selon Pôle Emploi, en décembre 2017, on comptait 3 451 400 personnes sans emploi (catégorie A) et 2 160 900 exerçant une activité réduite (catégories B, C), soit au total 5 612 300 personnes recensées par Pôle Emploi. Mais l'une des évolution les plus importantes de la population active en France est la féminisation du marché du travail, devenue une réalité incontournable, puisque près de 47 % des actifs sont des femmes aujourd'hui.

2 Pratiques religieuses, engagement politique et idéologies

Le catholicisme est encore très puissant au lendemain de la guerre mais la sécularisation de la société française prend le pas dans la seconde moitié du XXe et ce phénomène se reflète sur la pratique religieuse et sur dans les rangs de l'Eglise : 90 % étaient baptisés en 1950 ; ils sont encore 41 millions aujourd'hui, soit 75 % de la population, un tiers de la population est pratiquante mais la baisse de la fréquentation des églises est nette (moins de 10 % des catholiques assistent aujourd'hui au moins une fois par mois à une messe contre 32 % en 1946). Enfin, on comptait encore 1 500 ordinations de prêtres en 1950 et seulement 125 en 2019, selon la Confédération des Eglises de France et le journal *La Croix.*

La France reste profondément imprégnée de culture chrétienne mais à la religion catholique qui structurait la vie sociale et collective a succédé aujourd'hui une religion personnelle et privée qui s'expriment surtout à travers les événements familiaux où à l'occasion des rassemblements ou grandes fêtes religieuses comme Pâques. Toutefois, la tradition chrétienne continue à guider largement comportements et à fixer les valeurs morales d'une partie de la population.

Si le protestantisme rassemble environ 1,5 million de personnes et que le renouveau de la pratique du judaïsme a fait passer le nombre d'adeptes de 200 000 en 45 à 600 000 aujourd'hui, c'est la montée en puissance de l'islam qui est plus significative. L'islam est devenu la deuxième religion de France par le nombre de ses adeptes, dans une fourchette qui va de 4,1 millions (selon une estimation de l'Observatoire de la laïcité en 2019) à 8,4 millions de musulmans (selon une estimation du sociologue et ancien directeur de l'INED François Héran en 2017). Le Pew Research Center (centre de recherche et de statistique américain) estime qu'en 2050 en France entre 12,7 % et 18,0 % de la population sera musulmane. L'immigration asiatique a aussi augmenté le nombre de bouddhistes qui atteint presque 500 000 pratiquants aujourd'hui, une progression qui s'explique aussi par l'attrait pour les formes de spiritualité orientales. Le christianisme évangélique connaît aussi une forte croissance : selon les chiffres 2017 du Cnef (Conseil national des évangéliques de France), 650 000 pratiquants réguliers sont recensés en France, dont 500 000 en métropole, soit un tiers du protestantisme français. La vogue des sectes, des communautés religieuses alternatives et de l'astrologie montre aussi le besoin de croyances d'une société en crise : en 2020, la Mission Interministérielle de Vigilance et de Lutte contre les Dérives Sectaires (MIVILUDES) recense plus de 500 groupes sectaires en France (on fera la différence ici entre un groupe officiellement répertorié en tant que secte, comme la scientologie, et un groupe sectaire, qui désigne une communauté fermée mais ne pratiquant pas forcément l'exploitation financière ou autre de ses membres, c'est le cas des Témoins de Jéhovah). Le nombre d'adepte représente 500 000 personnes, dont 130 000 pour les seuls Témoins de Jéhovah.

3 L'évolution politique de la société française

Au lendemain de la guerre, le marxisme-léninisme exerce un magistère indéniable dans les milieux intellectuels, comme peuvent en témoigner le phénomène des « compagnons de route » qui amène des artistes ou des penseurs à s'engager auprès du Parti Communiste Française, à l'instar de Pablo Picasso, Louis Aragon, Julien Benda ou encore Jean-Paul Sartre (qui déclara que « tout anticommuniste est un chien »). Le communisme, auréolé de la gloire de la résistance au nazisme et bénéficiant du prestige de l'URSS dans la lutte contre l'Allemagne nazie, séduit une grande partie de la population ouvrière et des catégories défavorisées mais gagne aussi du terrain dans les classes moyennes et les catégories urbaines bénéficiant d'un haut degré d'éducation, ou encore dans les milieux enseignants, universitaires et étudiants. Cependant, cette situation évolue avec les premières ruptures que représentent la répression de la révolte de Budapest en 1956 ou du Printemps de Prague en 1968. Le mouvement de Mai 68 n'est pas compris dans un premier temps par le PCF et fait émerger une nouvelle extrême-gauche plus diverse qui comprend aussi bien des trotskystes que des anarchistes ou même des titistes. La recherche en sciences sociales, ou encore la géographie et l'histoire, font aussi une grande place aux intellectuels marxistes. Néanmoins, la publication en France de *L'Archipel du Goulag* de Soljenitsyne en 1975, l'image renvoyée par l'URSS de Brejnev ou encore le génocide perpétré au Cambodge par les Khmers rouges de Pol Pot discréditent d'abord le soviétisme puis les différentes expériences marxistes. Les intellectuels français seront encore nombreux à rallier le modèle maoïste, à l'image d'un écrivain comme Philippe Sollers par exemple mais la prise de conscience du bilan humain du « Grand Bond en Avant » ou de la Révolution culturelle en Chine, pour lesquels les historiens avancent un bilan de 30 millions de morts au bas mot, détournent peu à peu ces intellectuels de leur engagement en faveur de la Chine maoïste.

À partir des années 1980, comme le note le sociologue Bertrand Badie, la société française est marquée par une désaffection croissante vis-à-vis de l'engagement syndical et politique et une défiance de plus en plus forte envers le politique. La chercheuse française Marie-Anne Cohendet évoque ainsi une « crise de la représentation » touchant, en 2004, tous les échelons de la représentation syndicale et politique. Cette crise de la représentation éclate au grand jour avec le mouvement des Gilets Jaunes, qui éclôt en novembre 2018, sous la présidence d'Emmanuel Macron, élu en 2017, et qui porte les revendications de ce que le géographe Christophe Guilluy nomme, dans son ouvrage éponyme, la « France périphérique ». Ces revendications sont portées par un mouvement très disparate, sans véritable leader, qui rejette en bloc aussi bien les élites politiques et médiatiques que les corps intermédiaires. Il traduit une très profonde crise du politique en France, enracinée dans un ressentiment que même les formations « protestataires » d'extrême-gauche ou d'extrême-droite, comme La France Insoumise de Jean-Luc Mélenchon, ou le Rassemblement National de Marine Le Pen, ne parviennent plus à capter, exploiter et canaliser complètement. C'est aussi la fin d'un certain « âge idéologique »; beaucoup se tournent vers la défense des droits de l'homme, la lutte en faveur des déshérités, l'écologie ce qui permet la réconciliation avec les valeurs démocratiques occidentales et la réhabilitation des valeurs libérales.

La période du début du XXIe siècle est aussi marquée par une rupture générationnelle de plus en plus marquée, entre la génération des Trente Glorieuses, accusée d'avoir profité de manière irresponsable des bienfaits de l'ultraconsumérisme, et la « génération X » (celle de 1970-1980) ou les « Millenials » (ceux nés au tout début du XXIe siècle) accusant leurs aînés de leur avoir laissé un monde sinistré, aussi bien sur le plan économique et social qu'écologique. Ce ressentiment générationnel a trouvé quant à lui une figure en la personne de la jeune militante suédoise écologiste Greta Thunberg et s'incarne dans des mouvements radicaux comme le mouvement « Extinction-Rébellion » qui dénonce par des actions médiatiques et spectaculaires les atteintes à l'environnement. Le développement d'Internet et l'essor des réseaux sociaux a profondément modifié la nature et les modalités de l'engagement politique. Si le philosophe américain Mark Lilla évoque un « engagement Facebook », c'est-à-dire une propension à « l'engagement à la carte », la viralité mondiale assurée à certaines actions par Internet ou Youtube ou la caisse de résonnance offerte par les réseaux sociaux ont fait émerger de manière très rapide et presque incontrôlable des mouvements de revendication comme les Gilets Jaunes, mouvements restant toutefois très déstructurés.

3.1 Culture de masse et démocratisation de l'enseignement

À partir des années 1950, les médias de masse qui ont commencé à se développer avant la guerre se développent largement. C'est le cas de la télévision. Si la première transmission d'image à distance est réalisée à Londres en 1925 et que dès 1927 le gouvernement Poincaré met en place un service de radiodiffusion française, il faut attendre l'après-guerre pour que la télévision fasse plus largement son apparition dans les foyers français : 9 % des foyers français ont un poste à la fin des années 1950, 42 % en 1965, 91 % en 1984. Parallèlement, de nouveaux moyens de communication de masses tels que le livre de poche, apparu en 1953, le transistor ou le tourne-disque. À la suite des travaux sur les semi-conducteurs, le transistor a été inventé le 23 décembre 1947 par les Américains John Bardeen, William Shockley et Walter Brattain, chercheurs des Laboratoires Bell. L'histoire de la radio commence au XIXe siècle avec Edison puis se poursuit avec la mise en application de la Transmission Sans Fil (TSF) par la marine française, puis par la Belgique qui en réalise les premières applications civiles, mais la diffusion au grand public des premiers « radio transistors » intervient aux États-Unis puis en Europe à partir des années 1950. Cet outil contribue à la démocratisation de la culture classique mais aussi à la création d'une véritable culture populaire avec des émissions suivies par des millions d'auditeurs comme *Salut les copains !* qui contribue à populariser le style musical rock et yéyé dans les années 1960 et à contribuer à la formation d'une véritable « culture jeune », celle de la génération de Mai 68.

Cette génération est marquée aussi par la démocratisation de l'accès à l'enseignement supérieur. L'accès au bac se généralise (5 % d'une classe d'âge en 1950, plus de 60 % aujourd'hui en 1990). Le secondaire concerne 1 million d'élèves en 1950 contre 5,3 millions en 2000. L'enseignement supérieur se démocratise aussi : le nombre d'étudiants passe de 100 000 en 1946 à 2 millions en 2000. La démocratisation de l'enseignement est une des causes majeures du mouvement de mai 1968, en raison de l'engorgement des établissements d'enseignement supérieur.

3.2 L'évolution de la population active face à la crise des années 1970

Les deux chocs pétroliers de 1973 et 1979 marquent la fin des Trente Glorieuses, même s'ils ne sont pas la cause de la fin de cette période de croissance économique, marquée par un phénomène de ralentissement structurel dès la fin des années 1960. Les deux chocs pétroliers impactent cependant durement l'économie et la population active. Dans le secteur secondaire, les mineurs et les ouvriers des industries atteintes par la crise des années 1970 sont touchés de plein fouet par le chômage de masse. En conséquence, la population active du secteur primaire se réduit drastiquement au cours des années 1970, 1980, 1990 et 2000, jusqu'à ne plus représenter aujourd'hui que 2,3 % de la population active. En 2012, selon l'INSEE, la population active était estimée à 28,6 millions de personnes de 15 ans ou plus en France métropolitaine. Elle représentait 27,6 millions d'actifs en 2005 et 19 millions cinquante ans auparavant. Selon Pôle Emploi, en décembre 2017, on comptait 3 451 400 personnes sans emploi (catégorie A) et 2 160 900 exerçant une activité réduite (catégories B, C), soit au total 5 612 300 personnes recensées par Pôle Emploi. Malgré une légère embellie sur le front du chômage à partir de 2018, la pandémie mondiale de Coronavirus et le confinement de la société française durant deux mois a durement touché l'économie et débouché sur une montée en flèche du chômage en raison de la mise au chômage technique de millions de travailleurs. Les conséquences à long terme de cette crise sur la société française restent encore difficiles à évaluer.

3.3 Une république transformée : les mutations politiques de la société française depuis les années 1970

Le départ de De Gaulle en 1969 et sa mort l'année suivante marque une première rupture majeure dans l'histoire politique de la Ve République puisque ce régime, selon l'expression consacrée, semblait avoir été « taillé pour le Général ». Néanmoins c'est l'accession au pouvoir de Valéry Giscard d'Estaing qui représente en 1974 une véritable nouveauté politique, après la mort de Pompidou, puisque Giscard est le premier président de droite non-gaulliste. Le septennat de Valéry Giscard d'Estaing est marqué par l'adoption d'un certain nombre de mesures symboliques : la première est l'abaissement de l'âge de la majorité civique à 18 ans mais la plus importante reste la loi du 17 janvier 1975 relative à l'interruption volontaire de grossesse, dite loi Veil, qui est une loi encadrant une dépénalisation de l'avortement en France. La loi fait l'objet de débat houleux dans les médias et à l'Assemblée, où il faudra 25 heures de débat pour permettre son adoption par 284 voix pour et 189 contre. En 1982, le recours à l'IVG sera remboursé par la Sécurité Sociale. Depuis la fin des années 1970, le recours à l'avortement reste stable en France, avec environ 200 000 actes pratiqués par an. Au cours du premier septennat de François Mitterrand, une autre mesure hautement symbolique est votée avec l'abolition de la peine de mort, porté par le garde des Sceaux Robert Badinter qui obtient gain de cause le 9 octobre 1981, 74 ans après une première tentative d'abolition non aboutie en 1908. Hamida Djandoubi, guillotiné le 10 septembre 1977 à la prison des Baumettes de Marseille arpès avoir été reconnu coupable du meurtre accompagné d'actes de torture d'une jeune femme de 22 ans et de viol sur mineure, est la dernière personne à avoir subi la peine de mort en France. Si les mandats de Valéry Giscard d'Estaing et François Mitterrand sont marqués par ces lois hautement symboliques, les deux présidents touchent en revanche peu à la constitution. Néanmoins la signature du traité de Maastricht durant le deuxième septennat de François Mitterrand en 1992 fait rentrer la Ve République dans le cadre du droit européen et dans celui de l'Union

Européenne. Jacques Chirac, quant à lui, propose par voie référendaire en 2000 la modification de la durée du mandat présidentiel, la faisant passer de sept à cinq ans et provoquant de fait un alignement des élections présidentielles et législatives, qui ne sont plus situées qu'à deux mois de distance. Ces deux décisions sont sans doute celle qui ont les conséquences politiques les plus importantes sur le long terme. Enfin, si la victoire de François Mitterrand en 1981 marque le début de l'alternance, celle d'Emmanuel Macron en 2017 fait littéralement exploser le paysage politique.

L'ÉPIDÉMIE DE SIDA

Le syndrome d'immunodéficience acquise, abrégé par l'acronyme SIDA, est causé par le virus de l'immunodéficience humaine ou VIH. Le VIH, qui se transmet par les fluides corporels (sang, sécrétions vaginales, sperme ou lait maternel), entraîne un état d'affaiblissement du système immunitaire humain, rendant l'organisme vulnérable à de multiples autres infections. Le Sida est aujourd'hui considéré comme une véritable pandémie. La maladie a tué plus de trente millions de personnes depuis 1981. Le continent le plus touché est aujourd'hui l'Afrique subsaharienne ou 1 % des personnes âgées de 15 à 49 ans sont porteuses du virus. Il n'existe à l'heure actuelle aucun vaccin ou traitement définitif contre le VIH. Le seul moyen de lutte efficace constitue donc la prévention, les rapports sexuels protégés et la surveillance du statut sérologique.

Les premiers cas d'infection au VIH sont détectés par le Center of Disease Control américain dans les villes de Los Angeles, San Francisco et New York en 1981. Mais quand les autorités sanitaires annoncent le 5 juin 1981 une soudaine recrudescence de cas de pneumonies et de syndromes de Kaposi (apparition de tumeurs cutanées), la cause de cette soudaine recrudescence n'est pas encore réellement identifiée. En 1982, une équipe formée de Willy Rozenbaum, Jean-Claude Cherchmann, Françoise Barré-Sinoussi et Luc Montagnier entament les recherches afin d'identifier ce qui est désormais considéré comme un nouveau rétrovirus, famille de virus particulière à laquelle appartient le VIH. En janvier 1983, à l'Institut Pasteur à Paris, les chercheurs Françoise Barré-Sinoussi et Jean-Claude Chermann, sous la direction de Luc Montagnier, finissent par identifier le nouveau virus.

Celui-ci n'est en réalité pas si nouveau. Une étude publiée par Nuno Faria dans la revue américaine *Science* le 3 octobre 2014 montre que l'épidémie est partie du Congo dans les années 1920 avant d'atteindre la capitale Kinshasa et de se propager à la faveur du développement des transports au cours des décennies suivante. Sorti de la forêt équatoriale, le virus atteint donc Kinshasa en 1920, puis la ville de Pointe-Noire, sur la côte atlantique du Gabon dans les années 1950[1]. Dans les années 1960, des Haïtiens transportent le virus jusque dans les Caraïbes, d'où il gagne le continent américain, tout en se propageant parallèlement de l'autre côté de l'Atlantique, à tout le continent africain. Depuis que le virus a été détecté puis identifié au début des années 1980, il a tué 36 millions de personnes et en a infecté 75 millions[2]. Il est impossible de savoir combien il en a tué avant.

....

1 Voir infographie publiée par le journal *Le Monde* le 4 octobre 2014

2 https://www.lemonde.fr/sante/article/2014/10/03/aux-origines-de-la-pandemie-de-sida_4500103_1651302.html

CHAPITRE 38

La France, une « grande puissance moyenne » ?

« La France est une grande puissance moyenne, elle a une grande vitalité démographique (la population augmente), sa culture reste parmi les plus riches du monde, elle est un confluent de cultures et n'oublions pas que le français était la langue de communication mondiale au XVIIIe siècle, c'est-à-dire le langage des élites en Occident. On garde l'idée que cela pourrait recommencer. » (Valéry Giscard d'Estaing, discours prononcé le 28/01/2009 à la Fondation de l'Alliance française). Si la place de la France dans le monde n'est plus la même par rapport à celle évoquée par l'ancien président Giscard, la France reste aujourd'hui la cinquième puissance mondiale selon les indices SIRI ou la revue *Conflits*. Selon le géographe Pierre Verluise, « la puissance caractérise la capacité d'un acteur du système international à agir sur les autres acteurs et sur le système lui-même pour défendre ce qu'il croit être ses intérêts. » Le politologue américain Robert Kagan résumait quant à lui le concept de puissance comme « la capacité à faire l'Histoire avec un grand H. » Le système international, unipolaire, bipolaire ou multipolaire, évolue en fonction de la hiérarchie des puissances et la France y occupe une position paradoxale puisqu'elle détient certainement les atouts d'une puissance mondiale tout en restant, en termes de population et de territoire, une puissance limitée face aux « géants » américain, chinois, russe ou indien. Puissance en déclin après la Seconde guerre mondiale, la France a pourtant retrouvé au cours des soixante-dix dernières années un rôle dans les relations internationales qui a largement évolué. On pourra se demander alors à quelle puissance et à quel rôle mondial peut prétendre la France aujourd'hui ? On verra que si la France aujourd'hui a bien les caractéristiques d'une « puissance régionale à vocation mondiale », son histoire récente, depuis la seconde moitié du XXe siècle, a renforcé ce statut en remplaçant les anciens caractères de la puissance française par de nouveaux attributs.

1 Une puissance régionale à vocation mondiale

La France, du point de vue du territoire (552 000 km^2) et de la population (67 186 638 habitants au 1er janvier 2018 selon l'INSEE) est une puissance moyenne (la Russie mesure 17 millions de km^2, la Chine compte plus d'un milliard trois cents millions d'habitants). Néanmoins ce territoire est totalement maîtrisé (ce qui n'est pas le cas de la majorité du territoire russe par exemple) et la population française dispose en majorité d'un bon niveau d'éducation et d'une démographie dynamique (taux de fécondité = 1,93. Le plus élevé d'Europe, juste en dessous du seuil de renouvellement des générations à 2,1). La France est par ailleurs un carrefour géographique et une puissance maritime disposant de 6 000 km de littoral pour la France métropolitaine (ce qui explique peut-être que la France est le pays du monde ayant disputé le plus de conflits en mille ans d'histoire). Par ailleurs, la France dispose du deuxième domaine maritime mondial (11 millions de km^2, juste derrière celui des États-Unis, 12 millions), ce qui est un héritage du premier empire colonial, érigé entre le XVIIe et le XVIIIe siècle. À ceci s'ajoute le fait que la Francophonie (c'est-à-dire le monde francophone) rassemble près de 300 millions de locuteurs du français (4 % de la population mondiale, un espace en pleine croissance grâce à l'Afrique notamment, puisqu'on estime qu'il devrait compter 700 millions de locuteurs et 8 % de la population terrestre en 2050). Ainsi s'explique que la France puisse être considérée comme une puissance régionale à vocation mondiale ou, selon les termes de VGE, « une grande puissance moyenne. »

1.1 Une puissance diplomatique et militaire

Ce rayonnement mondial s'appuie sur un outil militaire efficace et un rayonnement diplomatique important. Les forces françaises ne sont plus ce qu'elles étaient en 1914, à l'époque où leurs effectifs (4 millions de soldats) dépassaient largement ceux de l'armée américaine actuelle (1,4 millions de soldats) ou de l'armée indienne (3,7 millions) ou chinoise (2,4 militaires d'active). L'époque n'est cependant plus la même et ce sont moins aujourd'hui les 265 438 militaires d'active (en 2016) dans l'armée française qui comptent plutôt que deux facteurs déterminants. Le premier est le budget (44,3 milliards en 2017, 7e budget mondial derrière les États-Unis avec 622, la Chine avec 191, le Royaume-Uni avec 53,5, l'Inde avec 51, l'Arabie saoudite avec 50 milliards) ; le second est la capacité de projection (capacité à projeter rapidement ses forces partout dans le monde) que la France est, avec les États-Unis, la Russie et le Royaume-Uni, un des rares États à posséder grâce à un réseau de base mondial et le groupe aéronaval Charles-de-Gaulle. C'est aussi l'une des principales puissances nucléaires, loin cependant, avec ses 300 têtes nucléaires, derrière les États-Unis ou la Russie qui en possèdent chacun plus de 8 000, ou celui de la Chine, que l'on estime aujourd'hui entre 300 et

700 têtes nucléaires. Cette puissance militaire est au service d'une influence diplomatique importante. La France siège dans les grandes institutions internationales (FMI, Banque mondiale, OMC, G8, G20) et est l'un des cinq membres du Conseil de Sécurité Permanent de l'ONU. Par ailleurs, la France joue un rôle actif dans les négociations internationales de premier plan, comme dans les difficiles tentatives d'accord sur le programme nucléaire iranien. Cette activité diplomatique s'accompagne donc d'un activisme et d'un interventionnisme militaires assez poussés. Entre 1962 et 2018, la France s'est engagée, sous mandat de l'ONU ou non, dans pas moins de 228 opérations extérieures (pacification, coopération, intervention militaire) et en 2018, ce sont 30 000 militaires qui sont engagés hors de la France métropolitaine. Cette activité importante et les contraintes de la lutte anti-terroriste (10 000 militaires mobilisés par Sentinelle et Vigipirate) pèsent lourdement sur le budget de la Défense.

1.2 Une puissance économique sous contrainte

La France est aujourd'hui la sixième puissance économique mondiale (États-Unis : 19 377 milliards en 2017, + 4 % par rapport à 2016, Chine : 12 632, +9 %, Japon : 5 106, + 8 %, Allemagne : 3 619 +4 %, Royaume-Uni : 2610, - 2 %, France : 2570, +3 %) en termes de PIB global. Elle compte nombre de grandes FTN, telles que Dassault, Airbus, Eurocopter, Leclerc, Renault, Thales, Danone, L'Oréal, Bouygues, Vinci, Dior ou Alstom. L'économie française a été fortement ébranlée par la crise mondiale de 2008, même si son système financier a été moins éprouvé que celui des États-Unis ou du Royaume-Uni. Si la France avait timidement renoué avec la croissance à partir de 2018, la pandémie mondiale de Covid-19 est lourde de conséquences économiques. A l'issue de la période de confinement (mars à mai 2020), les économistes tablent sur une contraction du PIB de 8 % et une augmentation de la dette de 97 % à115 %. Pays moteur avec l'Allemagne au sein de l'Union Européenne, la France s'est trouvée mise à l'index par Bruxelles pour son incapacité à respecter ses engagements auprès de ses partenaires, et notamment à faire en sorte que l'augmentation des dépenses publiques ne dépasse pas le seuil des 3 %. En Europe, le leadership économique est détenu par l'Allemagne qui utilise également cette influence pour jouer un rôle politique de plus en plus important, au détriment de la France, qui s'était pourtant imposée depuis 1945 comme le leader de la construction européenne.

1.3 Une puissance remise en question

« La France ne peut être la France sans la grandeur », affirmait De Gaulle en 1954, l'année qui voit le règlement de la guerre d'Indochine avec la signature des accords de Genève mais aussi le déclenchement de la guerre d'Algérie. Pour la France, vieille puissance européenne ébranlée par la défaite de juin 1940 et l'occupation allemande jusqu'en 1944, la décolonisation, d'abord celle de l'Indochine de 1946 à 1954, puis des colonies africaines de 1954 à 1962, a signifié la perte de l'empire (colonies, protectorats, territoires sous mandat et territoires sous tutelle gouvernés ou administrés par la France et couvrant 10 millions de km² de surface terrestre à son maximum) et la fin d'une certaine conception de la puissance, accompagnant le déclin des vieilles puissances coloniales européennes et l'affirmation des deux nouvelles superpuissances, États-Unis et URSS. Le camouflet infligé à la France (et au Royaume-Uni) par la crise de Suez convainc d'ailleurs les dirigeants de la IVe république, puis de De Gaulle, revenu au pouvoir à la faveur de la crise algérienne en 1958, que la réaffirmation de la puissance française doit passer par le développement de nouveaux attributs de la puissance et par le développement économique.

1.4 Une puissance nucléaire

Les années 1945 – 1965, de la fin de la guerre à la première élection présidentielle de la Ve République, sont pour la France des « années de haute croissance », avec un taux de croissance du PIB en moyenne de 5 %, le plus élevé des pays de l'OCDE. Cette croissance économique est encadrée durant la IVe République et la Ve, par un « État-providence » interventionniste sur le plan économique et favorisant la mise en place et le renforcement des structures produisant les élites du pays (création de l'ENA au sortir de la guerre, réseaux des grandes écoles comme les Mines, Pont et chaussées, Centrale, Polytechnique, etc.). Ceci a permis l'émergence d'un contingent de hauts fonctionnaires, ingénieurs et technocrates qui vont assurer le développement des grands projets industriels comme le TGV, la fusée Ariane, la Caravelle développée à Toulouse, puis Airbus… et aussi quelques ratés (comme le choix d'un réseau centralisé tel que le Minitel au détriment du principe de transmission par paquets de données sur lequel repose Internet aujourd'hui et qui a été mis au point par le Français Louis Pouzin… auquel on a coupé les crédits en 1974). La modernisation de l'économie française est aussi un des aspects phares du projet gaulliste, elle s'accompagne d'une restructuration de l'industrie et de l'agriculture qui devient mécanisée et productiviste au cours des années 1960. Mais cet effort industriel porte également sur le plan militaire. Initié en 1956 par le gouvernement de Guy Mollet, le projet de développement d'un programme nucléaire français (auquel les Américains ne sont pas favorables dans un premier temps) est accéléré par De Gaulle et aboutit à l'explosion de la première bombe A française dans le désert du Sahara en 1960 et de la bombe H en 1968 (les Chinois font exploser leur première bombe A en 1964 et la première bombe H en 1967). Pour De Gaulle, le fait que la France devienne une puissance nucléaire devait lui permettre de pallier la perte de son ancien empire colonial qu'il n'était désormais plus possible de conserver.

1.5 Puissance européenne

Cependant, même pour le très unioniste Charles de Gaulle, un autre levier de puissance pour la France devait être la construction européenne. Celle-ci fut relancée dès

1944 avec la signature du Pacte de Bruxelles, accord de défense associant la France avec les pays du Bénélux. En 1951, c'est la signature du traité de la CECA et la mise en commun de la production de charbon et d'acier franco-allemande qui préfigure le traité de Rome de 1957, donnant lieu à la création de la Communauté Économique Européenne (CEE). Néanmoins, l'opposition marquée de De Gaulle au principe de la décision à la majorité (et non plus à l'unanimité) a provoqué une première crise de la construction européenne jusqu'au départ de De Gaulle en 1969. Celui-ci avait basé toute sa politique sur l'affirmation de l'indépendance diplomatique et militaire française, notamment en jouant le rôle d'arbitre entre les deux superpuissance et en tendant la main à l'Est. Sa politique d'indépendance, marquée par le retrait fracassant des troupes française de l'OTAN en 1966 a été remise en question symboliquement quand Nicolas Sarkozy a décidé de réintégrer le commandement intégré de l'OTAN en 2007. Avant cela, les successeurs de De Gaulle, Pompidou et VGE, accentuent sa politique de modernisation industrielle mais s'orientent nettement plus vers une relance du processus européen, en acceptant l'entrée du Royaume-Uni dans la CEE en 1973. La signature de l'Acte unique en 1986 ouvre la voie aux décisions majoritaires tandis que le traité de Maastricht en 1992 consacre la solution fédéraliste. L'Union Européenne prend la place de la CEE et l'idée d'une Europe, simple levier de la puissance française, est remplacée par celle d'une véritable unification économique, voire politique du continent. Néanmoins, la crise constitutionnelle de 2005 a donné un coup d'arrêt à ce processus. Aujourd'hui la France joue toujours un rôle majeur au sein de l'UE mais les tensions sont de plus en plus fortes dans le couple franco-allemand, partagé entre coopération et compétition, parfois féroce.

Pour conclure, on peut souscrire à la vision de VGE en 2009, la France est bien géographiquement une puissance moyenne mais reste géopolitiquement une grande puissance. On ajoutera que l'un des facteurs essentiels de la puissance française reste aujourd'hui son *softpower* qui s'appuie sur son rayonnement culturel et sur la francophonie. Si la puissance française a connu cependant une remise en question et une remise à niveau depuis 1945, les défis qui se posent actuellement à elle sont importants avec l'affirmation d'un cadre mondial multipolaire et des puissances nouvelles que constituent les BRICS et la montée en puissance de nouvelles menaces, à l'instar du terrorisme islamiste.

2 La laïcité : une valeur centrale et un débat très actuel

Consacrée par la loi de 1905 sur la séparation des Églises et de l'État, la laïcité est une valeur fondatrice et un principe essentiel de la République. Elle est néanmoins aujourd'hui confrontée au développement de revendications culturelles et religieuses, souvent d'ordre identitaire. Pour l'historien et sociologue Jean Bauberot : « la laïcité apparaît constituée de trois principes essentiels : le respect de la liberté de conscience et de culte ; la lutte contre toute domination de la religion sur l'État et sur la société civile ; l'égalité des religions et des convictions, les « convictions » incluant le droit de ne pas croire. Il faut arriver à tenir ensemble ces trois préceptes si l'on veut éviter toute position arrogante et péremptoire. Mais évidemment, dans la pratique, les acteurs ont tendance à privilégier l'un ou l'autre de ces trois principes : les croyants se réfèrent surtout à la liberté de culte ; les agnostiques (et les anticléricaux) s'appuient plutôt sur la lutte contre la domination des religions ; quant aux minoritaires, ils insistent sur l'égalité des religions et des convictions » (entretien réalisé en 2004, revue *Regards sur l'actualité* n°298. Jean Bauberot a publié *Histoire de la laïcité en France* en avril 2017 dans la série Que-sais-je ?).

La laïcité repose donc sur trois principes : la liberté de conscience et la liberté de culte, la séparation des institutions publiques et des organisations religieuses, et l'égalité de tous devant la loi quelles que soient leurs croyances ou leurs convictions. Philippe Raynaud, philosophe, politologue et professeur à l'université Panthéon-Assas, démontre dans *La laïcité, histoire d'une singularité française* (paru en février 2019 chez Gallimard) que la genèse de la laïcité française prend racine dans le débat théologico-politique qui oppose l'autorité de Rome et celle des souverains français dans le contexte médiéval de l'affrontement du glaive spirituel et temporel. Pour autant, le moment qui reste historiquement constitutif de la laïcité française est celui des guerres de religion des XVIe et XVIIe siècles : « En Angleterre, comme en France, l'État devait avoir la puissance nécessaire pour garantir la paix et/ou la tolérance, ce qui le plaçait dans une position profondément ambiguë : il oscillait entre la prétention à dire le vrai en matière religieuse et le désengagement progressif qui devait conduire aux États « laïques », « séculiers » ou « neutres » que connaît aujourd'hui le monde « démocratique » ». Cette tension originelle détermine encore aujourd'hui les contours mouvants de la notion de laïcité. En Angleterre, la constitution d'une Église nationale anglicane, à laquelle s'est adjointe une politique de tolérance graduellement encouragée, a constitué une réponse à la question religieuse. En France, l'État, s'instituant arbitre en matière religieuse, a défini par le haut la notion de laïcité. Les oscillations historiques de l'Édit de Nantes à sa révocation et du Concordat à la loi de 1905 ont précisé en quatre siècles les spécificités de la neutralité religieuse à la française et elles ont aussi placé progressivement au cœur du débat national l'opposition entre « laïcards » et clergé. Si ces débats semblaient avoir été apaisés dans la société française, la question de la laïcité est revenue sur le devant de la scène avec l'importance graduelle prise par la religion musulmane en France et au travers des polémiques suscitées par l'interdiction du port du voile par trois collégiennes dans un établissement scolaire de Creil en 1989, puis l'affaire de la crèche « Baby Loup » de 2010 à 2014, ou la loi interdisant la dissimulation du visage dans l'espace public en 2011.

Les trois grands « piliers » de la laïcité ont été rappelés dans le rapport de la Commission présidée par Bernard Stasi et le rapport 2004 du Conseil d'État : 1) « La neutralité de l'État est la première condition de la laïcité. La France ainsi ne connaît pas de statut de culte reconnu ou non reconnu. » 2) « Le second pilier juridique de la laïcité est évidemment la liberté de conscience avec notamment sa déclinaison en liberté de culte. » 3) Le pluralisme : « Si l'État ne reconnaît aucune religion, il ne doit en méconnaître aucune, et il reconnaît le fait religieux. Avec la loi de 1905, le principe est désormais celui de l'absence de distinction entre les anciens cultes reconnus et les autres. »

La montée en puissance du terrorisme islamiste et les attentats de 2015 en France, qui débutent par le massacre perpétré par des terroristes entendant « punir » le magazine *Charlie Hebdo* pour avoir republié des caricatures de Mahomet, et qui atteignent un paroxysme avec l'assassinat par des terroristes qui tuent 130 personnes en se revendiquant de l'État islamique porte à l'incandescence le débat autour de la laïcité, dans une société traumatisée par les crimes perpétrés pour des motifs religieux, justifiant les atteintes à la vie humaine et à la liberté d'expression.

Thème 5

La construction européenne depuis 1945

La construction européenne est un **processus d'intégration économique et politique** qui occupe toute la seconde moitié du XXe siècle et concerne aujourd'hui la quasi-totalité du continent européen. Ce n'est pas une réalisation spontanée, elle résulte des choix de **multiples acteurs** et correspond en même temps à un choix dicté par les circonstances de l'après-guerre.

C'est une idée également **ancienne**. Les tentatives d'union du continent européen ont été d'abord impériales (Charlemagne, Napoléon…), puis politiques (l'idée d'une union pacifique remonte au XIXe siècle et est remise au goût du jour dans les années 1920). La dernière tentative est celle d'Adolf Hitler. Ses conséquences tragiques entraînent le retour à une solution politique. La nécessité de la construction européenne s'impose avec le choc de la guerre et se trouve portée dans les années 1950 par une véritable volonté politique commune.

Cependant, cette entreprise est difficile et marquée par des **phases de recul, d'hésitation ou au contraire par de brusques avancées**. La place de **l'État nation**, cadre politique pluri-centenaire et spécifiquement européen, au sein de cet ensemble s'orientant de plus en plus vers la **supranationalité** et le **fédéralisme**, pose problème au fur et à mesure que l'Europe se trouve confrontée, par l'avancée même du processus de construction et d'élargissement, à la question de son identité. La question des buts poursuivis souffre aussi peut-être de n'être pas reposée aujourd'hui clairement : **s'agit-il d'une construction politique ou économique ?**

Les fondateurs, comme **Jean Monet**, qui ont voulu faire passer le politique avant l'économique ont échoué dans les années **1945-1954**, le projet d'Europe supranationale et fédérative n'étant pas à l'ordre du jour, et de **1955 à 1960**, l'Europe devient une communauté à caractère économique. Les premières difficultés de la construction européenne apparaissent au cours des années 1970 et amènent, depuis les années 1980, les acteurs de la construction européenne à s'orienter vers un projet d'union politique et économique qui se trouve avalisé par le traité de **Maastricht (1992)** mais mis en sommeil par l'échec de la constitution européenne.

CHAPITRE 39

Les débuts de la construction européenne (1945-1969)

1 L'échec de l'option fédéraliste (1945-1954)

On peut faire remonter l'idée d'Europe à **Charlemagne** et à son premier découpage politique du continent déterminant l'existence de deux pôles : la *Francia occidentalis* et la *Francia orientalis*, amenés à se scinder en une multitude de territoires que quelques siècles seront parfois nécessaires pour constituer en tant qu'États-nations.

L'idée d'Europe évolue ensuite à travers le Moyen-âge chrétien, la **chrétienté occidentale** représentant une forme **d'unification religieuse** du continent, dont le processus de formation perdure jusqu'au **XIVe siècle** (Scandinavie, équipée normande en Sicile et Reconquista). Cet espace européen présente des divisions religieuses qui sont accentuée par la Réforme au XVIe siècle, après le **Schisme de 1054**.

La guerre de cent ans consacre la mise en place des grands États-nations d'Europe occidentale (France, Grande Bretagne, Espagne…) et le XVIIIe siècle est celui du triomphe de la notion de « **droit des peuples à disposer d'eux-mêmes** » dont l'affirmation au XIXe siècle (printemps des peuples et guerres) consacre la naissance des **États-nations** d'Europe centrale (Allemagne, l'ancienne *Francia orientalis,* et Italie, l'ancienne Lotharingie).

L'apport philosophique de **Kant, Burke, Hume, Locke, Hobbes puis Proudhon et Hegel** achève de constituer l'individu en même temps que l'État nation moderne. Au XXe siècle, l'aspiration à une Europe unifiée s'exprime après la première guerre mondiale à travers les écrits de **Richard Nikolaus von Coudenhove-Kalergi (*Paneuropa*, 1923)** ou l'action politique **d'Aristide Briand** qui plaide en 1929 pour une Europe unifiée (idée des « **États-Unis d'Europe** » défendue par **Duhamel** ou **Guéhenno**), entreprise qui ne connaît cependant pas de concrétisation, hormis des timides débuts entre 1929 et 1935.

L'idée est surtout instrumentalisée politiquement par le ministre des affaires étrangères allemand **Gustav Stresemann** pour atténuer le remboursement des dommages de guerre. À chaque concession allemande a correspondu une avancée soit diplomatique soit économique. Les accords de **Locarno** (1925) ont d'ailleurs représenté une victoire diplomatique importante pour **Stresemann**.

Le projet d'Europe unie est repris par les nazis pendant la seconde guerre mondiale, avec l'argument du **rempart contre le bolchevisme**. L'idée est, en France, reprise par des intellectuels comme **Pierre Drieu la Rochelle**, **Robert Brasillach** ou **Lucien Rebatet**, qui réclament une Europe unie et fasciste. L'idée fait néanmoins aussi son chemin dans la résistance.

Le **fédéralisme**, qui a été largement théorisé par les groupes non-conformistes des années 1930, dont Ordre Nouveau, trouve également un écho dans les **milieux résistants**. Ainsi, **Henri Frenay** (fondateur du journal *Combat*, responsable du commissariat aux prisonniers, déportés et réfugiés après-guerre, fondateur de l'Union Démocratique et Socialiste de la Résistance) défend l'idée d'une **Europe de la paix** (fonde le Mouvement Européen à La Haye en 1948), appuyée sur les principes humanistes qui ont forgé la civilisation européenne moderne.

Le contexte politique et économique de l'après-guerre donne une impulsion décisive au projet de construction européenne, avec trois objectifs, plus ou moins clairement affichés :

1. Assurer le **relèvement** du continent.
2. Établir une **zone de prospérité** et de **collaboration économique** qui puisse garantir l'existence d'une Europe de la paix.
3. **Faire barrage à la montée du communisme en Europe** dans le contexte nouveau de la **guerre froide** (une Europe rempart appuyée sur l'Alliance atlantique et l'aide américaine – Plan Marshall).

Cette construction européenne nouvelle reprend encore largement l'idée d' « États-Unis d'Europe » et suscite **l'hostilité des partis communistes occidentaux.** Contrairement à l'entre-deux-guerres, l'idée trouve des porte-paroles dans la majorité des grandes nations européennes, les « **pères de l'Europe** » : Churchill, Paul Henri Spaak (Belgique – Premier secrétaire général des Nations-Unies), De Gasperi (Italie), Robert Schuman et Jean Monnet.

Dans tous les pays d'Europe, l'idée est également appuyée par des mouvements fédéralistes, qui se rassemblent en **septembre 1946 dans l'Union Européenne des fédéralistes**, politiquement proche du centre-droit et qui compte dans ses rangs nombre de personnalités issues de la résistance.

D'autres mouvements se constituent un peu partout, unionistes et fédéralistes :

– mouvements démocrates-chrétiens ;
– le United Europe Movement en Angleterre (D. Sandys) ;

– le Conseil français pour l'Europe (R. Courtin) ;
– l'Union Économique et Monétaire fondée par Paul Van Zeeland (Belgique).

On retrouve principalement des **industriels et des libéraux** dans ces mouvements. Un premier clivage, appelé à perdurer, semble se créer, puisqu'au départ, les mouvements français défendent plutôt l'option **fédérale** tandis que la Grande-Bretagne et les petits pays (Belgique) sont plutôt **unionistes**.

2 Les débuts de la construction européenne

Elle s'accomplit dans trois domaines :

1. Économique : naissance de l'OECE (Organisation Européenne de Coopération Économique)
2. Diplomatique : Pacte de Bruxelles (1948)
3. Politique : Naissance du Conseil de l'Europe (1945)

L'OECE découle du plan Marshall et institue une coopération économique entre **16 pays d'Europe occidentale**. Elle est fondée le **16 avril 1948**. Elle a pour but d'encadrer la politique économique des États membres et est régie par un conseil des ministres. Dès 1950, elle adopte un code de **libéralisation des échanges** dans certains secteurs. Elle tente par ailleurs d'aboutir à une certaine forme de **stabilisation monétaire**.

Le pacte de Bruxelles, **signé en 1948**, est une réponse indirecte au **coup de Prague de février 1948** (Beneçz remplacé par Gottwald). Il s'agit aussi d'imposer un cadre politique au **réarmement** de l'Allemagne**. Cinq pays d'Europe de l'ouest** signent le pacte le **17 mars 1948** (France, Royaume-Uni et Bénélux). C'est aussi un pacte de coopération militaire qui prélude à la naissance d'une structure militaire européenne mais qui va s'aligner sur **l'OTAN en 1949**.

Le **Conseil de l'Europe est une initiative franco-belge** qui a pour objectif premier de mettre en place une assemblée composée de représentants des parlements nationaux (assemblée consultative) et d'un conseil des ministres des affaires étrangères. **Dix pays** y adhèrent en 1949 : Royaume Uni, France, Danemark, Italie, Irlande, Norvège et Suède. Le siège de cette institution se trouve à Strasbourg. Ses compétence restent vagues et très générales (d'autant que chaque pays dispose d'un droit de veto), cependant la création de ce premier grand espace de discussion européen annonce clairement **la volonté d'adopter une politique commune**.

Les années 1950 sont marquées par la guerre froide et la libéralisation des échanges à l'Ouest (**Bretton Woods 1944 et GATT 1947 ont ouvert la voie**) et également par des entreprises significatives sur le plan de la construction européenne qui sont principalement dues à des initiatives françaises. On peut retenir une grande réussite, la **CECA** (Communauté Économique du Charbon et de l'Acier), **en 1951**, et un échec, celui de la **CED**, en **1954**. On retiendra aussi que la naissance des **deux Allemagnes**, en **1949**, donne à la France un partenaire important pour la construction européenne tandis que l'opposition politique suscitée par la guerre froide et la création de **l'OTAN** semblent condamner à plus ou moins long terme la CED.

La construction européenne bénéficie, entre 1950 et 1955, de l'action de **Robert Schumann** (Allemand, démocrate-chrétien) et de Jean Monnet. Quels sont les objectifs du « plan Schumann » ?

1. Réconcilier durablement France et Allemagne.
2. Assurer le maintien d'une paix durable.
3. Assurer le développement économique appuyé sur une solidarité de production.
4. Œuvrer au développement africain en prenant en compte les aspirations à l'autonomie.

2.1 Le succès de la CECA

La CECA est donc conçue pour être l'outil économique de cette politique. Cette entreprise est véritablement européenne. Elle est d'ailleurs maintenue secrète pendant longtemps avant sa pleine réalisation. Les États-Unis **s'y montrent favorables**, l'Italie et la RFA s'y investissent, le **Royaume-Uni y est opposé** car il accuse le fonctionnement de la **Haute autorité de la CECA** de ne pas être démocratique, **l'URSS s'y oppose** et le Bénélux est réservé.

En France, le **PC et le RPF y sont opposés** (bien que le second soit nettement plus divisé sur la question) tandis que **MRP et socialistes y sont favorables**. Les négociations de création et d'adhésion s'ouvrent dès le **mois de juin**. **Six** pays finissent par rejoindre la CECA : **la France, l'Italie, la RFA et le Bénélux**. Le traité, signé le **18 avril 1951**, prévoit, sur une base d'organisation fédérale, la création d'une haute autorité de **9 membres** et la création d'un « conseil spécial des ministres » qui assure le lien entre les différents pays membres.

On prévoit également une **assemblée commune de 78 parlementaires** des pays membres dont le rôle est consultatif. Enfin, une **Cour de justice** destinée à régler les litiges commerciaux est mise en place et l'ensemble de ces institutions est financée par la création d'un **impôt européen**. Le traité instaure une **autorité supranationale** dans le domaine de la **production du charbon et de l'acier** en s'appuyant sur des institutions qui évoquent déjà celles qui seront mises en place avec le traité de Rome, et qui annoncent même celles de l'Union Européenne. **Jean Monnet** en conclut : « Les États-Unis d'Europe ont commencé ».

2.2 L'échec de la CED

La Communauté Européenne de Défense est une initiative française qui, paradoxalement, pose directement la question du réarmement que l'opinion française a pourtant du mal à accepter. Cependant, on comprend qu'une mesure liée à la défense européenne ne pouvait absolument pas découler d'une proposition allemande en 1950.

L'idée était de mettre sur pied **6 divisions sous le contrôle de l'OTAN** mais qui devaient relever d'un ministre européen de la défense, responsable devant le « parlement » de la CECA. **Les négociations, ouvertes en 1950**, aboutissent à la signature du traité de la **CED le 27 mai 1952.** À partir de ce moment, la CED, **d'initiative française devient problème français.** En effet, ratifié par l'Allemagne et le Bénélux, le traité peine à être accepté en Italie et par le parlement français, en grande partie en raison de **l'opposition du PCF et du RPF**. La question de la CED divise les partis et contribue à accentuer **l'instabilité ministérielle** au sein d'une république parlementaire où la majorité est très rarement assurée à l'assemblée (par exemple, l'investiture de René Coty en 1954 s'obtient après 13 tours de scrutin et encore parce que Coty était un des rares à être resté neutre sur le problème de la CED).

La question de la CED trouve une résolution définitive dans **le contexte du règlement de la crise indochinoise**. En **1954**, **Pierre Mendès-France** est élu grâce à deux promesses : régler les questions de l'Indochine et de la CED. S'il réussit en ce qui concerne l'Indochine, il offre au parlement la possibilité de trancher définitivement la question de la CED. La réponse du parlement est clairement négative et le MRP ne pardonnera pas à Mendès-France d'avoir ainsi sacrifié le projet de la CED.

L'échec de la CED porte temporairement un coup d'arrêt au projet d'élaboration de la CPE, « Communauté Politique Européenne », qui doit déboucher sur la création d'un État européen fédéral, avec la création d'un Parlement européen et d'un marché commun. On revient donc à des objectifs plus modestes. En 1954, la RFA intègre l'OTAN mais l'Europe politique est en panne, et la relance viendra d'abord de la coopération économique et de l'option de l'Europe des États (unionisme).

3 L'Europe des États (1954-1969)

Sur des bases plus restreintes, **l'Europe des six** se relance en adoptant comme principe de développement la **dynamique de marché plutôt que l'idée fédérale**. Le général De Gaulle, qui a joué un grand rôle dans l'échec de la CED et de l'idée d'une Europe fédérale, va jouer un rôle non moins important dans l'affirmation du **couple franco-allemand** au sein de l'Europe.

L'idée européenne trouve un second souffle à la conférence de **Messine,** en Italie**,** à l'invitation de Gaeteno Martino (Italie), qui convie en **1955** Jean Monnet (France), Jan Willem Beyen (Pays-Bas), Joseph Bech (Luxembourg), Walter Hallstein (RFA) et Paul-Henri Spaak (Belgique). Ils font état d'une volonté commune de construire ensemble un marché commun et une zone de libre-échange, et proposent une série de projets sur l'énergie et les transports. C'est la première étape du projet de **Communauté Économique Européenne.**

Un certain nombre de circonstances sont propices à cette initiative. En France, le **gouvernement de Guy Mollet est tout à fait favorable à l'Europe**. Les **États-Unis** y sont également très favorables, notamment en matière de coopération économique (l'Europe représente un marché important) et pour renforcer l'Europe de l'Ouest face au bloc de l'Est. Enfin la crise de **Suez en 1956** et celle de **Budapest** la même année montrent que, d'une part les pays européens sont impuissants face aux deux grands (ce qui tend à souligner la nécessité d'un « bloc » européen) et que, d'autre part, le totalitarisme soviétique est toujours une menace, en dépit de la mort de Staline en 1953.

Ce contexte favorable permet **la signature du traité de Rome en 1957** qui donne naissance à la **CEE** et à **l'Euratom** (agence européenne pour la recherche atomique). Le traité a plusieurs objectifs :

- la disparition des quotas et des tarifs douaniers avec la mise en place de la libre-circulation des biens, des capitaux et des personnes ;
- l'ébauche de la **Politique Agricole Commune (PAC) ;**
- des accords sur les transports et la législation des entreprises.

Néanmoins la survivance des empires coloniaux pose pour la première fois la question de la **préférence communautaire** : les produits d'Afrique, fabriqués à l'étranger, doivent-ils bénéficier des mêmes avantages que les produits communautaires ?

L'idée fédérale n'est pas oubliée, bien que mise en sommeil. Avec le traité de Rome se met en place la **commission européenne** : pour la première fois, un organisme souverain dispose d'un pouvoir de décision. Elle est formée de membres indépendants nommés pour **4 ans et a un caractère d'institution supranationale**.

Le traité de **l'Euratom** entend, lui, favoriser la **recherche nucléaire commune** et fournit le cadre institutionnel au développement de la recherche sur l'énergie atomique en Europe. Le traité met en place des institutions similaires à celles mises en place par le traité de Rome.

Si la IVe République est un acteur de premier plan de la construction européenne jusqu'en 1957 (Traité de Rome), c'est **Charles De Gaulle** qui prend le relais à partir de 1958, en imprimant sa marque à la construction européenne. De Gaulle est d'autant plus favorable au traité de Rome que celui-ci conserve un certain **flou sur la définition de l'autorité supranationale** et fait plutôt la part belle à la **coopération économique entre les États.** La CEE sert de plus les intérêts de De Gaulle sur deux points au moins :

- la coopération économique favorise le dynamisme des échanges et lui permet de justifier sa dévaluation du franc ;
- sur le plan politique et diplomatique, la CEE sert parfaitement la **politique gaullienne d'indépendance à l'égard des** États-Unis. Il la considère comme une alliance forte capable de concurrencer les États-Unis, qui correspond en

même temps à sa théorie du **concert des nations** sur le plan de la politique étrangère (le **plan Fouchet, élaboré en 1961**, a pour but de regrouper les États européens et de fixer des objectifs communs en matière de politique étrangère et de défense sans création d'un organisme de contrôle supranational Cela correspond au concert des nations qui laisse les Etats membres libres d'exercer leurs prérogatives nationales).

L'axe **franco-allemand** est au centre de la politique de De Gaulle avec le couple formé par De Gaulle et **Konrad Adenauer**. Il effraie cependant les petits pays qui craignent la domination des deux puissances continentales, ce qui amène De Gaulle à être confronté à une opposition de plus en plus marquée au sein de l'Europe à sa politique, et à la résurgence de l'idée fédérale contre laquelle il ne cesse de batailler.

La véritable crise commence lorsque De Gaulle refuse de voir entrer le **Royaume-Uni dans la CEE (1961)** par crainte de l'entrisme américain et parce qu'il interprétait cette tentative comme une manœuvre des petits pays pour briser la dynamique de l'axe franco-allemand. Les Britanniques étaient pourtant assez proches de la conception gaullienne de l'Europe, mais De Gaulle considérait que le Royaume-Uni était le cheval de Troie des États-Unis en Europe. **La deuxième demande britannique d'intégrer la CEE est repoussée en 1962 par la France**, qui évoque une incompatibilité économique entre les Britanniques et la CEE, en raison des liens du **Commonwealth**. Ce refus génère d'importantes tensions et à partir de **1965**, la crise politique s'installe et De Gaulle pratique systématiquement la politique de la chaise vide.

La période 1957-1969 voit des **progrès inégaux dans la construction européenne**. La collaboration permet des progrès certains en matière industrielle et l'union douanière devient peu à peu une réalité, tandis que la lente mise en place de la PAC permet une modernisation accélérée des agricultures des pays membres. Mais la période voit aussi le déclin et la disparition de deux institutions symboliques :

1. la CECA, avec le déclin de la production de charbon ;
2. l'Euratom, à cause des choix techniques et stratégiques opérés (question de l'emploi de l'uranium enrichi à la place de l'uranium naturel et refus de dissocier la recherche civile de la recherche militaire). Conséquemment, la France développe seule l'industrie nucléaire et fait exploser sa première bombe en **1962**.

Le départ de De Gaulle en 1969 ouvre cependant à nouveau la voie à la perspective fédérale qui s'impose progressivement aux dépens de la conception unioniste. La période 1970-2011 est marquée par des avancées majeures mais également des crises graves.

À RETENIR

La fin de la Seconde Guerre mondiale entraîne une mobilisation des chefs d'État de l'Europe de l'ouest pour redonner vie à l'idée d'unification du continent. L'échec de la CED en 1954 entrave le projet non seulement d'une Europe militaire mais de la Construction Politique Européenne. Le traité de Rome en 1957 donne vie à l'idée de la Communauté Économique Européenne.

CHAPITRE 40

Démocratisation et élargissement de l'Europe

À partir des années 1960, tous les efforts tendent vers **l'achèvement du marché commun**, qui suppose de s'entendre sur le financement de la **PAC (Politique Agricole Commune – 1962)**. La question du budget fait resurgir la question politique : le budget est du seul ressort de **l'autorité de la CEE** selon les **fédéralistes**, alors que, selon les **unionistes**, ce que reçoit chacun des États doit être **proportionnel à ce qu'il donne**. La PAC est la pomme de discorde car il s'agit à l'époque, et encore de nos jours, du poste de dépense de loin le plus important du budget européen (50 % !). Pour les fédéralistes, c'est le parlement et lui seul qui doit contrôler l'ensemble du budget, idée à laquelle les unionistes sont farouchement opposés. En **1976**, on aboutit tout de même à un compromis, le Conseil valide les dépenses obligatoires et le parlement les dépenses non-obligatoires. L'opposition entre unionistes et fédéralistes rythme la construction européenne jusqu'à la victoire de l'option fédéraliste avec la signature du traité de Maastricht en 1992. La question de l'élargissement et de l'approfondissement de l'intégration européenne a cependant continué à plonger l'Union Européenne dans des crises de plus en plus graves

1 La question de l'élargissement et du renforcement des structures (1970-1980)

Entre 1970 et 1972, les discussions sur l'élargissement concernent **3 pays : Danemark, Irlande, Royaume-Uni**. Ils intègrent la CEE en **1973**. Les pays du sud font ensuite leur demande, la **Grèce**, débarrassée du régime des colonels, intègre en **1981** la CEE, suivie de l'Espagne et du **Portugal**, débarrassés de Franco et de Salazar. Ces nouvelles intégrations changent considérablement l'aspect de la CEE. Confrontée au problème du différentiel économique, la CEE doit s'appliquer à favoriser le **développement des régions les plus pauvres** (**Irlande, Grèce, Portugal, Espagne**).

Le **FEDER (Fonds Européen de Développement Régional)**, créé en **1975**, sert de fonds de solidarité pour le développement régional. L'élargissement entraîne des problèmes structurels. Sur le plan économique, l'entrée de nouveaux pays entraîne des problèmes de **concurrence agricole** (vin, fruits, légumes…). Le vieux tissu industriel des pays du nord se trouve aussi remis en cause tandis qu'entrent dans la CEE des pays qui ne disposent pas de structures industrielles anciennes.

De manière générale, les intégrations successives laissent craindre que les disparités économiques n'entraînent des problèmes d'emploi dans les pays du nord, problématique à laquelle l'opinion publique se montre de plus en plus sensible alors que les économies occidentales connaissent une **période de récession depuis les chocs pétroliers de 1973 et 1979**. De leur côté, les nouveaux pays de la CEE entrent dans une période de transition marquée par une profonde restructuration de leurs économies, accompagnée par les institutions et l'aide européenne.

Enfin, les institutions européennes elles-mêmes doivent s'adapter à l'élargissement : augmentation du nombre de commissaires, augmentation du nombre de ministres au conseil. **Avec 17 membres se pose le problème de la répartition des voix au sein des institutions européennes.** L'équilibre européen se trouve modifié et le rôle du couple franco-allemand à nouveau remis en cause.

L'Europe est à la recherche d'une **stabilité monétaire essentielle à la poursuite de l'intégration monétaire**. En **mars 1972** est créé le **serpent monétaire** dont le but est de garantir la stabilité des monnaies et économies de la CEE en imposant des **limites aux fluctuations des monnaies européennes** par rapport au dollar qui ne doivent plus excéder **2,27 %.** Mais cette politique échoue, en raison des fluctuations des monnaies européennes entre elles et… de la fluctuation du dollar.

S'impose alors l'idée du **SME (Système Monétaire Européen)** qui entre en vigueur en **1979**. Il concerne **11 pays avec un mécanisme de change et la création de l'ECU (European Currency Unit)**, une valeur théorique à l'échelle européenne indexée sur les monnaies des pays membres intégrant une marge de fluctuation. Le SME est un mécanisme de crédit et de soutien avec le **FECOM (Fonds Européen de Coopération Monétaire)**. Il ne s'agit donc plus d'un mécanisme contraignant comme le Serpent Monétaire mais bien de la mise en place d'une forme de « **solidarité** » monétaire pour pallier les fluctuations et faire face aux variations de l'économie mondiale. Cette entreprise permet d'ailleurs de mieux faire face au choc pétrolier de 1979 et aux nouvelles fluctuations du dollar qu'il entraîne en faisant jouer la solidarité entre pays membres.

Sur le plan politique, la construction européenne reste balbutiante. L'Europe prend certes plus d'importance sur la scène internationale, mais cela est dû au poids décisionnel de la France et du Royaume-Uni au sein de l'ONU. En 1979 cependant, un pas important est franchi avec la décision de faire élire **le Parlement européen au suffrage universel direct**. Il apparaît cependant clair que la construction européenne a besoin d'une nouvelle dynamique pour se relancer.

2 Une nouvelle dynamique européenne (1980-1997)

Cette nouvelle dynamique est entraînée par **l'effondrement du communisme** qui questionne historiquement la construction européenne et détermine finalement la relance du processus. Alors que la guerre froide avait été le contexte géopolitique de la création de la CEE dans une Europe coupée en deux, la chute de l'URSS pose la question de la continuation de la construction européenne dans un contexte tout autre, c'est-à dire pour elle-même et non comme « rempart », et de l'intégration à plus ou moins long terme d'une Europe de l'Est coupée **pendant 45 ans de l'Europe occidentale.**

Au cours des années 1980 la relance du processus européen est principalement le fait de **Jacques Delors**, acteur déterminant de la construction européenne dans les deux dernières décennies du xxe siècle. C'est à son initiative qu'une série de conférences entreprend de **réviser les principaux points du traité de Rome** pour aboutir au projet de **l'Acte Unique en 1986** et à l'idée de créer un marché **non pas commun mais unique**. Ce projet intègre l'idée d'une **coopération renforcée sur le plan économique** et d'une intégration monétaire plus poussée. Sur le plan institutionnel, une étape décisive va être franchie avec le passage **au vote à la majorité qualifiée**. Enfin, la mise en place de l'espace **Schengen** doit instaurer une zone de libre-circulation absolue à l'intérieur de l'espace de **douze pays membres**. En effet, la Grèce en 1981, puis l'Espagne et le Portugal en 1986, intègrent à leur tour la communauté européenne, portant à douze le total des États membres. La dynamique européenne semble bien relancée à l'orée des années 1990.

À RETENIR

- **Le Parlement européen est élu pour la première fois au suffrage universel en 1979.**
- **Le traité de Maastricht en 1992 relance l'intégration politique avec la création de l'Union Européenne.**

CHAPITRE 41

L'UE : élargissement, approfondissement et remises en question

La chute du mur de Berlin en 1989, la réunification allemande en 1990 puis la disparition de l'URSS en 1991 donnent une nouvelle impulsion à la construction européenne. Celle-ci est marquée dans les années 1990 et 2000 par une accélération du processus d'intégration, avec la création de l'Union Européenne, et du processus d'élargissement avec le passage de douze à vingt-huit membres au cours des années 1990 à 2010. Néanmoins, la série de crises qui frappent l'Europe et le monde – crise économique de 2008, crise grecque de 2008 à 2015, crise migratoire de 2015-2016 et enfin la crise du Brexit à partir de 2016 – entament sérieusement la dynamique européenne.

1 Le traité de Maastricht (1992)

Autre étape décisive après l'Acte Unique, il marque **la relance de la construction européenne au début des années 1990**. Le traité remet en selle **l'idée fédéraliste** et le projet **d'union politique** en définissant trois priorités :

1. La mise en place de **l'union économique et monétaire (UEM)** avec un calendrier prévoyant la création d'une **monnaie unique.**
2. L'adoption de la **PESC (Politique Extérieure et de Sécurité Commune).**
3. Une collaboration accrue des services de justice et **l'extension des compétences communautaires** dans un certain nombre de domaines : culture, santé, écologie, etc.

L'aspect le plus important du traité de Maastricht est **l'UEM** avec en point de mire la **création de l'euro en 1999**. Cependant le Royaume-Uni et le Danemark font rapidement part de leur refus d'intégrer l'UEM. Les autres États doivent, quant à eux, satisfaire des **critères de convergences**. L'UEM doit se construire en 3 étapes :

1. libération des capitaux et création d'un Institut Monétaire Européen ;
2. fixation d'un seuil de parité entre les différentes monnaies européennes ;
3. création de la **BCE (Banque Centrale Européenne)** pour gérer la monnaie indépendamment des gouvernements

L'adoption du traité de Maastricht est une étape aussi déterminante que l'a été celle du traité de Rome en 1957 : elle représente le choix de la **supranationalité** et la victoire de l'option fédéraliste sur l'option unioniste. On abandonne l'idée de concert des nations au profit de l'idée d'union fédéraliste, assortie d'une volonté claire de démocratisation des institutions en accentuant le rôle du parlement qui peut désormais s'opposer aux décisions du Conseil de l'Europe. Le grand défi posé par Maastricht, c'est aussi celui de l'intégration des pays du Sud, de l'Irlande et de nouveaux candidats, sont-ils capables de remplir les critères de convergences ?

2 L'approfondissement et l'élargissement de l'UE

En 1995, l'Europe de Maastricht accueille trois nouveaux membres : la Suède, la Finlande et l'Autriche (la Norvège refusant d'intégrer la communauté européenne), faisant passer à quinze le nombre de pays de l'Union. En 1997, le traité d'Amsterdam marque les premières difficultés de la « nouvelle » construction européenne. Demi-échec, il ne parvient pas à fixer de cadre précis pour une réforme institutionnelle qui conférerait à l'Union une véritable représentativité populaire que l'option fédérale requiert de façon beaucoup plus pressante alors que les pays membres ont accepté de déléguer une partie de leur souveraineté (la nation assemblée délègue une partie de sa souveraineté à des représentants élus, du moins est-ce la définition « française », qu'en est-il de la « nation » européenne ?).

Le traité d'Amsterdam sanctionne également pour la première fois les **pays membres coupables de violation des droits de l'homme et de non-respect de la démocratie**, symbole du passage d'un monde dominé par la guerre froide à un monde dans lequel l'indétermination géopolitique s'accompagne d'une revendication plus forte des droits universels. Dans le même ordre d'idées, la libre-circulation au sein de l'espace communautaire pose également la question de la **libre circulation des non-Européens**. Face aux réticences de nombre de pays européens, un certain nombre d'associations humanitaires parlent d'« Europe forteresse » et l'accusation de « club de pays riches » revient.

Enfin, la marche vers le fédéralisme pose de plus en plus vivement la question de la **légitimité nationale ou communautaire**. Pour que l'Union apparaisse complètement légitime, il faudrait qu'elle forme une véritable nation européenne. Double problématique de la poursuite de la construction européenne :

1. **L'approfondissement**. Alors que le traité de **Nice (signé en 2001)** n'apporte pas de nouvelles avancées, il est l'objet de critiques puisque les **Irlandais** le rejettent par voie de **référendum, avant d'être appelés à voter à nouveau. L'échec de la constitution européenne en 2005 (rejetée en France, en Irlande et aux Pays-Bas)** vient sanctionner la construction européenne et poser plus durement la question de la légitimité des institutions. Dans ces conditions, l'adoption du traité de **Lisbonne en 2007** apparaît comme un pis-aller, pire, il est interprété comme un **déni de démocratie** puisqu'il permet d'imposer une parti des mesures qui avaient été rejetées par voix de référendum par les peuples français et irlandais (les Irlandais votent à nouveau deux fois, en 2008 et en 2009).
2. **L'élargissement**. En **2004, dix nouveaux pays font leur entrée dans l'UE : Slovénie, Slovaquie, République Tchèque, Hongrie, Chypre, Malte, Lituanie, Lettonie, Estonie, Pologne. En 2007, c'est au tour de la Roumanie et de la Bulgarie** d'intégrer l'UE. Ces intégrations accentuent le différentiel économique au sein de l'UE et font craindre aux opposants à l'élargissement qu'elles ne servent en fait de variables d'ajustement pour permettre aux entreprises de contourner les législations du travail et remettre en cause les acquis sociaux.

En même temps, l'intégration économique de certains pays se fait très rapidement (pays Baltes, République Tchèque) et accentue le dynamisme économique de l'UE. Elle permet également à l'Allemagne de retrouver son « arrière-pays » commercial. Mais l'élargissement vient buter sur la question de la **Turquie** qui pose des questions de droit international (**Chypre**) et surtout qui pose la question des **limites de l'UE** et du continent européen. L'intégration de la Turquie pose aussi le problème des choix stratégiques et militaires : intégrer un des principaux contributeurs de l'OTAN, n'est-ce pas signer l'arrêt de mort de toute tentative de défense européenne ?

La construction européenne se poursuit néanmoins avec l'entrée de la **Croatie le 1er juillet 2013**, portant à **28** le nombre des États-membres de l'UE. Avec les négociations sur le **TAFTA (Transatlantic Free-Trade Agreement, Traité de Libre-Echange Transatlantique)**, la construction européenne s'oriente vers la problématique de l'intégration à **la plus grande zone de libre-échange du monde** (28 États européens + 50 États américains + le Canada avec la signature théorique du Canada-Eu Trade Agreement – Comprehensive Economic and Trade Agreement ou **CETA en 2016**). À ce jour, les négociations sur le TAFTA n'ont toujours pas abouti.

3 La construction européenne à nouveau en panne ?

La construction européenne a donc été marquée dès le début par l'opposition entre **solution unioniste et fédéraliste**. Si le contexte de la guerre froide et les nécessités de la reconstruction donnent pour la première fois une réalité concrète à une idée ancienne, l'option unioniste semble s'imposer après le premier échec du fédéralisme. Ce dernier finit pourtant par s'imposer et triompher avec la création de **l'Union européenne en 1992**, en favorisant un processus d'intégration plus avancé que dans n'importe quelle autre association régionale ou continentale.

Cependant, la création de **l'Euro (1999, mise en circulation en 2001)** n'a pas semblé effacer les contraintes économiques et monétaires qui existaient déjà du temps de la CEE et du SME et **la crise de 2008**, qui plonge l'Europe dans un marasme durable, les rend encore plus difficiles à dépasser, alors que l'Euro peine à retrouver le statut de monnaie compétitive face aux fluctuations incessantes du dollar entraînées par le creusement de la dette américaine.

Du point de vue institutionnel et politique, les institutions européennes et la question de l'élargissement focalisent les critiques et les mécontentements. Une fois de plus, la construction européenne semble en panne. Le référendum sur l'appartenance du Royaume-Uni à l'Union Européenne, le 23 juin 2016, plonge l'UE dans une crise profonde, aggravant les conséquences des crises économiques de 2008 et de la crise migratoire de 2015-2016, qui ont déjà mis à rude épreuve la solidarité européenne. À la question : Le Royaume-Uni doit-il rester un membre de l'Union européenne ou quitter l'Union européenne ? (*Should the United Kingdom remain a member of the European Union or leave the European Union ?*), 51,89 % des Britanniques choisissent de répondre par l'affirmative. C'est la première fois que la population d'un État membre se prononce en faveur de la sortie de l'Union européenne. Le « Brexit », mot-valise anglais construit sur Britain (Grande-Bretagne) et exit (sortie), désigne le processus de sortie du Royaume-Uni de l'Union européenne, devenu effectif au cours de la nuit du 31 janvier au 1er février 2020 avec l'acceptation de l'accord de retrait par les Vingt-sept, après une longue négociation et une longue bataille politique menée au sein du parlement britannique par les premiers ministres Theresa May puis Boris Johnson. En 2020, l'Europe est à nouveau confrontée à une crise grave, cette fois sanitaire, avec la pandémie de Covid-19. L'Europe est devenue, le 13 mars 2020 selon l'OMS, le nouveau foyer central de l'épidémie devenue pandémie. Au 1er mai 2020, la pandémie a été la cause de plus de 238 000 décès dans le monde dont 140 000 décès en Europe, soit près de 60 % du total. La crise met une nouvelle fois à rude épreuve la solidarité des pays membres de l'Union européenne. Les différents États de l'UE confinent leur population et le ralentissement brutal de l'activité a des conséquences très lourdes. Le 13 mars, la Commission européenne accepte le principe d'une aide économique accordée aux États membres, cependant de fortes dissensions apparaissent entre l'Italie, la France et l'Espagne, plus touchées par la pandémie, et les pays comme les Pays-Bas et l'Allemagne, qui comptent moins de décès et sont peu désireux de mutualiser les dettes des États-membres afin de faire face au ralentissement de l'activité économique et à la récession.

DEUX RÉALISATIONS EUROPÉENNES : L'EURO ET LE TUNNEL SOUS LA MANCHE

L'euro et le tunnel sous la Manche sont deux réalisations collectives à porter au crédit de la Communauté Economique Européenne, devenue Union Européenne en 1992. La première est unique dans sa nature et dans sa forme, créant *de facto* une monnaie commune à l'ensemble des membres de la zone euro. L'autre est une ambitieuse réalisation industrielle qui rompt l'isolement géographique insulaire du Royaume-Uni.

L'euro est la devise commune de l'union économique et monétaire formée au sein de l'Union européenne. Elle est aujourd'hui adoptée par 19 États membres qui constituent la zone euro, ainsi que par quatre micro-États (Andorre, Monaco, Saint-Marin et le Vatican), également autorisés à l'utiliser. Le traité de Maastricht, signé en 1992, a fondé le principe de l'euro, préparant son adoption par une partie des États de l'UE, selon un calendrier établi par le traité en établissant les critères de convergence auxquels les États membres devaient se plier pour adopter l'euro. Parmi les États membres de l'Union européenne, le Royaume-Uni, la Suède et le Danemark n'adoptent pas l'euro. Si l'euro est théoriquement adopté le 1er janvier 1999, il n'entre en circulation que le 1er janvier 2002, sous sa forme fiduciaire. Il est aujourd'hui la deuxième monnaie de réserve au monde. 63,5 % des réserves en devises des banques centrales mondiales restent constituées en dollars contre 20 % pour l'euro, 4,52 % pour le yen, 4,49 % pour la livre Sterling et 1,1 % pour le yuan (chiffres FMI/Natixis). L'euro est géré par la Banque Centrale Européenne (BCE), dont le siège est à Francfort et par l'Eurosystème, composé des différentes banques centrales des er tats membres de la zone euro.

Le tunnel sous la Manche est, dans un autre domaine, une autre réalisation de grande envergure de la communauté européenne. Un premier projet de tunnel ferroviaire reliant les Iles britanniques au continent avait été élaboré en 1882 par Aimé Thomé de Gamond mais la Grande Dépression fit échouer le projet qui suscitait par ailleurs une forte opposition britannique… par crainte d'une invasion française passant sous la Manche. Le développement de l'aviation rendit ces craintes quelque peu caduques et la relance de la construction européenne après la Seconde Guerre mondiale permit de remettre l'idée au goût du jour. Le 26 juillet 1957, le Groupement d'études pour le tunnel sous la Manche (GETM) est créé. Les experts se prononcent pour un tunnel ferroviaire double. En 1967, un appel d'offres est lancé par les deux gouvernements. Le Groupe du Tunnel sous la Manche composé de la Société française du Tunnel sous la Manche et de The British Channel Tunnel Company est désigné maître d'œuvre le 22 mars 1971. Les travaux commencent en 1973 mais les Britanniques, touchés par la crise économique, s'en retirent en 1975. Il est à nouveau relancé à l'instigation de François Mitterrand en 1981. On envisage alors la possibilité de construire un gigantesque pont ferroviaire ou autoroutier, un ensemble de quatre tunnels ou un double tunnel ferroviaire, comme c'était le cas pour le projet de 1975. C'est cette dernière idée qui est finalement retenue. La construction du tunnel sous la Manche se déroule entre le 15 décembre 1987 et le 10 décembre 1993. Elle est principalement réalisée à l'aide de tunneliers qui creusent le tunnel sur une longueur totale cumulée de 148 km. Au maximum, 15 000 personnes (ouvriers, ingénieurs, géologues, informaticiens) ont travaillé au tunnel, inauguré le 6 mai 1994 et ouvert au service commercial le 1er juin de la même année. Long de 50,5 kilomètres, dont 38 percés sous la mer, le tunnel sous la Manche est actuellement le tunnel ayant la section sous-marine la plus longue du monde.

À RETENIR

- **Le traité de Maastricht en 1992 a relancé l'intégration politique avec la création de l'Union Européenne mais la construction européenne est entrée dans une période de crise durable avec le rejet du projet de constitution européenne en 2005.**
- **L'Union Européenne compte aujourd'hui 27 membres avec l'entrée de la Croatie en juillet 2013 et la sortie du Royaume-Uni, actée en 2019.**

PARTIE 4
ANGLAIS

CHAPITRE 42

Présentation de l'épreuve et méthodologie

1 L'épreuve

L'épreuve d'anglais, de coefficient 1,5 au concours, dure une heure.

Elle est découpée de la manière suivante :

- une compréhension écrite de 4 questions à rédiger en 40 à 60 mots ;
- une recherche de synonymes suivant l'ordre du texte avec des mots formulés de façon neutre (sans les terminaisons qui peuvent, elles, apparaître dans le texte) ;
- une expression écrite d'un essai de 300 mots (+/-10 %).

Le but intrinsèque de cette épreuve est d'évaluer les capacités de communication en langue étrangère. Il est important de pouvoir s'assurer que les candidats peuvent comprendre un article de presse écrite anglophone et rédiger un contenu cohérent et organisé en anglais.

Aucune formation antérieure en sciences politiques n'est nécessaire mais une solide culture générale et une ouverture d'esprit à l'international sont exigées par le projet même du concours commun des IEP.

1.1 Les critères de notation

a La qualité de la langue

La qualité de la langue est visée en premier lieu. En effet, le candidat doit prouver qu'il sait utiliser correctement la grammaire et la syntaxe anglaise ainsi qu'un vocabulaire varié et tout en nuance. Le propos doit être fluide et clair.

b L'esprit critique

L'engagement du candidat tout comme sa prise de risque seront valorisés par les correcteurs. Le candidat doit montrer qu'il sait réfléchir par lui-même et qu'il sait justifier son opinion avec une démonstration sensée.

c L'usage de références précises

Il est important que le candidat soit capable d'utiliser des exemples précis issus de l'histoire, de l'actualité ou de faits de société afin d'illustrer son propos.

1.2 Les écueils

a La paraphrase

Il ne vous est pas demandé de restituer tout simplement l'information qui vous est donnée par le biais d'un article de presse. On vous demande de l'assimiler, de vous l'approprier, d'y réfléchir afin de répondre à la question en vos propres termes.

b L'absence de relecture

Les candidats laissent de nombreuses fautes d'orthographe, de ponctuation et ne font pas suffisamment attention à la qualité de leur anglais. Des *–s* de 3ᵉ personne du singulier sont souvent oubliés, des adjectifs invariables mis au pluriel et des accords sujets-verbes non faits, sans oublier des verbes irréguliers non maîtrisés. Une grande partie de ces erreurs pourraient être éliminées si une relecture attentive était effectuée.

c Le manque de précision

Les étudiants ont souvent une bonne idée générale du texte et de son sens mais il ne s'agit pas de s'arrêter à ce niveau. Les questions sont rédigées avec précision et les correcteurs s'attendent donc à des réponses détaillées. Les généralités ou propos vagues sont à bannir.

d L'absence d'organisation logique

Le raisonnement logique du candidat est important car il permet de structurer son propos. Si la démonstration commence en un point, passe par un autre point sans aucun rapport pour finir près de là où l'on a commencé, la réflexion ne fait alors aucun sens. Il est important d'organiser ses pensées éventuellement à l'aide d'un brouillon avant de se lancer dans la rédaction finale. Toute idée doit être explicitée, justifiée et argumentée.

e Le plan « bateau » sans engagement ni cohérence avec le sujet

Le plan thèse/antithèse/sythèse ne correspond qu'à certains sujets et il est rarement mis en valeur quand les étudiants ne font pas l'effort de l'adapter au sujet à traiter. De plus, il est attendu que les étudiants fassent preuve d'esprit critique et donc d'une certaine prise de position face au sujet donné.

2 La méthode

2.1 La compréhension écrite

Il s'agit de démontrer au correcteur que vous êtes capable de lire et d'analyser un article de presse. Il arrive que les questions ne soient pas dans l'ordre du texte ou qu'il faille synthétiser plusieurs informations parsemées dans l'article. Il arrive souvent que les mots utilisés dans les énoncés soient différents de ceux du texte, il est donc important de repérer rapidement de ce dont il s'agit afin de ne pas perdre de temps et de ne pas répondre à côté de la question.

a Une bonne lecture

Pour optimiser votre temps et votre concentration, il vous est recommandé de lire votre sujet tout entier avant de vous y lancer corps et âme. En effet, ceci vous donnera une vision d'ensemble qui vous permettra de mieux repérer les informations dans le texte et de commencer à réfléchir à la façon de relier l'article à l'un des sujets d'expression écrite. De plus, c'est en lisant les questions avec attention que vous vous assurerez de répondre avec cohérence et précision à ces dernières.

b Une réponse directe

Il ne vous est pas demandé de reformuler la question donnée. Vous devez tout simplement y répondre à l'aide votre réflexion personnelle et de vos propres mots. La paraphrase tout comme la reprise du texte sont évidemment proscrites.

c Un nombre de mots respecté

Un nombre de mots vous est toujours indiqué et on s'attend à ce que vous le respectiez. Vous devez donc être direct, concis et justifier votre réponse tout en restant dans les limites de mots imposées. Il vous est fortement déconseillé de remplir tout l'espace avec une écriture rabougrie car il est important de donner envie au correcteur de lire votre copie et de lui laisser suffisamment de place pour commenter votre œuvre. Les correcteurs sanctionneront les réponses ne respectant pas le nombre de mots souhaité.

d Une réponse relue avec attention

Il est évident que vous voulez vous assurer avoir bien répondu à la question avec un propos cohérent, sensé et logique mais aussi un anglais au mieux de vos capacités avec un lexique varié et nuancé ainsi qu'une grammaire correcte. Pensez à vous relire quand vous aurez fini cette partie ou alors si vous n'avez pas l'habitude de le faire, essayez de vous relire progressivement, après la rédaction de chaque question par exemple.

2.2 La recherche de synonymes

L'article de presse donné est vaste mais les mots à retrouver suivent l'ordre du texte, donc il vous faut procéder avec méthode.

a Une lecture précise des mots recherchés

Une série de huit mots sera indiquée sans aucune indication grammaticale supplémentaire. Le seul élément sûr sera la catégorie grammaticale des mots (noms, adjectifs, verbes, adverbes). Par ailleurs, les verbes sont indiqués à l'infinitif avec « *to* » afin de ne pas les confondre avec les noms indiqués sans article.

Une lecture soignée du texte avec les mots en tête vous permettra sans doute d'en trouver quelques-uns ou au moins d'établir quelques hypothèses quant à la recherche de certains synonymes.

b Une avancée avec méthode

En lisant bien la liste de mots et en identifiant leur catégorie grammaticale vous effectuez un premier filtre qui doit rendre votre recherche plus facile car plus ciblée.

Une fois votre première lecture effectuée et vos hypothèses faites, vous devez avancer pas à pas en considérant l'ordre du texte. Ainsi le premier mot se trouvera plutôt vers le début du texte et le dernier vers la fin. Indiquez les lignes des mots trouvés afin de réduire votre quête aux parties de texte restantes.

c Une chance à prendre

Les mots non trouvés peuvent rester sans réponse ou alors vous pouvez prendre le risque d'indiquer un mot de catégorie grammaticale similaire pris dans la partie de texte souhaitée. Ainsi, vous vous laissez une chance de trouver le synonyme correspondant au mot indiqué. Néanmoins, si cette prise de risque vous semble trop élevée, évitez-la car vous devez vous sentir à l'aise et confiant dans l'établissement de vos réponses. Il ne faudrait pas mobiliser une partie de votre énergie à vous inquiéter pour si peu.

2.3 L'expression écrite

Il est attendu que le candidat y passe un temps suffisant afin de bien saisir le sujet mais aussi de rédiger une réponse organisée, logique, cohérente, nourrie d'exemples et évidemment dans un anglais grammaticalement correct et lexicalement diversifié. La limite de 300 mots est indiquée et doit absolument être respectée. Une marge de 10 % est néanmoins octoyée. Tout hors-sujet, toute réponse improvisée et toute généralité sans but seront sanctionnés.

a Une sélection et une analyse de mots clés en contexte

Il est capital de lire le sujet avec attention afin d'en identifier ses mots-clés, de les remettre dans leur contexte afin de pouvoir les définir avec précision dans un anglais varié. Cette étape est capitale à la problématisation du sujet et donc déterminante pour la construction de votre argumentation.

b Un sujet introduit et problématisé suivi d'un plan

Comme vous avez appris à le faire, vous devez brièvement introduire le sujet, définir ses termes afin d'en extraire une problématique à laquelle répondra votre plan tout en considérant le nombre de mots utilisés sur les 300 mots attendus.

- **L'introduction**

L'introduction du sujet ne devra être ni vague ni bateau, elle doit correspondre au sujet énoncé et non aux généralités d'usage inutiles.

- **La problématique**

La problématique est la mise en question du sujet. Elle reflète votre analyse de ses termes et la question qui en découle. C'est la question à se poser afin de répondre au sujet en prenant en compte tous les critères exposés dans l'énoncé.

- **L'annonce de plan**

La question ou problématique est logiquement suivie par l'approche que vous utiliserez afin d'y répondre. Vous devez ainsi énoncer les éléments que vous examinerez pour aboutir à une réponse.

c Des parties argumentées illustrées d'exemples précis

Votre plan sera donc scindé en deux ou trois parties qui devront se suivre logiquement. Chaque idée principale devra être explicitée, justifiée puis illustrée par une référence précise. Il vous est possible de commencer par la référence, d'en déduire l'idée et son explication. Le tout est que les trois éléments soient inclus et qu'ils se suivent dans un ordre sensé. Les exemples doivent être précis et cohérents avec le point énoncé. Une fois de plus, prêtez attention au nombre de mots écrits afin de vous assurer de rester dans les 300 mots exigés.

d Un propos intelligible lié par des transitions logiques

L'expression du candidat doit être fluide et les arguments doivent être reliés entre eux par des connecteurs logiques. La qualité de votre anglais doit pouvoir vous permettre d'énoncer des idées claires qui seront bien définies et expliquées avec un vocabulaire approprié. Le tout devra être lié de façon cohérente et logique. Des phrases courtes mais sensées peuvent permettre aux étudiants en difficulté de s'assurer d'être compris.

e Une réponse à la problématique dans la conclusion

Votre propos s'achèvera par une conclusion afin de démontrer le chemin parcouru et les étapes de votre réflexion mais surtout d'apporter une réponse à la problématique énoncée dans l'introduction. Il est nécessaire de vous assurer que vous mettez un point final à votre réflexion dans cette conclusion et que vous indiquez bien tous les éléments de réponse collectés le long de votre argumentation. Cette réponse doit aussi mentionner le nombre total de mots demandés soit 300 (+/- 10 %).

f Une relecture point par point

Pour couronner vos efforts et vous assurer que tous les éléments requis sont sur votre copie, il est important de vous relire. Des relectures à but précis sont souvent plus efficaces pour traquer chaque difficulté possible. Ainsi vous pouvez effectuer une première relecture pour l'orthographe et la ponctuation, une seconde pour la logique, une troisième pour le lexique et une dernière pour la grammaire. 70 % des fautes peuvent être éliminées par une relecture soignée donc tâchez de vous garder au moins 5 minutes pour l'effectuer et si vous savez que ce sera impossible, relisez vous au fur et à mesure, par exemple à l'abord d'un nouveau paragraphe.

Vérifiez votre nombre de mots une toute dernière fois afin de vous astreindre à la limite de 300 mots.

CHAPITRE 43

Grammaire

1 Les articles

1.1 L'article Ø ou pas d'article

Certains cas sont toujours précédés de l'article zéro Ø :

1. les noms abstraits non déterminés : *success* ;
2. les noms propres : *Prince Albert* ;
3. les pays au singulier : *England* ;
4. les sommets de montagnes : *Mont Killimanjaro* et les lacs : *Lake Taho* ;
5. les monuments : *Fort Monroe* (exception : ***the** White House*) ;
6. les saisons : *spring ;*
7. et les maladies : *tuberculosis.*

1.2 L'article *the*

THE s'utilise quand le nom ou groupe nominal est défini avec :

1. le contexte : *We saw **the** scapegoats confessing*/Nous avons vu les boucs-émissaires avouer (pas n'importe lesquels mais ceux que nous connaissions) ;
2. une proposition relative : *I read **the** topical issues which were recommanded*/J'ai lu les sujets d'actualité qui étaient recommandés ;
3. un complément du nom précédé par *of* : *I'm starting **the** preparation of the Sciences Po competitive exam*/Je commence la préparation du concours de Sciences Po ;
4. les noms déterminés par eux-mêmes, les choses/personnes uniques : ***the** Milky Way* (la Voie lactée), les titres : ***the** Princess, **the** King, **the** President* (lorsque le nom est absent) ;
5. les pays composés : ***the** United States, **the** United Kindgdom* ;
6. les mers et les océans : ***the** Atlantic,* les cours d'eau : ***the** Nile* et les chaînes de montagnes : ***the** Rocky Mountains* ;
7. sans oublier *to play* + ***the*** + instrument de musique : *Vincent plays **the** guitar*/ Vincent joue de la guitare.

2 Les adjectifs et pronoms

Les adjectifs possessifs (mon…) *my, your, his, her, its, our, your, their* dépendent du possesseur et non du genre du mot qui suit: *Jane's lectern* = *her lecturn* (son pupitre).

Pronom personnel sujet	*I*	*You*	*He*	*She*	*It*	*We*	*They*
Pronom personnel complément	*Me*	*You*	*Him*	*Her*	*It*	*Us*	*Them*
Pronom possessif	*Mine*	*Yours*	*His*	*Hers*	*Its*	*Ours*	*Theirs*
Pronom réfléchi	*Myself*	*Yourself/ yourselves*	*Himself*	*Herself*	*Itself*	*Ourselves*	*Themselves*
Pronom réciproque	*Each other*	*One another*					
Adjectif possessif	*My*	*Your*	*His*	*Her*	*Its*	*Our*	*Their*
Adjectif démonstratif	*This*	*These*	*That*	*Those*			
Catégories adjectif démonstratif	*Proche singulier*	*Proche pluriel*	*Loin singulier*	*Loin pluriel*			

3 Les quantifieurs

	Some	Any	No
Phrase affirmative	×		×
Phrase négative		×	
Phrase interrogative dont on connait la réponse	×		
Phrase interrogative dont on doute de la réponse		×	

Dénombrable	Indénombrable
(a) few, many, fewer, a number of	*(a) little, much, less, an amount of*
a lot of, lots of, plenty (of)	

4 Les indénombrables

Les indénombrables en anglais (qui sont dénombrables en français) suivis d'un verbe au singulier, s'utilisant avec *much, (a) little, a piece of* sont : *news, information, accomodation, advice, luggage, baggage, furniture, expenditure, evidence, equipment, homework, knowledge, scenery, travel, weather.*

5 Le pluriel des noms

À RETENIR

- ***(wo)man > (wo)men, child > children, fish > fish, sheep > sheep, tooth > teeth, foot > feet, goose > geese*** **(oies),** ***mouse > mice, stratum > strata, louse > lice*** **(poux),** ***ox > oxen*** **(boeufs),** ***medium > media, criterion > criteria, phenomenon > phenomena***
- ***police*** **+ V au pluriel,** ***family*** **+ V au pluriel**
- ***the USA*** **+ sg**
- ***1970s*** **sans apostrophe**
- **Seul le dernier nom d'un nom composé peut être mis au pluriel :** ***The famous writer has sold three million books since 2008*** **(l'écrivain connu a vendu trois million de livres depuis 2008)**

Everybody/anybody

Everybody/anybody + **sg** : *Everybody loves somebody*/Tout le monde aime quelqu'un

Everybody/anybody → seconde proposition en *they* : *Anybody gets in. They don't need to show their ID for that*/Tout le monde rentre. Ils n'ont pas besoin de montrer leur pièce d'identité pour ça.

6 Les noms et adjectifs composés

ATTENTION
Dans *clothes shop* ou *news bulletin* le premier nom comporte un -s tout comme *sportshall, sportsman, customs officer, savings account* (le -s n'est pas ici la marque du pluriel). Dans quelques mots les deux noms peuvent être au pluriel : *menservants, women writers* et *gentlemen farmers*.

Tout comme les noms composés, le mot le plus important est à la fin et les adjectifs le précédant étant en position d'adjectifs **ne s'accordent pas**.

7 Le cas possessif, apostrophe *s*

Aux mots qui se terminent déjà par un *-s* (de pluriel ou non), on leur ajoute seulement l'apostrophe (sans le *s*) : *This is Thomas' apartment* (C'est l'appartement de Thomas).

On utilise le cas possessif sans réelle possession: pour la distance : *a five kilometers' hike* (une randonnée de cinq kilomètres), la durée : *a three days' weekend* (un weekend de trois jours) et le repère dans le temps : *July's holiday* (les vacances de juillet).

8 Les comparatifs et superlatifs

8.1 Le comparatif

a Supériorité

On ajoute *-er* aux adjectifs courts (≤2 syllabes) et *more* aux adjectifs longs. Ils sont suivis de *than* : *His speech was shorter than planned* (Son discours était plus court que prévu).

b Infériorité

L'adjectif est précédé de *less* et suivi de *than* : *The shortfall is less hazardous than our forecast* (le déficit est moins dangereux que notre prévision).

c Égalité

L'adjectif est précédé et suivi de *as* : *The ambassador was as charming as deputy* (L'ambassadeur était aussi charmant que son assistant).

8.2 Le superlatif

	Adjectifs courts	**Adjectifs longs**
Supériorité	*the* + adj + *-est*	*the* + *most* + adj
Infériorité	*the least* + adj	

8.3 Les irréguliers

	Comparatif	**Superlatif**
Good, well	*better than*	*the best*
Bad	*worse than*	*the worst*
***Far* (distance)** ***Far* (temps)**	*farther than* *further than*	*the farthest* *the furthest*
Old **(dans le sens de vieux)**	*elder* quand il n'y en a que deux : *our elder sister*	*the eldest* : l'aîné

9 Les temps

9.1 Les temps morphologiques du passé

Le *past simple*, **prétérit** simple exprime un fait **terminé**, **révolu** et s'utilise avec des marqueurs tels que *ago, last, yesterday, in + precise date/month/year/season/century* : *Yesterday she sent her resignation letter* (Hier elle a envoyé sa lettre de démission).

À la forme affirmative, on ajoute *-ed* aux verbes réguliers, on utilise la 2e colonne des verbes irréguliers. *Didn't* s'utilise pour la négation : *He didn't show up last week* (Il ne s'est pas présenté la semaine dernière) et *did* pour l'interrogation : *Did you call before coming ?* (As-tu appelé avant de venir ?).

Le ***past continuous*** exprime un fait qui **dure dans le passé** : *He* ***was watching*** *TV when someone rang at the door* (il regardé la télé quand qu'un sonna à la porte). Il se construit avec *was/were* + verbe *en -ING*. À la forme négative cela devient *wasn't/weren't* + verbe *en -ING : You weren't studying when she got home* (Tu n'étudiais pas quand elle est rentrée) et à l'interrogative *was/were* + verbe *en -ING : Who were you phoning for hours ?* (Qui appelais-tu pendant des heures ?).

Le **prétérit modal** s'utilise pour décrire **un fait non accompli mais souhaité**. La seule façon de le remarquer en terme de forme est avec le verbe *be* car il devient *were* à toutes les personnes : *If* ***I were*** *rich, I would buy a mansion near the sea* (Si j'étais riche, j'achèterais un manoir près de la mer). Autrement il s'agit de la même forme que celle utilisée pour le prétérit. *If, as if, I wish, I'd rather, it's time* précèdent souvent un prétérit modal.

Le ***past perfect/plu perfect simple*** est le passé dans le passé c'est à dire un fait antérieur à un prétérit/*simple past.* Dans un contexte au prétérit, une action a lieu **avant ce prétérit** alors on utilise le *past perfect* ou *pluperfect* : *You were happy you met him two days ago as you hadn't seen him for a while* (Tu étais heureux de le rencontrer il y a deux jours comme tu ne l'avais pas vu depuis un moment).

Le ***past perfect continuous*** décrit un fait qui a duré à un moment antérieur à un fait prétérit : *They had been studying for hours when their parents came in* (Ils avaient étudié pendant des heures quand leurs parents rentrèrent).

9.2 Les temps morphologiques du présent

Le présent simple décrit une habitude, une vérité générale et pour les verbes de perception ou d'état. Un *-s* est rajouté à la 3e personne du singulier : *She studies for 2 hours every single day* (Elle étudie pendant deux heures absolument chaque jour). La forme négative se forme avec *don't/doesn't* et l'interrogative avec l'inversion auxiliaire-base verbale.

Always, often, usually, sometimes, rarely, scarcely, once/twice/X times a week s'utilisent avec du présent simple.
Le **présent continu** décrit une action **en cours**, une situation **temporaire** ou un événement **futur certain** ou **déjà prévu** : *Next week we are working with a new intern* (La semaine prochaine nous travaillerons avec un nouveau stagiaire). Il se forme avec *be* conjugué au présent puis un verbe en *-ING. Not* ou *n't* est rajouté à *be* conjugué au présent à la forme négative et l'inversion verbe conjugué, verbe en *ING* est maintenue comme dans toute interrogation.
Now, at the moment, presently, at the present time s'utilisent avec du *present continuous.*
Les verbes de perception ou d'état les plus courants sont : *to see, to hear, to taste, to touch, to smell, to agree, to believe, to belong to, to love, to hate, to like, to dislike, to know, to understand, to want…*

Les verbes suivants ne s'utilisent normalement **pas au continu** : *know, believe, need, understand, realize, prefer, remember, forget, recognize, mean, want, love, like, dislike, hate, appreciate, mind, possess, own, belong, seem, cost, owe, exist, consist of, include, contain.*
Le ***present perfect simple*** s'utilise pour faire **le lien entre le présent et le passé**. Ainsi il est utilisé pour décrire les conséquences présentes d'un fait passé, un fait qui a commencé dans le passé et continue au moment où l'on parle, une expérience ou un fait qui vient de se terminer.
La forme affirmative se fait avec *have/has* puis le participe passé. Le participe passé des verbes réguliers prend la terminaison *-ed.* Celui des verbes irréguliers est la 3e colonne des verbes irréguliers.
À la forme négative, *not* ou *n't* est ajouté au verbe conjugué qui devient *haven't/hasn't* et le participe passé suit. La forme interrogative subit l'inversion classique : *have/has* puis le participe passé.
Le *present perfect continuous* ajoute aux valeurs précédentes une valeur subjective à l'action c'est-à-dire son côté long, plaisant ou déplaisant : *We've been working on this project for months* (Nous travaillons sur ce projet depuis des mois).

À RETENIR

■ ***For* introduit une durée : secondes, heures, jours, mois… : *for years* et *since* introduit un point de départ, le début de l'action comme une date, une heure, un mois précis, une année précise : *since April.***

Au *present perfect,* il y a une différence avec *be* et *go*. En effet, on dira : *Have you ever been to Australia ?* en considérant le caractère unique de l'action mais : *I've gone there three times* quand l'action s'est produite plusieurs fois.

For, since, ever, never, not… yet, so far, up to now, already, lately, recently, just sont très souvent utilisés avec un temps *perfect.*

9.3 Le subjonctif

L'équivalent du mode **subjonctif** s'utilise avec des verbes indiquant une **recommandation** ou un **ordre** tels que : *request, suggest, propose, ask, recommend, advise, demand* (exiger), *insist, accept that,* des expressions indiquant une **directive** : *it is essential that, it is important that, it is vital that, it is necessary that, it is imperative that, it is wise that,* dans des **expressions figées** telles que : *God bless you* (*Que Dieu vous bénisse*), *so be it* (Soit), *be it as it may* (quoiqu'il en soit), *if this be possible* (si cela est possible).
Le subjonctif se conjugue avec la base verbale et on le remarque tout particulièrement à la 3e personne du singulier car il ne prend pas de *-s* : *Yann requests David* ***wear*** *a shirt for his professional phone calls* (Yann demande que David porte une chemise pour ses appels professionnels).

9.4 Le futur

Traditionnellement, deux possibilités existent : *will* ou *be going to.*

Will (ou ***'ll***) s'utilise pour une **décision prise sur le fait**, *It's raining. I'll wear my rubber boots* » (Il neige. Je vais porter mes bottes en caoutchouc) ou une **prédiction** fondée sur des estimations, calculs, intentions menaces ou promesses.
Won't/will not en sont les formes négatives et l'inversion *will/'ll/won't* sujet base verbale est maintenue comme dans toute interrogation.
Be going to s'utilise pour les **projets prévus** ou **prévisions** fondées sur des **observations** présentes ou passées, **intentions/projets** à long terme : *In five years they are going to live in a house* (Dans cinq ans ils vivront dans une maison).
Will be going ou ***future continuous*** décrit une **action en cours** qui sera **en train d'être faite plus tard** ce pour se projeter dans l'avenir, prédire des événements futurs ou effectuer une demande polie au sujet de l'avenir : *Next week, they will be swimming in the Pacific Ocean* (La semaine prochaine ils seront en train de nager dans l'océan pacifique).
Will have done ou *future perfect* s'utilise pour une action qui sera terminée avant un point donné dans l'avenir, une action qui durera une durée prédéfinie : *By next week, she will have resigned* (D'ici la semaine prochaine, elle aura démissionné).

ATTENTION

Dans les propositions subordonnées de temps qui commencent par *when, while, as soon as, as long as, by the time, until et once,* on ne peut pas mettre de futur mais un présent : *I'll tell you when you ARE older* (Je te le dirai quand tu seras plus âgé).

La proposition sans conjonction de temps peut se mettre au futur mais **PAS celle avec la conjonction de temps**.

Les équivalents ou formes moins courantes du futur

Shall est l'emploi soutenu de *will* : *They shall sign* (Ils signeront).
Be to indique une action prévue : *He was to come* (Il était censé venir), une hypothèse : *The President is to speak* (Le Président devra parler [en principe]).
Be about to indique une action imminente : *She is about to get arrested* (Elle est sur le point de se faire arrêter).
Be bound to indique une forte probabilité, action inévitable : *With all our discoveries, we were bound to succeed* (Avec toutes nos découvertes, nous allions réussir [sans aucun doute]).
Be likely to/be sure to/be certain to indique une forte probabilité *I am sure/likely/certain to eat well in a 3 star restaurant* (J'ai de grandes chances de bien manger dans un restaurant 3 étoiles).

9.5 Le conditionnel

Degré 1 ou **présent P1** donc **projection future** d'une situation qui **peut se produire**.
C'est quand la proposition en *if* est au présent donc la deuxième au futur par exemple : *If I get married, I will have a huge party* (Si je me marie, je ferai une énorme fête).
Degré 2 ou **prétérit P1** donc situation que l'on **imagine se produire**.
C'est quand la proposition de condition en *if* est au prétérit modal car il représente un irréel du présent et la deuxième au conditionnel présent comme dans *If he asked me, I would say yes* (S'il me demandait, je dirais oui).
Degré 3 ou ***past perfect P1*** donc situation que l'on **aurait aimé** qui se passe mais qui **ne s'est pas passée ainsi**.
C'est quand la proposition en *if* est au *past perfect* et la deuxième au conditionnel passé : *If she had known, she would have given the right answer* (Si elle avait su, elle aurait donné la bonne réponse).

10 Le discours indirect

Les changements du discours indirect/rapporté :
L'ajout d'un **verbe introducteur** *(say, tell, answer, reply, insist, claim* (clamer), *state* (affirmer), *point out* (souligner), *advise* (conseiller), *forbid* (interdire), *order* (ordonner), *warn* (avertir)…
La modification des **temps** de l'énoncé repris ("*I like David*" > *She* ***said*** *she lik**ed** David*).
Le changement des **pronoms** (sujet *I* > *He* et possessif *my* > *his*).
Le recours à des adverbes de lieu (*here* > *there*) et **de temps** différents (*now* > *then*).

10.1 Les temps

Present simple: *"Joe loves coffee", Jack said > Past simple Jack said (that) Joe loved coffee.*
Present continuous (be + V-ING) *Leo stated: "Eve is reading" > Past continuous (was/were + V-ING): Leo stated that Eve was reading.*
Present perfect (have + PP) Mary declared: "I've just finished" > Past perfect (had + PP) > Mary declared that she had just finished.
Past simple (V + ED/2nd col): Ali added: "we had such a great time yesterday" > Past perfect (had + PP): Ali added that they had had such a great time the day before.
Future simple (will + BV*) Lola will improve, he replied. > Conditional present (would +* BV*): He replied that Lola would improve.*
Imperative: *"Be quiet", she ordered. > She ordered them to be quiet.*
(Not) To + BV *"Don't chat", he told. > He told them not to chat.*

10.2 Les adverbes

Here > there now > then; tomorrow > the day after Yesterday > the day before
In 5 weeks > 5 weeks later; last > before ; 4 months ago > 4 months ago > before

10.3 Les modaux

Future simple (*will* + BV) "*You will succeed" she claimed. > Conditional present* (*would* + BV) *She claimed that he would succeed.*
CAN "He can swim" he stated. > COULD He stated that he could swim.
MAY "I may visit you" she added > MIGHT She added that she might visit them.
MUST "We must study regularly" they insisted. > HAD TO They insisted that they had to study regularly.

11 Les modaux

11.1 *Can*, composés et équivalents

Can décrit une capacité (physique) : *At 6, kids can read* (À 6 ans, les enfants SAVENT lire).

Cannot ou *can't* décrit une impossibilité : *you can't type without a keyboard* (On ne peut pas taper à l'ordinateur sans clavier).

Could c'est *can* au passé : *Yesterday he could still take the exam* (hier il pouvait toujours passer l'examen) et au conditionnel : *If I had enough money, I could buy a house* (Si j'avais assez d'argent, je pourrai m'acheter une maison).

Be able to s'utilise à la place de *can* au futur (et/ou au passé): *He will be able to move out next month* (Il pourra déménager le mois prochain) et la possibilité d'un fait accompli : *We were able to study abroad thanks to an exchange program* (On a pu étudier à l'étranger grâce à un programme d'échange).

11.2 *Must*, composés et équivalents

Must indique une obligation morale ou interne (entre soi et soi-même) : *She must keep on studying to get her degree* (Elle doit continuer à étudier pour obtenir son diplôme) et une probabilité très forte (à 80-90 %) : *The exam must be difficult if so few people pass* (Cet examen doit être difficile si peu de gens le réussissent).
Have to indique une obligation issue d'un règlement ou extérieure : *We have to respect the guidelines to have a good grade* (Nous devons respecter les instructions pour avoir une bonne note).
Mustn't indique une interdiction personnelle : *You mustn't let yourself go even if you're going through a crisis* (Tu ne dois pas te laisser aller même si tu traverses une crise).
Not be allowed to indique une interdiction extérieure : *They are not allowed to use their cell phones during class* (Ils ne sont pas autorisés à utiliser leurs téléphones portables pendant le cours).
Don't have to indique une absence d'obligation : *She doesn't have to wear a uniform when it's the weekend* (Elle n'est pas obligée de porter un uniforme quand c'est le week-end).
Needn't indique une absence de nécessité : *In this recipe, you needn't add fat* (Dans cette recette, vous n'avez pas besoin d'ajouter de matières grasses).

11.3 *Will*, composés et équivalents

Will indique un futur : *They will go on holiday in the summer* (Ils iront en vacances en été), une acceptation ou volonté : *Will you marry me? Yes, I will* (Veux-tu m'épouser ? Oui, je le veux).
Won't indique un refus total : *She won't do the cleaning anymore* (Elle ne nettoiera plus).
Would est le passé de *will : He said he would help me* (Il a dit qu'il m'aiderait), une volonté : *I tried everything but they wouldn't obey* (J'ai tout essayé mais ils refusaient d'obéir), le conditionnel de *will* : *If she really wanted, she would do it* (Si elle voulait vraiment, elle le ferait), une habitude dans le passé qui a toujours lieu : *In Paris, we would meet every week* (À Paris, on se rencontrait toutes les semaines).

REMARQUE

Pour une habitude d'autrefois ou du passé qui n'a plus lieu, on utilise *used to* (et non *would)*. "*I used to smoke*" (autrefois, je fumais).

11.4 *May*, composés et équivalents

May indique une demande polie : *May I open the window?* (Puis-je ouvrir la fenêtre ?), une permission : *You may open my mail* (vous êtes autorisé à ouvrir mon courrier), une probabilité à 50 % : *She may change her mind* (Il se peut qu'elle change d'avis).

Be allowed to indique une permission : *Will we be allowed to go to bed late on holiday?* (Serons-nous autorisés à nous coucher tard pendant les vacances ?).

May not indique une interdiction : *The staff may not use social networks at work* (Le personnel n'est pas autorisé à utiliser les réseaux sociaux au travail).

Might est le passé de *may : They declared that they might park their car by the pediment* (Ils ont déclaré qu'ils étaient autorisés à ranger leur voiture à côté du fronton), une permission, une probabilité faible (10-30 %) : *You might succeed with no preparation at all* (il y a peu de chances que vous réussissiez sans préparation).

11.5 *Shall*, composés et équivalents

Shall indique une contrainte (Bible, lois) : *You shall not kill* (Tu ne dois pas tuer), une demande polie : *Shall I help you with the food-shopping?* (Souhaitez-vous que je vous aide avec vos courses ?).

Should indique une recommandation : *They should listen* (Ils devraient écouter), une probabilité : *He should finish early today* (Il devrait finir tôt aujourd'hui), une hypothèse : *Should she buy a car, her family would be glad* (Si elle achetait une voiture, sa famille serait heureuse), un subjonctif pour une suggestion, contrainte : *The shop orders that they would pay immediately* (Le magasin ordonne qu'ils paient immédiatement) ou un jugement : *It is capital that she should be on time every single day* (Il est capital qu'elle soit à l'heure absolument tous les jours).

Ought to indique une recommandation liée à une contrainte extérieure : *We ought to have a light lunch to do the rides safely* (On devrait prendre un déjeuner léger pour faire les attractions tranquillement).

12 Le souhait, le regret

Souhait (toujours réalisable) : *Wish/If only* + prétérit modal (irréel du présent) : *I wish I/he/she/it **were** rich.*

Regret (trop tard pour agir) : *Wish/If only* + past perfect : *If only I **had learnt** regularly, I wouldn't have 50 pages to memorize at the last minute.*

13 Le passif

Sujet + **Be** + **pp** + by + Ct agt

Actif :

*The cat **is eating** the mouse.*

Passif :

*The mouse **is being eaten** by the cat.*

14 Faire faire quelque chose à quelqu'un

Les structures résultatives/causatives sont : *to get/help/want sby **to** do sth, to make/have sby do sth, to get/want/have sth **done**.*

15 La proposition relative et infinitive

	Humain	Exemple	Non humain	Exemple
Sujet	*Who/that*	*The lady, who lives next door is very dull.* La dame qui habite la porte à côté est très ennuyeuse.	*Which/that*	*The suit which is in my bag was made in France.* Le costume qui est dans mon sac a été fabriqué en France.
Complément	*Who (m)/ that/Ø*	*The man whom I heard has a flat personality.* L'homme que j'ai entendu a une personnalité fade.	*Which/that/Ø*	*The file which I wrote is on the top of the stack.* Le fichier que j'ai écrit est au-dessus de la pile.
Complément du nom ou génitif	*Whose*	*The student whose father I know is bright.* L'étudiant dont je connais le père est brillant.	*Whose/of which*	*The stapler whose brand I love will last forever.* L'agrapheuse dont j'adore la marque durera toujours.

***What* introduit ce qui va être dit alors que *which* reprend ce qui a été dit.**

***What** I love is relaxing with a glass of champagne in front of the sea* (Ce que j'adore, c'est de me détendre avec un verre de champagne devant la mer). *Suddenly she started crying, **which** looked very strange and surprising knowing her very strong personality* (Soudainement elle a commencé a pleuré, ce qui avait l'air étrange et surprenant quand on connaît sa forte personnalité).

To think, to say, to expect, to know, to want, to order, to forbid, to prefer + infinitif.
They expect me to get a high score (Ils s'attendent à ce que j'obtienne un score élevé).

16 TO ou -ING ?

16.1 L'infinitif : *to* + base verbale

De façon générale, l'**infinitif** est utilisé pour un **objectif** ou un **projet**.

***So as, in order* précèdent** un infinitif : *So as to succeed, study hard* (Pour réussir, étudie dur).

L'infinitif **suit les verbes projetant l'action dans l'avenir** : ceux exprimant le **souhait**, l'intention, la requête et l'ordre (*ask* demander, *want* vouloir, *order* commander)

Certains verbes imposent d'être **suivis par un infinitif :**

Le choix et la réussite : *to choose, to appear, to consent* (consentir*), to decide, to agree, to intend* (avoir l'intention de), *to manage* (réussir à), *to swear* (jurer), *to want, to fail,* **la proposition et le souhait :** *to ask, to beg* (supplier), *to expect* (s'attendre à)*, to offer, to propose, to refuse, to hope, to prefer, to wish, to promise.*

Certains **adjectifs** sont automatiquement **suivis d'un infinitif** : pour **qualifier** des **situations** : *easy, hard, impossible, dangerous, safe, expensive, cheap, nice, good, interesting, exciting*, pour **qualifier** des **êtres humains :** *kind, clever, sensible, mean* (mesquin), *silly, stupid, careless* (irréfléchi), *unfair, considerate* (prévenant, bienveillant), pour **qualifier** des **émotions :** *happy, glad, pleased, sad, disappointed* (déçu), *surprised, amazed* (stupéfait), *astonished* (étonné), *relieved* (soulagé), pour **qualifier** un **ordre :** *the first, the next, the last, the only, the second,* pour **qualifier** le **degré de certitude :** *sure, certain, likely, bound* (sûr).

16.2 Le gérondif : verbe + *-ING*

Le **gérondif** indique souvent une **matérialisation**. Il peut être sujet ou objet.

Certains verbes sont obligatoirement **suivis d'un gérondif** notamment les verbes **décrivant l'activité**, le **(dé)goût** pour une activité, les verbes impliquant que **l'action a déjà été réalisée** et les verbes servant à rapporter des **paroles qui commentent** une activité

Des verbes imposent d'être suivi par un gérondif comme **fait, goût et implication :** *to acknowledge* (reconnaître), *to admit, to appreciate, to avoid, can't stand* (ne pas supporter*), to contemplate, to dislike, to hate, to give up* (abandonner), *to involve* (impliquer), *to be no use* (être inutile), *spend time* (passer du temps), *to consider, to stop,* **valeur, arrêt et fuite en avant :** *to be worth* (valoir la peine de), *to keep on* (continuer à), *to deny* (nier), *to enjoy, to finish, to imagine, to miss, to risk, to, to suggest, to mind* (voir une objection à).

Certaines **prépositions** sont automatiquement **suivies du gérondif :** *before, by, without.* Il en est de même pour **certains adverbes :** *instead of* (au lieu de), *in spite of* (en dépit de, malgré). Mais aussi certains verbes prépositionnels donnent lieu à un gérondif : *to be interested in, to be good/bad at, to be fed up with, advantages of, succeed in, to talk about, to apologize for, to insist in, to think of, to dream of, to approve of, to decide against, to feel like, to look forward to, to congratulate on, to accuse of, to suspect of, to prevent from, to stop from, to thank for, to excuse for, to forgive for.*

Ce n'est pas tout, certaines expressions sont aussi suivies de gérondif : *it's no use/good, there's no point in, it's worth, to have difficulty/trouble in, a waste of money/time, to spend/ to waste, to be busy, to go.*

ATTENTION

Certains verbes peuvent être suivis de l'infinitif ET du gérondif :

To take to (se mettre à), *to object* (ne pas vouloir), *to be accustomed* (être habitué à), *to prefer, to amount* (revenir à).

17 Place de l'adverbe

Les adverbes se placent **avant** le verbe et **après** l'auxiliaire.

- ***Yet*** fonctionne en binôme avec la négation *not*, ce qui donne systématiquement *not… yet* et est souvent utilisé avec le *present perfect* par exemple : *I have**n't** finished the grammar **yet*** (Je n'ai pas encore fini la grammaire).
- ***Already*** se place après l'auxiliaire : *Julia has **already** taken the test once* (Julia a déjà passé le test une fois). Il est souvent associé à un temps *perfect.*
- ***Still*** se place comme les adverbes classiques, c'est-à-dire avant le verbe : *Even if your parents disagree, teachers **still** think you should repeat this year* (Même si tes parents ne sont pas d'accord, les enseignants pensent quand même que tu devrais redoubler). Sous forme d'adverbe, il signifie « encore » ou « toujours » mais est différent de *always* qui veut dire « de tout temps ».

CHAPITRE 44
Vocabulaire

1 *Politics*/La politique

English	Français
an absentee voter	un abstentionniste
to address/tackle a problem	s'attaquer à un problème
an agenda	un ordre du jour, un programme
to appoint/nominate	nommer
Attorney General (US)	ministre de la Justice
a ballot	un scrutin/bulletin de vote
a ballot box	une urne
to ban	interdire
BNP/British National Party	Parti national britannique/extrême droite
bribery/sleaze	corruption
a civil servant	un fonctionnaire
a cabinet reshuffle	un remaniement ministériel
to call an election	provoquer une élection
to canvas	faire du démarchage électoral
to cast a ballot/vote	voter
Chancellor of the Exchequer (GB)	ministre des Finances
checks and balances	l'équilibre des pouvoirs
a collapse	un effondrement
to complain	se plaindre
a commitment	un engagement
commoner	roturier/ère
Conservative Party = Tories (GB)	parti conservateur = droite
a constituency	une circonscription
a coup	un coup d'État
a crackdown	des mesures de répression
a critic	un détracteur

English	**Français**
a criticism	une critique
crown	couronne
a demonstration	une manifestation
a dissident	un dissident
embezzlement	détournement de fonds
to enforce a law	faire appliquer une loi
fringe parties	les partis extrémistes
a frontbencher/backbencher	un ministre/député sans portefeuille
front-runner	candidat le mieux placé
to go to the polls	aller aux urnes
head-of-state	chef d'État
to hit the campaign trail	se lancer dans la campagne électorale
Home Secretary (GB)	ministre de l'Intérieur
House of representatives (US)	chambre des représentants
a human rights campaigner	un militant des droits de l'homme
a hunger strike	une grève de la faim
hung parliament	parlement sans majorité
to impeach	destituer
influential	influent
to implement a law	mettre en œuvre une loi
incumbent	en exercice, sortant
labour party	parti travailliste
a landslide	une victoire électorale
a leak	une fuite
left-wing/leftist	de droite
legitimate	légitime
libel	diffamation
Liberal Democrats = Lib Dems (GB)	parti des libéraux démocrates = centre
a loophole	un vide juridique
Lord Chancellor	ministre de la Justice
mainstream parties	les grands partis
mistrust/distrust	méfiance
money laundering	blanchiment d'argent
An MP/Member of Parliament	membre du parlement
to muzzle	museler
an oath	un serment

PARCOURSUP
QUESTIONS CONTEMPO-RAINES
HISTOIRE
ANGLAIS
ENTRAÎNEMENTS

English	**Français**
an opinion poll	un sondage d'opinion
to overthrow/to topple	renverser (un gouvernement)
to outlaw	proscrire, déclarer illégal
a peace/civil-rights activist	un militant pour la paix/les droits civils
a platform	un programme électoral
a pledge/to pledge	une promesse/s'engager
a plot	un complot
PM/Prime Minister	premier ministre
a politician	un homme politique
politics	la politique en général
a policy	une mesure politique
a polling station	un bureau de vote
pressure	la pression
propaganda	la propagande
a protester	un manifestant
public expenditure	les dépenses publiques
a qualm	un scrupule
to raise awareness	provoquer une prise de conscience
to raise an outcry	provoquer un tollé
a rally	un rassemblement
realm	royaume
to register to vote	s'inscrire sur les listes électorales
Republicans/GOP/Grand Old Party (US)	Républicains
resentment	ressentiment
to resign	démissionner
rigged elections	des élections truquées
right-wing/rightist	de droite
a riot	une émeute
to run for candidate	être candidat à
run-up to the election	période pré-électorale
a scam	une arnaque
a scapegoat	un bouc émissaire
Secretary of Homeland Security (US)	ministre de la Sécurité intérieure
Secretary of the Interior (US)	ministre de l'Intérieur
shadow government	gouvernement de l'opposition
a spokesman/person/woman	un porte-parole

English	Français
State Secretary (US)	ministre des Affaires étrangères
to step aside/down	se retirer
a strike	une grève
to be sworn in	prêter serment
to take to the streets	descendre dans la rue
tax evasion	fraude fiscale
a thinktank	un groupe de réflexion
turnout	participation électorale
unrest	troubles
an uprising	un soulèvement

2 *International relations/* Relations internationales

English	Français
an advocate	un partisan
an air strike	une frappe aérienne
an ally	un allié
an aircraft carrier	un porte-avions
ammunition	des munitions
balance of power	l'équilibre des forces
bargaining power	pouvoir de négocier
to be at war/at peace	être en guerre/en paix
to besiege	assiéger
a blockade	un blocus
a bloodbath	un bain de sang
bloodshed	effusion de sang
a blue helmet	un casque bleu
to break off/to resume diplomatic relations	rompre/reprendre les relations
to broker an agreement	négocier un accord
a bullet	une balle
casualties	les morts et les blessés
a ceasefire	un cessé le feu
chemical warfare	la guerre chimique
a counterpart/an opposite member	un homologue
a curfew	une couvre-feu

English	**Français**
a deadlock/stalemate/stand-off	une impasse
death toll	bilan des victimes
to declare a war on a country	déclarer la guerre à un pays
diplomatic ties	les relations diplomatiques
dumping	vente à un prix inférieur à celui du pays de l'entreprise
an embassy	une ambassade
to enlist in the Air Force	s'enrôler dans l'armée de l'air
ethnic cleansing	purification ethnique
EU/European Union	UE/Union européenne
free trade	libre-échange
the Foreign Secretary (GB)	le ministre des affaires étrangères
GATS/General Agreement on Trade in Services	Accord général sur le commerce et es services
a ground offensive	une offensive terrestre
intelligence	le renseignement
to make/issue a statement	faire une déclaration
NATO/the North Atlantic Treaty Organization	l'OTAN
an NGO/Non-governmental organization	une ONG
nuclear deterrent	dissuasion nucléaire
nuclear fallout	retombées d'une explosion nucléaire
to overcome an obstacle	surmonter un obstacle
a peace keeping operation	une opération de maintien de la paix
a POW/prisoner of war	un prisonnier de guerre
PTSD/Post-Traumatic Disorder	névrose post-traumatique
to reach/to break a stalemate	aboutir à/sortir d'une impasse
to reach a settlement	conclure un accord
to retaliate against sby	user des représailles envers qqn
a rogue state	un état voyou
the Secretary of State (US)	le ministre des Affaires étrangères
the Security Council	le conseil de sécurité
a shell	un obus
shrapnell	des éclats d'obus
skirmishes	échauffourées
a slaughter	un massacre
a stealth bomber	un bombardier furtif
to spy on an enemy	espionner un ennemi

English	Français
strained relations	des relations tendues
to surrender	se rendre
tariff	droit de douane
a truce	une trêve
the UN/United Nations	l'ONU
to uphold a principle	faire respecter un principe
to wage war on/against an enemy	faire la guerre à un ennemi
western/eastern	occidental/oriental
to withdraw troops from	retirer des troupes de
wounded	blesse
WTO/World Trade Organization	OMC/Organisation Mondiale du commerce

3 *The European Union/* L'Union européenne

English	Français
a boundary	une frontière
the CAP/Common Agricultural Policy	la PAC
the ECB/European Central Bank	la BCE
eurosceptic	eurosceptique
MEP/Member of the European Parliament	député européen
the single currency	la monnaie unique
sovereignty	souveraineté
to wield clout	exercer du pouvoir

4 *Burning issues/* Questions brûlantes

English	Français
an abortion/termination	un avortement
an alimony	une pension alimentaire
to alleviate/relieve pain	soulager la douleur
to be a burden for one's family	être un fardeau pour sa famille
to be bedridden	être grabataire
to be on life support/to be hooked up to a respirator	être sous assistance respiratoire
a blended/reconstituted family	une famille recomposée
to bring up/raise a child	élever un enfant
a charity	une organisation caritative

English	**Français**
a civil partnership/union	équivalent au PACS
to come out (of the closet)	se déclarer homosexuel
to cause an outcry	susciter un tollé
to cause public outrage	scandaliser l'opinion
censorship	ma censure
the custody	le droit de garde (divorce)
the decision caused an uproar	la décision a provoqué une tempête de protestations
discriminated against	victime de discrimination
to ease sby's suffering	alléger les souffrances de qqn
gender equality	l'égalité des sexes
glass ceiling	le plafond de verre
a homophobe	un homophobe
homophobia	l'homophobie
homophobic	homophobe
a hot-button issue	un problème sensible
an imbalance	un déséquilibre
inequality	l'inégalité
to inject sby with a lethal substance	faire une piqûre mortelle à qqn
IVF/In-Vitro Fertilisation	FIV/Fécondation in vitro
a miscarriage	une fausse couche
the morning-after pill	la pilule du lendemain
the pill	la pilule
pregnancy	grossesse
pro-choice	en faveur de l'avortement
pro-life	opposé à l'avortement
prolonging life through medical means	l'acharnement thérapeutique
the public are split	l'opinion est divisée
opium trade	trafic d'opium
poppy	pavot
to out sby	révéler l'homosexualité de qqn (sans son consentement)
to outlaw/ban abortion	interdire l'avortement
a single-parent/one-parent family	une famille monoparentale
to spark a debate	provoquer un débat
stem-cells	cellules-souches

English	Français
a stepfather/mother	un beau-père/belle-mère (2e mariage)
a sticky/thorny/tricky issue	un problème délicat/épineux
surrogacy	gestation pour autrui/GPA
to reignite a debate	relancer un débat
same-sex marriage	mariage homosexuel
a saviour sibling	un bébé médicament
a surrogate mother	une mère porteuse
a test-tube baby	un bébé éprouvette
terminally ill	en phase terminale
unequal	inégal
a volunteer/voluntary worker	un bénévole
a watchdog	un organe de surveillance
a womb/uterus	un utérus

5 *Immigration*/Immigration

English	Français
affirmative action	la discrimination positive
an asylum-seeker	un demandeur d'asile
border controls	les contrôles aux frontières
born and bread	de souche
brain drain/gain	fuite/afflux des cerveaux
a coastguard	un garde-côte
the colour bar/line	la discrimination raciale
colour-blind	sans discrimination raciale
to deport sby	expulser qqn
equal opportunity	l'égalité des chances
an exodus	un exode
to flee persecution/destitution	fuir la persécution/la misère
to be granted citizenship	se faire naturaliser
a holding centre/a detention facility	un centre de rétention
jingoism	le chauvinisme
a lily-white suburb	une banlieue entièrement blanche
migration flows	les flux migratoires
moonlighting	le travail au noir
a newcomer	un nouvel arrivant

English	Français
to be ordered out of the country	être expulsé
to smuggle in	entrer clandestinement
a smuggler	un contrebandier/passeur
a smuggling ring	un réseau de passeurs
to start from scratch	partir de rien
starvation	la faim/famine
a stateless person	un apatride
a stowaway	un passager clandestin
a sweatshop	un atelier clandestin
to take shelter	se réfugier
to be turned away at the border	être refoulé à la frontière
an undocumented alien	un sans-papier

6 *Terrorism*/Terrorisme

English	Français
to abduct/kidnap sby	enlever/kidnapper qqn
blackmail	chantage
to blackmail sby	faire chanter/forcer qqn par le chantage
to blow up a building	faire sauter un bâtiment
a bomb hoax	une fausse alerte à la bombe
to brainwash	faire un lavage de cerveau
a conspiracy	une conspiration
a curse/scourge/plague	un fléau
to defuse a bomb	désamorcer une bombe
to dismantle a terrorist network	démanteler un réseau terroriste
to extradite	extrader
a fanatic/zealot	un fanatique
to foil a terrorist attack	déjouer/faire échouer une attaque terroriste
to foster violence	encourager la violence
a fundamentalist	un intégriste
to harbour terrorists	héberger/abriter des terroristes
to hijack a plane	détourner un avion
homegrown terrorism	le terrorisme « d'origine intérieure »
an intelligence agency	un service de renseignement
to free/release a hostage	libérer, relâcher un otage

English	Français
to take/hold sby hostage	prendre/retenir qqn en otage
to monitor phone calls	surveiller les appels téléphoniques
a militia	une milice
to plant a bomb	poser une bombe
to plot an attack	préparer un attentat
a plotter	un comploteur
a ransom	une rançon
to resort to violence	avoir recours à la violence
to sow fear	semer la terreur
to strike (struck-struck)	frapper
a suicide bomber	un kamikaze
to tackle terrorism	s'attaquer au terrorisme
to target an embassy	viser/avoir pour cible une ambassade
a threat	une menace
to threaten	menacer
to thwart a plot	faire échouer un complot
to tighten security	renforcer les mesures de sécurité
waterboarding	simulation de noyade

7 Economy/Économie

English	Français
an average	une moyenne
a balance sheet	un bilan
a board (of directors)	un conseil d'administration
bottom line	résultat net
break even point	seuil de rentabilité
cashflow	flux de trésorerie
CEO/Chief Executive Officer	PDG/Président Directeur Général
CFO/Chief Financial Officer	DAF/Directeur des Affaires Financières
a chairman	un président
the Chancellor of the Exchequer (GB)	le ministre de l'Économie
a currency	une monnaie/devise
a demise	une cession, un transfert
deputy manager	sous-directeur
to downsize	réduire les effectifs

English	**Français**
dwindling economy	économie en déclin
the economic outlook	les perspectives économiques
empowerment	pouvoir confié
to enhance productivity	améliorer la productivité
an executive	un cadre
figures	les chiffres
to forecast	prévoir
free economic market	économie de marché
GDP/Gross Domestic Product	PIB/Produit Intérieur Brut
gross income	revenu brut
growth	croissance
headquarters	le siège social
a household	un ménage/foyer
a hurdle	un obstacle
IMF/International Monetary Fund	FMI/Fond Monétaire International
the income tax	l'impôt sur le revenu
interest rate	le taux d'intérêt
to jeopardize	mettre en danger
to levy	lever une taxe
to liaise	effectuer la liaison
a loan	un prêt
a margin	une marge
a merger	une fusion
output/production	la production
to outsource	sous-traiter
a plant/factory	une usine
to provide/supply	fournir
to relocate	délocaliser
regulation	règlement
to rely on	compter sur
standard of living	le niveau de vie
to supersede	supplanter
a takeover	un rachat/une prise de contrôle
a taxpayer	un contribuable
the treasury secretary (US)	le ministre de l'Économie
turnover	chiffre d'affaires

English	Français
a rate	un taux
to revamp	réorganiser, restructurer
to scale back	réduire
skilled	qualifié/compétent
state controlled economy	économie dirigée
a subsidiary	une filiale
a subsidy	une subvention
tax breaks	avantages fiscaux
a tax haven	un paradis fiscal
trade balance	balance commerciale
a trainee	un stagiaire
turn out	production
a warehouse	un entrepôt

8 *Globalisation*/Mondialisation

English	Français
to alleviate	alléger
assets	biens, capital
to boom	prospérer
a borderless world	un monde sans frontières
to break into a market	pénétrer sur un marché
to catch up with a competitor	rattraper un concurrent
child labour	le travail des enfants
competition	la concurrence
a competitor	un concurrent
consumption	la consommation
to corner/capture a market	s'emparer d'un marché
customs duties	les droits de douane
the exchange rate	le taux de change
fierce/unfair competition	concurrence acharnée/déloyale
the free flow of goods	la libre circulation des marchandises
the global economy	l'économie mondiale
GMO/Genetically Modified Organism	OGM
goods	bien de consommation
to hinder	gêner, empêcher

English	**Français**
information highway	autoroute de l'information
to keep up with a competitor	se maintenir au même niveau qu'un concurrent
to lag behind	être à la traîne
LDCs/Least Developed Countries	les PMA/pays les moins développés
a mogul	un magnat
a monopoly	un monopole
NAFTA/North American Free Trade Agreement	ALENA/Accord de Libre-Échange Nord-Américain
OECD/Organization for Economic and Cooperation Development	OCDE
opponent	opposant
overseas trade	le commerce extérieur
outsourcing/offshoring/relocating	les délocalisations
to patent	protéger par un brevet
to phase out	disparaître
production/wage costs	les coûts de production/salariaux
proponent	partisan
raw materials/commodities	matières premières
to set up a factory	implanter une usine
to settle abroad	s'implanter à l'étranger
to spark	déclencher, provoquer
to subsidize	subventionner
supply and demand	l'offre et la demande
tariffs	les droits de douane
a tax dodger	un fraudeur
to trade at a loss	vendre à perte
trade barriers	les barrières douanières
a trading partner	un partenaire commercial
to uphold	défendre
to urge	encourager, insister
westernization	l'occidentalisation
working conditions	les conditions de travail

9 *The stock exchange*/La bourse

English	Français
a bear market	un marché baissier
a bull market	un marché haussier
to deduct	déduire
dividend per share	dividende par action
earnings	gain
equity	capitaux ou fonds propres
expenses	frais
fixed assets	immobilisations
to gather	rassembler
a golden parachute/handshake	un parachute doré
gross income	bénéfice brute
an index	un indice
liability	passif
management buy out	reprise d'une entreprise par les salariés
net income group share	résultat net part du groupe
operating activities	activités d'exploitation
outstanding/unsettled	non réglé
to owe	devoir
to own	posséder
public spending	les dépenses publiques
to purchase	acheter
a redundancy plan	un plan social
redundancy payment/severance pay	indemnité de licenciement
a shareholder	un actionnaire
a slowdown	un ralentissement
statement account	relevé de comptes
statutory auditor	commissaire aux comptes
the stock exchange/market	la bourse
to substract	soustraire
a voluntary redundancy	un départ volontaire
the workplace	le lieu de travail
a workshop	un atelier
the world of work	le monde du travail
working capital/current assets	actifs courants

10 *The crisis*/La crise

English	**Français**
ailing	qui périclite
to bail out a company	renflouer une entreprise
bank secrecy	le secret bancaire
a beggar	un mendiant
a bond	une obligation
a bonus	une prime
a claim	une revendication
to collapse/slump/plummet/plunge/tumble	s'effondrer
a conman/crook/swindler	un escroc
the credit crunch	la crise du crédit
to be in debt	être endetté
to decrease/drop/fall/slide	baisser/diminuer
deprivation/poverty	la pauvreté
destitute	indigent, sans ressources
a developer	un promoteur immobilier
to be in the doldrums	être dans le marasme
a downswing/downturn	une phase de baisse
an estate agent (GB)/realtor (US)	un agent immobilier
an eviction	une expulsion
a fall in sales	une baisse des ventes
a fat cat	un gros capitaliste
food stamps	bons de nourriture
to foreclose a mortgage	saisir un bien immobilier
the global economic meltdown	l'effondrement de l'économie mondial
to go bankrupt/go bust	faire faillite
to go on strike	se mettre en grève
to go through a bad patch	connaître une période difficile
to go up/increase/rise	augmenter, monter
hard-hit	durement touché
a hedge fund	un fond spéculatif
a hike/rise in in interest rates	une hausse des taux d'intérêt
insider dealing/trading	délit d'initiés
to keep a company afloat	maintenir une entreprise à flot
to lay off/make redundundant	licencier, congédier

English	Français
liabilities	passif, dettes
to live below the poverty line	vivre en-dessous du seuil de pauvreté
a loan shark	un usurier
a meltdown/a slump	une dépression/récession
a monthly instalment	une mensualité
a mortgage	un crédit hypothécaire/emprunt immobilier
to mortgage one's house	hypothéquer sa maison
to pawn	mettre en gage
a pay cut	une baisse de salaire
a pay freeze	un gel des salaires
to pay off a mortgage	rembourser un emprunt immobilier
a payrise (GB)/payraise (US)	une augmentation de salaire
the economy is picking up	les affaires reprennent
a Ponzi scheme	une pyramide de Ponzi
purchasing power	pouvoir d'achat
real estate	immobilier
to raise/take out a mortgage	contracter un emprunt immobilier
recovery	la reprise
rent	loyer
a rescue plan	un plan de sauvetage
to resume work	reprendre le travail
a rogue trader	un trader véreux
second-hand goods	des biens d'occasion
a shareholder	un actionnaire
a shop steward	un délégué syndical
a slowdown	un ralentissement
a slump	une récession
small savers	les petits épargnants
a stimulus package	un plan de relance
to streamline	rationaliser
to surge/soar/rocket	monter en flèche
a tax rise	une augmentation des impôts
a tenant	un locataire
a (trade) union	un syndicat
an upswing in economic growth	une remontée de la croissance
wage claim/wage demands	revendications salariales

11 *Unemployment/Chômage*

English	Français
an applicant	un candidat
an application	une candidature
to apply for a job	postuler à un emploi
to appoint sby to a post	nommer qqn à un poste
to axe/to slash jobs	faire des coupes claires dans la main-d'œuvre
a bank holiday	un jour férié
to be on duty/off duty	être/ne pas être de garde
to be on a company's payroll	être employé par une entreprise
to be on the dole (GB)/to be on welfare (US)	toucher le chômage
to be self-employed	travailler à son compte
to be on sick leave	être en congé maladie
a blue-collar worker	un ouvrier
to boil over	déborder
a casual job/odd job	un petit boulot
a casual worker	un travailleur précaire
a civil servant/state employee	un fonctionnaire
a colleague/co-worker/workmate	un collègue
cost of living	le coût de la vie
to dismiss sby	congédier qqn
to dock over	diminuer ou supprimer le salaire
to earn a/one's living/to make a living	gagner sa vie
fees	honoraires
to fire/to give sby the sack/to sack	mettre à la porte qqn
a fixed-term contract	un contrat à durée déterminée
a fringe benefit/perk	un avantage (en nature)
to get into the labour force	arriver sur le marché du travail
to get the sack	être renvoyé
to harm	nuire
a high-ranking civil servant	un haut fonctionnaire
to hire/take on a worker	embaucher un travailleur
an industrial dispute	un conflit social
an intern/trainee	un stagiaire
an internship/work placement	un stage
a job center	une agence pour l'emploi

English	Français
to be jobless/out of work/unemployed	être au chômage
job market/labour market	le marché du travail
a job offer/job opportunity/job vacancy	une offre d'emploi
job outlets	perspectives d'emploi
a job seeker	un demandeur d'emploi
labour	travail ou main-d'œuvre
labour shortage	pénurie de main-d'œuvre
a living wage	un salaire décent
manpower/workforce	la main-d'œuvre
menial jobs	postes subalternes
an open-ended contract	un contrat à durée indéterminée
a payroll	une feuille de salaire
a payslip	un bulletin de salaire
performance-related pay	salaire au rendement
a position	un poste
a public sector employee	un salarié du secteur public
rank and file	postes les moins élevés
to struggle	se débattre
a sweatshop	un atelier clandestin
to take two days off	prendre deux jours de congé
to temp/work as a temp	faire de l'intérim
a temporary worker	un intérimaire
to transfer	muter
a trial period	une période d'essai
to undermine	miner, saper
unemployment/joblessness	chômage
unlawful	illégal
a wage earner	un salarié
a white-collar worker	un employé de bureau
wildcat strike	grève sauvage
to work in shift	travailler posté
the working poor	les travailleurs pauvres
youth unemployment	le chômage des jeunes

12 Justice/Justice

English	Français
to abide by	respecter (règle)
to appeal	faire appel
an arson	un incendie volontaire
an assault	une agression
to await trial	être en attente de jugement
a barrister/lawyer (GB)/attorney (US)	un avocat
a bill	un projet de loi
to bear arms	porter une arme
to be on death row	être dans les couloirs de la mort
to sentenced to	être condamné à
to be tried/stand trial	passer en jugement
to break a law	enfreindre une loi
to bring a lawsuit against sby/to sue sby	engager des poursuites contre qqn
a brothel	une maison close
a burglar	un cambrioleur
CCTV footage	des images de caméras de surveillance
a cell	une cellule
to charge sby with	inculper qqn de
to confess to a crime	avouer un crime
a criminal record	un casier judiciaire
a cross-examination	un contre-interrogatoire
a culprit	un coupable
death penalty	la peine de mort
DNA analysis/testing	tests ADN
to do away with capital punishment	abolir la peine capitale
to edict	décréter
an electronic tag	un bracelet de surveillance électronique
enactement	Promulgation d'une loi/ordonnance/décret
to enforce	mettre en vigueur
a piece of evidence/evidence	une preuve/des preuves
a felony	un crime
to find sby guilty	reconnaître qqn coupable
to fine sby for sth	condamner qqn à une amende pour qqch
to flout the law	se moquer de la loi

English	Français
forensic evidence	preuves relevées lors d'une expertise
forgery	la contrefaçon
gun control	la limitation du port d'armes
a hearing	une audition devant la cour
house arrest	assignation à résidence
to indict	mettre en examen
an informant	un informateur
an inmate/detainee/prisoner	un détenu/prisonnier
a law-abiding citizen	un citoyen respectueux des lois
a lawbreaker	un délinquant
a lethal injection	une injection mortelle
to lodge a complaint/to press charges	porter plainte
manslaughter	homicide
a miscarriage of justice	une erreur judiciaire
a misdemeanour	une infraction (GB), un délit (US)
a mobster	un mafioso
to mug sby	agresser qqn
a no-go area	une zone de non-droit
an offender	un délinquant
an offense	un délit, une infraction
to overturn/quash a decision	casser une décision de justice
to pass a law	voter une loi
petty crime	la petite délinquance
to pardon a convict	gracier un condamné
to parole sby	mettre qqn en liberté conditionnelle
to plead not guilty	plaider non coupable
a prison officer/warder	un gardien de prison
prison overcrowding	la surpopulation carcérale
to prosecute sby	poursuivre qqn en justice
a robber/thief	un voleur
to rob sby of sth	voler qqch à qqn
to serve time	purger une peine
to settle a case out of court	régler une affaire à l'amiable
a shooting spree	une crise de folie meurtrière
solitary confinement	l'isolement carcéral
to stone sby to death	lapider qqn

English	Français
a suspended sentence	une condamnation avec sursis
theft	vol
a trial	un procès
to vote a bill	décréter une loi
wiretap	une écoute téléphonique
a witness	un témoin
wrongdoing	des méfaits

13 *Environment/*Environnement

English	Français
to avert a disaster	éviter/prévenir une catastrophe
an awareness raising campaign	une campagne de sensibilisation
to become extinct	disparaître
a bicycle-sharing scheme/system	un système de vélos en libre-service
biofertilizer/organic fertilizer	engrais biologique
bluefin tuna	le thon rouge
bottle redemption centre	centre de récupération du verre
bottle bank	conteneur de verre
cardboard	carton
to compensate sby for sth	indemniser qqn de qqch
conservation	défense de l'environnement
to cut down/fell trees	abattre des arbres
to damage sth	endommager qqch
to declare a state of emergency	déclarer l'état d'urgence
depletion of resources	l'épuisement des ressources
to die of thirst	mourir de soif
environmental tax	impôt écologique
ecological tax	redevance écologique
fair trade	commerce équitable
glass collection	collecte de verre
glass container	conteneur à verre
green manure	engrais vert
green power	pouvoir des écologistes
a heat wave	une canicule
ecological assessment	bilan écologique

English	Français
ecological footprint	empreinte écologique
ecological trail	sentier écologique
ecological watch	veille écologique
an endangered species	une espèce en voie de disparition
EEA/European Environment Agency	AEE/Agence européenne pour l'environnement
environmental balance-sheet	bilan environnemental
environmental law	droit de l'environnement
environmental liability	responsabilité environnementale
food chain	la chaîne alimentaire
free household recycling box	boîte de recyclage individuelle gratuite
to go green	se convertir à l'écologie
a green activist	un militant écologiste
ground cover	couverture végétale
the hole in the ozone layer	un trou dans la couche d'ozone
land restoration	capacités des sols
logging	l'exploitation du bois
a mammal	un mammifère
nuclear-free zone	zone dénucléarisée
organic farming	agriculture biologique
overfishing	la surpêche
to pose a threat to sth	être une menace pour qqch
the rainforest is shrinking	la forêt tropicale se réduit
a recycling plant	une usine de recyclage
to reforest	reboiser
a relief agency/organization	une organisation humanitaire
to rescue	sauver
rubble	les décombres
scarcity	la rareté
the scope/extent of the disaster	l'étendue, l'ampleur du sinistre
to sort garbage	trier les ordures
sorting centre	centre de tri
sustainable development	le développement durable
tap water	eau du robinet
to be threatened with exctinction	être menacé d'extinction
a tree-hugger	un écolo

English	Français
WCED/World Commission on Environment and Development	CMED/Commission mondiale sur l'environnement et le développement
whaling	la pêche à la baleine
wildlife	faune

14 *Pollution*/Pollution

English	Français
abatement cost	coût de dépollution
asbestos	l'amiante
bulk collection/collection of bulky waste	collecte des déchets encombrants
burnables	produits combustibles
to bury	enterrer/enfouir
carcinogenic	cancérigène
car exhausts/exhaust fumes	le gaz d'échappement
chemical weapons	armes chimiques
a contaminant	un polluant
critical threshold	un seuil critique
to crub/reduce pollution	diminuer la pollution
disposable	jetable
to dispose of nuclear waste	éliminer les déchets nucléaires
draining of marshes	assèchement des marais
drying out of wetlands	assèchement des zones humides
to dump rubbish	déposer/jeter des ordures
durables	produits lourds
emissions trading scheme	système d'échange de quotas d'émissions
to empty one's tanks/to flush out one's tanks	dégazer
endangered coral reef	barrière de corail en danger
factory smoke/fumes	les fumées d'usine
fertilizer runoff	infiltration des engrais dans la nappe phréatique
to flush/to swill tanks	dégazer
fly-tipping	décharge illégale
garden waste	déchets végétaux
germ warfare	guerre bactériologique
global waste management	gestion globale des déchets
a glut	un surplus/excès

English	Français
harmfuls	produits nuisibles
hazardous waste	les déchets dangereux
health hazard	danger pour la santé
household refuse/rubbish	les ordures ménagères
an illicit rubbish dump	une décharge sauvage
junk heap	dépotoir
a landfill	un site d'enfouissement des ordures
lead poisoning	le saturnisme
litter	les détritus
to monitor air quality	surveiller la qualité de l'air
nitrogen	azote
nuclear waste	les déchets nucléaires
offshore	au large
an oil slick	une marée noire
an oil spill	un déversement accidentel de pétrole
plastic packaging	conditionnement en plastique
polluter pays principle	principe pollueur-payeur
pollution charges	redevances de pollution
pollution monitoring	contrôle de la pollution
pollution rights market	marché des droits à polluer
to process waste	trier/transformer des déchets
radioactive fallout	retombées radioactives
raw sewage discharges	rejet des eaux usées non traitées
recycled paper	papier recyclé
recycling bin	poubelle de recyclage
red data book	Livre Rouge (des espèces menacées)
refuse incineration	incinération des ordures ménagères
refuse disposal	traitement des ordures
to release in the atmosphere	relâcher dans l'atmosphère
rubbish dump	déchetterie
to run off the land	s'infiltrer dans la terre
scrap metal	la ferraille
SARS/Severe Acute Respiratory Syndrome	SRAS/Syndrome respiratoire aigu sévère
sewage sludge	boues d'égout
the sewage system	les égouts
sewage/waste water	les eaux usées

English	Français
a sewage works/sewage plant (US)/sewage farm (GB)	une station d'épuration des eaux
sinking of waste	immersion des déchets
sludge processing	traitement des boues
smog	(smoke + fog) mélange fumée-brouillard dû à la pollution
smokestack	cheminée d'usine
soil depletion	appauvrissement des sols
storage of nuclear waste	le stockage des déchets radioactifs
tank cleaning	dégazage
to throw away	jeter
toxic algae	algues toxiques
a toxic chemical	un produit chimique toxique
traffic jam/congested road	embouteillage/route bouchée
unbreathable air	air irrespirable
to waste	gaspiller
a waste collection centre	une déchetterie
waste recovery	récupération des déchets
weathering	dégradation des sols
weedkiller	désherbant
to wreck rainforests	détruire les forêts tropicales

15 *Climate change and energy/* Changement climatique et énergie

English	Français
to alter weather patterns	modifier les climats
ash	les cendres
battery-powered/electric car	voiture électrique
a barrel	un baril
BPD/Barrel Per Day	baril par jour
biofuel	biocarburant
to cap and trade	plafonner et échanger (les quotas d'émissions)
carbon footprint	l'empreinte carbone
carbon trading	le commerce des droits d'émission du carbone
car-pooling/car-pool	co-voiturage
coal	charbon

English	Français
coal-fired plant	centrale thermique à charbon
a cold spell/a cold wave	une vague de froid
CPI/Consumer Price Index	indice du prix consommateur
to cut/curb carbon emissions	réduire les émissions de dioxyde de carbone
crude oil	pétrole brute
a dam	un barrage
to develop alternative energy cars	développer des voitures utilisant une autre source d'énergie
domestic appliances	les appareils électroménagers
to drill	forer
drought	la sécheresse
to dwindle	diminuer
an earthquake	un tremblement de terre
an electrical appliance	un appareil électrique
energy balance/budget	bilan énergétique
energy saving option	le choix qui permet d'économiser de l'énergie
energy savings	économie d'énergie
exhaust	gaz d'échappement
to exhaust oil supplies	épuiser les réserves de pétrole
a fast breeder (reactor)	un (réacteur) surgénérateur
a flash flood	une crue subite
a flood	une inondation
a flood risk area	une zone inondable
fossil fuel	le carburant fossile
fracking	l'hydrofracturation
gas (US), petrol (GB)	essence
a gas guzzler	une voiture qui consomme beaucoup
geothermal energy	géothermie
global warming	le réchauffement de la planète
greenhouse effect	l'effect de serre
green voter	électeur écologiste
heating oil	le fioul/mazout
a hurricane	un ouragan
hybrid car	voiture hybride
hydropower	énergie hydroélectrique
an ice cap	une calotte glaciaire
ice melt	la fonte des glaces

English	Français
IEA/International Energy Agency	Agence internationale de l'énergie
to insulate a room	isoler une pièce
a landslide	un glissement de terrain
a lava flow	une coulée de lave
a low-energy light bulb	une ampoule basse consommation
a meltdown	fusion (d'un réacteur nucléaire)
the melting of glaciers	la fonte des glaciers
a mudslide	une coulée de boue
natural disasters	catastrophes naturelles
non-renewable energy	énergie non renouvelable
to nosedive	piquer du nez, s'effondrer
nuclear power station/plant	centrale nucléaire
oil	pétrole
oiled bird	oiseau mazouté
an oil pipeline	un oléoduc
oil rig	plateforme de forage
oil shale	les schistes bitumineux
oil slick	nappe de pétrole
oil tanker	pétrolier
OPEC/Organisation of Petroleum Exporting Countries	Opep/organisation des pays exportateurs de pétrole
ozone depletion	la diminution de la couche d'ozone
a pet hate	une bête noire
to phase out nuclear energy	sortir du nucléaire
a plea	un plaidoyer
power station/power plant	centrale électrique
shale gas	gaz de schiste
shipwreck	naufrage
shortfall	déficit
skimmer vessel	barge de récupération
a snowstorm	une tempête de neige
solar panel	panneau solaire
a smart meter	un compteur intelligent
a storm	une tempête
sustainable/renewable energy	énergie renouvelable
tar sands	les sables bitumineux

English	Français
to thaw	dégeler/fondre
tidal energy/power	énergie marémotrice
tidal wave	raz-de-marée
a tornado/twister	une tornade
a typhoon	un typhon
underground water/ground water	nappe phréatique
underground waters/reserves	nappes souterraines
unleaded/lead-free petrol	l'essence sans plomb
water table decline/phreatic decline	baisse de la nappe phréatique
wave power	énergie des vagues
wind energy	énergie du vent
a wind farm	un parc éolien
a windmill/windpump/wind turbine	une éolienne
to wreak (wrought-wrought) havoc	provoquer des dégâts

16 Health/Santé

English	Français
affordable	abordable
AIDS	SIDA
an ashtray	un cendrier
a bail out	un sauvetage
balanced/unbalanced diet	alimentation équilibrée/déséquilibrée
to be addicted to sth/hooked on sth	être accro à qqch
to be on antibiotics	être sous antibiotiques
to be on/go on a diet	commencer/faire un régime
binge drinking	la consommation excessive d'alcool
bird flu/avian flu	la grippe aviaire
to break out	éclater/se déclarer
to carry a virus	être porteur d'un virus
to clamp down on/to crack down on drug abuse	réprimer la consommation de drogues
a condom	un préservatif
to cough	tousser
to crave sth	avoir un besoin maladif de qqch
to cure a patient	guérir un patient
a curse/a plague/a scourge	un fléau

English	**Français**
to cut down on, to cut back on one's consumption	réduire sa consommation
to deter/discourage people from smoking	dissuader les gens de fumer
a disease/an illness/a sickness	une maladie
a drug/medicine/medication	un médicament
a drug pusher/drug peddler	un revendeur de drogues
the drug tsar (GB)/czar (US)	le responsable de la lutte contre la drogue
faithfulness	la fidélité
a food scare	une alerte à l'intoxication alimentaire
food-and-mouth disease	la fièvre aphteuse
to give up smoking	arrêter de fumer
to go down with the flu	attraper la grippe
a GP/General Practioner	un médecin généraliste
the hardest-hit area	la zone la plus durement touchée
to have a fever/run a fever	avoir de la fièvre
to have a surgery	se faire opérer
health care	les soins médicaux
health coverage	couverture santé
a health hazard	un danger pour la santé
a health scare	une alerte aux risques sanitaires
a HIV screening centre	un centre de dépistage du sida
a hospital-acquired infection	une infection nosocomiale
a lighter	un briquet
liver	foie
lungs	les poumons
MS/Multiple Sclerosis	sclérose en plaque
a needle	une aiguille
the NHS/National Health Service	les services de santé britanniques
an outbreak	un début (d'épidémie)
a painkiller	un analgésique/antalgique
passive/second-hand smoking	le tabagisme passif
a physician	un médecin
processed food	les plats préparés
to put on weight	prendre du poids
to put out a cigarette	éteindre une cigarette
a prescription	une ordonnance
to relapse	rechuter

English	Français
SARS/Severe Acute Respiratory Syndrome	SRAS/syndrome respiratoire aigu sévère
a scourge	un fléau
to screen sby for AIDS	faire passer un test de dépistage du SIDA à qqn
seasonal flu	la grippe saisonnière
a serious disease	une maladie grave
a side effect	un effet secondaire
to spread	se propager
an STD/a sexually transmitted disease	une MST/maladie sexuellement transmissible
a shot/jab	une injection
small pox	la variole
a strain (of virus)	une souche (de virus)
to suffer from a disease	souffrir d'une maladie
a superbug	une bactérie multi-résistante
a surgeon	un chirurgien
swine flu	la grippe porcine
traceability	la traçabilité
undeserving	non méritant
universal health coverage	CMU
a vaccine	un vaccin
the welfare state	l'État providence
WHO/World Health Organization	OMS/Organisation mondiale de la santé
Withdrawal symptoms	symptômes de manque

17 Getting older-welfare/ Vieillissement-Aides sociales

English	Français
an ageing population	une population vieillissante
an allowance	une indemnité
to be on welfare	toucher des prestations sociales
benefits	allocations
a benefit cheat	un fraudeur abusant du système d'allocations
to be entitled to sth	avoir droit à qqch
to bolster	soutenir

PARCOURSUP
QUESTIONS CONTEMPO-RAINES
HISTOIRE
ANGLAIS
ENTRAÎNEMENTS

English	Français
to claim benefits	demander des prestations sociales
the elderly/seniors	les personnes âgées
from cradle to grave	du berceau à la tombe
deprived/disadvantaged/underpriviledged	défavorisé
derelict	délaissé
destitute	démuni
in dire straits	dans la misère
disability	l'invalidité
a freeloader	un profiteur
the have-nots	les démunis/déshérités
individual capitalisation pension scheme	retraite par capitalisation
to jettison	abandonner/renoncer
life expectancy	l'espérance de vie
to live from hand to mouth	vivre au jour le jour
to live on welfare (US)	vivre des prestations sociales
people living on state handouts/welfare scroungers	les assistés
to make ends meet	joindre les deux bouts
a means-tested benefit	une allocation soumise à des conditions de revenu
a nursing home	une maison de retraite
pay as you go retirement	retraite par répartition
pensionable age	l'âge de la retraite
a pensioner	un retraité
pension plan	régime de retraite
to scrape by	vivoter
to struggle to get by/struggle by	peiner à s'en sortir
to take early retirement	partir en pré-retraite
retirement	la retraite
retirement allowance	allocation retraite
retiree	retraité
to sink into poverty	sombrer dans la pauvreté
a soup kitchen/breadline (US)	une soupe populaire
to stay afloat	surnager
tax-funded pensions	retraite par répartition
welfare rights/entitlements/payments	les allocations sociales
a welfare/social worker	une assistante sociale
workfare	retour au travail (conditionnel)

18 *Education*/Éducation

English	Français
the A-levels (GB)/high school diploma (US)	l'équivalent du baccalauréat
an alumnus (pl : *alumni)*	un ancien élève
to attend school	aller à l'école
a Bachelor's degree	l'équivalent de la licence
a boarding school	un internat
to charge	facturer/faire payer
a competitive exam	un concours
a curriculum	un programme (scolaire)
to drop out of school	abandonner ses études
to fail an exam	échouer à un examen
a fee-paying school	une école payante
GCSE/General Certificate of Secondary Education	équivalent du brevet des collèges
general knowledge	culture générale
government-funded/state-run school	établissement public
a graduate	un diplômé (de l'université)
a grant/scholarship	une bourse d'étude
higher education	l'enseignement supérieur
illiteracy	analphabétisme
a lecture	un cours magistral
nursery school (GB)/kindergarten (US)	école maternelle
to pass an exam	réussir un examen
a PhD	une thèse/un doctorat
private school/public school (GB)	école privée
to repeat a year	redoubler
a school leaver	un élève qui a arrêté ses études
a school term	un trimestre scolaire
a secondary school/high school	un lycée
to skip school/play truant	sécher les cours
a student loan	un prêt étudiant
to take an exam	passer un examen
a training	une formation
tuition fees	frais de scolarité
an undergraduate	un étudiant en licence
a university/college (US)	une université
vocational education	l'enseignement technique et professionnel

19 *Religion*/Religion

English	Français
an atheist	un athée
to attend mass	assister à la messe
to be very religious	être très croyant
to believe in god	croire en Dieu
a believer	un croyant
to bless	bénir
a blessing	une bénédiction/un bienfait
bigotry	le sectarisme
a bishop	un évêque
christian	chrétien
a clergyman	un homme d'Église
a cleric	un ecclésiastique
a convent	un couvent
a devout believer	un croyant fervent
to desecrate	profaner
faith	la foi
a female priest	un prêtre femme
a follower	un adepte/fidèle
freedom of worship/religious freedom	liberté de culte/liberté religieuse
a freemason	un franc-maçon
a freethinker	un libre-penseur
a headscarf	un foulard
good and evil	le bien et le mal
heaven/hell	le paradis/l'enfer
holy	saint
the islamic veil	le voile islamique
a layman	un laïc
a minister/pastor	un pasteur
a monk	un moine
a mosque	une mosquée
a nonbeliever	un non-croyant
a nun	une nonne
pagan	païen
a parish	une paroisse

English	Français
a pilgrim	un pèlerin
a practising catholic/jew/muslim	un catholique/juif/musulman pratiquant
a preacher	un prédicateur
the pope	le pape
RE/Religious Education	l'éducation religieuse
a regular churchgoer	un pratiquant
salvation	le salut
secular	laïc
secularism	la laïcité
a shrine	un lieu saint
to sin/a sin	pécher, un péché
a sinner	un pécheur
a skullcap	une kippa
sunday school/catechism	le catéchisme
a vicar	pasteur de l'église anglicane
to worship a god	rendre un culte à un dieu

20 *The media/* Les médias

English	Français
accurate	juste et précis
an agony aunt	une rédactrice de la rubrique du courrier du cœur
agony column	le courrier du cœur
audience rating/audience figures	l'audimat
a bar chart	un diagramme en bâton
biased/prejudiced/partial	partial
a book/film review	une critique de livre/film
breach of privacy	atteinte à la vie privée
to broadcast	diffuser
broadcast media	radio et télévision
a caption	une légende
censorship	la censure
circulation	le tirage
to circumvent/bypass censorship	contourner la censure
a columnist	un chroniqueur

English	Français
the comics	les bandes dessinées
a commercial	un spot publicitaire
a copy	un exemplaire
to cover an event	couvrir un événement
a couch potato	qqn qui passe son temps devant la télé
current events/current affairs	l'actualité
a current affairs programme	une émission d'actualités
disclosure	la révélation/divulgation
an editorial/a leading article/leader	un éditorial
the front-page	la première page
a glossy magazine	un magazine de luxe
a graph	un graphique
the headlines	les gros titres
to hit the headlines	faire les gros titres
a host/an anchorman	un présentateur/animateur
to investigate	mener une enquête
an issue	un numéro
journalese	le jargon des journalistes
a leak	une fuite
libel	la diffamation
a listener	un auditeur
a literary/film critic	un critique littéraire/cinématographique
a media mogul	un grand patron des médias
a newsagent	un marchand de journaux
a newspaper cutting	une coupure de journal
a news bulletin	un journal télévisé
a news item	une information
a newsreader (GB)/newscatser (US)	un présentateur du journal télévisé
a news-stand	un kiosque à journaux
a phone-in	émission où les auditeurs/téléspectateurs participent en appelant
a pie chart	un graphique circulaire/camembert
a press baron/press tycoon/press magnate	un magnat de la presse
readership	le lectorat
reliable/unreliable	fiable/peu fiable
to report on sth	faire un reportage sur qqch

English	Français
to sensitize	sensibiliser
slander	la calomnie
small ads/personal ads	les petites annonces
a soap (opera)/serial	un feuilleton
to subscribe to a magazine	s'abonner à un magazine
a subscriber	un abonné
a topical issue	un sujet d'actualité
a TV/youtube channel	une chaîne télé/YouTube
a TV show	une émission de télé
a TV viewer	un téléspectateur
unbiased/impartial	impartial

21 Science/Sciences

English	Français
an academic	un universitaire
to be DNA-swabbed	subir un prélèvement d'ADN
a blueprint	un plan/projet
a breakthrough	une percée
to call a belief into question	remettre en cause une croyance
to carry out research into/on a subject	faire des recherches sur un sujet
to carry out/conduct/make an experiment	faire une expérience (scientifique)
to challenge/dispute/question an idea	contester une idée
a chemist	un chimiste
a clinical trial	un essai clinique
to conduct a study	mener/réaliser une étude
a crop	une culture
cutting-edge research	la recherche de pointe
datum/data	une donnée, des données
a device	un appareil/expériences/mécanisme
to devise	concevoir
a DNA/genetic print	une empreinte génétique
a DNA sample	un prélèvement ADN
to do research	faire de la recherche
an embryo	un embryon
an engine	un moteur

English	Français
an engineer	un ingénieur
ESA/European Space Agency	l'agence spatiale européenne
to experiment on mice	faire des expériences sur des souris
to fabricate results	falsifier des résultats
findings	des résultats/conclusions
to foresee	prévoir
funding	le financement
genetic make-up/profile	profil génétique
genetic screening	dépistage génétique
a gizmo	un machin/truc
groundbreaking research	des recherches révolutionnaires
a guinea pig	un cobaye
a hypothesis/an assumption	une hypothèse
innovative	novateur
knowledge	la connaissance
labelling	l'étiquetage
to land/touch down	atterrir
to launch	lancer
a manned flight	un vol habité
an MP3 player	un lecteur MP3
to operate a system	faire fonctionner un système
a patent	un brevet
a phenomenon/phenomena	un phénomène/des phénomènes
a piece of evidence	une preuve
a pioneer	un pionnier
a probe	une sonde
to propel	propulser
propellant	le combustible pour fusée
a researcher/research worker	un chercheur
a research fellow	un chercheur attaché à une université
a rocket	une fusée
a scholar	un érudit
a seed	une semence/graine
a science park/research park/technology park	une technopole
a scientist	un scientifique/savant
a sensor	un capteur

English	Français
a shuttle	une navette
a spaceship/rocket ship/spacecraft	un vaisseau spatial
a spin-off	une retombée
state-of-the-art	le dernier cri
stem-cell research	la recherche sur les cellules souches
the technorati	les gens qui ont une compétence technique
to be tech-savvy	être calé en matière de technologies
a touch-screen	un écran tactile
to try out a technique	essayer une technique
to upgrade/update	mettre à jour
a UFO/an unidentified flying object	un OVNI
an unmanned flight	un vol inhabité (commandé à distance)
weightlessness/zero gravity	l'apesanteur
wheat/corn (US)	le blé
a wireless device	un appareil sans fil
yield	rendement

22 *Information technology/* Technologie de l'information

English	Français
to access a website	accéder à un site
an auction site	un site de vente aux enchères
a backup copy	une copie de sauvegarde
to be computer literate	savoir utiliser un ordinateur
broadband	à large bande
to browse the net	naviguer sur internet
a browser	un navigateur
to burn a CD	graver un CD
a byte	un octet
to charge sby for sth	faire payer qqn pour qqch
a chip	une puce électronique
a computer geek/nerd/a techie	un mordu d'informatique
a computer scientist/a computer engineer/an IT specialist	un informaticien
computerese/computerspeak	le jargon des informaticiens

English	Français
computer failure	panne d'ordinateur
to copy and past/cut and paste	copier-coller/couper-coller
copyrights	les droits d'auteur
a copyright infringement	une atteinte aux droits d'auteur
to crack down on illegal downloading	réprimer le téléchargement illégal
a database	une base de données
data mining	exploitation de données
data retrieval	extraction de données
to deface a site	dégrader un site
to delete	effacer
a desktop (computer)	un ordinateur de bureau
the digerati	les gens qui s'y connaissent en informatique
digital	numérique
digital natives	ceux qui sont nés à l'ère de l'informatique
digital piracy	piratage sur Internet
to digitalize/digitize	numériser
digital divide	fossé numérique
directory	répertoire
to disconnect a user	priver un internaute d'accès internet
to edit/lay out	faire la mise en page
an e-reader	une liseuse
to enter/type in a word	saisir un mot
FAQ/Frequently Asked Questions	foire aux questions
font	police (de caractères)
freeware/shareware	des logiciels gratuits
to hack into a system	s'introduire dans un système
a hacker/cracker	un pirate informatique
hardware	disque dur
a hyperlink	un lien hypertexte
identity theft	le vol d'identité
in bold type	en gras
to infringe on sby's rights	porter atteinte aux droits de qqn
IT/Information Technology	les technologies de l'information
to install a firewall	installer un pare-feu
a keyboard	un clavier
a laptop (computer)	un ordinateur portable

English	**Français**
to log in/on to a site	se connecter à un site
to log off	se déconnecter
mainframe/CPU/Central Processing Unit	unité centrale
a memory stick/flashdriver/USB key	une clé USB
a network	un réseau
a nickname	un pseudo (nyme)
a page break	un saut de page
to reboot	réinitialiser
rights holders	les détenteurs de droits (d'auteur)
to save	enregistrer
a screen	un écran
to scroll sth up/down	faire defiler vers le haut/bas
a search engine	un moteur de recherche
a security breach	une atteinte à la sécurité
to send an attachment	envoyer une pièce jointe
a service provider/an ISP/internet service provider	un fournisseur d'accès
settings	paramètres
a shortcut	un raccourci
a software engineer	un ingénieur en logiciel
to sort	trier
spell check	correcteur orthographique
a spreadsheet	un tableur
to store information	stocker des données
to swap	échanger
throughput	débit
a track	un morceau (de musique)
to upload	télécharger (du contenu sur un serveur)
a user-friendly	convivial
word processor	un traitement de texte
worm	programme de destruction

CHAPITRE 45

Civilisation : The United States

1 General presentation

1.1 Geographic situation

The United States of America is bordered by Mexico and Canada, by Russian territorial water in the northwest and two territorial waters between Florida and Cuba and Florida and the Bahamas. The Pacific Ocean borders the 48 contiguous states on the west and the Atlantic Ocean on the east. Alaska, Guam, Hawaï, Puerto Rico and the US Virgin Islands are also part of the 4th largest country in the world with a total surface of 9,629,091 km² (square kilometers). The Missouri is the longest river (3,767 km) and Mount McKinley is the highest mountain peak at 6,168 m. Alaska has a polar climate **whereas** Hawaï and South Florida have a tropical climate and the Deep South has a subtropical climate.

1.2 A federal state

The United States is a federal government of the republic of 50 states including 3 branches: legislative, judicial and executive. The system of checks and balances enables a law created by the Congress to be **vetoed** by the executive branch (the President) which can be **overturned** by the legislative branch (the Congress). The President **appoints** the juges of the judicial branch whom the Congress can **turn down**.

1.3 Symbols

The flag

The flag of the United States is composed of 13 red and white horizontal stripes which represent the 13 British colonies that became the first state of the Union, a blue rectangle on the top left corner with 50 small 5-pointed white stars organized on 9 horizontal rows alternating 6 and 5 stars which represent the 50 states of the USA. It is nicknamed “Old Glory”, “The Star-Spangled Banner” and “Stars and Stripes”.

The Great Seal

The Great Seal of the United States **authenticates** US federal documents and was first used in 1782. The national coat of arms is the obverse of the seal and is used on flags, military insignia, embassy placards and US passports. When sealed on paper it is monochrome but the design has official colors. The one-dollar bill has included both sides of the Great Seal since 1935. The Great Seal is the basis of the US President's, government's and state's Seal.

The Bald Eagle

The Bald Eagle became a national emblem in 1782 when the Great Seal was adopted. When the 13 colonies declared independence from Great Britain they considered they needed a seal but the only portion accepted at the time was Thomas Jefferson's *E pluribus unum.* In 1782, a drawing displaying an eagle representing Supreme Power and authority was supplied by the brother of a Philadelphia naturalist. Appreciated by the Congress, the Seal became an eagle holding **a bundle** of **arrows** in one talon and an olive branch in the other. In 1787 the Bald Eagle became the emblem of the United States.

The national anthem : *The Star-Spangled Banner*

The US national anthem is *The Star-Spangled Banner.* After Francis Scott Key witnessed the bombardment of Fort McHenry by British ships of the Royal Navy in Baltimore Harbor during the Battle of Fort McHenry in the War of 1812, he wrote the poem "Defence of Fort McHenry" from which the lyrics are extracted. The words were sung on the British John Stafford Smith's *To Anacreon in Heaven* and were then renamed to become a famous patriotic song. The US Navy first officially used it in 1889, the President did in 1916 and it officially became the national anthem in 1931.

The official motto until 1956 : *E Pluribus unum*

The 1782 Great Seal's *E pluribus unum* (the latin for « Out of many, one ») was considered as the US official **motto** until the 1956 act of *In God we trust.*

The 1956 official motto : *In God we trust*

In 1956, the official motto of the United States *In God we trust* came as a substitute for the 1782 Great Seal's *E pluribus unum.* **Securalists** have objected to its use and tried to remove it from the **currency.** It appeared on **coins** in 1864 and on **banknotes** in 1957. President Dwight Eisenhower passed a law which made it the national motto in 1956.

The national floral emblem: the rose

The national floral emblem, the rose, was proclaimed by President Ronald Reagan being "a symbol of life and love and devotion, of beauty and eternity". It has been in the US for 35 million years, was bred by the first President George Washington, was grown everywhere in the country and can be found in art, music and literature.

The national march: *The Stars and Stripes Forever*

The national march *The Stars and Stripes Forever*, John Philip Sousa's *Magnum Opus* was adopted by Congress in 1987. He composed it while on holiday on an ocean liner when he found out David Blakeley had died.

The American's creed

The national creed *The American's Creed* is a 1918 US House of Representative's resolution that William Tyler Page wrote for an entry into a patriotic contest.

The national tree: the oak

The national tree has been the **oak** since 2004 celebrating America's oldest, largest, grandest and most magnificent trees on earth. The National Arbor Day Foundation held an electronic vote.

TO REMEMBER

- **The United States of America is the largest country in the world with an area of 9,6 million square kilometers. It is composed of 50 states.**
- **"The Star Bangled Banner", "The Old Glory" or "Stars and Stripes" are the nicknames of the US flag which is made of 13 stripes for the 13 British colonies, 50 stars for the 50 states.**
- ***E pluribus unum* was the national motto until 1956 when it changed to *In God we trust* which secularists disapprove of.**

2 American institutions and constitution

2.1 The legislative power

The Congress **empowers** the legislative branch which has two chambers the House of Representatives and the Senate. Article 1 section 8 of the constitution states its powers: **to levy** and **collect taxes,** create money, **balance** its value but also build post offices, roads and establish courts with an inferior status to the Supreme Court and declare war.

The lower house of the Congress is the House of Representatives which is composed of 435 voting members who represent a **congressional district**. It is the population of the state which determines the number of representatives. To be elected for a period of two years, a representative must be at least 25 years old, with the US citizenship (for a minimum of 7 years) and live in the state they hope to represent.

A Senator is elected for 6 years. A state is **made up** of two senators which is why there are 100 senators nowadays.

2.2 The executive power

The President and the office of Vice-President compose the executive branch. The President if both the **head of state** and the head of the US government.

2.3 The judiciary power

The Article II Section I lists the judicial powers. Federal Judges are nominated for life by the President knowing the Congess can reject their nomination. Their compensation can't decrease during their **term of office**. The office of Vice-President is the chief diplomat of the country and military commander-in chief. The Vice-President is the head of Senate. If ever the President is removed, **resigns** or dies, the Vice President will take his place.

2.4 The gist of the constitution

The supreme law of the country is indicated in the constitution. The first constitution was composed of 7 articles with articles 1, 2 and 3 explaining the separation of powers (legislative with the two chambers of Congress, executive with the President and judicial with the Supreme Court and federal courts), articles 4 to 6 detailing rights and responsibilities as part of federalism and article 7 specifying the ratification process the 13 states used to sign it.

1789 was the year it was **implemented** and now includes 27 amendments. The first 10 amendements are called the Bill of Rights which is known to be the shortest constitution. It restricts the power of the state and **ensures** freedom. **The latter** is not **accurately outlined** but considers : freedom of speech, of the press, of religion and from unreasonable search and seizure, security in personal effects, free **assembly**, guarantee of a fast, public **trial** with an impartial jury and keeping and bearing a weapon. George Mason's 1776 Virginia Declaration of Rights, the English 1689 Bill Rights and the 1215 Magna Carta (very first document to regulate the English monarch by his subjects signed by King John of England) **shaped** the first Amendement of the Constitution.

TO REMEMBER

- **The Congress is made of the House of Representatives and the Senate.**
- **In the House of Representatives there are 435 voting numbers who represent congressional districts. It is the population of the state which determines the number of representatives.**
- **There are 2 senators per state so a total of 100 senators and they are elected for 6 years.**
- **The executive power is built by the President and the Vice-President.**

- **The President is the head of the state and of the US government. He appoints judges for life whose nomination can be overriden by the Congress.**
- **The Bill of Rights is the shortest Constitution and includes 10 articles. In 1789, 27 amendments made the American Constitution which restricts the powers of the state and insures freedom to the people.**

3 Healthcare and Obama Care

3.1 Obama Care, instauration difficuties and consequences on all the levels of American society

In March 2010 **Obamacare** or **Patient Protection and Affordable Care Act** was passed so that affordable health coverage and universal heathcare was made accessible. Consequently insurance companies can no more reject people from healthcare (which used to be the case on the criteria of sex, age or **formerly** known conditions).

10 million Americans **enrolled** in the plan in March 2014 but not without difficulty. Indeed there were so many people who tried to **log** onto the website to **register** that it took more than a week for the governmental **IT** service to debug.

Nowadays there is no uniform national security program in the USA even if the country is the first in the world to spend money on health : 17% of its **Gross Domestic Product**. France spent 11.2% of its GDP on health.

3.2 The COVID-19

On January 31st 2020 President Trump restricted travel from China one day after the World Health Organization declared the covid19 as a global health emergency. In February 2020 the coronavirus virus spread massively. On February 24th $1.25 billion was asked to the Congress by the Trump administration to fight covid19. On March 6th $8.3 billion were given to find and develop vaccines. On March 11th travel from Europe was banned. On March 18th $105 billion were used for unemployment, paid sick leaves and food assistance. On March 21st 2020 California was locked down. On March 22nd the states of New York and Illinois were confined. 38 states were given stay-at-home orders. On March 27th $2.3 trillion were devoted to assist businesses and the economy.

On June 25 2020, the U.S. recorded 40,184 new cases, surpassing any other single-day caseload through the entire pandemic. In July 2020 there were 809 cases of covid 19 per 100,000 inhabitants with 36.5 deaths per 100,000.

In June 2020, with a decline of 1.3 in its GDP growth rate, the U.S. ranks 17th out of 41 countries. The U.S. has performed better than the average for the eurozone (-3.6), the European Union as a whole (-3.2), the G7 (-1.9), and the G20 (-3.4).

TO REMEMBER

- **In 2010 Obamacare or Patient Protection and Affordable Care Act made affordable healthcare coverage and universal healthcare accessible. Insurance companies couldn't reject people on the basis of sex, income or previous situation.**
- **In 2014 10 million people were enrolled but nowadays there is still no uniform national security program even though the US is the 1st country to spend money on health: 16% of its GDP.**
- **The covid-19 massively impacted the US health system and economy but compared with the Eurozone, G7 and G20 the US declined less.**

4 Immigration

4.1 The Naturalization Act of 1790

On March 26th 1790 the first US legislative document was enacted restricting its citizens' naturalization. It **stated** the **requirements** to become an American citizen. At this time only "free white persons and of good character" could **apply for** it. Staying in the country for **at least** two years with a minimum of one year right before the **inquiry** for naturalization defined good character. One had **to fill in** a Petition of Naturalization and an oath of allegiance to the state and US constitution was executed by a court of law. 5 years of residence were **requested** in the Naturalization Act of 1795. The 1868 14th Amendment declared a new rule according to which the place of birth, race or citizenship were not a problem anymore for naturalization except for Indians paying no taxes for living on reservations. The 1870 Naturalization Act **granted** citizenship to African born and African descent people.The 1924 Indian Citizenship allowed any person born in the USA **regardless** of their parents' nationality.

4.2 The mixity of the American population

An estimated 40 million immigrants lived in America in 2019.

The most important immigrant group in 2019 was the Mexican-born immigrants, roughly 25 percent of the 40.52 million foreign-born in the United States. The majority of the American immigrants come from China, India, the Philippines, and El Salvador.

Europeans accounted for the majority of US immigrants in 1960 with 13% of Italians, approximately 10% of Germans of approximately 10% of Canadians.
51% of the US immigrants were female in 2017 with a median age of 52 years old.
20.7 millions of US inhabitants were naturalized accounting for 45% of immigrants in 2017.
In 2016 17.2% of immigrants ages 25 and older had a bachelor's degree and another 12.8% had attained a postgraduate degree. Managerial positions are held by 30% of US immigrants (when they are held by 37% of US natives). The service industry is the sector of 25% of immigrants.
In 2017, 12.5 million unauthorized immigrants lived in the US according to FAIR including 51% of Mexicans, 7% from Salvador and 5.4% from Guatemala. More than 375,000 of the 473,682 immigrants who were caught illegally crossing the southern border with a family member in fiscal 2019 were released by federal law enforcement into the interior of the United States.

4.3 The Acts of 1921, 1924 et 1952

On May 19th 1921, to limit immigration in the USA the *Per Centum Law* or **Emergency Quota Act** was passed.It was the first time a law restricted European immigration with a proper number or quota. The latter was of 3% of the number of residents living in the USA according to the Census of 1910. At the Senate, the votes were of 78 to 1 with only the Democrat James Alexander Reed who was against it.

On May 26th 1924 he *National Origins Act* or **Immigration Act of 1924** replaced the 1921 Emergency Quota Act. The quota was then of 2% of the number of people from a particular country already living in the US considering the 1890 statistics. Restricting the Southern and Eastern European immigrants was the objective. The entry to the US was forbidden to Arabs, Asians and Indians, the purpose being to "preserve the ideal of American homogeneity" according to the Department of State. A decrease of 9% was noticed for the British immigration and of 90% of the Italian one. It was active until 1952.

On May 27th 1952 the *McCarran-Walter Act* or **Immigration and Nationality Act of 1952** was passed even if vetoed by the 33rd president of the USA between 1945 and 1953 President Truman. Indeed the repatriation of suspected communist illegal immigrants was thus allowed. The **bicameral** Congress invalidated this veto with 278 to 113 in the House of Representatives and 57 to 26 in the Senate.

4.4 The consequences of 9/11 (September 11th)

The shock of the bombing in the World Trade Center of September 11th 2001 led to the **Homeland Security Act in 2002**. Americans and foreigners firmly disagreed with it.

For the US government, the danger came from abroad as the 19 terrorists were all foreigners which is why visa controls became stricter and national security strengthened. **Huge** databases were used **to store** information which was actively **blamed notably** after Edward Snowden's 2013 **testimony** of the phone, cable fibre optic **tapping carried out** by the National Security Agency.

The first people to be **scrutinized** were the Muslims. The FBI established the Voluntary Interview Program with more than 8,000 interviews of suspiciously linked al Qaeda people. The National Security Entry-Exit Registration system was initiated to collect the fingerprints and photos of adults from 25 countries.

In 2009 the Electronic Travel System was **set up** so that any foreigner wanting to get into the USA has their personal information checked in the terrorist and intelligence files. The Visa **Waiver** Pilot Program is used in 36 countries.

To **expell** illegal immigrants that did not quit the US to return to their home country once a legal document **compelled** them to do so, the National Fugitive Operation Programme was initiated in 2003. Its budget increased from $9 million to $230 million between 2003 and 2010. Every year this program sends back 35,000 people to their home country.

In 2003 the immigration question was transmitted to the Department of Homeland Security. More and more employees work for this department and the budget will be $74.45 billion in 2019.

TO REMEMBER

- **The 1790 Naturalization Act enabled white people who lived at least for two years in the country to be naturalized. Native Americans had to wait for 1924 before having such a chance.**
- **After 9/11, the 2002 Homeland Security Act put foreigners under scrutiny. Many foreigners were thus illegally arrested, secretly questionned with no lawyer and even sent back to detention after the judge had freed them. The National Visa Security Entry Act screens every applicant in a list of 25 countries.**
- **The 2003 National Fugitive Operation Program sends back to his home country, anyone who stayed in America illegally after he was asked to leave.**
- **The 2009 Electronic Travel System forces anyone who wants to have a visa to give his personal information to be checked by intelligent services.**
- **In 2017, 44.5 million people immigrated to the US which is 13.7% of the US population and 17% of the world population. They mainly came from Mexico, India and China. In 1960 Europeans were the ones who immigrated the most to the US.**

5 American specificities

5.1 Positive discrimination or affirmative action

Affirmative action or positive discrimination favours members of a disadvantaged group who suffer from discrimination. At the beginning of the 1960s, it was introduced to fight against racial discrimination in the recruitment process. **Executive Order 10 925** first created Affirmative action which John F. Kennedy signed on March 6th 1961. By way of consequence, government employers were compelled "not to discriminate against any employee or applicant for employment because of race, creed, color, or national origin" and "take affirmative action to ensure that applicants are employed, and that employees are treated during employment, without regard to their race, creed, color, or national origin".
Executive Order 11246 was signed by President Lyndon B. Johnson on September 24th 1965 reaffirming the federal **commitment**. **Executive Order 11 375** broadened **Affirmative Action to women**. Constraining institutions because of the nondiscrimination mandate of the Civil Rights Act of 1964 was affirmative action's genuine objective.

5.2 Death penalty

Capital punishment or death penalty is legally used in 29 states of the United States. The 8th Amendment restricts its use to aggravated murders made by mentally competent adults. Each state has different crimes subject to the death penalty and different methods of execution. This has varied over time. Lethal injection has been the most common method since 1976.

11 prisoners were executed in 2021 in Texas, Missouri, Mississippi, Oklahoma, Alabama. More than a third of the 29 states haven't carried out an execution in the last 10 years.

5.3 Handguns and the 2nd Amendment

On December 15th 1791, the 2nd Amendment was adopted as part of the ten Amendments of the Bill of Rights. People have thus been allowed to keep and bear arms. The English Bill of Rights of 1689 and the English common law influenced the 2nd Amendment. This right was described by Sir William Blackstone as "*an auxiliary right, supporting the natural rights of self-defense, resistance to oppression, and the civic duty to act in concert in defense of the state*".
In 1871 the National Rifle Association was created to "*protect and defend the Constitution*" and especially the right to keep and bear arms. It teaches firearm competency and safety. It has been lobbying against firearm restriction bills since 1975. In May 2018

its membership was over 5 million people. It is said to be one of the 3 most influential lobbying groups in Washington.

5.4 Crimes and modern issues

After World War II, the American **crime rate** rose significantly. There was a **peak** between 1970s which continued until the beginning of the 1990s. Crime has lowered since then maybe due to a better police officer recruitment. To better crime prevention programmes and state and local law enforcement the **1994 Bill Clinton's Violent Crime Control and Law Enforcement** supplied $30 billion.
In 2012 there were 12,200 arrests and a male was arrested in 80% of them.
According to the Uniform Crime Report **released** by the Federal Bureau of Investigation, there was no particular city where crime hit the most in the 20th century. Yet, if we compare American and European cities, the figures are **quite** different.
The case of Michael Brown, an 18-year-old black man in Ferguson, Missouri killed by Wilson, a white officer resulted in more than a week of social protests and the need of night **curfews** to calm the situation. Wilson was not indicted in November 2014 and cleared of civil rights violations in March 2015.
Other black men shot by the police followed by **unruly** protests happened in 2014-2015 with the 15 second **chokehold** of Eric Garner by Pantaleo in July 2014, a 12 year-old African American boy Tamir Rice supposedly wearing a gun in Cleveland Ohio in November 2014, the schizophrenic Jason Harrison fatally shot by the police in Dallas, Walter Scott following a daytime traffic stop for a nonfunctioning brake light shot in North Charleston, South Carolina in April 2015, a 25-year-old African-American man Freddie Gray died while being transported to the police having been arrested for illegally carrying a **switchblade**.

Alicia Garza, Patrisse Cullors, and Opal Tometi started the "Black Lives Matter" movement in 2013 to foil the discharge of George Zimmerman, who had been considered guilty of the murder of Trayvon Martin, which for them was underrating black people's lives.

The movement's objective is to assert police barbarity and assassinations of blacks.

The **killing spree** of Dylan Klebold, 17 and Eric Harris, 18 in Columbine high school in Colorado on April 20, 1999 led to the killing of 13 people and 24 injured people.

On April 16 2007 Seung-Hui Cho executed 32 people and hurt 17 in an onslaught in a dormitory and in the Engineering building in Virginia Polytechnic Institute and State University in Blacksburg, Virginia.

On December 14, 2012 20-year-old Lanza assassinated his mother and then bombarded Sandy Hook Elementary School, Connecticut where he killed 26 people (most of them between 5 and 10 years old) and injured 2.

On May 25th, George Floyd, a 46-year-old black man, was killed. Derek Chauvin kept his knee on Mr. Floyd's neck for 8.15 minutes without considering his repeated "I can't breathe" even when the latter was unconscious. Protests began locally and reached 2.000 cities in 60 countries. The social unrest was so huge that curfews were installed by June 3rd in 200 US cities. After this, the chokehold used on Georges Floyd was forbidden in 20 cities.

In 2021, there were 692 mass shootings in the USA (2020: 610, 2019:417). After only 22 weeks into 2022, 246 mass shootings already happened in the USA. The Buffalo racist onslaught in a supermarket resulting in 10 killed people of May 14th and the elementary school massacre killing 21 people resulted in a proposal to reform gun safety. Juvenile records of gun buyers under 21 would be available, red flag laws would allow the removal of guns of potentially violent people and money would fund school safety and mental health programs.

5.5 The power of lobbying groups

Lobbying is a paid activity in which special interest groups argue for specific legislation in decision-making bodies. It usually **hires** well-connected professional **advocates**, often **lawyers**. Every level of government: federal, state, county, municipal, and local governments can be affected by lobbying. Activities like fundraisers and awards ceremonies on neutral territory to meet and socialize with local legislators are offered by *pro bono* clients. Active lobbying companies are likely to be few in number, large, and often offer their services to the government. Lobbying groups can also be named advocacy groups or interest groups.

Lobbying does not necessarily end up in corruption or poor policy results. Poor policymaking as a result of lobbying is seen as such by critics because policies are not considered by legislators according to their merits but to their political repercussions. Healthier lunches with fewer potatoes, less salts and more fresh vegetables to fight against childen obesity were proposed by a group supported by the United States Department of Agriculture. Unfortunately a strong food lobby group **backed** by Coca Coca, Del Monte and makers of frozen pizza blocked this measure, even adding that the pizza tomato sauce should be considered as a vegetable.

General Electrics, Comcast Corp, American Hospital Association, Blue Cross/Blue Shield, National Association **Realtors** and the United States Chamber of Commerce were the 6 top lobbying organizations in 2014.

TO REMEMBER

- **Positive discrimination or affirmative action was initiated in the 1960s to fight against discrimination. The first act signed by Mr Kennedy didn't include discrimination against women but it came in its 3rd version signed by Mr Johnson.**
- **Death penalty is used in 32 states under the 8th Amendment. Lethal injection has been the most common capital punishment since 1976. In 2013 39 people were executed and 3,088 in the death row. Texas is the country that executed the most numerous people and Oklahoma with the most executions per capita.**
- **In December 5th 1791, the 2nd Amendment allowed people to keep and bear arms in order to defend themselves. In 1871 the National Rifle Association was created to protect and defend the constitution but mainly related to weapons.**
- **Bill Clinton's Violent Crime Control and law Enforcement provided $30 billion to fight crimes.**
- **In 2014-2015 some black people were accidentally shot by white police officers in several cases. This lead to demonstrations and even to curfews. Most of the time the police officers were cleared after a serious investigation.**

6 Religion

In 2014, most Americans (65%) considered religion played a key role in their lives and religious confession was not given to 20% of American people. The 1st Amendment guarantees freedom of religion and it also declares that the federal and state government must not establish any religion. The "separation of church and state" was firstly **stated** by Thomas Jefferson when speaking about the Establishment Clause which Fisher Aymes wrote in 1789. John Locke was the first to qualify the government as **secular**.

Nevertheless as the US sociologist Robert Neelly Bellah pointed out religion is still important in American **politics**.

Yet, a majority of Americans (67%) considered religion's importance was becoming lower in political society. **Solely** 10% of the American population think this is positive. In 2011 a Gallup poll announced for the first time that, most of the American population could vote for a "well-qualified" atheist to be president. The 2011 poll was a considerable progress in the country's willingness tohave an atheist President as only 18 percent of Americans could support a nonbeliever in 1958.

There were 3 democratic presidential candidates who were Catholics: in 1928 Alfred E. Smith, in 1960 John F. Kennedy and in 2004 John Kerry. In 2009 the first Catholic Vice-President was Joe Biden.

According to foreign **surveys** between 59 and 78% of the American population are Christians, 48% of which are Protestant. Jewish people **make up** for about 1.2 to 2.2% of the American population and 0.6% is Muslim. Every week 31% of Americans go to a religious service. The ones who only **attend** once a year are number 3%.

The 1956 official motto "In God we trust" **engraved** on **coins** in 1864 and **printed out** on **banknotes** in 1957 is a problem for secular people (view the part on symbols 1.3).
The 1892 Baptist Minister, Francis Bellamy's **Pledge** of Allegiance, people must promise "under God" which doesn't please secularists either.
No religious test exists to nominate someone for a public office but the **phrase** "so help me god" has been at the end of federal **oaths** since **the 1779 Judiciary Act**. The President is not **constrained** to **swear** on a Bible or say "so help me God". **Nonetheless** every president has done so since President Franklin D. Roosevelt. The same sentence is part of the Oath of Citizenship but is not **compulsory**. Not using this sentence is also an option for the members of the Army.

TO REMEMBER

- **In 2013 65% of the population considered religion played a key role in their lives and 20% of the people had no religion. The 1st Amendment guarantees freedom of religion for the individual and the fact the federal and state government shouldn't be influenced by religion. 3 democratic presidents were Catholics.The role of religion in politics has decreased for 67% of the population in 2010 which was found positive by 10% of the people. In 2011 most of the American people were ready to vote for a well-qualified atheist.**
- **59-78% of the Americans are Christians, 48% Protestant, 1-2% Jewish, 0.6% Muslim. 31% of the population goes to a religious ceremony every week.**
- **"So help me god" ends all federal oaths but it is an option to be declared by the President, immigrants for their naturalization and members of the Army.**

7 Media

7.1 Radio

National Public Radio is the country's first public radio network. The political medium of talk radio became popular in the 1990s thanks to the 1987 repeal of the Fairness Doctrine that is to say that radios didn't have to alternate and balance political opinions.

7.2 TV and cinema

95% of American **households** have a minimum of one TV. National Broadcasting Company, Columbia Broadcasting System, the American Broadcasting Company and

Fox are American's 4 main broadcasters. The major satellite providers are DirecTV and Dish Network, Comcast, Time Warner Cable and Cox Communications, Charter Communications, AT&T U-Verse and Verizon FiOS. Cinema was one of the most fruitful and influential industries in the twentieth century.

7.3 The press

A majority of American cities sell *The Wall Street Journal* and the *New York Times*. *USA Today* attempted to become the national paper but was severely criticized as being a *McPaper*. Publishing costs have increased, newspaper costs have remained low which is why newspapers are forced to count more on advertising revenue and major wire service articles from the *Associated Press* or *Reuters* for instance.
The private corporations *Gannett* or *McClatchy* own most of American newspapers.
Alternative weeklies are broadcasted as a complement to the **mainstream** daily paper such as New York City's *Village Voice*.
Editor&Publisher declared the number of US daily newspapers has decreased over the past half-century surely because of the other media's competition.
Advertising is the first source of newspaper revenue mainly through Classifieds. Yet Web sites like *eBay*, *Monster.com*, and *Craigslist* have challenged it since the end of the 1990s.
USA Today, *The Wall Street Journal*, *The New York Times* and the *Los Angeles Times* are the newspapers which circulate the most in the US.
Time, *Newsweek* and *US News and World Report* are American's three leading weekly newsmagazines. The center-left newspapers are *Time* and *Newsweek* whereas the center right ones are *US News and World Report*. Each year, *US News* releases annual ratings of American colleges and universities whereas *Time* nominates a "Person of the Year".

7.4 The Internet

Newspapers and other media organizations can publish news through Internet and people can also **browse** old news thanks to this medium. Some limited **outputs** are made accessible for free and the rest is made available by paying. Other archives can be **looked up** for free.

We are writing our history with more details than ever on the internet.

7.5 Fake news

President Trump used "fake news" to qualify propaganda and content he dislikes. Donald Trump went as far as creating the Fake News Awards in January 2018 to put into question the veracity of the media. His relationship with the press isn't at its best as he called them "the enemy of the American people". However Politifact counted 329 false or partly false statements made by President Trump between 2015 and 2017. The New York Times which listed most of them is still waiting for Donald Trump to admit them.

TO REMEMBER

- ***National Public Radio*** **is the most broadcasted radio in the US.**
- **95% of the population owns at least one TV.**
- ***The Wall Street Journal, The New York Times, The Los Angeles Times*** **and** ***USA today*** **are the most circulated newspapers in the US knowing.** ***USA today*** **is considered as a poor quality paper or "Mc Paper".**

CHAPITRE 46

Civilisation : The United Kingdom

1 General presentation

1.1 Geographic situation

The United Kingdom is in the north west of Continental Europe and its total surface is 243,610 km^2. The island of Great Britain and $1/6^{th}$ of the north eastern Ireland as well as surrounding islands make-up the sovereign state of the United Kingdom. The Prime Meridian is in the Royal Greenwhich Observatory in South East London. The North Atlantic and the North Sea surround UK as well as the English channel towards the north-east coast of France.

1.2 Great Britain and the United Kingdom

There is always a confusion between these two entities. To make it clear:

- **Great Britain** is the island which is composed of England, Scotland and Wales,
- whereas **the United Kingdom** is made of England, Scotland and Wales (Great Britain) and the North of Ireland as well.

There were 67,896,716 inhabitants as of July 11th 2020 and **ranks** 21 in the world population. There are more females than males. The density is of 281 people per **square kilometer according to** the **figures** of July 2020 and it is ranked 50th in the world for its density. In 2020 the fertility **rate** was of 1.75 births per women in the UK. 81.77 years old was the UK **life expectancy** in 2020. Based on the UK fertility rate, life expectancy and immigration, the population could be of 73 million by 2040. **Finding out** how many people will inhabit the country permits to determine the allocation of central government's financial resources and how to **ease** the service planning for administrations.

1.3 A monarchy

The British monarchy is the constitutional monarchy of the United Kingdom and its **overseas** territories. When King George VI died on February 6th 1952, Queen

Elizabeth II **ascended** to the throne. Several official, ceremonial, diplomatic and representational duties are **undertaken** by the monarch and the immediate family.
Originally the petty kingdoms of early medieval Scotland and Anglo-Saxon England, consolidated into the kingdoms of England and Scotland by the 10th century AD.
The constitutional monarch **appoints** the Prime Minister and is commander-in-chief of the British Armed Forces. It is still the Parliament's responsibility to declare war. Officially any governmental rule can be **overriden** by the monarch even against the advice of the Prime Minister. Nowadays it is the Ministers who are delegated most of the Monarch's prerogatives.
The Parliament is dissolved by the monarch in order to hold an election and will then nominate the Prime Minister that rules over the overall majority of the House of Commons. The nominations are not legally codified. A private audience is **attended** by the future Prime Minister who instantaneously becomes Prime Minister once he kissed the monarch's hands. The government can then be constituted by the Prime Minister.
The monarch is the head of state of the **Commonwealth realms** or the 15 Commonwealth monarchies. The sons **inherit** the crown before daughters according to the male-preference cognatic progeniture rule. In 2011 during the Commonwealth Heads of Government Meeting the Commonwealth Realms got rid of this rule as well as authorizing the future monarch to marry a Catholic for the fist time since 1701. Still, as monarchs are also the Supreme Governor of the Church of England, they cannot be Catholic. **Capital gains tax** and **income tax** have been paid by the monarch since 1993.

1.4 The symbols

a The Union Flag

The flag of United Kingdom or Union Flag has been composed of St George's Cross of England since the 13th century which became part of the Union flag in 1606, St Andrew's Cross of Scotland and St Patrick's Irish red saltire flag.

b The national personification : Britannia

Roman Britain was called Britannia in the past. It refered to Britain for the first time during the Renaissance. The 1672 coins **minted** under Charles II inluded Britannia. It was described in the 19th century Victorian age with a three-pronged trident, a **shield** with the Union flag, white robes and golden hair either sitting or standing by a ship.

c The national animals: the lion and the bulldog

Courage, pride and strength are **embodied** by the lion. Since King Richard I, the lion has also been seen on badges and emblems of some royal lines. During World War II Winston Churchill **bred** a bulldog which then became a mascot and a national animal.

d The Royal Coat of Arms: the Arms of Dominion

It is composed of a **crowned** lion and a **chained** mythical unicorn tamed by the United Kingdom, the Tudor Rose (symbol of England), the **thistle** (symbol of Scotland), the **shamrock** (the symbol of Ireland).

e The mottos of the Royal Coat of Arms and of the English monarch

« *Dieu et mon droit* » (God and my right) and the motto of the noblest order founded in 1348, the Order of the Garter "*Honi soit qui mal y pense*" (shame on he who thinks evil of it) which was **awarded** by the monarch.

f The Anthem of the country: *God Save the Queen/King*

We don't know who wrote the song but it may date back from 1619. It was adopted in 1745 with Henry Carey's lyrics in 1790. According to customs and use only the reigning monarch can receive the full anthem. The other royal family members can receive the first 6 bars. The national anthem is not part of any Act of Parliament. The United Kingdom was the first nation to adopt a simple song as a national anthem. The Dutch and Japanese national anthems which were written on that purpose are older than the one of United Kingdom.

TO REMEMBER

- **The United Kingdom is composed of the island of Great Britain (England, Wales and Scotland) and Northern Ireland.**
- **It is a monarchy governed by Queen Elizabeth II since her father King George died in 1952. In Royalty, sons inherit before daughters.**
- **The monarch appoints the Prime Minister who makes his government.**
- **The monarch is commander-in-chief of the Armed Forces but can only declare war under the Parliament's order.**

2 The British Institutions

2.1 The Constitution

The United Kingdom is **ruled** by an unwritten constitution. Though it has no codes, it legally and technically **remains** a constitution. The ability for the parliament to **overturn** fundamental rights and the **lack** of **obvious** separation of powers in the UK lead to questions about the constitution's validity. Restrictions on the parliament's actions and **scope** of its powers are supposed to be part of a constitution which is not the case in the one of the UK.

The UK constitution **consists of** all the nation's principles and laws the UK represents. They are written on separate documents **rather than** a unique one.

The parliamentary supremacy has been **running** since the 1688 Glorious Revolution. King James II of England was **overruled** and a union between William II of Orange-Nassau (who governed as William III) and the British parliament were the result of the revolution. People were scared of the unfavourable alliance between James II and France on UK's controlling and of the transformation of England into a Catholic country. **Thus** to avoid the **settlement** of Catholicism, the king was **dethroned** and **substituted** by the **Dutch** *stadtholder*. Consequently, for more than 100 years it became impossible for Catholics to sit in Westminster and to vote. The King was even **banned** to marry a Catholic until the **2013 Crown Act**. In that period, the fact that the supreme state's law was **conclusively** the one determined by Parliament through its statutes was established by the British Parliament. As a result, a new Act of Parliament can be passed to **alter** the UK constitution.

As the UK entered the European Economic Community in 1973, the supremacy of European law should be recognized **though actually** it **solely** accepts it as a principle.

2.2 The parliament

Westminster is the other name of the parliament. It is made of 2 branches which together is the UK supreme legal power. The monarch is the head of Parliament. Its 2 chambers **are made up of** an upper house: the House of Lords and a lower house: the House of Commons.

When the Parliament of England and the one of Scotland joined in 1706, the Parliament of Great Britain started to **sit** at Westminster Palace.

a The House of Lords

The House of Lords can **launch** for the first time and propose **bills** which may be debated and **are likely to** become laws or acts. The majority of Lords are nominated and not elected contrary to the House of Commons. The Lords Temporal and the Lords Spiritual are the two **kinds** of Lords sitting in the House of Lords. The Prime Minister **advises** the monarch to **appoint** for life the Lords Temporal.The Lords Spiritual are ecclesiastic actors of the Church of England. Until the **1999 House of Lords Act heirs** could exclusively sit in the House of Lords but since that act things changed and there are now only 92 hereditary **peers** who can sit in the upper chamber. The **1999 House of Lords Act states** that the House of Lords vote for the two royal office **holders** and its other 90 life peers. As most of the hereditary **peerages** can only be passed to a male line of succession there are only 2 women with hereditary peerages who sit in the House of Lords.

The bills which passed through the House of Commons are debated by the House of Lords which asks for amendments. The House of Lords can only **turn down** a bill three times before it becomes a law and it can decide not to vote a bill from the House of Commons only under particular circumstances. **Delay** in passing a bill is the only factor that it can **rely on**. The lower house was also the final court of appeal for the judicial system until the Supreme Court was **set up** in 2009. A money bill **for instance linked to** taxation and public funds can't be rejected by the House of Lords and can only be **postponed** for one month maximum. The other bills from the upper house have a maximum of one year to be **delayed**.

A **set number** of people to sit in the lower house is not defined. Nowadays 763 members sit including 49 of them who have been excluded from sitting or that are on absence leave. On the contrary the set number of people to sit in the House of Commons is of 650.

In 1999 it was suggested by the Wakeham Commission to make 20% of the Lords members elected by the people. This and the percentage of elected members were discussed by the lower house until 2003. The 2003 vote **came up with** the decision of making no other change than the one of 1999.

Lord Chancellor Jack Straw and the Secretary of State for justice proposed a **white paper** in favour of an 80-100% elected House of Lords which could be named the Senate of the United Kingdom.

The monarch makes a **speech** in the House of Lords for the State Opening of Parliament. This used to be in November or December and has been **taking place** every May since 2012. The ceremony must respect a very structured protocol:

1. In memory of the Catholics who **failed to** kill Protestant James I and to destroy the parliament that is the Gunpowder **Plot**, the Yeomen of the Guard **search** through the **cellars** of the Palace of Westminster.
2. The Commons and the Peers **gather** wearing the ceremonial robes.
3. To make sure the monarch will be back safely, Buckingham Palace receives a parliamentary hostage when the monarch leaves for Parliament. The origin of this measure lies in the agitated relations Charles I had with the Parliament which is why he added that event to the ceremony to make sure he would return to the Palace being secure.
4. The Imperial State Crown arrives in a different carriage at the royal regalia.
5. The monarch arrives at the Palace of Westminster. The Union Flag is replaced by the Royal Standards when the monarch gets into the Palace. It stays there while the monarch is in.
6. The **Lord Chamberlain** is informed by the monarch to have the **Gentleman Usher of the Black Rod** indicated to assemble the House of Commons that was standing in the hall. In 1642, Charles I visited the House of Commons while a session was on to **attempt** to arrest 5 members who had supposedly **betrayed** the country. The

doors are pushed very hard in his face when Black Rod gets closer to them. We can hear him knocking at the door three times before being accepted to the House of Commons. "Mr/Madam Speaker, the Queen **commands** this honourable House to attend Her Majesty immediately in the House of Peers" is declared by Black Rod.

7. The Commons **proceed** by pairs **to** the House of Lords guided by Black Rod.
8. **Lord Chancellor** gives the **scroll** of the speech written by the government specifying the plans for the year to come.
9. The Monarch makes the speech neutrally and objectively.
10. The Monarch goes out of the House to go back to Buckingham Palace and "free" the hostage.

A speech is also delivered to indicate the direction of the government. On April 4th 2020 the Queen addressed the world to thank the NHS for all its effort and give serious hope so to overcome the covid-19. "My government will" must be **uttered** even though these are not her **insights**.

b The House of Commons

People elect 650 members of the House of Commons by a first-past-the-post (FPTP) system in constituencies. The first candidate who gets the most votes wins.

The FPTP system is asked by the Electoral Reform System to be rejected in all National Elections to avoid two-party politics. **Indeed** the the FPTP electors might vote for the candidate they believe will win rather than the one they favour from a less influenctial political party knowing **the latter** won't be elected. **Thus** the most influencial parties get an unrealistic number of seats. For instance, in 2019 the Conservative Party had 312 seats, the Labour party 247 and the Scottish National Party 35 for a total of 650 seats. What's more, the FPTP may tend to reorganize the political constituencies which would then unreasonably grow the number of seats won by a certain party.

2.3 Common law

Judges make English common law thanks to *stare decisis* or legal precedents. Nowadays, the highest court of appeal in the UK is the Supreme Court of the United Kingdom. The **2005 Constitution Reform Act** enabled the creation of the Supreme Court which succeeded to the House of Lords on October 1st 2009. Once more it is impossible for the Supreme Court as for the House of Lords to overrule any parliamentary's first legislation. A President, a Deputy President and 10 Justices compose the Supreme Court. If nominated after 1995, 70 years old is the maximum age they can hold office **otherwise** it is 75.

The basis of Common Law is court decisions that are established by judges.

It is not through executive procedure that the legislative procedure enables to adopt a law.

2.4 Political parties

The Protestant and aristocratic Whigs and the Church of England landed gentry Tories were the two political parties in the 19th century. The Conservative Party was the new identity of the Tories and the Liberal Party with more **policies** from the left the one of the Whigs in the middle of the 19th century. They led British **politics** until the 1920s. The affiliation of **trade unions**, social organisations and the labour movement made the Labour Party substitute for the Liberal Party in the 1920s. The Liberal Party or Lib-Dems initiated the stop of the interchange of power between the Conservative and the Labour Party. The **1988 Registration of Political Parties compelled** all political parties to **register** for the first time in the UK. Belonging to a political party was only from 0.07 to 0.25% of the British population in 2013 and has been **plummeting** since the 1950s when the figure was 65%.

Nowadays the UK Independence Party, UKIP is becoming more popular. Nigel Farage founded this Eurosceptic right-wing populist party in 1993. In May 2015 it had 47,000 members. The May 2014 European election made it become the first political party after the Conservative and the Labour party when it won 24 seats out of the 73. During the 2013 local elections UKIP held the 4th position in the number of council seats. It gained another extra 128 seats with a total of 163 local seats during the 2014 local elections but didn't have a sufficient majority to rule any council. But in the 2015 local election UKIP won its first council in Thanet in Kent with 33 seats when the Conservatives got 18, Labour 4 and independents 1 knowing that for a majority 29 seats were **required**. As it has been recognized as a major-party status since May 2014, it has obtained the same air time on TV and radio interviews as the other influential political parties. David Cameron's same-sex marriage was **deemed** responsible for such situation. Still the 2015 was a white wash victory for the conservatives and wildly unexpected. The Scottish National Party the SNP **ousted** the Labour Party in more than 95% of Scotland. The opposition leaders all **stood down**: Nick Clegg of the Liberal Democrats, Ed Miliband of the Labour Party and Nigel Farage of UKIP. One of the strongest messages to the Prime Minister on his re-election came from the leader of the SNP Nicola Sturgeon who said that he had to go **further with Scotland**. David Cameron believes firmly in a one-nation state in union with Scotland.

TO REMEMBER

- **The United Kingdom doesn't have a proper constitution with a single document but several legal documents which make its grounds.**
- **The bicameral parliament is made of the upper chamber: the House of Lords; and the lower Chamber: the House of Commons.**

- **In the House of Lords 92 peers inherit their title and the others are elected by the parliament. The House of Lords discusses and amends laws coming from the House of Commons. They can't refuse any law but can only delay its passing.**
- **Each year the monarch makes a speech for the State Opening of the Parliament. It is a very codified procedure and happens now in May.**
- **The House of Commons is composed of 650 elected members according to the first-past-the post system meaning the one with the most votes wins.**
- **The Supreme Court took over the House of Common's legal issues in 2005. It is composed of a president, a deputy president and 10 justices. The Supreme Court cannot override the Parliament.**
- **The protestant Whigs and Church of England Tories were the original political parties. Then the Whigs turned into the Liberals then Liberal Democrats which finally became the Labour Party. The Tories became the Conservative Party.**

3 International relations

3.1 The Commonwealth

53 countries make up the Commonwealth of Nations or British Commonwealth which the UK is part of. The UK is not supposed to have more power than any other member state. The Statute of Westminster of December 11th 1931 designed its main office at Malborough House in London and the London Declaration of April 28th 1949 made it official. The **criteria** shared by all the member states of the Commonwealth are to be free and equal.

The monarch rules over the 16 realms of the Commonwealth. As the Head of the Commonwealth, a symbolic role, the monarch cannot give this title automatically to his/her heir. What links the states of the Commonwealth is a common language, history, culture, democracy values, human lights and the rule of law. Because Gambia did not respect human rights, it was constrained to leave the Commonwealth in October 2013. We estimate the Commonwealth population of about 2.245 billion people and $9.767 trillion which represents 15% of its **Gross Domestic Product**.

3.2 The United Nations

Thanks to its empire and colonisation, the United Kingdom has been a capital international actor in today's world even if its influence is not as important as it used to be. Nuclear weapons are held by the UK. It has had a permanent seat on the Security Council of the United Nations Organisation since it was firstly held in 1946 because it is seen as one of the winners of World War II. Its veto was first used on October 30th 1956 as well as France to solve the Suez Canal Crisis. On September 13th 1963 it was used again concerning the situation in South Rhodesia. The South African representative question was also vetoed in 1974. More recently the UK vetoes were used regarding the Panama situation which were also vetoed by France and the USA in 1989. Lybia's complaint about the US **downing** of an aircraft was also vetoed in 1989.

3.3 Europe

a European Union

The United Kingdom joined the European Economic Community ECC in 1973. It was believed it would act as a **spy** of the community according to De Gaulle which is why its application was only validated once De Gaulle gave up responsibility as President. De Gaulle gave 3 reasons why the UK shouldn't enter into the EEC :

- UK's first reaction was to turn down the application and to put tension on the founding countries so that they postponed the application of the Common Market,
- most of its activities are industrial and commercial as well as to countries outside what we know today as Europe, and very little is agricultural,
- imports from America prevent British farmers developing which is discordant with EEC's **genuine** ideology.

The 1975 UK referendum resulted in 67.2% of the voters who agreed to stay in the EEC. Ukip has prevented a new referendum to be held on that same question. Ukip insists on the need for UK to leave the European Union.

- According to a 2009 *Daily Mail* poll 58% wanted a referendum on that issue.
- According to a 2010 poll 47% of the people said they would vote to leave Europe and only 33% wishing to stay.
- According to a 2012 *Guardian* poll 56% would be in favour of leaving Europe.
- In 2013 40% would vote to remain in Europe and only 34% to leave.

Primarily David Cameron was opposed to such a referendum considering the 1975 referendum to be **reliable**. A referendum on that issue was refused to be held in 2012 by David Cameron but his re-election made him announce it would be held before the end of 2017.

In a referendum on 23 June 2016, 51.9% of the participating UK electorate voted to leave the EU, out of a turnout of 72.2%. Scotland and Northern Ireland both voted in favour of staying in the EU. Scotland backed Remain by 62% to 38%, while 55.8% in Northern Ireland voted Remain and 44.2% Leave. On 29 March 2017, the UK government invoked Article 50 of the Treaty on the European Union. The UK was thus due to leave the EU at midnight on 30 March 2019 Central European Time. UK's withdrawal deadline was agreed to be postponed to October 31st 2019.

Theresa May, former Prime Minister, negotiated a 21-month transition plan on March 19th 2018 but the British Parliament refused her Brexit plan which lead to her resignation on June, 7th 2019.

On July 23rd 2019, Boris Johnson was elected Prime Minister of the UK with 66% of the votes while Jeremy Hunt only got 33% of the votes. Conservative Boris Johnson, on top of the list to become next Prime Minister, agreed to execute the Brexit by the deadline with or without a deal. A "hard Bexit", a disengagement with a new trade agreement and no other conditions was favoured by Theresa May's adversaries. Others would rather have a 2nd referendum hoping to stay within Europe. Boris Johnson's 2nd option is to leave without a deal but no tariffs with the GATT 24. He can also destroy Britain's 585-page Withdrawal Agreement wit the EU to consider other compromises to keep the Irish border open subsequently. To carry out Brexit he advocated a no deal. Technological improvements were put forward to solve the question of the Irish border. The hard border between Northern and Southern Ireland is avoided but only during the changeover. The "divorce bill" is of €50.7 billion.

On September 3rd 2019 a motion was passed for an emergency debate to pass a bill that would rule out a unilateral no-deal Brexit by forcing the Government to get parliamentary approval for either a withdrawal agreement or a no-deal Brexit. On September 24th, the Supreme Court of the United Kingdom ruled unanimously that Boris Johnson's decision to advise the Queen to prorogue parliament was unlawful, and that the prorogation itself was therefore null and of no effect. On October 28th the European Council agreed for the third time to extend the Brexit deadline until 31 January 2020. On December 12th 2019 Boris Johnson won a majority in the UK General Election and reaffirmed his commitment to "get Brexit done" by 31 January 2020.

On January 22nd 2020, the Withdrawal Agreement Bill proposed by Prime Minister Boris Johnson passed the UK parliament after several amendments proposed by the House of Lords were rejected by the House of Commons in a vote of 342–254. The Lords later decided not to propose further amendments, thereby allowing passage of the bill to the Queen to receive royal assent. On February 3rd 2020 the British official objectives included notably similar arrangements with the EFTA states and free trade agreement with the EU respecting FTA's principles.

On February 1st 2020 the UK ceased to be a member of the EU. One sticking point is the free circulation of migrants from Africa and the Middle East which Theresa May didn't manage to forbid. The major downside of the Brexit is that it impedes UK's economic prosperity as everyone doubts concerning its fallout.

The Trade and Cooperation Agreement was decided on December 24th 2020 and ratified in April 2021. Continuity agreements were signed with more than 60 nations worldwide knowing EU will remain the main trade partner with UK thanks to its geographical situation and commercial scale. Because of new border rules and red tape trade was disrupted notably UK exports to the EU. Some jobs couldn't be filled in the UK because of the migration of European workers and stricter immigration rules.

In January 2022, import controls were introduced.

Scotland could choose to split from the UK to remain part of Europe. Already on September 18th 2014 a referendum was held to determine whether Scotland should be an independent country. The No won with 55%.

In the European elections of May 23rd 2019, the pro-Brexit party won 9 regions out of 11. Nigel Farage, former UKIP leader, with the Pro-Brexit party and the help of the British National Party won 31 per cent of the vote and will have 29 seats in the European Parliament where he doesn't want Britain to be. The anti-Brexit Lib Dems won 20% of the vote, Labour 14% and the Greens 12%.

In Scotland, the Scottish National Party prevailed. According to Nicola Sturgeon the vote highlighted the Scottish wish to stay Europe therefore she requested another independence vote.

On October 17th 2019, the UK and European Commission agreed on a revised withdrawal agreement containing a new protocol on Northern Ireland.

Even though Northern Ireland officially left the EU's Customs Union in January 2021, it abides by EU customs rules. On June 13th 2022 Boris Johnson presented a bill to break the Brexit deal to change the Protocol for Northern Ireland. The quality standards would be British, British VAT changes would also be applied in Northern Ireland and the EU Court of Justice would stop supervising EU market rules.

b The Council of Europe

47 members states with 5 Council Observers and 3 Assembly observers are part of the Council of Europe which the UK has belonged to since the May 5th 1919 when the Treaty of London instored its creation. Its **headquarters** are in Strasbourg and its missions are to develop cooperation between countries concerning human rights, democratic development, the rule of law and cultural cooperation. On September 19th 1949 Sir Winston Churchill was the first one to make the link between the United States and Europe declaring Europe would be designed on the same model as the US, Denmark, UK, Ireland, France, Belgium, Italy, Luxembourg, the Netherlands, Norway and Sweden the were its first 10 signatories.

All European states including non-members of the European Union can take part in the Council of Europe. Belarus, Kazakhstan and the Vatican city are examples of European states that do not **belong to** the Council of Europe.

Some sensitive discussions were heard regarding the expatriate's rights of vote. Indeed once a British citizen leaves the UK for more than 15 years, his right of vote is **withdrawn**. Out of the 5.5 million UK citizens who live abroad, only 15,849 are allowed to vote. The UK was condemned by the European Court of the Human Rights for banning prisoners to vote. A **draft bill** is being debated in the parliament of the UK.

3.4 G6, G7, G8 and G20

In 1976 Canada joined the G6 and so changed it into G7. The UK is one of the most influential countries of the G7, G8 and G20. Group of 7 or G7 is the group of finance ministers and central bank governors of the top most economically important countries.The UK, the USA, Canada, France, Germany, Italy and Japan belong to the G7 who make 64% of the net global wealth ($263 trillion). The European Union and the International Monetary Funds send a representative to the meeting.

On March 24th 2014 the Hague welcomed a special emergency meeting because of the crisis in Ukraine and Russia's "annexation" of Crimea. Consequently the G7 nations suspended their participation in preparatory meetings for the G8, declined to participate in the G8 summit in Sochi and then declined to accept **to attend** the G8 meetings until Russia "**changes course**". That is to say Russia was **expelled** from the G8 meetings.

The G7 last met in Brussels on June 4–5, 2014 and it was Italian Prime Minister Matteo Renzi's first summit. The result was the joint condemnation of Moscow for its "continuing violation" of Ukraine's sovereignty and the preparation for **consistent** punishment on Russia over its actions in Ukraine.

For one year the UK led the G7 in 2013. On May 10th and May 11th, Hatwell House of Buckinghamshire welcomed the G7 meeting. The importance of taxation for the G7 and G8 was claimed by the Rt. Hon George Osborne **MP** and **Chancellor of the Exchequer**. Lough Erne in Northern Ireland saw the **climax** of the G8 UK's presidency. Transparency, **tax compliance** and advancing **trade** were at the heart of the meeting. Free trade is being negotiated with Canada and Japan.

The International Monetary Fund stated that the UK has been the fastest growing economy in the G7 in 2014 thanks to greater consumers' trust and cheaper credit. In 2015 the UK **forecasts** a growth from 2.5 to 2.7% and in 2016 the UK forecasts remains of 2.5%. We can conclude that the UK growth was higher than for the USA and for Germany from 2008 to 2014.

3.5 NATO

On April 4th 1949, the North Atlantic Treaty created The North Atlantic Treaty Organization to fight for security with 28 American and European States, which the UK is a founding member of. The primary goal of NATO was to be able to protect the world from the Soviet Union. The USA, UK, Canada, France, Belgium, the Netherlands, Luxembourg, Portugal, Italy, Norway, Denmark and Iceland initially founded NATO. As a member, the UK and the 27 other countries agree with the fact that if one of them is attacked, all of them are. Then member states will defend themselves individually or collectively to help the attacked country and **in compliance to** all the members' opinion it may used armed forces to make sure the North Atlantic region is safe.

The NATO assembly includes 18 UK seats from all political parties of the House of Commons and House of Lords. The UK parliament rather than the UK government is supposed to be represented by the delegation. Wales welcomes the September 2014 NATO summit. In 2013 David Cameron, UK Prime Minister, declared NATO had been the "**cornerstone** of their national security for more than 60 years" and that "the other 27 NATO members were the **closest** friends the UK had".
Today, the UK has the 4th biggest budget in military **expenditures** in the world with 3.5% of the world's total military expenditure, about 2.5% of its GDP that is $60.8 billion.
Today, the UK **ranks** fifth in the world for exporting arms in the world which corresponds to about 4% of the world sold arms and nearly ¼ : 21% are sold directly to the USA. Then comes India who buys 14% of the world sold arms to the UK. The third biggest **purchaser** is China who buys 9% of the world sold **weapons** to the UK.

TO REMEMBER

- **The UK is part of the Commonwealth which is composed of 53 states and 16 realms who all believe they're free and equal.**
- **The UK has belonged to the Security Council of the United Nations since its beginning in 1946. It has a veto power.**
- **The UK has been part of the European Economic Union since 1973 when De Gaulle resigned at the EEC president. Indeed he was against UK's application for they had already refused to get in and might be a spy for the USA. David Cameron held another referendum on the same issue by the end of 2016 where 52% of the voters wanted to leave Europe.**
- **Theresa May negotiated 2 agreements which were rejected by the British parliament which is why she resigned in June 2019. Boris Johnson has until October 31st to come up with a Brexit plan which will be accepted by the Parliament.**
- **The UK has belonged to the council of Europe which counts 47 members since May 1919. Its objective is to cooperate between countries to defend human rights.**
- **The 7 most economically influential countries make up the G7, which the UK is part of. It summoned a special meeting in March 2014 because of Russia's annexation of Crimea. Consequently it refused to hold G8 meetings with Russia until it "changes courses".**
- **The UK led the G7 for one year in 2013.**
- **As a founding member, the UK also took part in NATO in April 1949. The objective is in a common agreement to defend each other in case one of the member countries is attacked.**

PARCOURSUP
QUESTIONS CONTEMPORAINES
HISTOIRE
ANGLAIS
ENTRAÎNEMENTS

4 The Welfare State

4.1 The after war

After the war, which emphasized that so many people were destitute and poor, the Liberal politician **William Beveridge** listed "the five giants to reconstruction" that needed to be **tackled** to make a better Britain: 1. poverty, 2. disease, 3. ignorance, 4. squalor, 5. idleness. To achieve his aims, Beveridge proposed the introduction of a **welfare state** with 1. social security, 2. a national health service, 3. free education, 4. council housing and 5. full employment.

The **1945 Family Allowances Act** was the first law to **provide** Child Benefit in the UK. 5shillings a week were **supplied** for each child after the first. The **1945 National Insurance Act** provided **unemployment** pay for six months and **sick pay** for as long as you were sick. The **1946 National Insurance - Industrial Injuries Act granted** extra benefits for people injured at work. **The 1948 National Assistance Act** gave benefits for anybody in need. *The Times* described it as: "the last defence against extreme poverty".

The **1948 National Health Service Act** - Aneurin Bevan established the NHS on 5 July 1948 **in spite of** the doctors' opposition, who stood firm to be able to keep on having some private patients. Hospitals, ambulances, doctors, dentists, opticians, **midwives** and health visitors were made available and free to everybody.

The **1944 Education Act** - The school-leaving age was set at 15 by "Rab" Butler and free secondary schools was initiated. An '11-plus' IQ test were taken by pupils to select the ones who would go to grammar school (for academic pupils), secondary modern school (teaching practical subjects), or technical school (to teach practical skills).

The **1947 Town and Country Planning Act** aimed at building 300,000 new houses a year and they built 1.25 million council houses between 1945 and 1951. Green belt land was also identified and to be kept rural.

The **1948 Children's Act** on which councils were obliged to supply good care and housing for all "deprived of a normal home life" children.

The **1948 Marshall Aid** to help the industry going. The road **haulage**, railways and **coal** industries were nationalized in 1947 and **steel** in 1951.

By adopting the economist JM Keynes's ideas from the *General Theory of Employment, Interest, and Money* (1936) the government managed to keep the economy vigorous by increasing public spending. There has not been a depression like the one of the 1930s so far.

4.2 Evolution since the 1980s

In the 1980's, the UK had some important economic problems like several other countries in that period. Margaret Thatcher and the Conservative Party after 1979 was the most serious change during the 1980's. British people felt its impact on British politics for the 18 years to come. The UK is an exceptional case with only one political party in power for such a long time, which also makes it different from other EU nations, particularly when we consider the substantial signature the Thatcher government left on the British welfare system.

John Major replaced Margaret Thatcher. During that period, the welfare reform was of high priority. The fact that the government spends two-thirds of its budget on the welfare state and the services provided by it highlight the importance of the welfare state in the UK Thanks to these 18 years in power, the Conservative Power was able to persevere in whatever direction welfare was leading them. However it was important for the Conservative government to **bear in mind** the extent to which the voters appreciated the existing welfare agreements.

Many critical arrangements were made by the Conservative party in the 1980s and 1990s:

Five different groups of services make up welfare benefits: 1. cash benefits, 2. healthcare, 3. education, 4. housing, and 5. the personal social services. Cash benefits are the most used in the UK and they consist in roughly 10% of the GDP. Three subgroups are part of the cash benefits: 1. national insurance, 2. means-tested and 3. non-contributory benefits. The first used social expenditure is the **national insurance system**, the non-contributory benefits comes second and means-tested benefits third. The low benefit levels have been problematic in the UK. For instance, less than half of a person's active salary goes into his pension benefits.

The second most important part of the UK's welfare system is **Healthcare**. The National Health Service organizes it and the taxes finance it. People appreciate the system which compared to other countries is quite cost effective. The entire population is covered for free. The ones who need the most medical assistance are treated first. Consequently if your matter is not one of an emergency, you might have to wait for a maximum of one to two years.

From 5 to 16 children have access to school. Once they're 16, there are not that many children who continue their studies and many of them start working. **To put it in a nutshell,** a class bias can be noticed in the higher education system. The central government, local government and other professional interests are responsible for the British education. The public school system needs these three levels of organizations. The legislative **framework** for the schools is provided by the central government, the school organization is carried out by the local government and the curriculum as well as test procedures are influenced by professional interests.

Council-owned rented housing is the major part of public housing. The fact the owner-occupation housing is based on a taxation subsidy system enables it to be the most popular in the UK. Three-fourths of working class homeowners in the UK live in such **dwellings**. The local government controls council housing which a means test **provide**. The fact the population is getting older and older is one of the most serious concerns for the welfare state in the UK as in a majority of Western countries. Thus, more and more people need more assistance and services. However other European countries have more serious issues in their demography.

The unemployment rate is another very big problem disturbing social policy. It went as high as 13% in the 1980s and then went down to **roughly** 6% in the middle of the 1990s.The high inflation rate happened at the same period as the unemployment issue. As an answer, job training was then promoted and particularly to younger people because the rate of **unemployment** was important for manual workers who has no particular training.

Cutting taxes, deregulations and privatizations were the target for the Conservative Party in order to maintain a high economy. The welfare system was affected by some of those reforms. The ones who really needed public assistance were not helped by the tax cuts and salaries started to be more and more equal in the UK. Even if the final project of privatization was not carried out, the market and self responsibility were seriously considered to take a step further in Britain than anywhere else in Europe. Nowadays, the UK is a better position than many of its European **competitors** thanks to its **vibrant** economy, more favorable demographics and a cheaper social security system. The **trend** set by the Conservative Party was continued by the Labor government of Tony Blair.

4.3 Covid-19 in the UK

On January 31st the first two cases of Covid-19 were confirmed. On March 6th £46 million were dedicated to research for a vaccine and testing. On March 16th the UK was confined. On March 27th Boris Johnson and the Health Secretary were tested positive. On April 2nd the historical debts of £13.4 billion of over 100 hospital trusts was written off by the government. On April 11th the Queen delivered an Easter message for the very first time in which she states "coronavirus will not overcome us" and that "we need Easter as much as ever." On April 27th the families of NHS and care workers who died because of Covid-19 found out they will be entitled to a payment of £60,000. On May 29th the end of the Coronavirus Job Retention Scheme was announced for the end of October. On June 1st car and caravan showrooms, outdoor sports amenities and outdoor non-food markets were able to reopen. On June 29th Leicester was locked down. On July 4th pubs, restaurants, hairdressers and hotels could reopen. Until April 2020, the UK economy shrank by 25% due to the Covid-19.

TO REMEMBER

- After the war William Beveridge identified the "**five giants to reconstruction**" : 1. poverty, 2. disease, 3. ignorance 4. squalor, 5. idleness.
  Thus a 5 point plan was made on: 1. Social security 2. The National Health Service 3. Free education 4. Council housing and 5. Full employment.
- The 1945 Family Allowance Act was the first law to provide children benefits.
- The 1948 National Health Service Act led to free medical services.
- The 1944 Education Act provided free education until 15 and an IQ test at the age of 11 to educate the pupils according to their potential.
- The 1947 Town Country Planning Act enabled to build up more than 300,000 houses.
- The 1948 Marshall Aid led to the nationalization of road haulage, railway and coal in 1947 and steel in 1951.
- In the 1980s the UK was in a difficult situation which the Conservative Party with Mrs Thatcher and then John Major took care of. The objectives of the conservative party was to revive the economy by cutting taxes, deregulationg and privatizing.
- People with low benefits were a problem as less than 50% of their active salary was provided in their pension funds.
- British people's taxes funded the National Health Service.
- A problem was noticed for 16 year-old students and older and too many of them left school to start working.
- Owner occupation housing was based on taxation subsidy which enable many people to become owners.
- The ageing population was problematic as some solutions needed to be found to look after them with the appropriate material and staff.
- To reduce the unemployment rate, trainings were given to untrained manual workers as 80% of them were jobless.
- The objectives of the conservative party was to revive the economy by cutting taxes, deregulating and privatizing.

5 Social classes

5.1 Blue collars and white collars

It's only in the beginning of the 20th century that is in the 1910s-1920s that the phrase blue collar and white-collar were used to refer to occupation and social status. In 1910 the Norfolk, Nebraska Weekly News-Journal we could read a homesteader "had the good sense to leave a cheap, **white-collar job**, deny himself fleeting luxuries, take up the cross, and follow—the plow." Blue-collar meaning working class was used shortly after. The etymologist Barry Popik mentions that "**blue collar workers**" were identified in opposition with "white collar workers" from 1924, when the Alden, Iowa newspaper the *Times* proposed, "If we may call professions and office positions white collar jobs, we may call the trades blue collar jobs". "Blue collar" became used in the 1930s, and was seen in the *New York Times* in quotation marks for the first time in 1945. The popularity of both blue collar and white collar rose together in popularity after World War II.

When "blue collar" was coined, wearing any specific uniform was not required for a majority of blue-collar workers. Darker colors were prefered to by manual workers as they couldn't afford to **launder** their shirt regularly contrary to office workers who had no financial problem to wash their shirts and so could easily wear white-collared shirts. Coal miners and other **rugged** Westerners really liked the fabric, denim, used by the German immigrant and frontier salesman Levi Strauss from the 1870s. The middle-class institution of the Blue Jeans only appeared in the 1960s with The Wild One, Rebel without a Cause, and the student protesters. Since the beginning of the 20th century popular Chambray shirts, overalls, boiler suits, and clothes made of dungaree which usually came in blue were popular with manual laborers.

5.2 Evolution since Thatcher

Mrs Thatcher considered the individual more than any human category. She was not sensitive to race or class. Through human kindness and not through social **guilt,** she was compassionate towards staff in **menial** positions. What she admired had no link with class. She considered ambition didn't indicate **greed** but embodied a desire to fulfil one's talents and to better one's family's prospects.

Her policies targeted the restoration of Britain's economic strength. Their objective was also to give the opportunity to the people who wanted to have a better life.The fact she, herself, had come from a modest background with few advantages made her value efforts and assumed potential even more. She was aware that to make the country progress, she would need to mobilise those who wanted to climb up the economic and social **ladder**.

The liberal media **turned a blind eye to** this and the intellectuals laughed at it but anyone who was ready to listen got the message and these people were not classified

into a unique group. Actually the most sensitive to Mrs Thatcher were the **skilled** working-class voters. When the Tory old guard attempted to appease her tone at the 1979 general election, a mass of working class **strivers** rallied to her cause.
The greatest fluctuation was then achieved by both parties since the war. However, the biggest change was with the skilled workers, with a third of that lead built up during the campaign.
Thatcher pushed people to invest in **stocks** and property. Industrial workers are usually strivers which is also the case of white collars and no-collars. The people who joined the Conservative party in the hope of novelty and improvement were called "our people" by Mrs Thatcher. She always insisted in the need for strivers to be encouraged and rewarded as if they weren't, she thought nothing else would work.
Her idea when cutting the income tax was that these people could save more in order to earn more. She was also protecting their savings by increasing inflation. Thus they didn't have anymore to obey the tyranny of overbearing union bosses and they could buy their council houses at extremely interesting prices. Privatisation was for her a means for many people to be first-time share buyers and first-time home owners. She assessed her government and policies considering the following slogan "Every earner an owner".
Obviously the poll tax and inflation didn't go as planned but the public finances were sound, the unions were in their box, government size, tax rates and regulations were cut, and the private sector liberated to create wealth and jobs. It was possible to get on in life without inherited privilege or seeking a free ride from the state. A clear asset when Mrs Thatcher led the Conservative Party was that strivers would never be forgotten.
Campaigning for her party's leadership in 1975, Mrs Thatcher declared: "I believe we should judge people on merit and not on background. I believe the person who is prepared to work hardest should get the greatest rewards and keep them after tax. That we should back the workers and not the shirkers: that it is not only permissible but praiseworthy to want to benefit your own family by your own efforts."

TO REMEMBER

- **"White collar" was first used in 1910 an American newspaper to refer to a homesteader. "Blue collar" was used in 1924 by another American paper. These phrases spread in the 1930s and became popular after World War II.**
- **When Levi's developed denim, blue collar workers started to use it with overalls.**
- **Mrs Thatcher never considered social classes but the efforts people were ready to make to have a better life. She pushed British people to invest: "every earner is an owner".**

6 Immigration

Immigration to the United Kingdom has been important since 1945, especially from the Republic of Ireland and from the former colonies and territories of the British Empire such as India, Bangladesh, Pakistan, the Caribbean, South Africa, Kenya and Hong Kong. Other asylum seekers, looking for protection as refugees under the United Nations 1951 Refugee Convention or using one of the European Union's Four Freedoms immigrants from member states of the European Union.
Foreign-born immigration was the reason for about 70% of the population growth between the 2001 and 2011 censuses. 11.9% of the population at the time 7.5 million people were born abroad.
In 2019 the net migration to the UK was of 258,000 people. 677,000 people immigrated to the UK. A total of 407,000 people left the UK. In 2008, the UK govern ment began introducing gradually a new point-based immigration system for people from outside of the European Economic Area. The minimum salary proposed by employers who wish to sponsor an immigrant to hire him/her increased in March 2019. Start up visas and innovator visas replace former Tier 1 Entrepreneur and Investor visas?

By March 2020 3.1 million visas were granted, 75% of which were for travelling purposes. On July 1st 2020, it was announced that plans to grant British National Overseas passport holders limited leave to remain allowing them to work or study in the UK for 5 years, and then apply for settled status after that.

TO REMEMBER

- **Immigration has been important in the UK since 1945. Most of the immigrants are from Northern Ireland or the former British colonnies such as India, Bangladesh, Pakistan…**
- **Foreign-born people help to renew the British population** (70% between 2001 and 2011).

7 Religion

In the 6th century the Anglo-Saxon Kingdom of Kent saw the birth of the Church of England. In 1527 Pope VII refused to cancel King Henry VIII's marriage to Catherine of Aragon because Catherine of Aragon's nephew was Charles V, the Holy Roman Emperor. Henry VIII then required the Pope to pay a **fine** of £100,000 for a royal pardon to be obtain as he considered spiritual power only belonged to the monarch. On February 11th 1531 Henry VIII was declared Supreme leader of the Church of England. He was then excommunicated in 1533 after divorcing himself from Catherine of Aragon and re-marrying Ann Boleyn. The **1534 Clergy Act of Submission** put an end to the Pope's influence.

When the Roman Catholic Mary I, daughter of Henry VIII and Catherine of Aragon ascended the throne, the Pope's influence was reactivated in the UK. Unfortunately her half-sister Elizabeth I, daughter of Henry VIII and Ann Boleyn was strongly opposed to the Catholic Church and generated the second schism with Rome. She initiated the idea of the separation with the Catholic Church when she ascended the throne in 1558 after Mary I's death also called "Bloody Mary" for having been molested and religiously executed in the UK. The British Parliament declared Elizabeth I the Supreme Governor of the Church of England in 1559. Pope Pius V excommunicated her in 1570.
The first female priest was ordained by the Church of England in 1994. The Church of England ordained more women priests (290) than men priests (273) in 2010. Women were allowed to be bishops in 2005 by the General Synod, the church's governing body. In 2006 the Church of England apologized for its role in the slave trade.

TO REMEMBER

- **The origin of the Church of England lies in the 6th century.**
- **There were 2 schisms with the Catholic Church: one by Henry VIII in 1533 and one by Elizabeth I in 1558. Henry VIII divorced himself from Catherine of Aragon whereas Pope VII refused to do so in 1527.**
- **The first female priest was ordained in 1994, the first female bishop in 2005.**

8 Media

8.1 Radio

The *BBC* is the leading radio in the UK. The television licence funds the national service of the *BBC*. The *BBC World Service* radio counts 33 language. The Foreign and Commonwealth funded the *BBC World Service* until 1993 included and the television licence has started funded it from 1994. Office Nationally the *BBC* runs ten domestic networks and more than 40 local radio stations. *BBC Radio 2* and *BBC Radio 4* are the most popular radio stations. The *BBC* also developed digital radios.

Global Radio, which owns *Heart, Galaxy* and *Classic FM* is the largest radio operator.

8.2 TV

Two chartered public broadcasting companies, the *BBC* and *Channel 4* and two franchised commercial television companies, *ITV* and *Channel 5* compose the Analogue terrestrial television in the United Kingdom. On top of the 5 top nationwide channels, the digital terrestrial channels include six other *BBC* channels, five other *ITV* channels, three other *Channel 4* channels, and one *S4C* channel which broadcasts only in Welsh.

Virgin Media with satellite television available from Freesat or British Sky Broadcasting and free-to-air digital terrestrial television by Freeview provide most of the cable digital service. In 2012 the UK switch to digital.
Several TV channels are run by *BBC* including the international *BBC World News*. Television licence funds the *BBC* national service.
Contrary to public service operators, advertising is necessary for the commercial operators which and are operated as commercial **ventures**.

8.3 The Press

The British Press is composed of two categories: quality broadsheets (called this way because originally they had large sheets) and the Gutter press or Tabloids. To be more practical many quality broadsheets changed their format.
In 2008 *The Sun* was the daily paper which circulated the most in the UK with 3.1 million, roughly a quarter of the market.
The best sold quality paper is a centre right broadsheet called *The Daily Telegraph*. Another well-read quality broadsheet is the more liberal *The Guardian* and the major quality newspaper about trade is the salmon-pink *Financial Times*. 240 local and regional newspapers in the United Kingdom, as well as national newspapers such as *the Daily Mirror* and *the Sunday Mirror* are run by Trinity Mirror.
The Scottish newspaper readership is different. The tabloid *Daily Record* is the tabloid that circulates the most in all the daily papers **outnumbering** The *Scottish Sun* by four to one. The *Sunday Mail*, its sister paper surpasses the Sunday newspaper market the same way. *The Herald* is the number 1 quality daily newspaper of Scotland, even if it is the sister paper of *The Scotsman* and the *Scotland on Sunday* that outsell the Sunday newspaper market.
The Economist, Nature, and *New Scientist, Private Eye, Hello!, The Spectator, the Radio Times* and *NME* are British magazine and journals which circulate internationally.

TO REMEMBER

- **The national *BBC* TV and radio are funded by TV licences. On the radio, *BBC* world services broadcast in 33 languages.**
- **The press is divided into two categories: the quality broadsheets and the tabloids or gutter press. The most read newspaper is *The Sun* and the best sold quality broadsheet is the centre right *Daily Telegraph. The Guardian,* a more liberal quality broadsheet, sells quite well too.**
- **Many journals and magazines are published in the UK including *The Economist, The New Scientist* and *The Spectator.***
- **The most visited websites are *BBC online* and *google.co.uk*.**

PARTIE 5

CONCOURS COMMUN : SUJETS D'ENTRAÎNEMENT ET ANNALES CORRIGÉS

CONCOURS COMMUN, SUJET N°1

Questions contemporaines, thème 2024 : Les solidarités

Sujet

La solidarité est-elle l'affaire de l'État ?

CORRIGÉ

INTRODUCTION

D'abord considérée comme une obligation morale, la solidarité est devenue un principe juridique reconnu jusque dans les plus hautes instances politiques européennes. D'une affaire privée d'entraide, interpersonnelle, ou communautaire, la solidarité est devenue affaire de l'État, par le projet d'instituer une cohésion sociale, non plus particulière mais générale. À cet égard, toutes les problématiques liées à l'existence sociale doivent faire l'objet d'une attention scrupuleuse, du fait du devoir de l'État d'observer le principe d'égalité entre les individus. Et l'on connaît le troisième terme de la devise républicaine française, la « fraternité », dont la vocation morale et politique est de préserver la liberté et l'égalité des individus, français comme étrangers. La solidarité serait ainsi implicitement contenue dans le projet constitutif républicain, et impliquerait des droits et des devoirs, droits et devoirs qui incombent certes à l'État, mais aussi à tout citoyen. Par là même, et même si elle est devenue un pilier juridique, la solidarité garde en son fond sa force morale active, force morale sociale, qui préserve les liens et suscite des moyens d'action de lutte pour venir en aide aux plus démunis.

Si donc l'État dispose des organes de protection sociale favorisant la lutte contre les diverses formes de souffrances (mal-être au travail, handicap, santé, chômage, discrimination, etc.), ne peut-on voir dans la solidarité une affaire plus générale encore, c'est-à-dire citoyenne, soucieuse de dénoncer l'actualité des injustices, et engagée (par les associations par exemple) à mettre en œuvre des dispositifs d'aide et d'assistance d'urgence ? Autrement dit, ne revient-il pas à la société, toujours à proximité des modalités d'existence souffrantes, d'alerter l'État et de le rappeler à son devoir de solidarité ? Mais aussi, ne revient-il pas à la société civile de faire valoir sa responsabilité intime, en mettant en œuvre une solidarité que l'État n'est pas toujours à même de satisfaire ?

Il s'agira ainsi pour nous de montrer d'abord en quoi la solidarité est l'affaire de l'État démocratique et rationnel, par la défense juridique du droit des individus à préserver une vie digne, et, par suite, de mettre en lumière les limites de la solidarité de l'État, et de comprendre qu'elle engage tout individu, dès lors qu'il participe à la vie citoyenne.

I. LA SOLIDARITÉ : UNE AFFAIRE D'ÉTAT ?

A. LA SOLIDARITÉ COMME PRINCIPE DE L'ÉTAT DE DROIT

La Révolution française a marqué un tournant décisif en ce qu'elle a rendu les individus libres et égaux en droit, et a ainsi obligé l'État à penser et à instituer les modalités d'une cohésion sociale globale. Si avant 1789, les individus étaient liés par une solidarité étroite, corporative ou filiale, la Révolution, en égalisant les conditions politiques et juridiques d'existence, a porté avec elle la question d'une solidarité nationale, faisant apparaître l'idée ancienne que chaque individu participe organiquement à la totalité (sociale) dans laquelle il s'inscrit. Chaque citoyen est un organe vital au bon fonctionnement du corps social et politique. Le *Code Civil* de 1804 définira ainsi la solidarité comme « un engagement par lequel les personnes s'obligent les unes pour les autres et chacune pour tous » (art. 1202). L'État doit ainsi veiller à préserver ce lien, à l'instituer comme un droit par lequel sera maintenue une cohésion sociale effective. À la charité comme vertu théologale essentielle du christianisme, se substituera l'idée de solidarité nationale, pour concilier le principe de liberté individuelle et celui de socialité. Le nouveau contrat républicain obligera ainsi chacun, comme tenu par une dette, à vivre librement sous réserve d'observer des liens de réciprocités, de coopérations et de responsabilités. Contre donc l'idée d'une « solidarité mécanique », pour reprendre l'expression du sociologue Émile Durkheim, où chacun a sa place sociale fixement déterminée, la Modernité, par les nouveaux droits qu'elle a institué, mais aussi par l'essor de l'industrialisation, a fondé une nouvelle solidarité, dite « organique », basée sur le contrat et la coopération (*De la division du travail social*, 1893). Au-delà de la valeur opératoire des sentiments, le droit forgera une véritable cohésion solidaire, respectueuse des libertés individuelles. Et qu'au-delà des liens affectifs de solidarité entre les personnes, l'État garantirait par le droit un solidarisme social total.

B. LES DISPOSITIFS GOUVERNEMENTAUX DE SOLIDARITÉ

L'État, s'il fixe les termes de la solidarité, veille aussi à préserver ce lien, en évitant que certains individus se retrouvent désolidarisés, ou isolés de ce tout auquel ils doivent participer dignement. Ainsi des mesures gouvernementales permanentes ou d'urgence doivent être mises en place pour fournir une assistance à tous ceux qui, pour des raisons structurelles ou accidentelles, se verraient dans une situation dégradée.

PARCOURSUP
QUESTIONS CONTEMPORAINES
HISTOIRE
ANGLAIS
ENTRAÎNEMENTS

Depuis 1914, et d'abord pour participer à l'effort de guerre, l'État français a décidé « la création d'un impôt progressif sur l'ensemble des revenus ». Désormais sa fonction redistributive « vise à réduire ou à atténuer les inégalités de revenus », et donc à favoriser une plus grande équité entre les citoyens (*economie.gouv.fr*). Ce système solidaire de redistribution des richesses permet également de financer de grands secteurs publics, tels que par exemple l'éducation, la protection sociale, la défense, la protection de l'environnement ou encore les transports et équipements collectifs. Pour des raisons à la fois structurelles (financement du service public), ou de justice sociale (améliorer le sort des plus démunis), l'État met en place les moyens d'une solidarité permanente, constitutifs de la cohésion sociale. Plus encore, en se souciant du sort des plus vulnérables, l'État fonde son engagement sur un principe de justice sociale, l'équité. Dans sa *Théorie de la justice* (1971), John Rawls formulait ainsi son deuxième principe de justice, le « principe de différence », stipulant que toute inégalité peut être acceptée dès lors qu'elle est à l'avantage des plus démunis. L'impôt alors sera plus élevé pour les plus hauts revenus, et ce pour une solidarité plus juste, attentive aux conditions de chacun.

Mais l'État peut également mettre en place des mesures d'urgence afin de faire face à des situations de crise qui affectent la population. La crise du Covid-19, qui obligea de nombreux secteurs professionnels à freiner voire à arrêter leurs activités, a amené l'État à ouvrir un « fonds de solidarité » afin de permettre aux entreprises et à leurs salariés de ne pas avoir à cesser leur activité. Au même moment, les différentes ARS, « agences régionales de santé », sous la tutelle du ministère de la santé, se devaient d'assurer la continuité de la prise en charge médicale des plus vulnérables, et notamment des personnes âgées. Des mesures d'urgence, on le voit, sont solidaires en ce qu'elles visent à préserver la situation des individus, voire à protéger leur vie, quand celle-ci est menacée. Certes beaucoup se sont indignés en estimant que ces mesures pouvaient limiter leur liberté (confinement de la population, fermeture de lieux publics, etc.), mais elles auront en réalité permis de renforcer la protection des personnes âgées et des personnes immunodéprimées. Par là même, il apparaît que la solidarité soit d'abord et avant tout une affaire de l'État, dès lors que la vie de la population est menacée.

TRANSITION

Désormais inscrite au cœur de la politique des États démocratiques libéraux, la solidarité est devenue une idée régulatrice et motrice des différents projets solidaires gouvernementaux, quels que soient les domaines d'action : travail, santé, économie, éducation, etc. En donnant son nom à un ministère (le « ministère du Travail, de la Santé et des Solidarités ») la solidarité semble valoir partout, et diriger l'ensemble des entreprises gouvernementales.

Mais devant pareille extension, il devient difficile de saisir le sens exact d'une solidarité, invoquée en permanence dans le cadre des actions publiques. Plus encore, la solidarité de l'État ne paraît pas réduire la « fracture sociale », ni juguler les inégalités ainsi que les situations précaires dont peuvent souffrir certains individus ou certains groupes. À cet égard, ne revient-il pas à la société civile elle-même de mettre en œuvre des solidarités qui, ciblées, accentuent une assistance que l'État n'est pas capable d'assurer ? Autrement dit, la solidarité, pour être concrète, et ne pas se réduire à un slogan de communication, n'est-elle pas plutôt une responsabilité morale qui incombe à tous, sans exception ?

II. LA SOLIDARITÉ EST L'AFFAIRE DE TOUS POUR TOUS

A. LA LIMITE DE LA SOLIDARITÉ DE L'ÉTAT

Dans son ouvrage intitulé *Solidarité* (1896), Léon Bourgeois a entrepris d'élaborer « une théorie d'ensemble des droits et des devoirs de l'homme dans la société ». Parce que nous sommes des êtres sociaux, nous avons des obligations mutuelles à l'égard des autres, mais aussi à celui de ceux qui viendront après nous. Plus encore, nous sommes comme en dette à l'égard de ce dont nous avons hérité, c'est-à-dire des droits issus de la solidarité sociale. Nous portons une responsabilité nécessaire, étant les garants d'une solidarité sociale qui nous a fait être ce que nous sommes. Il y a ainsi un devoir social de préserver un héritage, de le perpétuer, et de l'améliorer. Le droit, encore une fois, sera la condition de fixation des acquis de la solidarité sociale.

Mais la solidarité collective semble s'être essoufflée au profit d'une solidarité plus individualiste. Et le solidarisme politique, s'il peut apparaître parfois abstrait, semble exclure d'une conscience collective ceux qu'il se donne pour objectifs d'inclure par des mesures spécifiques. Ainsi, les mesures d'urgence permettant en hiver de loger les sans-abris n'enrayent pas le phénomène de mal logement, et ne semble pas intégrer davantage ces personnes précaires dans le jeu social. La solidarité de l'État, en ce sens, est une solidarité ponctuelle et limitée, une proposition dont l'assistance ne suffit pas à mettre un terme à des situations de précarité sociale extrême. Pour ces raisons, des associations travaillent à aider les plus démunis, par exemple à trouver un logement qui ne soit pas temporaire mais durable. Dès lors que la « solidarité » politique se soumet aux directives techniques de gouvernement, on ne peut parler d'une solidarité véritable. L'État-Providence nous a montré par exemple que la dimension solidariste d'un plan providentiel au profit du bien-être social trouvait ses limites en s'imposant aux individus et en les soumettant à ses directives. La solidarité peut ainsi être instrumentalisée pour dissimuler des intérêts bien compris. Par exemple, une réforme des retraites mettant en avant la solidarité intergénérationnelle peut masquer une volonté de redresser la barre économique du pays, et engendrer des mesures socialement peu acceptées, comme la durée de cotisation des travailleurs.

B. LA SOLIDARITÉ CIVILE

Face aux limites solidaristes de l'État, mais aussi à la nature ambivalente de cette solidarité affichée, il revient à la société civile de mettre en place des projets solidaires, qui renforcent les dispositifs gouvernementaux, ou qui visent à dénoncer la politique du gouvernement. La société civile désigne « l'ensemble des associations non gouvernementales qui agissent comme groupe de pression pour défendre les intérêts des individus et des collectifs qu'elle représente » (in *geoconfluences.ens.lyon.fr*). Il peut s'agir ainsi d'associations culturelles, d'organisation non gouvernementales (ONG), de communautés religieuses, de groupements économiques, etc. Ces associations visent l'intérêt général et ont pour principe la solidarité, l'équité et l'utilité sociale. Les organisations syndicales (appelées « partenaires sociaux ») font par exemple partie de la société civile, et participent à la défense ou à la promotion d'intérêts communs. Elles font la médiation entre l'État, les employeurs et les salariés, et visent à défendre les intérêts de ces derniers. Les ONG quant à elles ont pour vocation l'aide humanitaire à travers le monde, sous différentes formes (assistance médicale, aide aux plus démunis, intervention en cas de catastrophe ou de guerre, etc.). Disposant d'un « droit d'ingérence », l'aide humanitaire a un droit d'accès direct aux populations à secourir. On se rappellera l'opération « Du riz pour la Somalie », programme d'aide humanitaire mené par Bernard Kouchner en 1992, afin de lutter contre la famine qui sévissait alors en Somalie. En diffusant largement la crise humanitaire sur l'ensemble des canaux médiatiques, Kouchner engageait une nouvelle stratégie consistant à mettre sur le devant de la scène la crudité et l'horreur de la souffrance humaine, stratégie vouée à mobiliser la plus grande solidarité. En effet, la solidarité n'est pas seulement l'affirmation d'un dispositif politique ou associatif, elle est un devoir que chacun peut voir naître en soi, dès lors qu'il est confronté au malheur ou à une situation désastreuse. Le sentiment de solidarité est l'affaire de tous, pour tous, et se particularise en chacun de nous à l'occasion du spectacle d'une dignité humaine bafouée ou malmenée. Que ce soit en aidant le prochain, ou en donnant à une association non gouvernementale, chacun dispose de mesures qui permettent de maintenir un lien social, humain, qui dépasse les bornes étroites de sa situation, et qui s'étende au-delà, vers l'universalité de la dignité humaine.

CONCLUSION

Loin de n'être qu'une forme d'obligation morale, la solidarité est un principe politique susceptible d'habiter l'ensemble des projets et des mesures gouvernementaux. Mais ainsi qu'on l'a vu, il peut apparaître que la solidarité ne soit qu'une ombre projetée sur des entreprises dont la finalité réside davantage dans la préservation d'intérêts bien compris. Dans cette mesure, si la solidarité est l'affaire (ambivalente) de l'État, elle est aussi l'affaire de la société civile, qui vise à promouvoir l'intérêt général, en renforçant les dispositifs d'aide de l'État, ou en condamnant ses directives. La solidarité est par conséquent l'affaire de tous, par le contrôle permanent du respect des devoirs de l'État. Plus encore, la solidarité est l'affaire de tous, pour tous, en rayonnant sur tous les aspects concrets de la vie humaine, au niveau local comme international. La dynamique de la solidarité doit rester au cœur des entreprises humaines, à la fois pour assister les plus faibles, mais aussi et surtout pour garder vivante la force affective motrice de toute humanité véritable. Enfin, si certes l'État ne dispose pas de l'ensemble des moyens d'action et trouve ses limites dans ses organes de solidarité, il se doit préserver le droit à la solidarité, et a le devoir de ne pas entraver toute entreprise civile morale et solidaire.

CONCOURS COMMUN, SUJET N° 2

Questions contemporaines, thème 2024 : Le corps

Sujet

Le corps est-il objet de pouvoir ?

CORRIGÉ

INTRODUCTION

Du corps, nous pouvons fournir d'abord deux acceptions, renvoyant l'une l'autre soit à la dimension du corps vivant (corps animal, corps humain, etc.), soit à la dimension métaphorique du corps comme dispositif opératoire (institution, science, métiers, etc.). L'une s'attachant aux modalités existentielles du corps-sujet (corps vécu, sensible, politisé), l'autre s'attachant à l'aspect purement mécanique et opérationnel du corps-objet. Ainsi, à l'encontre d'une conception réductrice (mécaniste), le corps n'est pas une simple machine et son rôle déborde l'idée d'un support matériel à la disposition de l'esprit ou de la volonté.

Pourtant le corps ne peut échapper à ce réductionnisme, étant la matière à partir de laquelle s'organisent les différents dispositifs de la vie socio-économique et politique. Du corps-esclaves à l'institution d'un « corps social » ou « politique », il demeure toujours une volonté de faire du corps un objet de pouvoir. L'esclave sera l'instrument d'une stratégie économique ou productrice, et le corps politique sera le lieu supposé d'une volonté législatrice et organisatrice. Pris entre l'instrumentation et l'institution d'une fin, le corps ne cesse de faire l'objet du pouvoir, quitte à oublier la dimension vivante, sensible, du corps vécu. De là la violence des corps politiques autoritaires par exemple, qui réduisent la chair du peuple à n'être qu'une matière au service de la forme (ou de l'intérêt) voulue par le souverain ; de là encore la violence du système capitaliste, quand il fait de la masse salariale la matière sur laquelle il génère ses profits. Ainsi le corps est-il nécessairement objet de pouvoir, l'exercice du pouvoir ne pouvant exister sans un corps sur lequel agir.

Pour limiter ce lien d'assujettissement, il a fallu opérer un renversement, en voyant le corps non plus comme un seul moyen ou objet de pouvoir, mais plutôt comme le lieu d'une puissance nouvelle, institutionnelle, et affirmatrice de la dimension sensible du corps vivant. En voulant faire du « peuple en corps » l'espace d'une volonté politique générale, qui préserve les intérêts et les libertés individuels et collectifs, la démocratie se propose ainsi de faire correspondre corps social et corps politique, et par conséquent de voir dans le corps du peuple le moyen ou le pouvoir même de décider de son sort ou de sa fin propre. Certes les parts administratives et économiques du corps institutionnel peuvent générer encore (« en corps ») des implications néfastes à la vie des sujets, mais le législateur se doit de limiter ces implications, en tenant compte de la souffrance et des revendications réelles des corps vécus.

Revenir au corps dans sa dimension existentielle permettrait ainsi de freiner les tentatives idéologiques, et la volonté politique et pervertie de ne voir dans le corps du peuple qu'un instrument du pouvoir. Car il est une tendance permanente de travailler au corps les sujets afin qu'ils se plient ou se conforment à la volonté arbitraire d'un pouvoir public.

Comment penser alors un corps qui soit l'objet d'un pouvoir qui ne desserve pas son intégrité physique et morale ? Comment le corps du peuple peut-il devenir objet de son propre pouvoir ? Peut-on se représenter un corps qui ne soit pas traversé de forces et qui reste libre de se déterminer de façon autonome ?

I. LE CORPS COMME OBJET DU POUVOIR POLITIQUE

A. LE CORPS, OBJET NÉCESSAIRE AU POUVOIR POLITIQUE

Le principe de base du politique consiste d'abord en l'acte de ramener la pluralité dispersée en une unité rassemblée. Autrement dit, il s'agit de ramener l'ensemble des individus à l'unité d'un corps social, et de faire que ces corps individuels participent (travaillent) à la construction d'une société. Partenaires ou citoyens, les individus prennent part « en corps » à l'élaboration d'un projet politique.

Ainsi assujettis au corps social, les corps individuels se voient mobilisés à respecter et à entretenir l'ordre politique, décidé par l'État. La division du travail participera de la bonne gestion matérielle et administrative de la société, chaque corps de métier (corporation) exerçant en vue de l'intérêt général. Qu'au principe de base d'unité du politique succède une différenciation statutaire qui place les individus dans des rôles sociaux définis. D'abord dispersés, les corps individuels se voient obligés de se situer socialement, voyant dans le travail social le moyen efficace de répondre à leurs intérêts particuliers. Mis au service de la collectivité, les corps besogneux, ou « le peuple en corps », deviennent l'objet indispensable du pouvoir, c'est-à-dire du maintien de l'État et de son administration. Ainsi de l'esclavagisme des Grecs aux corporations médiévales, le corps social restait l'instrument principal de modes de production, basée sur l'exploitation ou la domination.

À cet égard, le « peuple en corps » n'avait aucune prise sur le corps politique, c'est-à-dire sur le pouvoir et ses organes administratifs, qui possédaient seuls la fonction et le droit de décider des grandes lignes gouvernementales. Plus encore, le « peuple », matière première de la production et de l'enrichissement de l'État, était ravalé au rang de moyen pour la préservation des intérêts d'une classe politique dominante. Qu'alors enfin, le peuple se ressentait moins comme sujet politique que comme « classe populaire », pauvre ou démunie, interdite à toute fonction politique constitutive. Le philosophe Giorgio Agamben fera bien état de cette équivocité du terme de peuple : « Un même mot recouvre aussi bien le sujet politique constitutif que la classe qui, de fait sinon de droit, est exclue de la vie politique (« Qu'est-ce qu'un peuple ? », 1995, in *Moyens sans fins. Notes sur la politique*). En travaillant ainsi au maintien des intérêts de l'État, les corps se voient eux-mêmes travaillés, ou sculptés par et pour la forme politique imposée.

B. LE CORPS OBJET DU POUVOIR ÉCONOMIQUE

Certes, on le voit, le corps est la matière essentielle à partir de quoi peut s'instituer le pouvoir politique qui, bien souvent et mécaniquement, abuse de son autorité en désamorçant par la force les aspirations légitimes du corps social. La Révolution française marquera en France un tournant historique majeur, en donnant au corps social la souveraineté, et en permettant une libéralisation à la fois institutionnelle et économique de la vie politique. La suppression des trois ordres allait permettre au « peuple en corps » de former l'unité nouvelle, une nation, et d'en posséder la souveraineté. D'objet, le corps social est devenu sujet et auteur de son propre destin, c'est-à-dire corps politique. D'instrument pour les intérêts du pouvoir, le peuple est devenu une fin pour lui-même, investi de droits et de libertés fondamentaux, voire imprescriptibles (liberté, égalité, droit de propriété, etc.), pour ses intérêts propres. Liée au mode de production industrialo-capitaliste, la révolution libérale et démocratique a permis un essor sans précédent des institutions et de la vie économique, fondé sur des principes de justice et de libre-échange.

Néanmoins, et comme par une forme de nécessité inhérente au politique (et de son principe d'unité de base), la souveraineté populaire aura reconduit à des formes d'aliénation et de domination du corps social. Le mode de production industriel a fait émerger des inégalités au cœur du corps social, et la division de la société en classes, laissant ainsi une classe dominée au ban du progrès économique et social. Le pouvoir s'est vu confisqué par la domination des propriétaires et de ceux qui possédaient les moyens de la production économique. De ce fait, « la vie nue » des démunis allait se réduire à n'être qu'une forme de vie exploitée, animalisée, et dont le corps n'apparaît plus que comme objet « mécanisé », dévitalisé, au service du pouvoir économique et politique. L'expression même de ce dénuement et de cette réification des corps, attachée à l'idéologie capitaliste, a pu être mise en image par le réalisateur Charlie Chaplin qui dénonçait le travail industriel et la crise de l'emploi comme soumission du corps prolétarien à l'ordre des propriétaires (*Les Temps modernes*, 1936). Lorsque Chaplin, en tant qu'acteur, se trouve pris dans les engrenages d'une chaîne de montage, il s'agit là d'éclairer l'inversion du rapport de domination entre l'humain et le moyen technique de production. Si l'humain était maître de l'outil, entendu comme prolongement de la main, le machinisme l'a réduit à la servitude, à la fois corporelle et intellectuelle. Le corps du travailleur est contraint de se plier au rythme de la machine et, par là même, de laisser inexploitées ses aptitudes naturelles. Plus encore, en étouffant la puissance propre des corps, et en les réduisant à une fonction purement mécanique, les travailleurs-prolétaires voyaient dans leurs fonctions biologiques le moyen de renouer avec le sentiment de leur existence : « [...] l'ouvrier n'a le sentiment d'être auprès de lui-même qu'en dehors du travail, et, dans le travail l'ouvrier se sent en dehors de soi [...] On en vient donc à ce résultat que l'homme (l'ouvrier) ne se sent plus librement actif que dans ses fonctions animales, manger, boire et procréer, tout au plus encore dans l'habitation, la parure, etc., et que, dans ses fonctions d'homme, il ne se sent plus qu'animal. Le bestial devient l'humain et l'humain devient animal » (Marx, *Manuscrits* de 1844). Enfin, si l'économie de marché reposait sur l'élargissement des échanges et la multiplication-profusion des productions de marchandises, la valeur de ces dernières allaient dépasser le seul cadre utilitaire (valeur d'usage), et devenir en elles-mêmes des valeurs d'échange, c'est-à-dire des marchandises susceptibles de procurer un surplus d'argent dans le cadre de leur revente (valeur d'échange). La marchandisation généralisée ne se limitera pas cependant aux seuls objets matériels. En effet tout ce qui est susceptible de procurer satisfaction, à partir des facultés humaines intellectuelles et physiques, peut être considéré comme valeur d'échange, et ainsi être mis sur le marché. Les corps humains n'échappent pas à cette logique économique globalisée, que ce soit dans la mise à disposition rémunérée de ses facultés intellectuelles pour la réalisation d'une œuvre (par exemple être rédacteur pour une revue), ou de son corps, comme dans le cadre de la prostitution et, plus encore du proxénétisme, où le corps se voit réduit à n'être qu'une valeur d'échange (une propriété du proxénète) au profit d'un usage discutable (dans la mesure où le corps d'autrui est perçu comme un moyen pour la seule jouissance du client, et pour le seul profit financier du proxénète).

TRANSITION

Il ressort clairement de ce qui vient d'être dit que le corps est l'objet sur lequel et par lequel peut s'exercer du pouvoir, à des fins le plus souvent intéressées, et au détriment de la valeur humaine. Seule l'institution d'un droit protecteur de l'intégrité humaine peut ainsi interdire et limiter l'usage des corps, et faire que soit considérée la dignité propre aux corps vivants sensibles. Ce n'est qu'en donnant par le droit la libre expression des corps que ces derniers passeront d'objets à « sujets » du pouvoir.

II. LE CORPS « SUJET » DU POUVOIR

A. LE CORPS-SUJET FACE AU POUVOIR TECHNIQUE

Pris isolément, individuellement, et supposément en dehors de toute institution, le corps ne saurait se défendre efficacement contre les assauts du pouvoir physique arbitraire, de la force, et par conséquent de la violence. Le philosophe Hobbes aura bien thématisé cet état « naturel » dans son *Léviathan*, insistant sur l'idée qu'avant toute institution politique, le corps demeure objet du désir, entendu d'abord comme tendance naturelle à satisfaire ses besoins propres, ensuite comme désir de l'autre, d'où naît une rivalité généralisée, *homo homini lupus est*. La constitution d'un corps social et politique sera alors la condition fondamentale de possibilité de préservation du corps individuel. Qu'avant donc de pouvoir s'affirmer véritablement comme « sujet » du pouvoir, le corps doit être l'objet d'une protection juridique, qui limite et rationalise les usages instrumentalistes des corps. Ainsi le droit doit-il préserver l'intégrité physique et morale de la personne, et notamment en interdisant que le corps soit l'objet de divers trafics. Compte tenu des dérives liées à la marchandisation des corps (ou à leur exploitation), le législateur a dû poser les principes juridiques fondamentaux qui protègent le corps, celui-ci ne pouvant être désolidarisé de la personne dans sa pleine intégrité. Ainsi le livre premier du *Code civil* français (« Des personnes ») fait état au chapitre 2 « Du respect du corps humain », et pose les bases juridiques fondamentales de la protection de la personne, et particulièrement des droits relatifs à son corps entendu comme propriété inaliénable, durant la vie comme durant la mort. Ainsi peut-on lire que « Chacun a droit au respect de son corps. 1/ Le corps humain est inviolable. 2/ Le corps humain, ses éléments et ses produits ne peuvent faire l'objet d'un droit patrimonial. » (Article 16-1). Il ressort alors que nul ne peut porter atteinte à l'intégrité physique d'une personne sans se rendre pénalement justiciable. Sera dès lors interdit ce qui relève des violences physiques, mais aussi des interventions médicales sans consentement, sauf si le patient est dans l'impossibilité, du fait de son état, de fournir son consentement : « Il ne peut être porté atteinte à l'intégrité du corps humain qu'en cas de nécessité médicale pour la personne ou à titre exceptionnel dans l'intérêt thérapeutique d'autrui. Le consentement de l'intéressé doit être recueilli préalablement hors le cas où son état rend nécessaire une intervention thérapeutique à laquelle il n'est pas à même de consentir. » (16-3).

Il revient par là, on le voit, de légiférer pour que les corps ne voient pas leurs potentialités aliénées et mises au service de fins extérieures, qu'elles soient politiques, économiques ou encore technocratiques. Et il revient de considérer que dans cette dernière détermination du pouvoir peuvent se dissimuler des prétentions politiques, économiques et sociales. Ainsi le corps doit-il être également protégé, face à l'essor des nouvelles technologies, de pratiques expérimentales qui, sous prétexte d'améliorer les potentialités des sujets, travailleraient à homogénéiser les corps, et ainsi à la possibilité de mieux les gouverner. Ainsi, par exemple, sera interdite toute pratique eugénique tendant à l'organisation de la sélection des personnes, ou encore toute intervention qui viserait à modifier le génome pour faire des corps le centre de potentialités plus abouties. Les thèses actuelles du transhumanisme sont à cet égard tout à fait révélatrices de la volonté d'exploiter les corps à des fins politiques, et ce par la médiation du pouvoir technoscientifique. Le transhumanisme se propose en effet d'augmenter l'humain, ou d'améliorer ses facultés grâce aux nouvelles technologies. Ainsi pourra-t-on intervenir sur le génome humain pour limiter, dès la naissance, les risques de pathologies liés à certains facteurs génétiques ; réaliser de plus grand séquençage de l'ADN d'un individu afin d'anticiper l'apparition de futures maladies ; remplacer des organes par des dispositifs artificiels qui réparent voire augmentent les capacités fonctionnelles de l'organe naturel ; reproduire certains organes à partir de cellules souches embryonnaires ; coupler le cerveau humain à des dispositifs d'intelligence artificielle, etc. Pour les transhumanistes, la technologie doit être au service du bien-être humain, par l'amélioration de ses capacités. Mais cet argument brandi ne cache-t-il pas des intérêts bien compris, et ne signe-t-il pas le retour d'une conception mécaniste du corps vivant, corps qu'il s'agira de soumettre à des dispositifs de contrôle et de gouvernement ? L'ensemble de la littérature transhumaniste interroge par la radicalité qu'elle propose en termes de révolutions techniques. D'un point de vue juridico-politique, il reviendra de reprendre la mesure des lois actuelles, notamment sur l'intervention technique sur les corps ; d'un point de vue économique également, il semble que si bientôt certains corps sont couplés à de l'intelligence artificielle, de nouvelles inégalités se creuseront entre corps naturels et corps « augmentés ». Enfin, d'un point de vue éthique, il faudra repenser les limites de l'humain, et l'ensemble des catégories qui font sa dignité comme la liberté, la propriété ou l'égalité. Le transhumanisme montre ainsi le nouveau visage d'une instrumentalisation généralisée des corps, par l'éviction de la dimension symbolique qui fait la diversité et la dignité des corps-sujets, dimension constitutive d'un monde culturel hétérogène et varié.

B. LE CORPS COMME LIEU D'UNE INCORPORATION-EXPRESSION DU POUVOIR

Si le phénomène de la mondialisation renvoie à l'essor du libéralisme politique et économique, garantissant au plus grand nombre des droits et des libertés qui respectent la dignité humaine ainsi que le droit de décider de son destin, il demeure malgré tout des différenciations culturelles spécifiques, qui entérinent la part symbolique indéfectible de l'humain. Au-delà de la seule dimension mécanique, le corps est matière expressive, visible, de déterminants culturels et de procès d'intégration normatifs, ou procès de subjectivation. Le corps individuel, intégré au corps collectif, ne saurait se réduire aux dispositifs techniques de la politique économique. Car il reste une autre « économie » qui travaille en profondeur les sujets, et qui les porte à partager un ensemble commun de croyances, d'usages et de valeurs. Si donc le corps est l'objet d'une « incorporation » de schèmes socioculturels, et porteur alors de catégories opératoires qui dirigent ses représentations et ses actions, il conserve néanmoins une autonomie, un pouvoir propre, qui consiste, à partir de cette matière première incorporée, dans la capacité à inventer de nouvelles formes ou de nouvelles stratégies d'action. Le concept d'*habitus*, que le sociologue P. Bourdieu a élaboré, éclaire en ce sens cette double dimension du corps, à la fois objet (incorporation passive, inconsciente de normes) et sujet (émergence de nouveauté, d'un pouvoir propre d'autodétermination). Ancrée dans l'idée d'une division des corps, dominants et dominés, la violence du pouvoir symbolique ne cesse par exemple de maintenir un ordre injustifié dans la différence des sexes. Ainsi Bourdieu va-t-il s'attacher à montrer le caractère arbitraire de la domination masculine, expression de la violence symbolique : « j'ai aussi toujours vu dans la domination masculine, et dans la manière dont elle est imposée et subie, l'exemple par excellence de cette soumission paradoxale, effet de ce que j'appelle la violence symbolique, violence douce, insensible, invisible pour ses victimes mêmes, qui s'exerce pour l'essentiel par les voies purement symboliques de la communication et de la connaissance — ou, plus précisément, de la méconnaissance, de la reconnaissance ou, à la limite, du sentiment. » (*Le Monde diplomatique*, août 1998). Qu'au cœur du corps social donc, les corps ne sont pas assujettis au seul pouvoir politique, mais aussi au pouvoir symbolique, c'est-à-dire à des représentations qui, portées par la force de la doxa, dissimulent l'origine usurpatrice. En termes foucaldiens, le « savoir », ou ce qui est supposé tel dans un cadre social déterminé, s'impose ou s'institue comme « pouvoir ». Et c'est par la déconstruction de ce prétendu savoir, qui rive les corps à des fonctions ou à des rôles définis, que le sujet pourra, au-delà des mots d'ordre, se libérer du conditionnement d'un pouvoir à la fois politique et social. Le féminisme, par exemple, rend bien compte de ce processus de déconstruction.

CONCLUSION

Comme on l'a vu, et depuis le sol ontologique même du politique, le pouvoir ne peut s'instituer comme tel sans corps sur lesquels s'exercer. Autrement dit, il n'y a pas de pouvoir sans corps. Ainsi le corps sera-t-il perçu comme objet du pouvoir, c'est-à-dire comme l'instrument au service d'appareils (politique, économique, technique) de domination. Et qu'à cet égard, seul un renversement qui donne le pouvoir au corps social, et qui mette le droit au service de la dignité humaine, pourra redéfinir le corps (individuel, social et politique) comme sujet de pouvoir.

Pour autant, la difficulté vient de ce que de nouveaux dispositifs du pouvoir tendent à dissimuler des stratégies de domination des corps, notamment en promettant, par la médiation technique, de meilleures conditions d'existence. Mais c'est là risquer un retour au corps-objet, au corps instrument du pouvoir. Et c'est manquer la part symbolique indéfectible de l'humain, qui génère la différence, même si cette part symbolique elle-même peut être investie de rapports de domination. Nécessairement objet du pouvoir, du fait du principe ontologique du politique, le corps peut se faire sujet du pouvoir, dès lors que lui est préservé ce qui fait la dignité propre, la liberté.

CONCOURS COMMUN, SUJET N° 3

Histoire, sujet 2024

Sujet

À partir d'une analyse critique de ces documents et de vos connaissances, vous expliquerez le contexte, les références et les enjeux des transformations de l'Europe en 1989-1992.

Documents

Document 1 : Lettre d'Helmut Kohl à François Mitterrand, le 3 octobre 1990 (extraits)

« Monsieur le Président, Cher François,

La journée d'aujourd'hui est consacrée à la réunification du peuple allemand dans la paix et la liberté. Quarante cinq ans après la fin de la Seconde Guerre mondiale, qui est partie du sol allemand et qui a infligé d'immenses souffrances en Europe et dans le monde, la séparation douloureuse des Allemands prend fin.

[...] L'unification de l'Allemagne est indissolublement liée à celle de l'Euro pe. [...] Nous sommes appelés à franchir sans délai des étapes importantes. Nous voulons, conjointement avec nos partenaires de la Communauté européenne, parachever le marché intérieur d'ici 1992. Nous allons résolument au devant de l'union économique et monétaire. L'Allemagne unie participera énergiquement à la construction de l'union politique.

La Communauté européenne sera ouverte à une coopération étroite avec les autres États d'Europe. Nous voulons en particulier contribuer à développer des liens plu s étroits entre la Communauté européenne et les pays de l'Europe centrale, orientale et du Sud Est qui se sont libérés et engagés sur la voie des réformes politiques, économiques et sociales. [...]

Veuillez agréer, Monsieur le Président, cher François, l'expression de ma haute considération.

Signé : Helmut Kohl, Chancelier de la République fédérale d'Allemagne »

Source : *L'unification de l'Allemagne en 1990*. Bonn: Office de presse et d'information du gouvernement fédéral, 1991.

Document 2 : L'Europe, avant et après 1991 (dessin de presse)

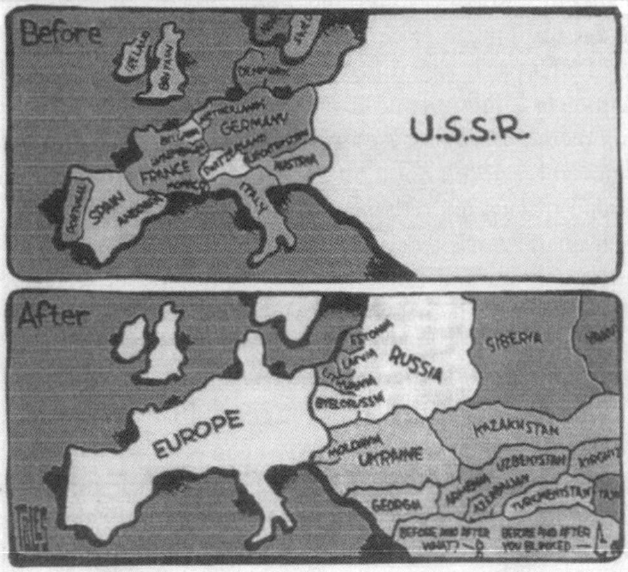

Source : Tom Toles, "Before, After", *Buffalo News*, 4 décembre 1991.

CORRIGÉ

« Monsieur le Président, cher François… », ainsi s'adresse le chancelier de la République fédérale d'Allemagne Helmut Kohl au président de la République française le 3 octobre 1990. La tournure familière peut surprendre, mais les deux chefs d'État se connaissent bien. François Mitterrand a été élu à la présidence de la République suite au deuxième tour de l'élection présidentielle, le 21 mai 1981, tandis que Helmut Kohl est devenu chef du gouvernement ouest-allemand le 1er octobre 1982 ; et la poignée de main échangée entre les deux chefs d'État le 22 septembre 1984, lors d'une commémoration des morts des deux guerres mondiales devant l'ossuaire de Douaumont, a fait entrer ce « couple franco-allemand » dans l'histoire, moteur d'une construction européenne redynamisée. Le 3 octobre 1990, c'est une nouvelle étape historique qui intervient avec la réunification allemande, dans le contexte plus large de la fin de la Guerre froide. Dans cette ère de bouleversements majeurs, de quelle manière l'Europe et le couple franco-allemand font-ils face aux modifications profondes de la géopolitique du continent pour continuer à porter le projet d'unification démarré après la Seconde Guerre mondiale ? Afin de répondre à cette question, nous pouvons nous appuyer sur un ensemble de documents composé d'un extrait de la lettre adressée par Helmut Kohl à François Mitterrand le 3 octobre 1990, et d'un dessin de presse de Tom Toles publié le 4 décembre 1991 dans *Buffalo News*.

Les années 1980 sont assurément une décennie capitale pour la construction européenne. La poignée de main entre Kohl et Mitterrand à Douaumont en 1984 semble inaugurer une nouvelle ère des relations inter-européennes, et en particulier franco-allemandes ; elle se concrétise en effet par la signature de l'Acte unique européen (AUE) en 1986 et l'admission au sein de la Communauté économique européenne (CEE) la même année de deux nouveaux membres. Mais c'est assurément la chute du mur de Berlin, dans la nuit du 9 au 10 novembre 1989, qui termine de sceller le destin de l'Allemagne à celui du continent européen dans un véritable séisme géopolitique. Alors que l'Allemagne avait été divisée en quatre zones d'occupation à la fin de la Seconde Guerre mondiale, puis en deux entités politiques distinctes – République Fédérale d'Allemagne (RFA) et République Démocratique d'Allemagne (RDA) – à partir de 1954, le départ massif des ressortissants est-allemands via la Tchécoslovaquie et la Hongrie pousse les dirigeants est-allemands, à la fin de l'année 1989, à annoncer un assouplissement des conditions de voyage entre les différents pays du bloc de l'Est et du Pacte de Varsovie. Interrogé lors d'une conférence de presse le 9 novembre 1989, Egon Krenz, le chef du Parti socialiste unifié (SED) à la tête de la RDA, laisse échapper, dans une certaine confusion, que les citoyens est-allemands sont désormais autorisés à passer la frontière en empruntant les *checkpoints*, y compris ceux permettant de passer de Berlin-est à Berlin-ouest. Une foule se rassemble dès lors aux postes-frontières. Débordée, la police est-allemande laisse passer de plus en plus de monde, jusqu'à ce que la situation lui échappe complétement. À minuit passé de quelques minutes, les postes-frontières sont totalement ouverts : le rideau de fer a cessé d'exister dans les faits en Allemagne et le mur de Berlin, qui n'a désormais plus aucune utilité, commence à être détruit par des citoyens est et ouest-allemands.

Dès lors, la question de la réunification allemande, d'un idéal lointain, devient un sujet politique brûlant et revient soudainement à l'ordre du jour des discussions entre représentants politiques en RFA comme en RDA. Désigné en 1982 comme chef du gouvernement à la tête du Parti social-démocrate ouest-allemand (SPD), Helmut Kohl doit faire face à un défi historique et mener le chantier de la réunification. Pour ce faire, il doit convaincre ses principaux alliés européens, et en premier lieu la France, de l'aider dans cette entreprise. « Quarante-cinq ans après la fin de la Seconde Guerre mondiale, qui est partie du sol allemand et qui a infligé d'immenses souffrances en Europe et dans le monde, la séparation douloureuse des Allemands prend fin », écrit-il à François Mitterrand le 3 octobre 1990. Les événements se sont enchaînés rapidement après que le principe d'élections libres a été adopté en Allemagne de l'Est et a mené à la désignation d'une nouvelle coalition politique qui remplace le vieux SED en Allemagne de l'Est en mars 1990. Dans la nuit du 22 au 23 août 1990, la « Chambre du peuple » d'Allemagne de l'Est (*Volkskammer*) décide d'autoriser la reconstitution des anciens *Länder* qui avaient été démembrés par la réorganisation territoriale de 1952 et la création de la RDA. Cette mesure, qui autorise l'adhésion des *Länder* de l'est à la nouvelle Allemagne réunifiée, doit prendre effet le 3 octobre 1990, date à laquelle Helmut Kohl informe publiquement son homologue français de sa mise en place, largement votée le 31 août 1990 à la fois par la

Volkskammer d'Allemagne de l'Est et le *Bundestag* d'Allemagne de l'Ouest. À cette date, la RFA et la RDA cessent donc d'exister, remplacées par l'Allemagne réunifiée.

« L'unification de l'Allemagne est indissolublement liée à celle de l'Europe. [...] Nous sommes appelés à franchir sans délai des étapes importantes. Nous voulons, conjointement avec nos partenaires de la Communauté européenne, parachever le marché intérieur d'ici 1992 », proclame Helmut Kohl dans sa lettre ouverte à François Mitterrand. Et c'est en effet le 7 février 1992 qu'est signé le traité de Maastricht, ouvrant la voie au remplacement de la Communauté économique européenne par l'Union Européenne, une union politique et économique dotée d'institutions supranationales prenant la place du vieux marché commun mis en place par le traité de Rome de 1957. Dans un dessin de presse publié le 4 décembre 1990 dans *Buffalo News*, Tom Toles résume le paradoxe engendré par la double dynamique qui s'est enclenchée à partir de la chute du mur de Berlin : le continent européen paraît résolument engagé dans une dynamique d'intégration et d'unification, concrétisée avec le processus de l'unification allemande, puis celui de l'Union Européenne avec le traité de Maastricht ; tandis que, de l'autre côté de l'ancien « rideau de fer », c'est à une dynamique de désagrégation que l'on assiste. Entre 1989 et 1991, ce sont d'abord les anciens pays satellites, à commencer par la Pologne puis la Hongrie, la Tchécoslovaquie ou encore la RDA, qui retrouvent leur autonomie. Dans un deuxième temps, ce sont ensuite les ex- « républiques-sœurs » : l'Ukraine, les États baltes ou les républiques d'Asie centrale qui gagnent leur indépendance. L'URSS, devenue une coquille vide, se disloque sans que ses dirigeants ne puissent rien y faire – Mikhail Gorbatchev le premier, qui se voit contraint de prononcer son discours de démission face à l'ex-parlement soviétique le 25 décembre 1991. Ces bouleversements s'accomplissent d'ailleurs suffisamment rapidement pour prendre de court les dirigeants européens. François Mitterrand, à qui s'adresse Helmut Kohl le 3 octobre, aura du mal, dans un premier temps, à saisir la réalité d'événements aussi majeurs que la réunification allemande ou la dislocation de l'URSS, avant de prendre le train de l'histoire en marche et d'œuvrer, avec son homologue allemand, à la signature du traité de Maastricht pour intégrer l'Allemagne réunifiée dans le nouvel ensemble formé par l'Union Européenne.

C'est donc une puissante dynamique qui s'enclenche pour la construction européenne, à la suite de la chute du mur de Berlin et de la réunification allemande – dynamique à la fois d'élargissement et d'intégration politique, comme en témoignent les élargissements successifs de 1995 ou 2004. L'ex-URSS, devenue la Communauté des États indépendants (CEI), entre en revanche dans une phase d'instabilité dont les difficultés rencontrées par la Russie de Boris Elstine, premier président de la nouvelle Fédération de Russie, deviennent le symbole. En décembre 1991, le dessin de Tom Toles laisse entrevoir la possibilité d'une fragmentation générale du vaste ensemble eurasiatique et russe. Si cette fragmentation n'est toutefois pas intervenue, les tensions politiques de nos jours provoquées par la politique de l'actuel président Vladimir Poutine représentent une conséquence géopolitique à long terme des bouleversements qui ont redessiné en quelques années, de 1989 à 1992, les frontières de l'Europe et de la Russie.

CONCOURS COMMUN, SUJET N° 4

Histoire, sujet 2023

Sujet

« À partir de vos connaissances et de l'analyse des deux documents ci-dessous, vous analyserez l'évolution des relations américano-soviétiques de 1945 à 1953. »

Documents

Document n°1 : La doctrine Truman, 12 mars 1947

« Les peuples d'un certain nombre de pays du monde se sont vu imposer, récemment, des régimes totalitaires contre leur propre volonté. [...] Au moment présent de l'histoire du monde, presque toutes les nations se trouvent placées devant le choix entre deux modes de vie. Et, trop souvent, ce choix n'a pas été un libre choix.

L'un de ces modes de vie est basé sur la volonté de la majorité. Ses principaux caractères sont les institutions libres, des gouvernements représentatifs, des élections libres, des garanties pour la liberté individuelle, la liberté d'expression et de religion, et pour être libre de toute oppression politique.

Le second mode de vie est basé sur la volonté d'une minorité imposée à la majorité. Il s'appuie sur la terreur et l'oppression, sur une radio et une presse contrôlées, sur des élections dirigées et sur la suppression de la liberté individuelle. Je crois que les États-Unis doivent pratiquer une politique d'aide aux peuples libres qui résistent actuellement aux manœuvres de certaines minorités armées, ou à la pression extérieure. »

Source : *Public Papers of the Presidents of the United States:* H. Truman, National Archives, Washington.

Document n°2 : « La colombe de Washington », dessin de propagande soviétique réalisé par Boris Efimov, 1953.

Traduction des textes du dessin :

La phrase en haut à droite en caractères blancs :

« la colombe de Washington »

La phrase en caractères noirs en haut à droite, en dessous de la précédente :

« Même s'ils les camouflent habilement, ils ne cacheront pas ses entrailles ignobles »

La phrase en dessous du cou de la colombe : « phrases pacifiques »

CORRIGÉ

NOTE

Dans un souci didactique, les mentions « Introduction » et « Conclusion », ainsi que les titres de parties sont indiqués ici mais l'on s'abstiendra bien sûr de les faire figurer dans un devoir. L'auteur du corrigé a par ailleurs souhaité détailler largement ce dernier, d'où sa longueur qui excède celle attendue en général pour un tel devoir.

INTRODUCTION

Remarques méthodologiques

On a le souci de proposer une accroche originale et pertinente par rapport au sujet (l'affaire « Gouzenko »), afin de situer au mieux le contexte (mise en place des blocs et premières années de la guerre froide). La problématique doit être formulée. Sans reprendre mot pour mot le sujet, elle permet d'en exposer les différents aspects. Les documents sont succinctement présentés.

Le 5 septembre 1945, Igor Sergueïevitch Gouzenko, fonctionnaire de l'ambassade soviétique à Ottawa, au Canada, passe à l'ouest en emportant avec lui 109 documents prouvant l'existence de réseaux d'espionnage soviétiques au Canada. L'affaire Gouzenko est aujourd'hui considérée comme l'un des événements annonciateurs, voire déclencheurs, de la guerre froide. Six mois plus tard, le 5 mars 1946, Winston Churchill évoque, dans son discours prononcé à Fulton dans le Missouri, le « rideau de fer » qui sépare l'Europe en deux. Un an plus tard, presque jour pour jour, Harry S. Truman, 33**e** président des États-Unis, affirme devant le Congrès des États-Unis d'Amérique que « presque toutes les nations se trouvent placées devant le choix entre deux modes de vie ». La guerre froide a officiellement débuté et, dans sa phase la plus aiguë jusqu'à la mort de Joseph Staline, le 5 mars 1953, elle oppose frontalement deux blocs stratégiquement constitués autour des États-Unis et de l'URSS et ralliés à deux idéologies fondamentalement antagonistes. Les deux documents proposés, l'extrait le plus commenté de la doctrine Truman, exposée face au Congrès en 1947, et une caricature soviétique dénonçant la politique étatsunienne en 1953, jalonnent une période courte mais cruciale durant laquelle la politique étrangère des États-Unis connaît au moins deux évolutions majeures, initiées par les administrations Truman et Eisenhower. De la fin de la Seconde Guerre mondiale et du *containment* au *roll-back*, comment les relations américano-soviétiques évoluent-elles, de 1945 à 1953 ?

I. L'OPPOSITION IDÉOLOGIQUE

Remarques méthodologiques

On aura soin ici de s'appuyer sur le document n°1 pour exposer l'antagonisme idéologique entre les deux blocs, antagonisme exposé dans la doctrine Truman et à laquelle répondra la doctrine Jdanov. On peut s'appuyer ici sur une ou deux citations importantes du texte tout en prenant soin de le replacer dans son contexte, soit celui de la disparition de la Grande Alliance et de la fin des illusions américaines concernant la puissance et l'expansionnisme soviétique.

« Les peuples d'un certain nombre de pays du monde se sont vu imposer, récemment, des régimes totalitaires contre leur propre volonté », proclame Harry S. Truman, dans sa fameuse adresse au Congrès – ou « doctrine Truman » – du 12 mars 1947. Avant même la fin de la Seconde Guerre mondiale, des tensions sont apparues entre les anciens Alliés. L'Armée rouge a non seulement réussi à vaincre les armées nazies mais elle est parvenue à encercler Berlin et, au soir de la victoire du 8 mai, les Soviétiques ont, de fait, étendu leur sphère d'influence sur toute l'Europe de l'Est. Dans un télégramme du 12 mai 1945, Winston Churchill faisait déjà part à Truman de sa vive inquiétude face à l'avancée soviétique. Roosevelt espérait encore pouvoir s'entendre avec Staline au moment de la conférence de Téhéran en 1944 mais en dépit des promesses faites à Yalta en février 1945 et du fait que les partis communistes soient pourtant minoritaires, hormis en Yougoslavie et en Albanie, dans la majorité des pays d'Europe centrale et de l'Est, ceux-ci tombent les uns après les autres dans l'escarcelle communiste. Des élections étroitement contrôlées par Moscou offrent le pouvoir aux communistes en Bulgarie en novembre 1945. La Roumanie suit un an plus tard, puis la Pologne en janvier 1947 et enfin la Hongrie et la Tchécoslovaquie avec le « coup de Prague » de février 1948. La « Grande Alliance » a bel et bien vécu. Par la voix de Harry Truman, les États-Unis prennent conscience qu'une partie du monde est désormais sous la coupe de régimes fondés « sur la terreur et l'oppression, sur une radio et une presse contrôlées, sur des élections dirigées et sur la suppression de la liberté individuelle [...] ». Bien plus tôt et bien plus près des États-Unis, l'affaire Gouzenko, survenue au Canada trois jours seulement après la reddition du Japon, le 2 septembre 1945, avait déjà alerté Washington sur la réalité de l'existence de réseaux d'espionnage soviétique sur le continent américain. Cette prise de conscience et la dégradation très rapide du climat international, de 1945 à 1947, allait provoquer une prise de conscience et un réalignement radical de la politique étrangère étatsunienne. En formulant sa doctrine face au Congrès, Truman définit clairement les bases de l'opposition idéologique qui définit la bipolarisation des relations internationales, opposant le camp libéral au camp totalitaire. Bien qu'il ne nomme jamais l'URSS dans son discours, la réalisation et la formulation de cet antagonisme entraîne, dès le 22 septembre 1947, la réplique de l'URSS avec la « doctrine Jdanov », qui dénonce la présence d'un bloc « fasciste et impérialiste » groupé autour des États-Unis.

II. L'ENDIGUEMENT

Remarques méthodologiques

L'exposition de la doctrine Truman donne lieu à une évolution de la politique américaine vers un interventionnisme plus marqué et des initiatives stratégiques, auxquelles répondent les initiatives et coups de force soviétiques. On peut continuer à s'appuyer sur le texte pour montrer la réalité de plus en plus évidente de l'autoritarisme soviétique. On aura également soin d'évoquer la figure de George Kennan, à laquelle on opposera en miroir celle de John Foster Dulles dans la partie III.

La dénonciation mutuelle et l'opposition idéologique entrainent, de chaque côté du rideau de fer, un durcissement des politiques étrangères et une dégradation des relations, d'autant plus que le monopole atomique des États-Unis inquiète les dirigeants de l'URSS. L'interventionnisme américain est bien plus marqué à partir de 1947 et c'est Georges F. Kennan (1904-2005), diplomate américain, ancien ambassadeur à Berlin de 1939 à 1942, puis à Moscou de 1944 à 1946, parlant couramment l'allemand et le russe, qui va poser les bases de la politique défendue par Harry Truman face au Congrès en mars 1947. Dans un long télégramme adressé à Truman en février 1946, Kennan pointe du doigt la paranoïa et la dangerosité du Kremlin et appelle l'administration américaine à se montrer moins indécise pour faire pièce à la politique expansionniste de Moscou. La politique proposée par Kennan prend le nom d'« endiguement » (*containment*). Elle inspire directement les mesures proposées par Truman au Congrès en 1947. La première d'entre elles est bien sûr le plan Marshall, un ambitieux plan d'aide à la reconstruction de l'Europe qui doit permettre de porter un coup d'arrêt à la tentative de mainmise de

Staline sur le continent. Votée par le Congrès, l'aide Marshall est dénoncée par Staline qui, en réponse, opte pour le coup de force avec le « coup de Prague » de février 1948, afin d'inclure la Tchécoslovaquie dans son glacis protecteur ainsi que la partie de l'Allemagne occupée par l'URSS et la ville de Berlin encerclée en juin 1948. En réponse, les Alliés, menés par les États-Unis, mettent en place un pont aérien pour ravitailler la ville assiégée, dont Staline doit cesser le blocus en mai 1949. Face à ces coups de force, c'est donc à raison que Truman peut dénoncer le ralliement forcé des États-satellites au « mode de vie » totalitaire et à la sphère d'influence de l'URSS : « [...] deux modes de vie. Et, trop souvent, ce choix n'a pas été un libre choix [...] ». La manifestation et la dénonciation de l'expansionnisme soviétique peuvent dès lors justifier la création d'une alliance défensive face à l'URSS : ce sera l'OTAN, créée le 4 avril 1949. La constitution de cette alliance défensive apparaît d'autant plus nécessaire après le premier essai atomique soviétique, le 29 août 1949. Mais pour l'administration Truman, la véritable épreuve du feu intervient quand la Corée du Nord envahit son voisin du sud le 25 juin 1950. En 1950, l'Union soviétique boycotte le Conseil de sécurité des Nations unies et les États-Unis et leurs alliés peuvent obtenir le vote aux Nations-Unies d'une résolution autorisant une intervention militaire en Corée. Les forces de l'ONU, formées des contingents de quinze nations, dirigées par le général MacArthur, débarquent le 15 septembre à Incheon, non loin de Séoul, et repoussent en octobre 1950 les Nord-Coréens. Repoussées à leur tour par les Nord-Coréens, soutenus par un contingent chinois de deux millions de soldats, les troupes de l'ONU regagnent à nouveau du terrain et le front se stabilise autour du 38**e** parallèle au début de l'année 1951. Deux années de guerre de tranchées sont encore nécessaires avant que soit mis un terme à ce conflit qui a tué deux millions de soldats, auxquels s'ajoutent deux millions de victimes civiles. La guerre de Corée représente un paroxysme des tensions entre États-Unis et URSS, en même temps qu'elle établit un *statu quo* entre les deux superpuissances.

III. REFOULEMENT

Remarques méthodologiques

De même que la Guerre de Corée forme un repère essentiel avec le plan Marshall pour évoquer les différents aspects de l'endiguement, la mort de Staline permet de montrer le paradoxe d'une administration Eisenhower qui développe, grâce à John Foster Dulles, une nouvelle doctrine stratégique, celle du « refoulement », alors même que le changement de leadership au Kremlin va ouvrir de nouvelles perspectives. On s'appuiera ici davantage sur la caricature dont la date de publication et l'analyse, avec les personnalités représentées, permet d'illustrer un nouveau tournant des relations américano-soviétiques.

La mort de Staline le 5 mars 1953 inaugure un nouveau chapitre de la guerre froide et des relations américano-soviétiques. Aux États-Unis, Truman achève son deuxième mandat en faisant face à une impopularité croissante, en raison des accusations de corruption qui visent son administration. La chasse aux sorcières, menée par Joseph McCarthy depuis 1950, fait encore rage mais le tout-puissant sénateur ne va pas tarder à tomber en disgrâce l'année suivante. En 1952, le candidat républicain Dwight D. Eisenhower remporte les élections présidentielles face au démocrate Adlai Stevenson. L'accession au pouvoir d'Eisenhower le 20 janvier 1953 marque l'entrée dans une nouvelle ère pour la politique étrangère américaine. La caricature, réalisée par Boris Efimov en 1953, montre (de gauche à droite) le président Eisenhower, son vice-président Richard Nixon et le Secrétaire d'État Foster Dulles maquiller une bombe, sans doute atomique, en colombe de la paix, d'où le titre de la caricature « La colombe de Washington ». Efimov est sans doute l'un des caricaturistes soviétiques les plus influents de la guerre froide. Ancien directeur de la revue *Krokodil*, il a d'ailleurs bénéficié d'une surprenante longévité, échappant à toutes les purges du régime pour s'éteindre en 2008, à 108 ans. Sa caricature rassemble les éléments les plus courants de la critique anti-américaine en URSS. Eisenhower est représenté en gangster, Nixon et Dulles en militaires. Efimov entend ici dénoncer un régime militariste et corrompu qui dissimule ses intentions belliqueuses derrière des slogans pacifistes de façade : « Même s'ils les camouflent habilement, ils ne cacheront pas ses entrailles ignobles », assène le caricaturiste dans la légende. À son arrivée au pouvoir, même si l'administration Eisenhower lance le programme "Atoms for peace", qui donne naissance à l'Agence Internationale pour l'Énergie Atomique, le programme *New Look* du nouveau président engendre une légère baisse du budget militaire en même temps qu'une modernisation des armements et une accélération de la course aux armements nucléaires. Surtout, la nomination de Foster Dulles au poste de Secrétaire d'État marque une inflexion essentielle dans la politique étrangère. John Foster Dulles, diplomate et fervent républicain, consacre en effet l'avènement de la politique du *roll-back* (« refoulement »), qui succède à l'« endiguement » de Georges Kennan et à la doctrine Truman. Le « refoulement » s'appuie à la fois sur une dissuasion nucléaire, fondée sur des instruments de destruction toujours plus efficaces (la première bombe thermonucléaire américaine explose en 1952) et sur l'activisme beaucoup plus marqué des services de renseignement. La célèbre Central Intelligence Agency (CIA), créée par le *National Security Act* de 1947, prend directement part au renversement du premier ministre iranien Mossadegh et à son remplacement par le Shah Reza Pahlavi en août 1953, ainsi qu'au renversement du président Guzman au Guatemala en 1954. Il s'agit désormais d'user de tous les moyens d'influence pour faire reculer l'URSS sur tous les fronts même si les élites dirigeantes de chacune des deux superpuissances prennent conscience que tout affrontement direct doit être exclu, après qu'un cessez-le-feu, obtenu le 27 juillet 1953, a mis fin aux affrontements en Corée.

CONCLUSION

Remarques méthodologiques

La conclusion reprendra de manière synthétique l'opposition et la complémentarité des politiques d'endiguement et de refoulement, en même temps que l'évolution du contexte international de 1945 à 1953, avec, bien sûr, le changement de visage à Washington et au Kremlin. On pourra évoquer en ouverture le tournant futur de la « coexistence pacifique », en montrant que cette politique est déjà en germe dès 1952.

La séquence 1947-1953 représente la plus forte période de tensions entre les États-Unis et l'URSS au cours de la guerre froide. La doctrine Truman, énoncée par le 33**e** président des États-Unis face au Congrès le 12 mars 1947 pour débloquer l'aide du plan Marshall, initie la politique du *containment*, théorisée par Georges Kennan. Après les dangereuses crises du début des années 1950, qui culminent avec la guerre de Corée, l'accession au pouvoir de Dwight Eisenhower le 20 janvier 1953 et la mort de Staline le 5 mars 1953 marquent l'entrée dans une nouvelle ère, celle du « refoulement », politique porté par le Secrétaire d'État John Foster Dulles aux Etats-Unis mais aussi celle de la « coexistence pacifique » que défendra, à partir de 1956, le nouveau Secrétaire Général du PCUS Nikita Khrouchtchev mais qui avait déjà été évoquée dès 1952 par Staline, puis par Malenkov en 1953. Cette nouvelle ère limite pour un temps le risque d'affrontement militaire direct entre les deux superpuissances mais étend la guerre froide à de multiples domaines d'affrontement diplomatique, technologique, économique ou culturel.

POUR ALLER PLUS LOIN

Le podcast « La fabrique de la Guerre froide » sur *France Culture* :

https://www.radiofrance.fr/franceculture/podcasts/la-fabrique-de-la-guerre-froide

CONCOURS COMMUN, SUJET N° 5

Histoire, sujet 2022

Sujet

« À partir de vos connaissances et de l'analyse des deux documents suivants, vous présenterez la politique de l'État français durant la Seconde Guerre mondiale. »

Documents

Document 1 : « Laissez-nous tranquilles », affiche de Vichy, 1941, Musée de l'Armée, Paris.

■■■

Document 2 : Philippe Pétain devant la Haute Cour de Justice, 23 juillet 1945 (extraits).

« J'ai passé ma vie au service de la France. Aujourd'hui, âgé de près 90 ans, jeté en prison, je veux continuer à la servir, en m'adressant à elle une fois encore. Qu'elle se souvienne ! J'ai mené ses armées à la victoire en 1918. Puis, alors que j'avais mérité le repos, je n'ai cessé de me consacrer à elle. J'ai répondu à tous ses appels, quels que fussent mon âge et ma fatigue. Le jour le plus tragique de son Histoire, c'est encore vers moi qu'elle s'est tournée. [...]

Lorsque j'ai demandé l'armistice, d'accord avec nos chefs militaires, j'ai rempli un acte nécessaire et sauveur. [...]

De ce pouvoir, j'ai usé comme d'un bouclier pour protéger le peuple français. Pour lui, je suis allé jusqu'à sacrifier à mon prestige. Je suis demeuré à la tête d'un pays sous l'occupation.

Voudra-t-on comprendre la difficulté de gouverner dans de telles conditions ? Chaque jour, un poignard sur la gorge, j'ai lutté contre les exigences de l'ennemi. L'Histoire dira tout ce que je vous ai évité, quand mes adversaires ne pensent qu'à me reprocher l'inévitable.

L'occupation m'obligeait à ménager l'ennemi, mais je ne le ménageais que pour vous ménager vous-mêmes, en attendant que le territoire soit libéré. [...]

Au contraire, pendant quatre années, par mon action, j'ai maintenu la France, j'ai assuré aux Français la vie et le pain, j'ai assuré à nos prisonniers le soutien de la Nation. [...]

Pendant que le Général De Gaulle, hors de nos frontières, poursuivait la lutte, j'ai préparé les voies de la libération, en conservant une France douloureuse mais vivante. [...]

C'est l'ennemi seul qui, par sa présence sur notre sol envahi, a porté atteinte à nos libertés et s'opposait à notre volonté de relèvement.

J'ai réalisé, pourtant, des institutions nouvelles ; la Constitution que j'avais reçu mandat de présenter était prête, mais je ne pouvais la promulguer.

Malgré d'immenses difficultés, aucun pouvoir n'a, plus que le mien, honoré la famille et, pour empêcher la lutte des classes, cherché à garantir les conditions du travail à l'usine et à la terre. [...]

À votre jugement répondront celui de Dieu et celui de la postérité. Ils suffiront à ma conscience et à ma mémoire.

Je m'en remets à la France ! »

CORRIGÉ

L'« État français » est la dénomination officielle du régime de Vichy, installé en France après l'armistice du 22 juin 1940, avec à sa tête Philippe Pétain, auquel furent attribués les pleins pouvoirs le 10 juillet 1940 par l'Assemblée nationale. Du 10 juillet 1940 au 20 août 1944, l'État français, dont la capitale est relocalisée à Vichy, assure de fait le gouvernement de la France, y compris après l'occupation de la « zone libre » par les forces allemandes à partir du 11 novembre 1942. Gouvernement autoritaire, ultraconservateur et antiparlementaire, le gouvernement de Vichy se caractérise également par une politique de collaboration active avec l'occupant et des mesures antijuives prises à l'imitation, et non à la demande, du IIIe Reich. En 1945, lors du procès qui lui est intenté à la Libération, Philippe Pétain justifia sa politique à la tête de l'État français par la fameuse thèse du glaive et du bouclier mais en dépit de cette tentative de minorer sa responsabilité dans la politique menée par l'État français de 1940 à 1944, Philippe Pétain se vit condamné à mort, peine commuée par le général De Gaulle en réclusion à perpétuité. On peut dès lors se demander quels fondements idéologiques et quelles actions concrètes ont caractérisé la politique de l'État français durant la Seconde Guerre mondiale. Pour répondre à cette question, nous nous appuierons sur une affiche de propagande publiée par Vichy en 1941 et sur un extrait de la déclaration de Philippe Pétain devant la Haute Cour de Justice à l'ouverture de son procès, le 23 juillet 1945. Ces documents permettent de comprendre comment les personnalités mises en cause lors des procès de la Libération, et au premier chef Philippe Pétain, tentèrent de justifier leur action et la politique mise en place par l'État français, mais ils éclairent aussi les soubassements idéologiques de cette politique pour montrer la réalité de la politique de collaboration active avec l'occupant développée par le régime de Vichy.

« Lorsque j'ai demandé l'armistice, j'ai accompli un acte nécessaire et sauveur (…) De ce pouvoir, j'ai usé comme d'un bouclier pour sauver le peuple français. » Le procès de Philippe Pétain s'est ouvert le 23 juillet 1945 devant la Haute Cour de Justice, presque cinq ans, jour pour jour, après que l'Assemblée nationale lui ait attribué les pleins pouvoirs le 10 juillet 1940. Durant les trois semaines que dure le procès, témoins, accusés, résistants ou collaborateurs défilent à la barre pour livrer leur version des faits et accuser à leur tour, ou défendre, le régime de Vichy. Le procès de Philippe Pétain a une importance politique et symbolique. Même si Charles De Gaulle, chef de la France Libre, a pu déclarer après la libération de Paris, le 26 août 1944, qu'il convenait de « refermer la parenthèse de Vichy », il n'apparaît pas si aisé de considérer le régime de Vichy et l'État français comme une simple parenthèse nulle et non avenue. Le procès du 23 juillet 1945 est resté toutefois centré sur la personne de celui qui se présente comme « Philippe Pétain, maréchal de France », au début de l'audience. Accusé d'intelligence avec l'ennemi, Pétain proclame avoir « lutté contre les exigences de l'adversaire », à la tête du régime de Vichy, « avec un poignard sur la gorge ». C'est en effet à l'occasion du procès Pétain que son avocat, Jacques Isorni, élabore la thèse du « glaive et du bouclier », résumée en ces termes par l'ancien chef de l'État français : « Pendant que le général De Gaulle, hors de nos frontières, poursuivait la lutte, j'ai préparé les voies de la libération en conservant une France douloureuse mais vivante. » Dans la défense qu'il a élaboré pour Philippe Pétain, Jacques Isorni a pris soin de mettre en avant la carrière militaire de celui qui fut considéré comme l'un des généraux vainqueurs de 1914-1918, tout en minimisant soigneusement la politique de collaboration entamée par l'État français qu'il dirige de 1940 à 1944. Il s'agit de présenter Philippe Pétain comme une figure providentielle qui serait le pendant de celle de De Gaulle pour la France libre : le « bouclier », ayant protégé la France pendant que le « glaive » combattait l'ennemi hors des frontières. La thèse fut reprise et consolidée par l'historien Robert Aron dans son ouvrage Histoire de Vichy, publié en 1954. Il faut attendre les années 1970, et la publication de l'ouvrage de l'historien Robert Paxton, La France de Vichy, publié en 1973, pour que la thèse du « glaive et du bouclier » soit remise en question et que la réalité de la politique poursuivie par l'État français soit établie.

En effet, et contrairement aux affirmations de Philippe Pétain et de ses avocats, le régime de Vichy et l'État français qu'il représentait, loin de se contenter de faire écran entre l'occupant et la population, furent porteurs d'un projet politique aux soubassements idéologiques précisément et clairement formulés. Ce projet a d'autant plus d'ampleur que le régime de Vichy et l'État français ont acquis une réalité constitutionnelle dès l'attribution des pleins pouvoirs à Pétain par l'Assemblée nationale le 10 juillet 1940. Dès le lendemain, le 11 juillet, Philippe Pétain promulgue une série de lois constitutionnelles qui donnent toute sa réalité juridique à la politique mise en place par l'État français. C'est la « Divine surprise » célébrée par le chef du groupe nationaliste l'Action française, Charles Maurras. Celui-ci n'évoquait pas dans ces termes la défaite de la France mais l'accession au pouvoir de Philippe Pétain qui devait permettre de réaliser le programme de « relèvement national » promu depuis des décennies par les mouvements ultranationalistes, antiparlementaires et antisémites qui proclamaient, depuis l'affaire Dreyfus en 1898, vouloir abattre les « ennemis de la France ». Et ces ennemis sont clairement identifiés sur l'affiche publiée en 1941 par les autorités vichystes. On voit sur l'affiche une France coupée en deux, ce qui correspond à la zone occupée par les forces allemandes depuis juin 1940 et à la zone dite « libre », administrée directement par l'État français depuis sa capitale, Vichy. Cette ligne de démarcation disparaît le 11 novembre 1942, quand Adolf Hitler prend la décision d'occuper le reste de la France, mais en 1941, elle sépare encore le territoire. Le couple de paysans représentés au premier plan de l'affiche symbolise les valeurs rurales et traditionnelles défendues par l'État français. La femme plante dans le sol un arbuste arborant la fleur de Lys, symbole monarchiste, tandis que l'homme tient en respect une meute de chiens menaçants, dont les flancs portent les mentions suivantes : « franc-maçonnerie », « le Juif », « De Gaulle », « le mensonge ». Ces inscriptions rappellent les « quatre États confédérés », ennemis de la France dénoncés dès l'affaire Dreyfus par Charles Maurras, leader de l'Action française, à savoir les francs-maçons, les juifs, les socialistes et les protestants. On retrouve ici les deux premiers, les socialistes et les protestants ayant été remplacés sur l'affiche par De Gaulle, chef de la résistance, et par « le mensonge », qui permet de relever l'importance accordée par le régime à la propagande idéologique. L'importance de cette propagande et la mise en place d'un véritable culte de la personnalité autour de Pétain pousse même certains historiens à considérer Vichy non pas comme une dictature classique mais comme un véritable État proto-fasciste et proto-totalitaire. L'État français, sous la conduite de Pétain, entend initier une « révolution nationale » qui s'apparente à une forme de révolution conservatrice à la française et qui a pour but de réenraciner la France dans une tradition agricole et rurale, tout en expurgeant de la société française les éléments identifiés comme étant les causes et responsables de la défaite et du « déclin » français : les francs-maçons, identifiés à la IIIe République honnie, les juifs et la résistance, associée à un complot ourdi à la fois par De Gaulle et les communistes.

En 1941, quand cette affiche est publiée, Pierre Laval a été écarté du pouvoir par Pétain en raison de sa trop grande proximité avec le IIIe Reich, il reviendra à la présidence du Conseil en avril 1942. De décembre 1940 à avril 1942, c'est Pierre-Étienne Flandin, ancienne figure politique de la IIIe République et chef de file de la droite libérale, qui est chef du gouvernement, sous l'autorité de Philippe Pétain, à la tête de l'État français. Ceci montre à quel point une partie de l'élite politique de la IIIe République se trouve impliquée dans les rouages de la nouvelle administration de l'État français mais l'on constate aussi que, contrairement à ce que laisse entendre la défense de Pétain, Vichy met en place très tôt, et sans incitation des forces d'occupation, une politique très répressive vis-à-vis de la résistance et des mesures antijuives prises à la seule initiative de l'État français. La propagande vichyste martèle sans relâche que la défaite a été l'œuvre des « quatre États confédérés ». C'est un axe central du discours vichyste. Il apparaît très clairement dans le discours du 30 octobre 1940, qui suit la fameuse poignée de main à Adolf Hitler lors de l'entrevue de Montoire, le 10 octobre 1940. Cette thématique du déclin et de la défaite provoquée – et toujours recherchée – par les ennemis de la France est aussi présente dans le discours prononcé par Philippe Pétain le 12 août 1941, dit « discours du vent mauvais », dans lequel Philippe Pétain justifie les actions entreprises contre la résistance et légitime le pouvoir suprême qui lui a été conféré au nom de la lutte contre ces mêmes ennemis de la France. On trouve réitérés les mêmes arguments dans la défense présentée par Pétain à la Haute Cour, deux ans plus tard, en juillet 1945, pour insister sur sa qualité de patriote sauveur du pays : « J'ai mené ses armées à la victoire en 1918. (…) Le jour le plus tragique de son Histoire, c'est encore vers moi qu'elle s'est tournée. » L'État français tentera d'ailleurs, avec le procès de Riom, ouvert le 19 février 1942, d'attribuer la seule responsabilité de la défaite aux anciens dirigeants de la IIIe République, comme Léon Blum ou Édouard Daladier. Mais face à l'efficace défense de ces accusés, Philippe Pétain sera contraint de faire usage des pleins pouvoirs qui lui ont été conférés pour forcer arbitrairement la décision de justice et la condamnation de ses ennemis politiques. Enfin, cette obsession des « ennemis de la France » et du relèvement national va justifier une politique ouvertement antisémite prise à l'initiative du régime de Vichy, à travers, par exemple, le statut des juifs en zone libre, promulgué le 3 août 1940 et suivis par une série de lois antijuives qui ne doivent rien aux exigences de l'occupant. Cette politique antisémite poursuivie par l'État français culmine bien évidemment avec la rafle du Vel d'Hiv' du 17 juillet 1942 et celle du 26 août 1942, organisée en « zone libre ». En tout, 75 721 juifs ont été déportés en France selon les chiffres donnés par le Mémorial de la Shoah, avec le concours des autorités de l'État français, la très grande majorité ne reviendra pas des camps. C'est la conséquence tragique d'une politique de collaboration active mise en place par l'État français durant l'occupation, de 1940 à 1944.

« Je suis demeuré à la tête d'un pays sous occupation », proclame Philippe Pétain lors de son procès pour justifier – et minimiser – son action à la tête de l'État français. Pour autant, la propagande vichyste et l'examen attentif des initiatives prises par l'État français montrent que cette politique n'a pas consisté simplement à obéir à la contrainte exercée par l'occupant. Elle a reflété au contraire une idéologie propre au régime de Vichy menant à une série d'initiative, dont les dirigeants comme Philippe Pétain ont porté la responsabilité. La loi du 4 octobre 1940 prévoyait sans demande allemande d'enfermer les étrangers juifs dans des camps d'internement. Le Commissariat général aux questions juives créé par l'administration de l'État français en mars 1941 organisa la spoliation des biens juifs et le second statut des Juifs du 2 juin 1941 acheva de systématiser sur l'ensemble du territoire. La création du Service d'Ordre Légionnaire, fondée et dirigée par l'Amiral Darnand le 22 février 1942, confère à l'État français une véritable police politique chargée de la répression et la rafle en zone libre du 26 août 1942 montre à l'évidence la seule responsabilité de l'État français dans la politique mise en place. Contrairement aux récentes affirmations de certains polémistes voulant démontrer que le régime de Vichy aurait « protégé » les juifs de France, l'ouvrage récemment publié par l'historien Jacques Semelin avec Laurent Larcher, Une énigme française. Pourquoi les trois quarts des Juifs en France n'ont pas été déportés, montre, archives à l'appui, que ce sont les décisions individuelles ou les réseaux de solidarité au sein de la population, de la police, de la gendarmerie, de la magistrature, de l'Église qui ont permis de protéger une bonne partie des 300 000 juifs de France contre une politique de déportation sciemment mise en œuvre et constituant l'axe central de la politique mise en œuvre par l'État français durant la Seconde Guerre mondiale.

CONCOURS COMMUN, SUJET N° 6

Anglais, sujet 2024

SUJET

ARTICLE

Yes, Roald Dahl was a bigot. But that's no excuse to rewrite his books, by Francine Prose, *The Guardian*, March 6th 2023.

Recently it was announced that the novels of Roald Dahl, the notoriously bigoted but gifted and enduringly popular children's author, had been edited to eliminate words, phrases and sentiments that readers might find upsetting. Novels have been cleansed of negative references to a character's appearance, race or gender. "Enormously fat" had been changed to "enormous", "mothers" and "fathers" to the more gender-neutral "parents". The adjective "black" was eliminated, even in reference to objects. (...) Dahl died in 1990. The changes were made by his estate in partnership with Inclusive Minds, an organization that promotes diversity in books for children. Plans were made to market the doctored books as providing a more readerfriendly experience. (...) Just to be clear: I think it's wrong to rewrite the words of an author, living or dead, without the author's permission. Writers work hard to get their sentences right. Maybe Dahl preferred the sound of "enormously fat" to the sound of "enormous". (...) If the writer has used language that has, for all the right reasons, gone out of use, it's important to tell young readers that people used to say things and think about other people in ways that were wrong. We no longer use those words, we no longer subscribe to those stereotypes. If Dahl says a character is ugly, it's a teachable moment. (...) Let's not ask if "enormous" is really less hurtful than "fat». Let's ignore the question of whether a child will become a bully, a misogynist, a racist or a serial killer after reading a Roald Dahl novel. If I were looking for where trouble starts, I'd check the families before the bookshelves. (...) What was behind it, anyway? Several writers (...) have pointed to that rarest of motives: money. The tidying up of Dahl's work was a kind of rebranding, a marketing ploy designed to protect valuable intellectual property, and a wise move for Netflix, which has acquired the rights to Dahl's work. (...) We don't want our children and grandchildren exposed, before they need to be, to the horrors of the not-nice world. But we also don't want them to get accustomed to being lied to. Why not trust our kids with the truth?

QUESTIONS

A. READING COMPREHENSION (6 POINTS)

Instructions: In your own words, answer the following questions about the text using complete sentences. Concise answers are expected.

1. What has recently happened to Roald Dahl's books? (1 pt)
2. What does "Inclusive Minds" (paragraph 2) try to achieve? (1 pt)
3. According to the author, what attitude should be adopted when it comes to children and reading? (2 pts)
4. What does the author mean when she writes: "If Dahl says a character is ugly, it's a teachable moment" (paragraph 3)? (1 pt)
5. What does the author imply when she writes: "If I were looking for where trouble starts, I'd check the families before the bookshelves"(paragraph 4)? (1 pt)

B. WRITING (14 POINTS)

Instructions: Write an essay on the topic below (300 words, +/–10 %).

Should children be protected from the horrors of the world?

Feel free to provide examples from other countries or other historical periods.

MODEL ANSWERS

THE WORDS YOU NEED

VOCABULARY

Bigoted: fanatique

Estate: entreprise responsible de la propriété intellectuelle

Doctored : modifié

Marketing ploy : coup marketing

A. READING COMPREHENSION

1. Roald Dahl's books have been reworded to be politically correct in order to make sure any discrimination wouldn't appear anymore.
2. This company attempted to protect all body shapes, sexual orientations, ethnicities and genders.
3. Children need to know about past prejudices and how society has evolved since. It is capital that their family makes them aware of what can't be said and done in today's society.

4. Beauty corresponds to standards that have changed through time. The way the writer depicted the character to finally qualify them as ugly reveals what these norms were at the time and this is something you can learn.

5. Children do not turn into bullies, mysogynistic racist youngsters only by being exposed to content proning these values. Their immediate environment, that is to say their family is key in their choice of values.

B. WRITING

To begin let's define children as human beings between 4 and 12 years old and horrors of the world as events that can be shocking. We will first clarify what not protecting children would mean, then we will study overprotection and to finish we will specify how children should be secured and by whom.

The 1949 Geneva Convention and their 1977 Additional Protocols state that "children shall be protected against any form of indecent assault". To be law-abiding citizens, we must then save children from violent incidents.

Additionally, if young people are not preserved from abominations then the attachment theory developed by John Bowlby is not considered. Indeed, in his report for the World Health Organization he stated that breaches to the secure attachment to the mother can affect mental health.

However, the idea is not to overprotect infants as when parents overly control their child's lives, they make their child become dependent on them emotionally and thus impede the child's autonomy as Parker defined in 1981. Children who have helicopter parents believe others will solve their problems hence a real difficulty in dealing with situations on their own.

Yet in our hyperconnected society where misinformation and terrifying situations can be seen on screens in a second, it would be irresponsible not to give clear explanations to children about tricky subjects. 8,521 child soldiers used as fighters, spies or for sexual purposes (Paris Principles) were reported in 2019. It is clear that children need to understand this reality is not normal and should not exist so that they can understand what is acceptable and what is not.

International organizations such as UNICEF need to carry on setting boundaries to give a clear definition of children's rights. The African proverb "it takes a village to raise a child" suggests that schools, families and parents need to participate in enlightening children to enable them to develop critical thinking so that the dark side of human beings doesn't destroy mankind.

CONCOURS COMMUN, SUJET N° 7

Anglais, sujet 2023

SUJET

ARTICLE

If we don't defend free speech, we live in tyranny: Salman Rushdie shows us that

Margaret Atwood, *The Guardian*, August 19th 2022.

In any future monument to murdered, tortured, imprisoned and persecuted writers, Salman Rushdie will feature large. On 12 August, he was stabbed on stage by an assailant at a literary event [...]. Without doubt, this attack was directed at him because his fourth novel, *The Satanic Verses [...] got used as a tool in a political power struggle in a distant country.*

When your regime is under pressure, a little book-burning creates a popular distraction. Writers [...] make cheap scapegoats. They're so easy to blame: their medium is words, which are by nature ambiguous and subject to misinterpretation, and they themselves are often mouthy. Worse, they frequently speak truth to power. Even apart from that, their books will annoy some people. As writers themselves have frequently said, if what you've written is universally liked, you must be doing something wrong. But when you offend a ruler, things can get lethal, as many writers have discovered.

In Rushdie's case, the power that used him as a pawn was the Ayatollah Khomeini of Iran. In 1989, he issued a fatwa [against him] [...]. Khomeini also offered a large reward to anyone who would murder Rushdie. Rushdie spent many years in enforced hiding, but gradually he came out of his cocoon [...] He never missed an opportunity to speak out on behalf of the principles he'd been embodying all his writing life. Freedom of expression was foremost among these. Once a yawn-making liberal platitude, this concept has now become a hot-button issue, since the extreme right has attempted to kidnap it in the service of libel, lies and hatred, and the extreme left has tried to toss it out the window in the service of its version of earthly perfection. [...] But whatever it is, the right to freedom of expression does not include the right to defame, to lie maliciously and damagingly about provable facts, to issue death threats, or to advocate murder. These should be punished by law.

[...] Living in a pluralistic democracy means being surrounded by a multiplicity of voices, some of which will be saying things you don't like. Unless you're prepared to uphold their right to speak, as Salman Rushdie has done so often, you'll end up living in a tyranny.

QUESTIONS

A. READING COMPREHENSION (6 POINTS)

In your own words, answer the following questions about the text using complete sentences (concise answers are expected):

1. According to Margaret Atwood, why does artistic free speech matter in a democracy? (1 point)
2. Why are writers often targeted by authoritarian regimes? (1 point)
3. Does Margaret Atwood support unlimited artistic freedom of expression? Justify your answer. (2 points)
4. What does Atwood mean by "If what you've written is universally liked, you must be doing something wrong." (paragraph 2)? (1 point)
5. What is the meaning of the expression "used him as a pawn" (paragraph 3)? (1 point)

B. ESSAY (14 POINTS)

Write an essay on the following topic (300 words , +/- 10 %).

Does free speech include the right to offend other people?

Feel free to give examples from other countries or other historical periods.

MODEL ANSWERS

THE WORDS YOU NEED

VOCABULARY

Feature: présenter

Stabbed: poignardé

Power struggle: lutte de pouvoir

Scapegoat: bouc-émissaire

Medium: moyen, média

Mouthy: grande gueule

Lethal: mortel

Pawn: pion

Fatwa: recommandation juridique par une autorité religieuse

Enforced: contraint

On behalf of: au nom de

Embodying: représentant

Foremost: avant tout

Yawn-making: qui fait bâiller

Hot-button issue: sujet brûlant

Attempted: essayé

Libel: diffamation

To toss out of the window: jeter aux orties

To advocate: prôner

To uphold: défendre, soutenir

VOCABULARY

Targeted: ciblé

To offend: offenser

Prevent from: empêcher de

Raise awareness: sensibiliser

Boundaries: limites

Backlash: rejeter

Prey: proie

Shortcoming: insuffisance

Fiercely: ardemment

Excerpt: extrait

Slander: diffamation

Mischievous: malveillant

Deceit: tromperie

Summon: sommer

Get a message across: faire passer un message

EXPECTED ANSWER

A. READING COMPREHENSION

1. Artistic free speech prevents tyranny from surging. Inventors can question the existing authority. Consequently, their productions can raise awareness. Thus, the boundaries set by decision makers can be more easily seen, discussed and fought against.

2. The inherent nature of writing make it susceptible to backlash. Therefore, writers are easy preys to use to divert people's attention from seeing the shortcomings extremism creates.

3. Margaret Atwood advocates fiercely artistic freedom of speech as indicated in the last paragraph of the excerpt; to avoid living in a dictatorship. Though she specifies from line 23 that artistic freedom of speech should be limited. Law should play a role to sentence slander, mischievous deceit, life endangering statements and incitations.

4. One mission of authors is to challenge authority. If they put into question political decisions, their work cannot be appreciated by everyone. Therefore, if their production suits everyone, ruling bodies are then not questioned sufficiently.

5. It means exploited as a tool. Indeed, the fatwa was issued to assert authority and control in order to consolidate power.

B. ESSAY

The Human Rights Act, article 10 (October 2000) allows people to express their views aloud. Though, it reminds us our duty to behave responsibly and respect other people's rights thus limiting free speech in order to prevent crimes, protect public safety, rights and reputation. Despite this being a point of law (Human Rights Act and the 1st Amendment of the American Constitution), we may wonder whether free speech can go as far as offending people. We will consider an offense as a subjective reaction to an experience that can vary among persons.

When Galileo Galilei proved the sun could move and so could the earth, he was summoned and for 20 years to stop discussing these ideas as they contradicted what the Church had been teaching.

It then took 300 years for the Church to admit Galileo was right. At that time people felt offended by the scientist's discoveries though it is thanks to free speech and other scientists' questioning that the discovery could be made.

The Suffragettes used violence to get their message across. The 1913 famous "Why should a woman not make use of the same weapons as men. It is not only war we have declared. We are fighting for a revolution" by Christabel Pankhurst clearly indicated that. So was the attack of Winston Churchill, Prime Minister Asquith's car attack and the throwing of a liquid over the papers of a Member of Parliament causing physical harm to a member of the public. We can't say whether women would have got the right to vote without disrespecting the duty to respect other people's right.

However, we could finish with John Stuart Mill's vision in 1859 in *On Liberty* according to which the limitation on free expression is "one very simple principle" referred to as the harm principle, which states that "the only purpose for which power can be rightfully exercised over any member of a civilized community, against his will, is to prevent harm to others."

CONCOURS COMMUN, SUJET N° 8

Anglais, sujet 2022

SUJET

ARTICLE

Do Chicagoans want to "defund" the police? It's a tale of two cities.

Kristen Mack, John Palfrey and Will Johnson, *The Chicago Tribune* (adapted), June 15th 2021.

As the epicenter of America's gun violence epidemic, Chicago [...] has an opportunity to chart a path on police and policy reform that could serve as a model for the entire nation. To get there, it's important to understand the confluence of factors undergirding divergent beliefs about how to move forward, and to identify and leverage the aspects of reform upon which diverse constituencies agree. The Harris Poll and the MacArthur Foundation recently surveyed almost 1,000 Chicagoans to better understand our city's biggest challenges, particularly regarding public safety. The response from residents portrays a city with [...] contradictory feelings toward a police force that it at once supports and wants reformed. The survey reveals a tale of two cities, with respondents' experiences shaping their attitudes about solutions. [...]

Strong majorities oppose reducing neighborhood police presence. [...] However, People of color in Chicago — due to historical negative experiences with law enforcement — do not feel safe or comfortable having a police presence in their neighborhood. Black and Latino residents were twice as likely as white residents to report negative experiences with cops and to display greater anxiety about reporting police misconduct, for fear of retaliation.

Additionally, most Chicagoans understand the disparate impact of policing: 64% (including 66% of Latino residents and 91% of Black residents) believe there is 20 persistent racial bias in the city's policing practices [...].

These attitudes and experiences explain why Chicago residents approve of the police overall while also favoring reform [...]. They know the city needs a police force — most Chicago resi dents oppose the "defund the police" movement (58%) — but they believe cops can improve, especially vis-a-vis people of color, with better training and more available alternatives to police response, such as neighborhood patrols and dispatching social workers to handle certain situations. Majorities of Chicagoans believe that de-escalation training (53%) and racial equity training (51%) would be the best ways to start. A force that looks more like the city it serves could help alleviate the trust gap.

On the "defund" movement specifically — which refers to efforts to reduce police department budgets and redistribute those funds toward essential and underfunded social services, such as housing, education, employment, mental health care and youth services — most Chicagoans [...] feel it wouldn't help repair police-resident relations [...].

QUESTIONS

A. READING COMPREHENSION (6 points)

Answer the following questions about the text, using your own words (concise answers are expected):

1. Overall, what does the survey reveal about how the inhabitants of Chicago feel about their police? (1 pt)
2. Why don't people of color in Chicago feel good about a police presence in their neighborhood? (1 pt)
3. According to the authors, why is it useful to collect data on what Chicagoans think of their police? (2 pts)
4. Explain the following phrase: "the disparate impact of policing" (line 15). (1 pt)
5. Explain the following sentence: "A force that looks more like the city it serves could help alleviate the trust gap." (l. 24-25). (1 pt)

B. ESSAY (14 points)

Write an essay on the following topic (+/- 300 words)

Do you think that "defunding" the police is desirabe and/or realistic?

You do not need to focus solely on the US.

MODEL ANSWERS

THE WORDS YOU NEED

VOCABULARY

To chart a path: tracer la voie à suivre

To undergird: soutenir, reposer sur

To leverage: exploiter, mettre à profit

To survey: sonder, interroger

To be twice likely to report: avoir deux fois plus de chance de signaler

Cops: flics

Misconduct: faute professionnelle

Retaliation: représailles

A bias: un préjugé

To defund: supprimer les financements

To alleviate: alléger

EXPECTED ANSWER

A. READING COMPREHENSION

1. Polls reveal the general wish to maintain neighborhood police though colored people feel uncomfortable and unsafe with such people around them.

2. The fact that blacks and latinos would tend to fear the neighborhood police for misbehavior twice as much as Caucasians makes clear the reason why they would rather do without them.

3. According to the writers, data collection enables to better apprehend the difficulties the town is facing notably regarding the citizens' security, with the idea of proposing matching solutions.

4. The quotation refers to the unequal consequences of the use of the Police service. Indeed they can be extremely helpful and necessary but when they racially discriminate people, the population doesn't consider them with any respect.

5. The sentence means that if there were more members of mixed origin in the police in order to represent the population of Chicago and if the police officers understood better their city-dwellers then Chicagoans would more easily rely on them.

B. ESSAY

Let's first imagine a large city with residents who help each other out whatever their origin, with accessible services enabling residents to easily get help within legal institutions, thus decreasing tensions and illegal practices. Is this a mere fantasy? Defunding the police is defined in the article as lowering the budget allocated to the police and increasing the one benefiting social services. Is this movement arousing desire? Is lessening the funding to the department in charge of order really feasible in today's society? We will first address the appeal of such a concept and then its feasibility.

First it is important to consider that depending on your point of view, the desirability of this model could vary. Anyone anxious about seeing the police especially because of (racial) prejudices would certainly aspire to see defunding the police more easily than the ones who don't face similar issues.

Is law enforcement necessary mainly because of social issues? The current idea behind the unbundling of the police is to better subsidize mental health, domestic violence, homelessness as well as schools, hospitals, housing and food for a higher degree of safety ultimately. We could wonder whether crime rates would really come down thanks to these initiatives. Is the average inhabitant mature and responsible enough to identify they need help and really start looking for it? Are we considerate enough to naturally assist those in need? Wouldn't anyone close to a criminal want to protect them by not signaling them to the police?

To consider the feasibility of defunding the police, we could take the example of the violence reduction unit in Scotland which started in 2006 implemented after the United

Nations described it as the most violent country in the developed word. In 2021, crime nearly halved compared with 2011. Violence Reduction Units consider violence for a disease which requires treating childhood distress. Thus, all the actors that can impact people's behavior (parents, teachers, medical practitioners, prison wardens) attend trainings to change their point of view and respond appropriately to their environment to prevent violence from spreading and to lower its consequences in the case of traumas for example.

To conclude the answer as to whether defunding the police is realistic lies in the economic and time effort that the government is willing to make as changing the current model means significant financial stakes and power struggles that no one would want to face, should the present funding and existing of the police be good enough to protect the citizens.

CONCOURS COMMUN, SUJET N° 9

Anglais, sujet 2019

SUJET

ARTICLE

Oxbridge needs to guarantee places for the best state school pupils.

Owen Jones, *The Guardian*, December 7th 2018.

Oxbridge does not represent Britain's best or the brightest: let's just get that out of the way. Many of the country's most intelligent, thoughtful and perceptive people do not attend either Oxford or Cambridge. Both institutions are instead, disproportionately, attended by the best performing slice of the most economically privileged teenagers in the country. So the figures released today, which elicit a depressing sense of deja vu, that eight top schools send as many pupils to Oxbridge as three-quarters of all schools and colleges put together, might be shocking, but they are unsurprising. So are the findings that top performing state school students are much less likely to apply than their private school equivalents, or that private school pupils were seven times more likely to win a place than comprehensive students.

Undoubtedly, one of the key reasons for the disparity is the resources available to private schools to "polish" up their students for the application process. I attended what was then the biggest sixth-form in the country, Stockport's Ridge Danyers: the attitude among teachers towards applying to Oxbridge was very much: "Well, you might as well give it a go!" One did try to prepare me with a mock interview, which involved questions like "Why are you applying to Oxford? What are you extracurricular interests?" Bless them, but it was entirely counterproductive: imagine my shock when I sat down at my actual interview, in what seemed like a slightly sinister Harry Potter theme park, and an emeritus professor kicked off the proceedings with "Lenin was a German spy, wasn't he?" It was always instantly possible to tell who was privately educated: they had a certain confidence and posture built into them by their schooling. [...] Few of us actually knew much about that place – I confess, I thought "Oxbridge" was its own university, and the Oxbridge colleges on University Challenge were separate from the universities themselves – and arriving for the interviews was a far bigger culture shock than visiting France for the first time. [...]

I was one of a handful from my sixth form to get in, and – like most of the comprehensive pupils, let alone anyone else who attends – I am no working-class hero: my dad had a white-collar job at Sheffield city council, my mum was an IT lecturer at Salford University. Yet even I, from a northern, public sector, middle-class background, initially had a profound, sometimes debilitating sense of imposter syndrome, that there would be a tap on the shoulder at any moment to explain that "I'm sorry there's been a dreadful mistake we let you in by accident" which was not helped by fellow private school alumni making barbed comments like "comprehensive school students only get in because of quotas". That's not to say this was three years of trauma – I had some of my happiest days there – but it's unsurprising that an Old Etonian feels at home dressing up in an absurd costume for exams (you got turned away if you wore the wrong shoes).

There are genuine attempts by Oxbridge authorities to widen access. I think of Alan Rusbridger, former Guardian editor turned principal of Lady Margaret Hall, who launched a fantastic scheme to attract young people from less privileged backgrounds. But there are such profound structural problems that are very difficult to overcome. If you grow up in an overcrowded house, suffer the stresses poverty can place on family life, sometimes have gone hungry or had a poor diet, and don't have parents with huge "cultural capital" – like owning lots of books – then the odds are stacked against you from day one.

The educational segregation of children according to the bank balances of their parents – private education – needs to be abolished. But in the interim, it has always struck me that the only solution is to automatically enrol the best performing students from state school, taking class into account. If you grow up in a deprived ex-mining community and get two As and two Bs at A-level, you have outperformed someone at Harrow or Eton from a family of millionaires who gets four As. And until Oxbridge does this, it needs to stop pretending it represents Britain's academic elite: because it doesn't.

QUESTIONS

A. READING COMPREHENSION (8 POINTS)

Answer the following questions in full sentence form using your own words (c. 40-60 words per question).

1. Why did the journalist experience a culture shock when he first applied to Oxbridge? (2 pts)
2. Why are so few state school students accepted to Oxbridge? (3 pts)
3. What solution does he suggest for overcoming social inequality at Oxbridge? (3 pts)

B. SYNONYMS (4 POINTS)

For each of the following, find ONE equivalent word or expression in the article. The words are given in the order of the text, but not necessarily in the same verbal form or syntax.

1. *to try*
2. *simulated*
3. *to start*
4. *weakening*
5. *acerb*
6. *to initiate*
7. *to recruit*
8. *disadvantaged*

c. WRITTEN EXPRESSION (8 POINTS)

Write an essay of 300 words (+/- 10%) on the following subject:

To what extent does education promote social mobility in today's world?

(You may refer to different countries, not limited to the English-speaking world.)

MODEL ANSWERS

THE WORDS YOU NEED

VOCABULARY

Thoughtful: réfléchi

To attend: assister

To elicit: susciter, provoquer

Comprehensive school: collège-lycée public sans sélection à l'entrée

Sixth-form: terminale

To give it a go: tenter le coup, essayer

A mock interview: un entretien blanc

Extracurricular: parascolaire

To kick off: amorcer, lancer

Proceedings: procédure

A handful: une poignée

White-collar job: employ de cadre

Debilitating: invalidant, incapacitant

Dreadful: épouvantable

Barbed: acéré

Etonian: élève d'Eton, très grande université britannique

Genuine: authentique

An attempt: une tentative

To widen: élargir

To overcome: surmonter

Overcrowded: surchargé

The odds are stacked against you: il y a très peu de chances de réussite

Bank balance : solde bancaire

It has struck me: ça m'a frappé

To enroll: inscrire

Deprived: défavorisé

To outperform: surpasser

EXPECTED ANSWER

A. READING COMPREHENSION

1. The writer didn't expect the majority of the applicants to Oxbridge to be from a wealthy, upper-class background. He was surprised by gap between the other aspirants' training, preparation for the interviews and his comprehensive school's. He could clearly see the difference in the means available in their private schools. They were used to wearing a professional attire for exams when he wasn't.

2. In state schools the lower funds to prepare students to enter Oxbridge and the quality of the education doesn't match with the requirements of Oxbridge. What's more, in comprehensive schools the parents' culture, instruction and finance can't guide their offspring to be accepted in Oxbridge.

3. The author suggests putting an end to the selection of students based on their parents' financial situation and their private schooling. More importantly to assess the level of the students based on the work they had to accomplish with their social background. He would like the effort and progress of the students from lower classes to be acknowledged.

B. SYNONYMS

1. The synonym of to try is *attempt.*
2. *Polish* means the same as simulated
3. To start and *kick off* have the same meaning.
4. *Debilitating* is a synonym of weakening.
5. The adjective *barbed* could have been replaced by acerb.
6. To initiate and *launch* mean the same.
7. *To enroll* is a synonym of to recruit.
8. Disadvantaged and *deprived* are syonyms.

C. WRITTEN EXPRESSION

"Any transition of any individual from one position to another in a constellation of social group and strata" is the definition Pitirim Sorokin gave of social mobility (*Social and Cultural mobility*). Education is instruction and knowledge transmission. How important is erudition to foster social ascent? We will present Goldthorpe's point of view and then Pieter Serneels'.

Social mobility can be vertical or horizontal. Horizontal social mobility consists in a change of position so generally no change in social status but a change in the network of the person. Vertical mobility includes a higher social class and a higher income. Social progress is achieved thanks to upward mobility. Downward mobility exists too.

The sociologist John Goldthorpe embodies social mobility being a grammar school boy who managed to do a PhD in sociology thanks to a miners' welfare scholarship. He explains with Erzsébet Bukodi in his book *Social Mobility and Education in Britain* that the hurdles to equal rights do not come from education. In fact, they emanate from home environment and the parent-child time so namely from unequal resources between the different social classes. People from upper-class who fail at school are much more likely to not suffer from downward mobility than the ones from lower-class who also do poorly at school. Education does not influence all the social mobilities of a social structure. For that to be the case, there would be less correlation between people's social background and their success, and there would also be a stronger connection between education degrees and the corresponding social status.

Pieter Serneels, a Professor who got his PhD from Oxford and particularly researched low-income countries, agrees with John Goldthorpe concerning the lessening of social mobility nowadays. Top jobs were blooming in the 1950s and 60s but for the people born in the 1980s, there are now much fewer openings in management and positions. As a big part of the population benefitted from the outcome of instruction, there are now too many people with a high education for the number of executive jobs.

Attitudes, hopes and aspirations were found to also be factors of social ascent. As aspirations are directly linked with the environment, education is not enough to enable climbing the social ladder when born in a working-class family for example.

To conclude, even if one may really want to believe education is the main lever to transcend social class research shows it is only one criterium and not the most significant in our 21st century world. Our environment, resources, time spent with the parents and aspirations are the filters which can really lead to social mobility. Are decision-makers going to consider these scientifically proved conclusions?

CONCOURS COMMUN, SUJET N° 10

Anglais, sujet 2018

SUJET

ARTICLE

The Heartbeat of Racism Is Denial

Ibram X. Kendi, *The New York Times* (adapted), January 13th 2018.

When our reality is too ugly, we deny reality. It is too painful to look at. Reality is too hard to accept.

Mental health experts routinely say that denial is among the most common defense mechanisms. Denial is how the person defends his superior sense of self, her racially unequal society. Denial is how America defends itself as superior to "shithole countries" in Africa and elsewhere, as President Trump once reportedly described them in a White House meeting [...] It's also how America defends itself as superior to those "developing countries" in Africa, to quote how liberal opponents of Mr. Trump might often describe them.

Mr. Trump appears to be unifying America - unifying Americans in their denial. The more racist Mr. Trump sounds, the more Trump country denies his racism, and the more his opponents look away from their own racism to brand Trump country as racist. Through it all, America remains a unified country of denial.

The reckoning of Mr. Trump's racism must become the reckoning of American racism. Because the American creed of denial - "I'm not a racist" - knows no political parties, no ideologies, no colors, no regions.

[A few weeks ago], Senator Richard J. Durbin, Democrat of Illinois [...] rightfully described Mr. Trump's words as "hate-filled, vile and racist," and added, "I cannot believe that in the history of the White House in that Oval Office, any president has ever spoken the words that I personally heard our president speak yesterday."

But Mr. Trump is no exception. In framing Mr. Trump's racism as exceptional, in seeking to highlight the depth of the president's cruelty, Mr. Durbin, a reliably liberal senator, showed the depth of denial of American racism.

Begin with the eight presidents who held slaves while in the Oval Office. Then consider how Abraham Lincoln urged black people to leave the United States. "Even when you cease to be slaves, you are yet far removed from being placed on an equality with the white race," Lincoln told five black guests at the White House in 1862. So "it is better for us both, therefore, to be separated." [...]

Presidential history also includes the social Darwinism of Theodore Roosevelt, the federal-government-segregating, "Birth of a Nation" – praising Woodrow Wilson – and the bigotry that came from the mouths of presidents who are generally seen as essential to racial progress. President Lyndon B. Johnson said "nigger" nearly as often as Ku Klux Klansmen did.

This denial of racism is the heartbeat of racism. Where there is suffering from racist policies, there are denials that those policies are racist. The beat of denial sounds the same across time and space. [...]

Fifty years ago, Richard Nixon transformed this historic heartbeat of denial into an intoxicating political philosophy. His presidential candidacy appealed to George

Wallace-type segregationists while also attracting Americans who refused to live near "dangerous" black residents, obstructed the desegregation of schools, resisted affirmative action policies, framed black mothers on welfare as undeserving, called the black family pathological and deni grated black culture - all those racists who refused to believe they were racist |...]

Mr. Trump opened his candidacy with racism, calling Mexicans criminals and rapists. Since taking office, he has looked away from the disaster zone in Puerto Rico, he has called some violent white supremacists "very fine people," and he has described Nigerians as living in "huts."

When someone identifies the obvious, Mr. Trump resounds the beat of denial as he did before he was president: "I'm the least racist person that you've ever met," that "you've ever seen," that "you've ever encountered."

These are ugly denials. But it's the denials from those who stand in strong opposition to this president that are more frustrating to me: denials that their attacks on identity politics are racist. Denials that the paltry number of people of color in elite spaces marks racism [...]

Because we naturally want to look away from our ugliness [...], we paint over racist reality to make a beautiful delusion of self, of society. We defend this beautiful self and society from our racist reality with the weapons of denial.

Denial is fueled by the stigma associated with being a racist. Feeding the stigma is how "racist" is considered almost like an identity, a brand.

But a racist is not who a person is. A racist is what a person is, what a person is saying, what a person is doing.

Racist is not a fixed category like "not racist," which is steeped denial. Only racists say they are not racist. Only the racist lives by the heartbeat of denial.

The antiracist lives by the opposite heartbeat, one that rarely and irregularly sounds in America - the heartbeat of confession.

QUESTIONS

A. READING COMPREHENSION (8 POINTS)

Answer the following questions in full sentence form using your own words. You should answer in 40 to 60 words:

1. What does the author mean when he states that Trump is *"unifying Americans in their denial"*? (l. 10) (3 pts)
2. The author argues that Trump is not an "*exception*" (l. 20): what is implied by this and how is this claim justified? (2 pts)
3. Whose denials are most upsetting to the author? Explain why. (3 pts)

B. SYNONYMS (4 POINTS)

Find ONE synonym in the text for the following words:

(*NB* : The words are given in the order of the text, but not necessarily in the same verbal form or using the same syntax.)

4. *to label or to stigmatize*
5. *assessment*
6. *to put into words or to present in a certain way*
7. *intolerance*
8. *not worthy*
9. *to echo*
10. *small or insignificant*
11. *to feed*

C. ESSAY (8 POINTS)

Write an essay of 300 words (+ or - 10%) on the following subject:

To what extent can we say that racism remains a major challenge to be overcome?

(*NB :* You are not obliged to deal exclusively with the United States, but are free to widen your discussion to include the situation in Europe or other regions of the world.)

MODEL ANSWERS

THE WORDS YOU NEED

VOCABULARY

Reportedly: d'après certaines informations

Reckoning: le fait d'être bien placé pour

Rightfully: légitimement

Creed: foi

Framing: donnant le cadre de

Seeking: en cherchant

Reliably: de source sûre

Urge: exhorter à, inciter à

Praising: encensé

Bigotry: sectarisme, intolerance

To look away: détourner le regard

Obvious: évident

Resound: résonner, retentir

Encounter: rencontrer

Paltry: insignifiant

Delusion: illusion

Steeped: chargé, imprégné

A. READING COMPREHENSION

1. Whenever President Trump lashes out, the American citizens who side with him and the ones who protest against him reject both his and their own racism. The journalist believes Democrats are as bigoted as Republicans with a few subtleties. However none of them are aware of their bias.

2. The writer provides a list of former American racist Presidents. He begins by quoting the heads of state who despite their accomplishments to make slaves autonomous had captive workers. He then moves to the Presidents who fought for a better situation for servants. All of them didn't consider all human beings as equal and made it known in their speeches.

3. Ibrahim X. Kendi is thwarted by President Trump's opponents, Democrats, who are not aware that although they uncover Trump's intolerance, they can't see their own discrimination against minorities. Indeed this is revealed in thir feeling superior to developing countries and their refusal to give power to ethnic subgroups.

B. SYNONYMS

4. *To brand* line 11 is the synonym of label or stigmatize.

5. *Reckoning* line 13 means the same as assessment.

6. *Framing* line 20 stands for put into words or present in a certain way.

7. *Bigotry* line 29 is synonymous with intolerance.

8. *Undeserving* line 39 is similar to not worthy.

9. *To resound* line 44 has the same meaning as to echo.

10. *Paltry* line 49 and small or insignificant are syonyms.

11. *To fuel* line 53 and to feed carry the same meaning.

C. ESSAY

The rise of nationalist parties with Alternative für Deutschlandin Germany, Jobik in Hungary, the National Front in France, Golden Dawn in Greece, Freiheitliche Partei Österreichs in Austria but also the Finns in Finland, the Sweden Democrats in Sweden, the Danish People's Party in Denmark and Lega Nord in Italy set a context where xenophobia took power and is far from being defeated.

One potentitial explanation is the refugee crisis. Indeed, the largest influx of asylum seekers was seen in 2015 in Europe which exerted significant pressure on several countries that were compelled to provide resources to accommodate them. On September 23, 2015, the Council of the European Union set up a quota system, according to which 120,000 asylum seekers would be transfered from Southern Europe, mainly Greece and Italy, to Central and Western European nations. As a measure of emergency this quota was initiated for a 2-year period. On September 6, 2017, the European Court of Justice rejected declarations made by the Czech Republic, Hungary, Romania and the Slovak Republic against mandatory refugee quotas for an equal allocation of refugees.

Another striking example that highlights how intolerance is yet to be fought against is the Brexit vote of June 23rd 2016. The main reason for the 52% vote to leave is the fear that immigration lowers the salary and job opportunities of the UK because of a fiercer struggle for positions.

To finish President Trump's promise in June 2015 to build a wall to keep the migrants from Mexico out of the US with his descriptions of them as rapists, drug-dealers and criminals shed light on our two-sided society for or against racism.

Unfortunately the latter can't come to a favourable issue as even the ones who believe themselves to be unbiased sometimes show sign of bigotry as seen in the article.

263876 - (I) - OSB 70 - BPA - MSO

Achevé d'impression par Imprimerie CHIRAT
42540 Saint-Just-la-Pendue
N° 202408.0084
Dépôt légal : septembre 2024

Imprimé en France